KB059543

추천의 글

독일에서 태어나 자라고 해외생활을 17년 동안 한 사람으로서, 이주와 관련된 고민을 하지 않을 수 없다. 2023년 말 독일에서는 '독일을 위한 대안AfD', '기독교민주연합CDU' 두 당의 당원 몇몇이 극우세력 리더들과 모임을 했다. 거기서 외국인 몇백만 명을 쫓아낼 계획을 세웠던 사실이 밝혀짐과 동시에 큰 충격을 불러왔다.

지금은 세계 어디를 가도 언론을 비롯해 각종 공적·사적 자리에서 이주에 관한 난상 토론이 벌어진다. 하지만 '이주', '이민', '난민'에 관한 정확한 정의조차 생략되고는 한다. 이 책은 이주와 관련된 단순한 찬반 논쟁과 거리를 두면서 정확하고 타당성 있는 데이터를 바탕으로 이주라는 주제에 접근한다. 과학적이고 체계적으로 '오해'들을 설명하는 것이 인상적이다.

"지금은 이주 위기"라거나 "이주는 대단한 기회"라는 식으로 지나치게 단순하고 극단적인 주장이 넘치는 시대에 이주의 본질과 원인을 파악하는 것이 이 책의 핵심이다. '글로벌', '지구촌', '세계화', '세계시민'이라는 용어가 자주 등장하는 이때에 전문가뿐 아니라 우리 모두를 건전한 토론으로 이끌어주는 꼭 필요한 책이다.

다니엘 린데만, 독일 출신 방송인

이 책을 읽고 난 뒤에는 누구든지 이주에 관해 어떤 견해를 갖게 될 테다. 단, 처음에 품었던 생각을 그대로 유지한 채 책장을 덮는 사람은 결코 없을 것이다. 저자가 수십 년을 쏟아부은 국제 이주 연구는 우리 시대의 가장 분열적인 주제에 대해 독자가 알고 있다고 믿었던 것들을 전복시킨다.

〈뉴 사이언티스트〉

헤인 데 하스는 풍부한 리서치를 바탕으로 이주에 대한 과도한 두려움을 덜어낸다. 현재 각 사회가 겪는 고난의 진짜 원인은 전 세계적 불평등 심화라는 진실을 드러내며 경종을 울린다.

채텀 하우스, 영국의 왕립국제문제연구소

이 용기 있는 저자는 이민에 대한 기존 통념에 맹렬히 도전해서 탁월한 성과를 거두었다.

〈포브스〉

세계 최정상급 사회학자인 데 하스는 뜨거운 사회정치적 이슈를 파헤친다. 이 책을 읽었다면 좌파와 우파 모두 격노할 것이다.

〈텔레그래프〉

이주 논쟁을 떠받치는 가장 중요한 전제들이 명백하게 거짓이라면? 헤인 데 하스는 이주에 관해 널리 퍼진 신화에 도전하는 한편, 이주 찬성자나 반대자 양측의 정설을 모두 거부한다. 이토록 비합리적이고 양극화된 이슈에 차분하고 신중한 분석을 제시한다. 이 책은 이주에 관심 있는 모든 사람이 읽어야 할 필독서다.

야스챠 뭉크 Yascha Mounk, 《정체성의 함정The Identity Trap》 저자

국제 이주 동향에 대해 훨씬 더 엄밀한 학문적 연구와 냉철한 분석이 필요하다. 이 철저한 책은 그 출발점으로 삼기에 더없이 좋다. 전 세계가 이주 문제로 긴장하고 있는 이 긴급한 시기에 데 하스는 앞으로 닥칠 시급한 사회적 · 경제적 과제를 수월하게 헤쳐나가도록 명료한 지침을 제공한다.

파라그 카나 Parag Khanna, 《대이동의 시대Move》 저자

유익한 정보로 가득한 이 책은 이주 분야의 주요 레퍼런스가 될 역작이다. 헤인 데 하스는 국제기구와 정부를 포함한 다양한 행위자가 조장하는 이주에 관한 많은 신화에 정면으로 부딪친다. 논쟁할 가치가 있는 책이다.

알레한드로 포테스 Alejandro Portes, 프린스턴대학교 사회학과 교수

이주, 국가를 선택하는 사람들

HOW MIGRATION REALLY WORKS

● 본문에 숫자로 표시된 주석과 참고문헌 등은 QR코드 또는 링크를 통해 전자파일로 다운
로드할 수 있습니다. https://naver.me/xhKq5dTD

헤인 데 하스 지음 | 김희주 옮김

How
Migration
Really
Works

이주, 국가를 선택하는 사람들

이주는 빈곤, 기후위기, 고령화사회의 해법인가, 재앙인가

세종

스테프 데 하스와

아니 데 용어

사랑하는 부모님께

한국의 독자들에게

한국의 독자 여러분을 만나게 되어 정말 반갑습니다. 제 책이 한국에
서 번역 출간된다는 소식을 듣고 무척 설레었습니다. 이 책에서 다루
는 여러 가지 주제가 한국을 비롯해 동아시아에서 대단히 중요한 문
제로 대두하고 있기 때문입니다.

한국은 인류 역사상 가장 빠르게 이주 전환기를 거친 국가 중 하나
입니다. 과거에는 타국으로 이민을 많이 떠나던 한국이 이제 동아시
아에서 중요한 이주 목적지로 점점 더 주목받고 있습니다.

한국은 20세기, 특히 한국전쟁 이후 중요한 이출국移出國이었습니
다. 수많은 국민이 한국을 떠나 미국 등 해외로 이주했습니다. 하지만
지난 몇십 년 사이에 상황이 완전히 바뀌었습니다.

경제가 빠르게 성장하고 노동력이 부족해지자 1990년대 중반부터
이출이 급감하고 점점 더 많은 이주 노동자가 한국으로 향했습니다.
이주 노동자의 가족을 비롯해 한국에 도착하는 결혼 이주자와 유학생
도 증가했습니다.

그 결과 1996년 149,000명에 불과하던 한국의 이입민移入民 인구
가 2017년 120만 명, 2022년 180만 명으로 급증했습니다(한국 국적을
취득한 이주자까지 포함하면 전체 이주자 인구는 200만 명에 이릅니다). 중국
이입민(43%)과 베트남 이입민(10%)의 비중이 가장 높지만, 우즈베키
스탄과 필리핀, 네팔, 스리랑카 등에서도 상당히 많은 이주자가 한국
으로 유입되었습니다.

현재 한국 전체 인구의 3.5% 정도가 외국에서 태어난 이입민입니다. 이민 역사가 더 긴 (대체로 이입민이 전체 인구의 15% 정도를 차지하는) 유럽과 북아메리카의 국가들에 비하면 한국의 이입민 비율은 아직 낮은 수준이지만 가까운 미래에 그 비율이 빠르게 높아질 것입니다.

한국의 출산율(여성 1명당 0.8명)은 현재 세계 최저 수준이며 노동 인구의 노령화도 빠르게 진행되고 있습니다. 교육 수준이 높아지고 맞벌이 가구가 증가한 결과, 저숙련 육체노동과 서비스 분야에서 지속적인 노동력 부족 현상이 일어나고 있습니다. 그처럼 험한 일을 기꺼이 하려는 토박이 노동자의 공급이 점점 고갈되기 때문입니다.

하지만 일본과 마찬가지로 한국도 이입국이 되었다는 새로운 현실을 선뜻 받아들이지 못하고 있습니다. 그래서 특히 민족적 동질성과 관련해 이입이 한국 사회에 제기하는 도전과 다문화주의를 둘러싸고 대중의 격렬한 논쟁이 촉발되었습니다. 하지만 노동력 부족 문제가 점점 더 심각해지기 때문에 정치인들은 대중의 우려를 무릅쓰고 이주 노동자의 숫자를 늘려야 한다고 인정할 수밖에 없습니다. '연수생'이라는 말로 듣기 좋게 포장하거나 이주 노동자가 임시 체류한다는 환상에 빠질 때가 많지만 말입니다.

그런데 이입이 흔히 장기적인 문제를 일으키는 이유는 바로 이입국이라는 새로운 현실을 받아들이지 못하기 때문입니다. 언뜻 한국이 유별나 보일 수 있지만, 사실 그렇지 않습니다. 독일과 프랑스, 네덜란드의 정치 지도자들도 1960년대부터 2000년대까지 오랫동안 '주저'하며 이입국이 되었다는 현실을 거부했습니다.

이처럼 이입국이 되었다는 현실을 거부하며 튀르키예와 북아프리카 출신 이주자들의 차별과 소외, 고립 문제가 악화했습니다. 이주자들은 진심 어린 환영을 받지 못했습니다. 고국으로 다시 돌아갈 것으로 예상했기 때문입니다. 서유럽의 각국 정부가 추진한 다문화 정책은 이주자 집단을 따로 구분할 때가 많았습니다. 손님 노동자가 임시 체류한다는 환상에 너무 오랫동안 집착하며 영구 정착이라는 현실을 거부했기 때문입니다. 그리고 흔히 관용이라는 허울을 쓴 채 이주자들의 문제와 욕구에 관심을 기울이지 않았습니다.

1967년 스위스 작가 막스 프리슈는 손님 노동자라는 난제를 이렇게 요약했습니다. "우리는 노동자를 원했지만, 그 대신 우리가 얻은 것은 사람이다." 지금 (일본을 비롯해) 한국도 이와 비슷하게 모호한 상황에 있는 것으로 보입니다.

그래서 저는 이 책에 담긴 과학적 통찰이 장차 한국에서 펼쳐질 이입 관련 논쟁과 정책에 중요하게 작용할 것이라고 믿습니다. 앞으로 자세히 이야기하겠지만, 이주의 실상을 제대로 이해하지 못한 이입 정책은 실패하거나 오히려 역효과를 초래할 때가 많습니다.

모쪼록 이 책이 한국 사회와 정계에서 이입과 관련해 수준 높은 논의를 촉구하고 미래의 이주 추세와 관련해 더 현실적인 아이디어를 개발하는 촉매가 되길 바랍니다. 무엇보다 한국이 과거 수많은 이입국이 저지른 실수를 답습하지 않길 바랍니다. 그리고 한국이 모든 사회 구성원에게 이익이 되는 더 효과적이고 더 나은 이입 정책을 설계하는 데 이 책이 도움이 되길 진심으로 바랍니다. **헤인 데 하스**

들어가기 전에

이주migration와 관련해 혼란이 이는 가장 큰 이유는 용어가 불분명하기 때문이다. 따라서 이 책에서 거론할 여러 가지 핵심 개념을 명확히 정의하는 것이 중요하다. 가장 먼저 정리할 용어가 '이주'다. 지리적 이동은 **상거소**常居所(상시 거주하는 곳—옮긴이)가 행정 경계를 넘어 **변동**될 때만 이주로 간주한다. 내부 이주, 즉 **국내** 이주와 **국제** 이주(흔히 국제 이주를 이민과 동일시하지만 이 책에서 말하는 국제 이주는 일반적인 이민과 의미가 조금 달라서 일정 기간 이상 외국에 거주하는 것을 의미한다—옮긴이) 사이에도 중요한 차이가 있다. 국내 이주는 국내에서 시나 주, 지역을 이동하는 것을 뜻하고, 국제 이주는 거주지를 국경 너머로 옮기는 것을 뜻한다. 해외에서 국내로 들어오는 것은 **이입**immigration이고, 국내에서 해외로 빠져나가는 것은 **이출**emigration이다.

만일 누군가가 일정 기간 행정 경계 너머로 거주지를 변경한다면 **주요 이주 동기와 상관없이** 이주로 간주한다. 대부분 행정 조직이 그 기준으로 삼는 기간은 6~12개월 이상이다. 이런 정의에 따르면, 이주자는 태어난 고향이나 모국이 아닌 다른 곳이나 국가에 사는 사람이다. 이 책에서는 외국에서 태어난 뒤 이주한 사람만 국제 이주자의 범주에 포함한다. 이주자의 자녀나 심지어 손자들까지 이주자 인구에 포함하는 경우가 많지만, 이런 관행은 논란의 여지가 많다. 따라서 이 책에서는 불필요한 혼란을 막기 위해 이주자의 자녀와 손자는 이주자 2세대와 이주자 3세대로 구분하고, '이주자'라는 용어는 실제로 몸소 이주한 사람들에게만 적용한다.

이주자의 범주는 아주 넓다. 그중 중요한 유형은 이주 노동자, 즉 노동 이주자와 가족 이주자, 학생 이주자, 사업 이주자를 비롯해 강제 이주자인 난민이다. 노동 이주자와 관련해 문제가 되는 용어가 '고숙련higher-skilled'과 '저숙련lower-skilled'이다. 일부 이주자가 남보다 더 똑똑하다는 인상을 줄 수 있고 갈수록 '반숙련mid-skilled' 일자리가 느는 것이 사실이기 때문이다. 육체노동자 혹은 블루칼라 노동자와 화이트칼라 노동자로 구분하는 편이 더 유용할 수도 있지만, 이 책에서는 저숙련 이주자와 고숙련 이주자라는 일반적인 구분을 적용한다. 이주자들의 실제 지능이나 지식, 기술보다 그들이 하는 일에 주목하는 것이 이 책의 목적이기 때문이다. 실제로 이주자들은 자기 능력보다 수준이 떨어지는 일을 하는 경우가 많다.

강제 이주자 범주에 드는 대상은 주로 출신국에서 폭력이나 박해를 피해 이주한 사람들이다. 흔히 강제 이주자를 '난민'이라고 하지만, 망명 신청자와 난민은 법적으로 중요한 차이가 있다. **망명 신청자**는 난민 지위를 신청한 뒤 난민 인정 결정을 기다리는 사람이다. 1951년 유엔이 채택한 난민 지위에 관한 협약Convention Relating to the Status of Refugees(유엔난민협약)에 따르면, **난민**은 "인종, 종교, 국적, 특정 사회 집단의 구성원 신분 또는 정치적 의견을 이유로 박해받을 충분한 이유가 있는 공포 때문에 자신의 국적국 밖에 있는 자로, 그 국적국의 보호를 받을 수 없거나 그러한 공포로 그 국적국의 보호를 받는 것을 원하지 않는 사람"이다. 출신 지역에서 피신했지만 자국 내에 머무는 사람을 일반적으로 지칭하는 말은 '국내 실향민IDP'이다.

이주와 관련해 혼란이 이는 또 다른 중요한 이유는 밀입국과 인신매매의 구분이 분명치 않기 때문이다. 언론과 정치적 담론에서 줄곧 혼용되지만, 밀입국과 인신매매는 서로 완전히 다른 개념이다. **밀입국**은 이주자가 상거래나 인도적 활동의 일환으로 유급 혹은 무급으로 일하는 중개인(밀입국업자)을 이용해 사전 승인 없이 국경을 넘는 것이다. 일반적 인식과 달리 밀입국은 기본적으로 체포되지 않고 국경을 넘고자 (난민을 비롯한) 이주자가 기꺼이 돈을 지불하고 자발적으로 이용하는 일종의 서비스다. **인신매매**에서 우리가 주목할 것은 납치나 밀입국보다는 오히려 취약한 노동자를 기만과 강요로 심각하게 착취하는 행태다. 사실 인신매매는 이주와 무관한 경우가 많고, 이주 노동자가 연관될 때도 합법적 이주와 합법적 고용의 맥락에서 심각한 착취를 당하는 사례가 대부분이다.

무단 월경, 즉 **불법 이주**도 논란의 여지가 큰 주제이며 대단히 혼란스러운 용어다. 법적으로 따지면, 망명 신청자가 자발적으로 국경에 도착한 경우는 불법 이주로 간주하지 않는다. 유엔난민협약에 따르면, 폭력과 박해로부터 보호받고자 국경을 넘는 것이 인간의 기본권이기 때문이다. 따라서 이 책에서는 불법 이주자와 망명 신청자가 국경에 도착하는 경우를 가리켜 '불청객 국경 도착unsolicited border arrivals'이라는 용어를 사용한다. **불법 입국**과 **불법 체류**도 구분하는 것이 중요하다. 사실 불법 체류에서 가장 큰 비중을 차지하는 대상은 합법적으로 입국한 뒤 비자 기한이나 거주 허가 기간을 넘겨 '더 오래 머무는' 이주자들이다.

'불법 이주'와 '불법 이주자' 같은 용어의 적절성과 관련해 오래전부터 학계와 언론계, 정계에서 논쟁이 이어지고 있다. 한쪽에서는 행위가 불법적일 수는 있어도 인간은 불법적일 수 없다고 주장한다. 불법적 인간은 하나도 없고, 따라서 인간에게 '불법적'이라는 꼬리표를 붙이는 것을 받아들일 수 없다는 주장이다. 이런 주장에 따라 '비정규irregular'나 '미등록undocumented', '무허가unauthorized'라는 용어가 대안으로 사용되게 되었다. 이런 용어들이 유용할 수도 있지만 기본적으로 혼란스러울 뿐 아니라 몇 가지 문제를 안고 있다. 예를 들어, '미등록' 이주자는 거주권은 없지만 운전면허증이나 차량등록증, 보험증서, 세금 신고 서류 등 각종 문서를 갖춘 경우가 많다. 이런 용어를 사용하는 데 반대하는 사람들은 이주자의 법적 지위가 그들의 삶과 결정뿐 아니라 정부에도 중요하다고 주장한다. 이주자들이 스스로 이런 용어를 사용하는 경우가 많은 것도 사실이다. 따라서 나는 이런 용어들의 사용을 한사코 거부할 것이 아니라 오히려 더 신중하게 사용하자고 주장하고 싶다. 이 책에서는 대체로 개인을 가리켜

'불법적'이라는 표현은 쓰지 않겠지만, 집단적 수준이나 더 일반적 수준에서 이주를 설명할 때는 '불법 이주'나 '불법 이주자'라는 표현을 사용한다.

끝으로 이 책에서 다룰 이주 통계와 관련해 일러둘 내용이 있다. 따로 언급하지 않는 한 이 책에 등장하는 국제 이주자 인구 데이터는 유엔 경제사회부 인구국이 집계한 〈국제 이주자 현황 동향: 2017년 수정본Trends in International Migrant Stock: The 2017 Revision〉의 데이터베이스를 참조했다. 이 자료는 보간법(알고 있는 데이터값들을 이용해 모르는 값을 추정하는 방법-옮긴이) 같은 통계 기법을 이용해 누락 데이터를 채우는 등 여러 가지 결함이 많지만, 세계적인 비교로 국제 이주 동향과 전반적 패턴을 제대로 통찰할 수 있는 최고 통계 자료다. 최근 연도의 데이터베이스를 참조하지 않는 까닭은 최신 통계 자료 중 실제 데이터보다 추정에 기초한 듯한 자료가 많기 때문이다. 최근의 이주 흐름을 국가 수준에서 자세히 분석한 자료는 옥스퍼드대학교 국제이주연구소IMI가 국제 이주 결정자DEMIG 프로젝트를 진행하며 집계한 데이터베이스를 참조했다.[1]

그리고 따로 언급하지 않는 한 이 책에서 다룰 인구와 경제, 교육 관련 데이터와 기타 국가 수준 데이터는 세계개발지표WDI 데이터베이스를 참조했다.

차례

1부 / 이주에 관한 오해

2부 / 이입: 위협인가, 해결책인가

3부 / 이주에 관한 선동

서문

지금 우리는 유례없는 대규모 이주 시대에 살고 있는 듯하다. 멕시코-미국 국경을 향해 이동하는 중앙아메리카인들의 '카라반 행렬', 허술한 보트에 간신히 올라탄 채 죽기 살기로 지중해를 건너는 아프리카인들, 영국 해협을 건너는 불법 이주자들의 모습을 보면 이주가 걷잡을 수 없는 상태로 진행될 거라는 두려움이 사실로 굳어지는 듯하다. 빈곤과 불평등, 폭력, 억압, 기후변화, 급격한 인구 증가가 위험하게 겹치며 갈수록 많은 아프리카인과 아시아인, 라틴아메리카인이 '부유한 서구'의 해안을 향해 필사적인 여정에 나서는 듯하다.

인신매매범과 밀입국업자들은 서구에서 일자리도 구하고 호화로운 삶도 살 수 있다는 감언이설을 늘어놓으며 열악한 상황에 놓인 이주자들을 제물로 삼는다. 이들에게 속아 넘어가 점점 더 위험한 여정에 나선 이주자들은 결국 노예나 다름없는 조건에서 끔찍하게 착취를 당한다. 이동하는 과정에서 다행히 살아남는다면 말이다. 이주가 통제 불능 상태로 접어들고 있다는 두려움은 이주자가 목적지의 사회와 문화에 적응할 능력과 의지가 있는지에 대한 의구심을 키웠다. 가난하고 범죄가 들끓는 지역에서 '평행선 같은 삶parallel life'을 사는 이주자 공동체의 모습은 이주자 통합 정책이 실패할 때가 많다는 통념을 심어주었다. 이런 두려움과 의구심을 하나로 집약한 개념이 바로 '이주 위기migration crisis'다. 이주 위기라는 개념에 동의하는 사람들은 국경 통제 강화와 난민 재정착 제도, 빈곤국 개발 지원 등 과감한 대책이 필요하다고 주장한다.

물론 모두가 이주 위기라는 주장에 동의하는 것은 아니다. 반대편에 선 정치인과 경제학자, 운동가들은 이주가 해결해야 할 문제가 아니라 노동력 부족과 인구 노령화 등 시급한 사회 문제를 풀어낼 **해결책**이라고 주장한다. 성장과 혁신을 촉진하고 사회를 다시 젊게 만들려면 이주자들이 절실히 **필요**하다고 주장한다. 이주에 따른 다양성은 혁신과 문화 부흥을 일으키기 때문에 위험한 것이 아니라 행운이라고 주장한다. 이들은 이주가 이주자의 모국이 성장하는 데도 도움을 준다고 주장한다. 이주자들이 엄청난 돈을 모국에 송금하고, 국외 거주자들이 모국의 기업 활동과 무역을 촉진하는 중요한 역할을 하기 때문이다. 이들은 기술 수준에 상관없이 모든 노동자가 필요하며, 부족한 노동력을 시급하게 채우려면 국경을 활짝 열어야 한다고 주장한다.

이런 양쪽의 의견은 모두 이주를 단편적이고 단순하게만 바라본 것으로 완전한 오해일 때가 많다. 이를 입증하는 것이 이 책을 쓴 목적이다. 갈수록 양극화하는 논쟁을 극복하고자 단순히 이주에 찬성하거나 반대하는 이야기에 이의를 제기하는 증거들을 보여주겠다. 이 책에서는 다른 이야기를 펼친다. 이주와 관련해 학교에서 가르치고 언론과 권위자, 인도적 단체, 싱크 탱크, 영화, 잡지, 대중 서적이 옹호하는 통념을 반박하는 이야기를 펼친다. 왜냐하면 이주와 관련해 근본적으로 다른 새로운 이야기가 절실히 필요하기 때문이다. 정치적 이해관계나 이념적 관점에 기초하지 않고 이주를 **있는 그대로** 바라보는 이야기가 필요하다.

이 책에서는 이주를 해결해야 할 문제라거나 다른 문제들의 해결책이라고 보는 이념적 관점을 제시하지 않는다. 과학적 관점에서 이주의 본질과 원인을 파악하려고 노력한다. 그러려면 전체론적 관점을 취할 수밖에 없다. 전체론적 관점에서 보면 이주는 우리 사회와 세계에 영향을 미치는 광범위한 사회적·문화적·경제적 변화 과정에 내재하는 일부라서 분리할 수 없는 것이다. 어떤 사람에게는 남보다 더 큰 혜택을 주기도 하고 또 다른 사람에게는 불리하게 작용할 수도 있지만 **우리 머릿속에서 지우거나 사라지길 바랄 수 없는 것**이다.

이 책의 또 다른 목적은 이주와 관련해 해결되지 않은 아주 중요한 의문들에 답하는 것이다. 예를 들어 이런 의문들이다. 서구 전역의 정치인들이 납세자가 낸 엄청난 세금을 국경 통제에 투자하고도 이주를 막지 못한 이유가 무엇일까? 정치인들이 밀입국업자의 사업모델을 깨끗이 없애겠다고 약속하지만 불법 이주가 끊이지 않는 이유가 무엇일까? 많은 정부가 이주 노동자 학대를 엄격히 단속하겠다고 거듭 약속하지만 이주 노동자 착취를 효과적으로 막지 못하는 이유가 무엇일까? 이입과 관련해 한결같이 거짓 약속과 새빨간 거짓말을 늘어놓는 정치인들이 어떻게 책임에서 벗어날 수 있었을까? 가장 중요한 의문은 이것이다. 어떤 정책을 시행해야 이주에 더 효과적으로 대처할 수 있을까?

나는 이 책을 대단히 절박한 심정으로 썼다. 이주에 관한 학술적 연구가 많지만, 정치인과 국제기구가 제안한 정책이나 공론장에 스며든 연구는 거의 없었다. 이것이 바로 수많은 이주 정책이 실패하거나 역효과를 낸 이유 중 하나다. 수년간 개인 연구와 공동 연구를 수행하고 공개 강연을 열고 라디오와 텔레비전 토론에 참여하고 정부나 국제기구와 협업한 끝에 나는 '권력자들에게 진실'을 전달하는 것만으로는 분위기를 바꾸고 논의의 질을 높이는 데 충분하지 않다는 결론에 이르렀다.

다시 말해, '사실'을 전달하는 것만으로는 효과를 보지 못한다는 것이다. 정치인을 비롯해 정책입안자들은 불편한 사실을 외면하려 든다. 명백한 예를 들어보자. 고위 정책입안자들은 강연이 끝나면 다과 회장으로 곧장 쫓아와 '대단히 흥미로운 발표'였다고 칭찬한 뒤 곧바로 이렇게 단서를 덧붙인다. "당신의 통찰은 절대 실행에 옮길 수 없습니다. 정치적인 자살 행위가 될 것이기 때문입니다." 따라서 나는 독자에게 직접 다가가 지식을 전달하려고 이 책을 쓴다. 여러분이 정치인과 권위자, 전문가들의 주장을 더 비판적으로 검토하고 이주에 관한 갖가지 오해와 선동을 알아채도록 지식을 전달하려는 것이다.

이 책에는 내가 30여 년간 전 세계 여러 나라를 돌며 수행한 이주 관련 1차 연구와 옥스퍼드대학교, 암스테르담대학교 연구진과 협력한 선도적인 연구 프로젝트에 기초한 지식을 담았다. 이와 더불어 이 책에는 급격히 커지는 이주 연구 분야에서 발표된 각종 문헌의 지식을 통찰해 담았다. 인류학부터 사회학, 지리학, 인구학, 경제학을 비롯해 역사학과 법학, 심리학에 이르기까지 사회과학과 그 밖의 분야를 통틀어 많은 연구자가 탁월한 연구 성과를 발표한 덕분이다.

나는 옥스퍼드대학교에서 10여 년간 이주를 연구하고 가르친 뒤 2015년에 네덜란드로 돌아왔다. 내가 암스테르담대학교 사회학과 교수로 임명된 그 당시는 시리아 난민 위기가 고조되던 때였다. 대부분이 시리아 사람인 100만여 명 규모의 난민이 유럽에 도착하며 네덜란드를 비롯해 유럽 전역에서 열띤 논쟁이 펼쳐졌다. 나도 이주 전문가로서 현지 정치인, 운동가들과 함께 토론에 참석한 적이 있다. 지역별로 망명 신청자 센터 설립 반대 운동을 주도하는 행동 단체 회원들도 참석했다. 토론은 이내 의견 충돌과 비열한 인신공격으로 번졌다. 상대 의견에 진심으로 귀를 기울이는 사람이 하나도 없었다.

토론을 진행한 언론인은 과열된 분위기를 내심 반겼지만, 나는 온갖 미묘한 의견 차이가 사소한 말다툼에 묻히는 상황이 대단히 실망스러웠다. 이주를 논의하며 비슷하게 난처했던 예전 경험도 새삼스럽게 떠올랐다. '이주 논의'에 내포된 문제가 무엇이며 이주 논의가 그토록 짜증스러운 분위기로 이어지는 이유가 무엇인지 파악하려고 한동안 노력했지만 헛일이었다. 그때 계시의 순간이 다가왔다. 토론을 진행한 언론인이 청중에게 이런 질문을 던지며 손을 들어보라고 요청했다. "데 하스 교수님처럼 이입에 찬성하시는 분? 이입에 반대하시는 분?"

그때 불현듯 이주 논의의 문제가 무엇인지 깨달았다. 이주 찬성과 이주 반대라는 단순한 프레임을 씌우는 것이 문제였다. 내가 끼어들어 그처럼 단순한 프레임을 씌우는 것은 문제가 있다고 비판하자 진행자는 못마땅한 표정이었지만, 나는 그때 아주 중요한 교훈을 깨달았다. 이주 논의를 한사코 찬성과 반대라는 틀에 가두면 미묘한 의견 차이가 드러날 여지가 사라지며 '논의'라는 말이 무색해진다는 교훈이었다.

나 같은 연구자들이 이주 관련 '사실'만 알릴 것이 아니라 이주를 이야기하는 방식까지 완전히 바꿔야 한다는 인식도 갈수록 커졌다. 이주에 관한 사실은 자명하지 않기 때문이다. 이주 관련 사실은 이주의 의미까지 따지는 더 큰 이야기 속에서만 이해될 수 있다. 한마디로 이주는 워낙 다양한 현상이기에 '선' 혹은 '악'이라는 단순한 틀에 가둘 수 없다. 선과 악으로 나누는 이야기는 한결 복잡한 현실을 무시하고 이주자를 (피해자나 영웅, 악당으로 등장시키며) 인간성이 없는 모습으로 풍자할 때가 많다. 더 넓게 보면, 이주 논의를 찬반이라는 프레임에 완전히 가두는 것은 하나의 인간이자 사회인 우리의 현재 모습과 이제껏 우리가 보여온 모습의 바탕에 의문을 제기하거나 이들을 머릿속에서 지우는 것과 다름없다. 이주는 말 그대로 모든 시대에 있었다. 이주의 역사는 인류의 역사만큼 오래되었다. 인류는 이제껏 늘 이동했다. 따라서 인류의 **정상적** 과정인 이주를 찬성 또는 반대라는 틀에 가두면 이주의 본질과 원인, 영향을 제대로 이해할 수 없다.

찬성 아니면 반대라는 틀로 나누는 것이 얼마나 순진한 일인지 몇 가지 비유를 들어보자. 이주에 찬성하는지 아니면 반대하는지를 묻는 것은 경제에 찬성하는지 아니면 반대하는지를 묻는 것과 같다. 진지한 사람이라면 경제학자에게 경제나 시장에 찬성하는지 아니면 반대하는지 묻지 않을 것이다. 지리학자에게 도시화에 찬성하는지 아니면 반대하는지 묻지 않을 것이다. 농학자에게 농업에 찬성하는지 아니면 반대하는지 묻지 않을 것이다. 생물학자에게 환경에 찬성하는지 아니면 반대하는지 묻지 않을 것이다. 그런데 이주 논의에서는 특히 언론과 정치권을 중심으로 흔히 이런 식의 질문이 제기된다.

앞으로 설명하겠지만, 정말 악명 높은 정책이 나오는 이유도 바로 이런 프레임 때문이다. 이제껏 많은 이주 정책이 실패하거나 역효과를 일으킨 이유는 이주의 본질과 원인, 영향에 관해 일련의 잘못된 추정 혹은 오해에 기초했기 때문이다. 다시 한번 경제를 비유로 들어 보자. 시장 규제책을 고민할 때 시장 철폐를 전제로 삼는 일은 좀처럼 없을 것이다.(우리는 시장 철폐 실험이 어떤 결과를 빚는지 잘 알고 있다.) 시장의 존재 자체를 부인하는 전제를 세우는 일도 거의 없을 것이다. 오히려 우리가 찾는 것은 시장에 영향을 미칠 방법과 목표를 달성하는 방법이다. 이주도 마땅히 이런 식으로 논의해야 하지만, 이주와 관련해 어떤 정책이 효과를 발휘하고 어떤 정책이 실패하고 어떤 정책이 역효과를 일으켰는지 논의할 때 기술적이고 비이념적인 측면을 거의 완전히 무시하는 모습을 보면 놀랍다. 특히 수많은 과학적 증거를 무시하는 모습이 더욱 놀랍다.

사실 최근 진행되는 이주 논의는 대부분 논의라고 할 수도 없다. 사실보다는 의견이나 희망 사항에 모두 초점을 맞추기 때문이다. 실제 추세와 패턴, 원인, 영향이라는 측면에서 이주의 **본질**을 살펴 과거의 실수를 답습하지 않고 바람직한 결과를 얻으려면 현장의 현실에 대처할 가장 좋은 정책이 무엇인지 고민하기보다는 이주의 **당위성**에 모두 집중하기 때문이다. 이제껏 이주 논의가 찬성 아니면 반대라는 이념적 논쟁에 점점 더 깊이 빠져든 결과, 증거가 들어설 여지가 거의 남지 않았다. 이주 반대 진영은 부정적 측면만 강조하고 기업 로비 단체와 진보 단체는 이주의 혜택만 강조한다. 각자 주장하는 줄거리에 맞는 증거만 선별하고 불편한 증거는 모두 외면한다.

　사실 우리는 대부분 이주에 대해 양면적 감정을 지닌다. 앞으로 이 책에 여러 번 등장하겠지만, 사람들이 일반적으로 이입에 대해 생각하는 내용과 개인적 삶에서 마주치는 이주자와 난민의 관계 사이에는 아주 커다란 틈이 있다. 이입을 우려하며 국경 통제 강화를 주장하는 사람이 동시에 "네 이웃을 사랑하라"라는 의무감에서 자기 공동체에 사는 난민과 이주자를 돕기도 한다. 국가 차원에서 보면 이입이 우리가 흔히 생각하는 것처럼 사회를 변혁할 만큼 규모가 크지는 않지만, 이웃과 마을이라는 지역 차원에서 보면 이입이 삶을 크게 바꾸고 때로는 파괴하는 영향을 미칠 수도 있다. 하지만 이입 찬성론과 이입 반대론의 양극화만 커지는 탓에 정치적 논의는 이런 양면적 감정을 담아내지 못한다. 결국 이입과 관련한 미묘한 의견 차이가 사라지고 만다. 그런데 다양성과 정체성, 인종주의 등 이입과 관련해 점점 더 심각해지는 문제들을 논의할 때 쓸데없는 흥분을 가라앉히려면 필요한 것이 바로 이 미묘한 의견 차이다.

　냉전이 끝난 이후 서구 정치인들은 이주와 전쟁을 벌여왔다.

　유럽에서는 구유고슬라비아 전쟁이나 중동과 아프리카의 뿔 지역(아프리카 북동부─옮긴이)의 분쟁에서 도망친 망명 신청자들이 대규모로 도착하며 정치적 공황이 일어났고, 이것이 이주와 전쟁을 불러왔다. 뒤이어 2000년대에 다문화주의에 대한 반발까지 확산하며, 특히 무슬림 이입민immigrant의 통합 인식 부족과 분리를 우려하는 목소리가 커졌다. 그리고 2015년부터 대규모로 도착한 시리아 난민과 허술한 보트에 몸을 싣고 지중해를 건너는 이주자에 대한 우려가 커지며 이주 논의가 더 격렬해졌다. 영국에서는 토니 블레어 총리가 '가짜' 망명 신청자에 대한 의혹을 제기한 이후 정치인들이 불청객 이주자의 영국 해안 상륙을 엄격히 단속하겠다고 다짐했다. 하지만 동유럽 노동자들은 멈추지 않을 기세로 영국으로 들어왔고, 이것이 2016년 브렉시트Brexit(Britain과 exit를 합쳐서 만든 합성어로 영국의 유럽연합 탈퇴를 의미함—옮긴이)를 표결하는 주요 요인으로 작용했다.

미국에서는 1986년 로널드 레이건이 이민 개혁 및 통제법IRCA을 제정해 불법 이주자 270만여 명을 사면했지만, 이 법이 동시에 아버지 부시 행정부와 클린턴 행정부가 멕시코와 중앙아메리카의 불법 이입을 막으려고 국경 통제를 강화하는 신호탄이 되었다. 9·11테러로 국경 통제 추세가 더욱 굳어졌고, 정치인들은 점점 더 이입을 국가 안보에 대한 잠재적 위협으로 보게 되었다. 불법 이입을 우려하는 목소리가 커지자 조지 W. 부시 행정부와 오바마 행정부는 국경 통제를 군사화하고 불법 이주자를 구금하고 추방하는 데 (FBI 예산의 3배에 이르는) 수십억 달러를 쏟아부었다. 그리고 결국 트럼프가 이민 반대 공약을 내세워 2016년 대선에서 승리했다. 조지 W. 부시가 대통령에 취임한 이래로 미국에서 포괄적인 이민 개혁을 진지하게 논의할 조짐은 나타나지 않았지만, 이주 정책을 둘러싼 좌익과 우익의 논쟁은 끊이지 않았다.

멕시코와 중앙아메리카에서 미국으로, 남아시아와 동유럽에서 영국으로, 튀르키예와 북아프리카에서 서유럽으로 향하는 외국인 노동자와 그 가족의 유입을 막으려고 서구 각국 정부는 엄청난 자원을 투입했다. 수십 년 전부터 정치색과 관계없이 많은 정치인이 '망가진 이민 제도를 손보겠다', '이민 통제권을 되찾겠다', '밀입국과 인신매매를 엄중히 단속하겠다'고 줄곧 다짐했다. 경제 원조로 가난한 나라에서 이입하는 것을 막자고 제안하는 사람도 있었다. 하지만 정치인들은 하나같이 약속을 지키지 못했다. 실제 증거를 보면 많은 국경통제 정책이 역효과만 불러일으켰다. 역설적으로 이주 증가를 부추기고 불법 이주를 촉진하며 이주 노동자 착취를 조장했다.

　미국도 1980년대 말부터 공화당 정부와 민주당 정부가 모두 국경통제에 엄청난 돈을 쏟아부었다. 그러자 멕시코 노동자들이 캘리포니아와 텍사스를 오가며 대체로 순환하던 흐름에서 1,100만 명이 넘는 노동자가 가족과 함께 미국 전역에 영구 정착하는 흐름으로 바뀌었다. 미국은 국경 통제와 추방에 엄청난 자원을 투입했지만, 지속적인 노동력 부족이 라틴아메리카를 비롯한 여러 나라의 새로운 이주자들을 음성적으로 미국에 들어오도록 부추겼다. 결국 미등록 이주자 인구가 350만 명에서 1,100만 명으로 치솟았다.

　마찬가지로 유럽에서도 1980년대와 1990년대 국경 규제를 강화하자 튀르키예와 북아프리카의 '손님 노동자Gastarbeiter'(단기 이주 노동자―옮긴이)들이 영원히 정착하게 되었다. 손님 노동자들의 귀환을 막고 가족 단위의 대규모 이주를 부추긴 것이다. 유럽은 30여 년간 지중해 국경 통제에 막대한 자원을 투자했지만 끝내 북아프리카와 서아프리카에서 남유럽으로 들어오는 합법 이입과 불법 이입을 막지 못했다. 영국의 초기 상황도 비슷하다. 영연방 국가에서 들어오는 이입민을 막으려는 노력이 역효과를 불러와 급속히 증가한 카리브해 지역과 남아시아 출신 이주자의 영국 내 영구 정착을 오히려 부추겼다. 최근에도 브렉시트가 동유럽 노동자들의 출신국 귀환을 장려하기는커녕 오히려 폴란드와 불가리아 노동자들의 영구 정착을 부추긴 듯하다. 브렉시트 이후 오히려 영국에 들어오는 사람이 사상 최고치에 도달했다.

미국과 (영국을 포함한) 유럽의 정치인들은 '망가진 이민 제도'를 고치고 늘어나는 이입을 막는 데 분명히 실패했다. 마찬가지로 망명 신청자와 난민의 입국을 제한하려는 노력도 의미 있는 결과를 얻는 데 실패했다. 또한 정치인들은 착취와 인종 차별의 대상이 된 소수 집단과 소외된 이주자의 통합에도 실패했고 분리 문제도 해결하지 못했다. 밀입국과 인신매매를 없애려는 노력도 별다른 성과를 거두지 못했다. 지금도 여전히 불법 이주가 이어지며 인간이 고통받고 국경에서 사망하는 등 크나큰 희생을 치르고 있다.

이입 규제와 '거부'는 안전을 찾아 국경을 넘는 난민을 막지 못했다. 하지만 계속 유입된 망명 신청자들은 제대로 관리받지 못한 탓에 수년간 법적으로 어정쩡한 상태에서 벗어나지 못하며 심신이 쇠약해졌다. 트라우마가 깊어지고, 가족과 영구히 분리되고, 공부와 일을 해서 스스로 새로운 삶을 이루는 것도 제한되었다. 미국과 영국, 유럽 대륙의 정부들이 흔히 미등록 상태로 소외된 이주 노동자 문제를 해결하지 못해 이들이 새로운 최하층 계급을 이룰 심각한 위험이 뒤따랐다.

앞으로 이야기하겠지만, 정치인들은 오래전부터 끊임없이 반복한 약속을 이행하지 못했을 뿐 아니라 그들의 정책이 오히려 여러모로 상황을 더 **악화**시켰다. 이주 정책과 통합 정책이 목표 달성에 실패했을 뿐 아니라 역효과를 낳은 이유는 그런 정책들이 이주의 실상에 대한 과학적 이해를 토대로 삼지 않았기 때문이다. 즉, 정책이 문제의 일부였다. 문제를 해결하겠다는 정책이 사실은 문제를 일으킨 원인 중 하나였으니 실패할 수밖에 없다는 것이 이 책의 핵심이다.

많은 학생이 내게 질문했듯이, 과거에 터무니없이 실패한 정책을 계속 재활용하는 이유가 무엇일까? 간단하게 대답할 수 있는 질문이 아니다. 정치인 등 의사 결정자들이 이주의 추세와 원인, 영향에 관한 과학적 증거를 무시하는 것을 한 가지 이유로 들 수 있다. 이들이 과학적 증거를 무시하는 까닭은 정보가 부족하거나 무지하기 때문이 아니다. 사실을 인정하길 의식적으로 거부하기 때문이다. (좌익에서 우익, 보수 진영에서 진보 진영에 이르는) 정치인과 이익단체, 국제기구는 이주의 진실을 **의도적으로** 왜곡하며 일련의 오해를 끊임없이 선전한다. 부당한 공포와 잘못된 정보를 널리 퍼뜨리려고 적극적으로 노력한다. 진실이 폭로되면 정치인들이 문제를 해결하지 못했다는 사실뿐 아니라 오히려 문제를 일으키고 더 악화시키는 데 공모했다는 사실까지 탄로 나기 때문이다. 결국 정치인들은 자신들의 거짓말에 발목이 잡혀 있다.

문제는 다음 선거에서 승리하려고 이입에 천착해 공포를 조성하고 이입민을 희생양으로 삼는 정치인들만이 아니다. 이주의 해악이나 혜택만 강조하는 노조나 기업 로비 단체 같은 이익단체도 문제다. 국제이주기구IOM와 유엔난민기구UNHCR 등 유엔 기구도 홍보와 기금 마련이라는 목적에 따라 이주자와 난민의 숫자를 과장하고 왜곡한다. 정치인들이 이주자와 '가짜' 망명 신청자를 일자리 도둑이나 복지 사기꾼으로 모는 것도 문제다. 고용 안정 후퇴와 임금 정체, 재정 불안 확대, 교육과 주거, 의료 비용 증가의 진짜 원인을 보이지 않게 숨기기 때문이다. 기업 로비 단체는 이주자들을 글로벌 인재 경쟁에서 국가 경쟁력을 확보할 영웅으로 치켜세운다. 인도적 단체는 이주자나 난민이 자신의 최대 이익을 위해 스스로 생각하고 행동할 능력이 없다고 주장하며, 이들을 밀입국업자나 인신매매범에게서 '구조'해야 할 일방적인 피해자로 묘사한다. 기후 운동가들은 이주 문제에 멋대로 빌붙어 기후 난민의 물결이 밀려온다는 식으로 꾸며대며 온실가스 배출을 대폭 감축하자는 (그러지 않아도 정당한) 주장에 굳이 힘을 보탠다.

끝으로 이주 논의와 이주 연구에 자리 잡은 더 일반적인 편견이 있다. 이주자를 '받아들이는' 서구 '수용' 사회에 이주가 미치는 영향에 관한 편견이다. 이 '수용국 편견'은 도착국destination-country의 관점에서 통합과 동화, 분리, 인종, 정체성 같은 문제에 편파적으로 초점을 맞춘다. 물론 중요한 문제들이지만 여기서 우리가 주목할 점은 **출신국**origin-country관점에서 이주의 원인과 결과에 관한 관심과 연구가 대단히 부족하다는 사실이다.

수용국의 편견은 분명히 문제가 많다. 그림의 한쪽밖에 볼 수 없다면 어떻게 이주에 대한 현실적 관점을 세울 수 있겠는가? 계속 이야기하겠지만, 이주의 '다른 쪽'을 등한시하면 그 본질과 진짜 이유를 제대로 이해할 수 없다. 정치인과 이익단체, 국제기구, 언론, 교과서, 전문가, 권위자들이 이주에 관한 일련의 유사과학적 진실을 바로잡지 않고 아무렇지 않게 재활용하는 이유도 이 때문이다.

이 책은 3부로 구성되었다. 1부에서는 국제 이주 패턴의 추세를 탐구한다. 최근 이주의 범위와 규모, 방향에서 나타난 변화와 이런 변화를 이끈 요인이 무엇인지 살펴본다. 이주의 원인에 관한 일반적 주장과 흔한 오해도 파헤치고, 국제 이주 패턴의 최근 변화를 이끈 진짜 요인이 무엇인지 보여준다.

2부에서는 이주가 도착국 사회와 출신국 사회에 미치는 영향을 탐구한다. 대부분 이주자 집단이 상당히 매끄럽게 통합된 반면 일부 집단은 왜 오랫동안 소외되고 분리되었는지 그 이유를 분석한다. 그리고 이주가 사회·문화·경제에 미치는 부정적·긍정적 영향과 관련해 다양한 (과장된) 주장도 비판적으로 검토한다. 좀 더 균형 잡힌 위치를 찾기 위해서다.

3부에서는 정치인과 이익단체, 국제기구가 옹호하는 여러 가지 통념이 이입의 진실을 일부러 왜곡하려는 전략의 하나라는 사실을 폭로한다. 이입을 반대하는 정치인의 강경한 수사와 이보다 훨씬 더 관대한 정책 이행 사이에 존재하는 상당히 큰 틈을 드러내고, 이주 제한이 이주를 줄인다는 직관적인 생각도 오해할 소지가 큰 통념임을 밝힌다. 과학적 근거가 없는 흔한 오해도 파헤친다. 여론이 이입 반대로 돌아섰다는 오해와 밀입국이 불법 이주의 주요 요인이라는 오해, 인신매매가 일종의 현대판 노예제라는 오해, 기후변화가 집단 이주로 이어진다는 오해 등이다.

이 책은 모두 22개 장으로 구성되었으며, 각각의 장에서 이주에 관한 해묵은 오해를 파헤친다. 각 장의 도입부에서는 어떤 오해를 하고 있는지 간략히 설명한다. 오해에 담긴 전형적인 이야기와 더불어 정치인과 이익단체, 국제기구가 그런 오해를 생산하고 재활용하게 된 기원을 설명한다. 그다음 '실상'에서는 역사와 인류학, 사회학, 지리학, 인구학, 경제학 등의 데이터와 증거를 들어 그 오해를 해소한다. 이 책의 전체 목표와 마찬가지로 각 장의 목표도 이주가 출신국 사회와 도착국 사회의 광범위한 사회적·문화적·경제적 변화에 내재한 일부임을 밝히고 이주의 진짜 추세와 원인, 영향에 관한 증거를 제시한다.

이 책의 최종 목표는 각 장에서 최신 증거에 기초한 통찰을 제공함으로써 오해를 씻어 버리고 더 나아가 이주를 광범위한 국가적 변화와 세계적 변화에 내재한 일부로 보는 새롭고 전체론적인 관점을 제시하는 것이다. 각 장이 독립적으로 쓰여 특별히 관심 있는 부분만 읽어도 좋지만, 전체가 모여 대단히 중요한 이야기를 구성한다. 따라서 처음부터 순서대로 읽으며 각 장에서 논의한 일반적인 내용을 파악하면 결론에 다다를수록 통찰이 깊어질 것이다. 학문적인 용어를 필요 이상으로 사용하지 않겠지만, 이주 과정을 근본적으로 이해하는 데 필요한 미묘하고 복잡한 문제는 피하지 않고 자세히 다룬다.

나는 독자들이 이주의 실상을 제대로 이해하도록 이 책을 썼다. 그러기 위해 최고의 데이터와 과학적 통찰에 확고한 기반을 두고, 이주에 관한 **진정한** 논의를 자극한다는 목표를 세웠다. 진정한 논의가 활발해지면 정치인들도 더는 정치적 쇼맨십에 불과한 노골적인 선동을 하지 못하고 정책을 떠들지 못할 것이다. 노골적인 선동과 정책은 선거에는 도움이 될 수 있지만, 실질적인 문제를 해결하기는커녕 더 **악화**시킬 뿐이다. 우리는 이보다 훨씬 더 잘할 수 있다.

그런 희망을 품을 근거도 충분하다. 앞으로 이야기하겠지만, 대부분 사람의 이주에 관한 미묘한 의견 차이가 연구에서 드러나기 때문이다. 여론이 대대적으로 이주에 반대하는 쪽으로 돌아섰다는 것은 절대로 사실이 아니다. 이주 찬성 진영과 이주 반대 진영의 정치적 양극화는 이주에 관한 우리의 일반적 생각과 느낌을 반영하지 못한다. 이주와 통합, 분리에 타당한 우려를 제기하는 사람들 대부분이 이주는 어느 정도 불가피하고 이주 노동자들이 우리 사회에 필요불가결한 일을 맡고 있으며 이주자와 난민에게도 기본권이 있다고 인정한다. 이주의 딜레마를 이해하는 것이다.

앞으로 이야기하겠지만, 복잡한 이주 문제를 쉽게 풀어낼 해결책은 없다. 하지만 아주 오랫동안 이주 논의를 마비시킨 불필요한 공황과 공포만 없애면, 정확한 정보에 기초해 이주의 혜택과 단점을 논의할 공간이 열릴 것이다. 그리고 과거와 같은 실수를 피하고 우리 사회 구성원 **모두**에게 더 큰 혜택을 제공할 더 효과적이고 더 나은 정책을 수립할 방법을 논의할 공간이 열릴 것이다.

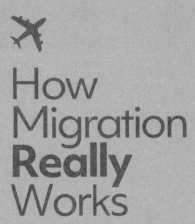

How
Migration
Really
Works

1부

이주에 관한 오해

이주가 사상 최고치다

이주가 사상 최고치이며 빠르게 증가하는 듯하다. 많은 사람이 세계가 이처럼 대대적인 이주를 경험한 적이 없으며, 이 때문에 위기를 맞았다고 이야기한다. 극심한 가난과 인구 증가, 압제, 전쟁, 기후변화 탓에 삶의 터전을 등지는 사람이 점점 늘었다. 가난한 사람들이 갈수록 도시나 해외로 몰려가면서 도시 지역이나 도착국 사회의 수용 범위를 넘어섰다. 전 세계적으로 이주와 난민 위기가 빠르게 확산하는 탓에 문제를 시급히 해결하지 못하면 머지않아 점점 더 느는 탈출을 통제할 수 없다는 두려움이 커지고 있다. 이 모든 것이 우리가 현재 유례없는 대규모 이주 시대에 살고 있다는 생각을 확인해주는 듯하다.

이주에 관한 이런 이미지가 텔레비전과 신문, 인터넷에 가득하다. 각국 정부는 부유한 서구의 국경을 향해 필사적으로 바다와 사막을 건너는 이주자와 난민의 물결에 점점 더 압도되는 듯하다. 국가 인구

에서 이입민이 차지하는 비중이 늘고, 민족적·인종적·종교적 다양성
의 수준이 그 어느 때보다 높은 것 같다.

세계화 덕분에 지금 우리는 그 어느 때보다 쉽게 원거리를 여행하
고 연결한다. 1990년대 이후 보급된 위성 텔레비전과 인터넷, 스마트폰
이 글로벌 연결성을 혁명적으로 발전시켰다. 과테말라나 에티오피아,
아프가니스탄의 아주 작은 마을과 도시도 이제 나머지 세상과 어렵지
않게 연결된다. 이렇게 노출된 부유하고 호화로운 서구의 이미지가 젖
과 꿀이 흐르는 땅의 삶을 맛보고 싶어 하는 젊은이들의 이주 열망에
기름을 부은 듯하다.

이 모든 것이 이주 압력이 증가하도록 부채질한 것은 분명하다. 국
제적으로 여전히 엄청난 불평등이 존재하고, 많은 개발도상국이 가난
과 사회 불안, 부패, 폭력적 분쟁에 시달리고 있다. 이와 더불어 급속
한 인구 증가로 먹여 살려야 할 굶주린 사람이 해마다 늘며, 부족한
자원을 쟁취하려는 경쟁이 갈수록 치열해지고 있다. 최근에는 이처럼
다양한 인간 고통에 기후변화까지 가세해 홍수와 가뭄, 허리케인, 산
불이 갈수록 늘고 있다. 거듭되는 흉작 탓에 집과 가축, 농장을 잃고
궁핍으로 내몰린 사람들에게는 달아나는 것 외에 다른 방법이 없다.
이들을 포함해 글로벌 사우스Global South(지구 남반구를 중심으로 한 신
흥 개발도상국들-옮긴이)에서 삶의 뿌리가 뽑혀 필사적으로 글로벌 노스
Global North(지구 북반구에 위치한 선진국들-옮긴이)로 이주하는 사람들이
대규모로 늘고 있다.

우리가 현재 유례없는 대규모 이주 시대를 살고 있다는 생각이 공
감을 얻은 것은 국제이주기구나 유엔난민기구처럼 유력한 국제기구들
이 이주자와 난민 숫자가 사상 최고치를 경신하고 있다는 주장을 일

삼은 덕분이다. 2021년 국제이주기구는 "현재 사람들의 이동성이 현대 역사상 그 어느 때보다 높으며, 계속 급속히 증가하고 있다"라고 발표했다.[1] 유엔난민기구도 분쟁과 폭력, 기후변화로 점점 더 많은 사람이 고향에서 삶의 터전을 잃는 '글로벌 실향 위기' 시대에 살고 있다는 주장으로 경종을 울렸고, 2022년에는 실향민이 사상 최대로 1억 명에 이르며 10년 전 거의 아무도 예상하지 못한 '극적 국면'에 도달했다고 발표했다.[2]

이 모든 주장을 하나로 압축한 강력한 개념이 '이주 위기'다. 우리가 유례없는 대규모 이주 시대에 살고 있다는 주장은 이주와 관련해 가장 널리 퍼진 견해다. 좌익에서 우익에 이르는 정치인과 기후 운동가, 이민 배척 단체, 인도적 비정부기구, 난민기구, 언론이 각자 서로 다른 해결책을 제시하지만, 현시대가 일련의 세계적·경제적·인구학적·환경적 위기에 따른 이주 위기 시대라는 생각에 모두 공감한다. 이런 이야기에 따르면, 지금 세계는 불타고 있으며 그 결과 이주가 통제 불능 상태로 치닫고 있다.

실상

국제 이주는 낮고 안정적인 수준을 유지하고 있다

이주가 사상 최대치라는 생각이 거의 의심할 여지가 없는 진실인 것 같지만 이주의 실상은 우리에게 사뭇 다른 이야기를 들려준다. 현

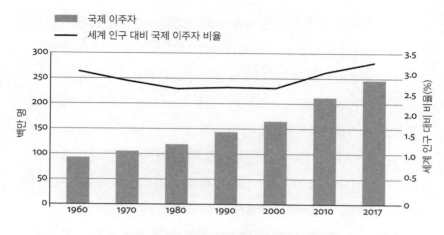

그래프 1. 1960~2017년 전 세계 국제 이주자 인구

재 국제 이주 수준은 이례적으로 높지도 않고 증가하고 있지도 않다. 사실 지난 수십 년간 국제 이주는 놀랄 만큼 안정적인 수준을 유지했다. 대부분 정의에 따르면, 국제 이주자는 최소한 12개월 동안 모국이 아닌 다른 나라에 사는 사람이다. 이런 정의와 유엔 인구국의 데이터에 따르면, 1960년 전 세계 국제 이주자는 대략 9,300만 명이었다. 이 수치가 2000년 1억 7,000만 명으로 증가하고, 2017년 2억 4,700만 명으로 계속 증가한 것으로 추산된다. 얼핏 엄청나게 증가한 것처럼 보인다. 하지만 전 세계 인구도 대략 비슷한 속도로 증가했다. 1960년 30억 명이던 세계 인구는 2000년 61억 명, 2017년 76억 명으로 증가했다. 따라서 국제 이주자 수를 세계 인구 대비 비율로 따지면 이주자 비율은 대략 3%로 안정적인 수준을 유지해왔다. 게다가 과거의 수치는 과소평가되었을 가능성도 크다. 지난 수십 년 동안 등록되지 않은 이주가 많기 때문이다.[3]

이런 증거는 국제 이주가 가속화하고 있다는 생각과 배치된다. 실제로는 19세기 말과 20세기 초에 오히려 국제 이주 수준이 더 높았다. 이때가 대서양을 횡단하는 이주의 전성기였다. 유럽인 수천만 명이 미국과 캐나다, 아르헨티나, 브라질은 물론 오스트레일리아와 뉴질랜드 등 '신세계' 국가에서 기회와 자유를 찾고자 '구세계'를 떠났다. 이 대규모 국외 이주 시기에 유럽 제국주의의 전성기까지 겹치며 유럽의 수많은 군인과 식민지 개척자, 선교사, 행정가, 기업가, 노동자가 아프리카와 아시아의 식민지에 정착했다.

유럽 제국주의와 산업화에 따른 끊임없는 노동력 수요는 전 세계 다른 지역의 대규모 이주도 촉발했다. 1834년부터 1941년까지 영국과 프랑스, 네덜란드는 주로 인도와 중국, 인도네시아 출신의 ('막노동자') 기한부 계약 노동자 1,200만~3,700만 명을 카리브해와 동아프리카 등의 식민지로 실어 날랐다.[4] 영국은 카리브해의 식민지 노동자 외에 동아프리카에 보낼 기한부 계약 노동자들을 모집했는데, 이때 모집된 인도인이 1890년대 케냐와 우간다를 잇는 철도를 건설했다. 일본에서도 기한부 계약 노동자 100만 명이 모집되어 하와이와 미국, 브라질, 페루 등의 목적지로 이동했다. 1917년 공산주의 혁명이 일어나고 1922년 소비에트 연방이 창설된 후 러시아 제국주의에 따라 러시아 민족이 대규모로 라트비아와 에스토니아, 우크라이나, 벨라루스, 몰도바, 카자흐스탄 같은 소비에트 공화국과 시베리아로 이주해 정착하고, 러시아인들이 러시아 영토에서 벗어나 시베리아로 이동했다.[5]

1846년부터 1940년까지 대륙을 건너 이동한 사람이 통틀어 1억 5,000만여 명이다. 1900년 기준 세계 인구의 9%에 이른다. 대규모로 유럽으로 이동한 인구는 포함되지도 않은 수치다. 이렇게 대륙을 건넌 이주자 중 5,500만~5,800만 명은 아메리카 대륙으로 이동한 유럽인, 4,800만~5,200만 명은 동남아시아와 동아프리카, 남태평양의 유럽 식민지로 이동한 인도인과 남중국인, 4,600만~5,100만 명은 만주와 시베리아, 중앙아시아, 일본에 정착한 러시아인과 중국인이다.[6]

더 자세히 분석하면, 1846~1924년에만 유럽인 거의 4,800만 명이 유럽 대륙을 떠났다. 1900년 기준 유럽 인구의 12%에 해당한다. 일부 국가에서는 이 비율이 훨씬 더 높게 나타난다. 같은 기간 영국 제도를 떠난 사람은 1,700만여 명이다. 1900년 기준 영국 인구의 41%에 달한다.[7] 1869~1940년까지 이탈리아인 1,640만 명이 북유럽과 남아메리카, 북아메리카의 목적국으로 이민을 떠났다. 1900년 기준 이탈리아 인구의 50%에 육박하는 규모다.[8]

오늘날 주요 이민 송출국의 이출 비율보다 훨씬 더 높은 수치다. 예를 들어, 2017년 기준 (미등록 이주자를 포함해) 멕시코에서 태어난 뒤 해외에서 사는 950만 명은 멕시코 인구의 7.5%에 해당하고, 튀르키예에서 태어난 뒤 해외에서 사는 300만 명은 튀르키예 인구의 3.8%에 해당한다. 인구가 많은 나라에서는 비율이 훨씬 더 떨어진다. 2007년 기준 인도에서 태어나 해외에서 사는 950만 명과 중국에서 태어나 해외에서 사는 580만 명은 각각 인도 총인구의 0.4%, 중국 총인구의 0.7%에 불과하다.

이처럼 비교적 낮은 이주 비율은 난민을 추가해도 크게 변하지 않는다. 왜냐하면 언론과 정치권이 '난민 위기'에 쏟는 엄청난 관심에 비해 실제 난민 수는 아주 적기 때문이다. 전 세계 이주자 중 난민이 차지하는 비율은 고작해야 7~12%로, 세계 인구 대비 0.3%에 불과하다. (3장에서 자세히 살펴보겠지만) 20세기 중반의 난민 수가 현재보다 훨씬 더 많았다.

국제 이주의 역전

국제 이주 수준은 우리가 생각하는 것만큼 높지 않다. 국제 이주자
는 세계 인구 대비 3% 정도이며, 그 수치도 이제껏 대단히 안정적이었
다. 바꿔 말하면, 모국에 사는 사람이 세계 인구 중 97%라는 뜻이니
압도적인 비율이다. 이 세상에서 좀처럼 사라지지 않는 엄청난 불평등
을 고려하면 상당히 놀라운 수치다.

결국 국제 이주가 가속화하고 있다는 증거는 없다. 그렇다고 아무것
도 변한 것이 없다는 의미는 아니다. 특히 서구와 유럽의 관점에서 보
면, 이주 패턴에 큰 변화가 나타났다. 국제 이주 지도가 완전히 뒤집힌
것이다. 이 변화는 수치와는 무관하다. 그보다는 제2차 세계대전 이후
국제 이주에서 나타난 주요한 지리적 방향 변화와 관련이 있다. 최소한
유럽이나 북아메리카의 관점에서 볼 때 이주가 사상 최고치인 것처럼
보이는 이유가 바로 이 때문이다.

가장 기본적 변화는 서유럽이 전 세계 식민지 주민과 이주자를 공
급하는 주요 공급원에서 이주자들이 향하는 중요한 목적지로 변한 것
이다. 유럽인들은 15세기부터 세상의 나머지 지역으로 모험을 떠나 외
국 영토를 점령하고 사람들을 이주시켰다. 아메리카 대륙이 대표적이
지만 아프리카와 아시아도 마찬가지다. 1492년 크리스토퍼 콜럼버스
가 카리브해 지역에 발을 디딘 후 진행된 아메리카 대륙의 '발견'과 정
복이 그 출발점이었고, 16세기와 17세기부터 스페인과 포르투갈, 네덜
란드, 프랑스, 영국이 아메리카 대륙을 비롯해 아프리카와 아시아 해

안에 교역소와 식민지를 건설하는 작업에 점점 더 몰두했다. 스페인은 필리핀을 정복하고, 영국은 인도 아대륙에 대한 통제권을 점차 확대하고, 네덜란드는 인도네시아의 지배권을 확보했다.

특히 19세기 중반부터는 영국과 프랑스를 비롯한 유럽의 식민지 열강들이 에티오피아와 태국, 중국 등 일부 지역만 남기고 아프리카와 아시아 대륙 대부분을 식민지로 삼았다. 이에 따라 유럽 정착민들이 새로운 식민지로 이주했다. 영국인들은 남아프리카공화국과 (현재 짐바브웨인) 로디지아, 케냐로 이동하고, 프랑스를 비롯한 기타 유럽의 수많은 **콜롱**colon(식민지 개척자—옮긴이)이 알제리에 정착했다. 유럽인들이 원주민의 허락을 받지 않고 이주한 것은 틀림없는 사실이다. 유럽의 식민주의는 분명히 인류 역사상 가장 큰 불법 이주였다.

그와 동시에 유럽의 식민주의는 역사상 가장 큰 강제 이주도 촉발했다. 아프리카인 1,200만 명이 대서양을 횡단하는 노예무역으로 강제로 아메리카 대륙에 끌려간 것으로 추산된다.[9] 19세기 들어 노예무역과 노예제가 폐지되자 영국과 네덜란드, 프랑스는 특히 인도 아대륙을 비롯해 자바섬과 중국에서 기한부 계약 노동자를 대규모로 모집해 카리브해와 동아프리카의 식민지로 보냈다.

1776년 미국이 영국에서 독립했고, 라틴아메리카의 식민지 대부분이 19세기 초 스페인에서 독립했다. 브라질도 포르투갈에서 독립했다. 하지만 유럽인들의 아메리카 대륙 유입은 멈추지 않았다. 특히 1850년대부터는 해외에서 더 나은 기회를 찾으려는 농민과 공장 노동자 등 유럽의 이주자들이 미국과 캐나다뿐 아니라 아르헨티나와 브라질의 경제적 기회에 주목했다. 이들이 결국 대규모로 대서양을 횡단해 이주했다. 산업화와 도시화도 중국과 일본의 이주 노동자들을 아메리카 대

륙으로 이끌었다.[10]

이런 흐름이 끝난 것은 제2차 세계대전 종전 이후였다. 아시아와 아프리카의 유럽 식민지 대부분이 1945년부터 1965년 사이에 독립했다. 서유럽의 경제가 빠르게 성장하고 복지 국가 체계가 확립된다는 것은 아메리카와 오스트레일리아, 뉴질랜드 이주에 대한 유럽인의 관심이 급속히 사라진다는 의미였다. 또한 완전 고용과 급속한 출산율 저하는 유럽의 국가들이 다양한 산업과 광업에서 갈수록 노동력 부족에 직면한다는 의미였다. 결과적으로 유럽인들이 다른 대륙으로 대규모로 이주하는 시대가 막을 내렸다.

결국 이주 패턴이 완전히 뒤집혔다. 세계의 나머지 지역에서 서유럽으로 향하는 사람이 늘어난 것이다. 이런 흐름은 예전 식민지에서 사람들이 유럽으로 이동하는 형태의 '탈식민주의' 이주로 시작되는 경우가 많았다. (서인도 제도 등) 카리브해와 (파키스탄과 인도 등) 남아시아의 사람들과 동아프리카에 사는 인도계 사람들은 영국으로, (알제리와 튀니지, 모로코 등) 마그레브 지역과 (세네갈과 말리를 중심으로) 서아프리카에 사는 사람들은 프랑스로, 인도네시아와 수리남에 사는 사람들은 네덜란드로 향했다.

해외에 대규모 식민지가 없던 독일과 오스트리아, 스위스, 덴마크, 스웨덴, 네덜란드, 벨기에는 부족한 탈식민주의 이주자를 손님 노동자로 보충했다. 1950년대와 1960년대에 이탈리아와 스페인, 포르투갈, 그리스, 구유고슬라비아에서 손님 노동자를 대규모로 모집했다. 남유럽의 노동력이 고갈되자 각국 정부와 기업은 튀르키예와 마그레브 지역에서 이주 노동자를 모집하기 시작했다. 처음에는 임시 이주였지만, 많은 이주자가 정착해 가족을 데려오며 대규모 이주자 공동체가 성장할 토대가 마련되었다.

이런 '국제 이주의 역전global migration reversal'이 국제 이주 패턴을 완전히 변화시켰다. 유럽이 세계의 주요 이주자 공급원에서 비유럽 이주자의 주요 목적지로 바뀌자 유럽인들이 전통적인 유럽 식민지인 북아메리카와 오스트레일리아, 뉴질랜드로 이주하는 양상도 바뀌었다. 유럽인들이 대규모 이주를 중단하며 북아메리카와 오스트레일리아, 뉴질랜드로 이주하는 비유럽 출신자가 늘기 시작한 것이다.

유럽인이 수 세기 동안 미국과 캐나다 이주에서 압도적 비중을 차지했지만, 1950년대부터는 푸에르토리코와 멕시코, 쿠바 등 라틴아메리카와 (한국과 베트남, 필리핀, 인도, 중국을 중심으로) 아시아 지역의 사람들이 유럽인의 자리를 대체하기 시작했다. 이와 더불어 세계 다른 지역에서도 이주 패턴이 크게 변화했다. 유럽 이출민들emigrant이 더는 남아메리카를 목적지로 삼지 않자 이주 패턴이 뒤집혀 라틴아메리카에서 북아메리카로, 나중에는 유럽으로 향하는 사람이 급속히 증가했다.

국제 이주 패턴에서 주요하게 나타난 또 다른 변화는 비서구 이주 목적국의 등장이다. 1980년대부터 사우디아라비아와 아랍에미리트, 쿠웨이트, 카타르 등 경제가 급속히 성장한 걸프 국가들이 (이집트를 비롯한) 중동 지역, 파키스탄과 인도·필리핀 등 아시아 빈곤국 출신 이주 노동자와 이보다 규모는 작지만 아프리카 출신 이주 노동자의 목적국으로 떠올랐다. 특히 최근 수십 년 사이 아시아인들이 국제 이주 무대에 진입하며 전 세계 다양한 목적국으로 이주하는 중국인과 인도인, 필리핀인, 인도네시아인이 계속 늘고 있다. 동아시아와 동남아시아에서는 일본과 한국, 싱가포르, 말레이시아, 태국 같은 국가가 미얀마와 네팔, 우즈베키스탄 등 아시아 안팎 빈곤국 이주자들의 목적국이 되었다. 1990년대에는 러시아가 우크라이나와 카자흐스탄, 우즈베키스탄 등 구소비에트 공화국 이주 노동자들의 주요 목적국으로 부상했다.[11]

한마디로 지난 반세기 동안 국제 이주 패턴이 근본적인 변화를 겪었다. 캐나다와 오스트레일리아, 뉴질랜드처럼 (이주자가 전체 인구의 20% 정도를 차지하는) 전통적인 이입국을 제외해도 미국과 영국, 독일, 프랑스를 비롯해 대부분 서구 국가에서 인구의 10~15%가 해외에서 태어난 사람이다. 하지만 역사적 관점에서 볼 때 이런 이입 수준은 예외적인 것이 아니다. 지난 수십 년 동안 미국 이주가 증가했지만, 2020년 기준 미국 인구 대비 이입민 비율은 (대략 14%로) 한 세기 전과 거의 같은 수준이다.[12]

중요한 변화는 비유럽 출신 이입민 인구의 증가다. 유럽이 주요 이주자 공급원에서 주요 이주 목적지로 바뀌며 나타난 국제 이주의 역전 현상에 따라 라틴아메리카와 아시아, (이보다 규모는 작지만) 아프리카에서 유럽과 북아메리카, 오스트레일리아, 뉴질랜드를 비롯해 걸프 지역과 동아시아의 새로운 이주 목적지로 향하는 이주자가 증가했다. 이런 변화는 국제 이주 수준의 전체적인 증가와 무관하며, 국제 이주 흐름에서 나타난 주요한 지리적 방향 전환과 관계가 있다.

이런 변화에 따라 유럽과 북아메리카에 정착하는 비유럽 출신 인구가 증가했다. 이것은 의심할 여지 없이 중요한 변화이며, 이런 변화를 고려하면 이주가 사상 최대치라는 생각도 수긍할 만하다. 이입민이 많이 몰리는 도시와 마을, 동네는 특히 더 그럴 것이다. 하지만 실제 데이터는 국제 이주가 통제 불능 상태에 빠지는 것은 차치하고 심지어 가속화한다는 생각과도 배치된다. 사실 이런 생각은 유럽 중심적 세계관을 반영한다. 유럽 중심적 세계관은 비서구 유색 인종의 이입을 특히 문제시하지만, 과거 유럽인의 이입과 이출에는 눈을 감는다.

대부분 이주자는 근거리를 이동한다

국제 이주에 관한 서구 정치인과 언론의 선입견 때문에 놓치기 쉬운 것은 국가 안에서 이동하는 **국내** 이주가 국경을 넘는 이동보다 훨씬 더 중요하다는 사실이다. 사람들이 국내 이주를 하는 이유는 국제 이주 비용이 많이 들기 때문만이 아니라 고향과 가까이 머물길 바라기 때문이다. 확실한 데이터에 따르면 전 세계 모든 이주자 중 80% 정도가 국내 이주자로 추산되는데, 이는 세계 인구 대비 12%에 해당한다.[13] 이 데이터에 따르면, 전 세계 국내 이주자는 대략 10억 명으로 추산된다.

'내부 이주'로도 알려진 국내 이주는 도시화가 급속히 진행되는 개발도상국에서 특히 중요하다. 도시화는 농촌 지역에서 급성장하는 대도시 지역으로 대규모 이주를 촉발한다. 시골에서 크고 작은 도시로 향하는 인구의 대규모 이동은 산업화와 현대화라는 광범위한 과정의 내재적인 부분이어서 불가피한 측면이 크다.

전 세계적인 '농촌 탈출'은 19세기와 20세기 초 서유럽과 북아메리카, 일본에서 시작되어 1950년대에 대체로 완료되었다. 현재 산업화 국가에서는 80%가 넘는 인구가 도시 지역에서 거주한다. 농촌에서 도시로 이동하는 대다수 이주자가 자국 내에 머물지만, 그중 일부는 도시를 중간 집결지로 활용해 해외로 이주한다. 현재 중국과 인도, 인도네시아 등 중소득 국가에서 농촌에서 도시로 이주하는 이촌향도가 활발히 진행 중이고, 에티오피아와 아프가니스탄, 미얀마 등 저소득 국가에서는 농촌에서 도시로 이동하는 일이 이제 탄력을 받기 시작했다. 현재 저소득 국가에서는 크고 작은 도시에 거주하는 인구가 30% 미만이지만, 세계 그 어느 곳보다 빠르게 도시화가 진행되고 있다.

현대 산업화 시대는 여러모로 국제 이주의 시대가 아니라 국내와 국경을 넘어 이동한 이촌향도의 시대였다. 우리는 대부분 농부의 후예다. 거의 모든 도시인이 불과 두세 세대만 거슬러 올라가면 일자리나 교육, 새로운 생활 방식을 찾아 도시로 중요한 발걸음을 내디딘 조상을 만나게 된다. 농촌 생활 방식에서 도시 생활 방식으로 전환한 것은 지난 100~200년 사이에 인류가 겪은 가장 근본적 변화였다. 많은 중·저소득 국가가 지금도 그 과정을 밟고 있다.

농촌에서 도시로 향한 이주에서 국경을 넘느냐 마느냐보다 중요한 것은 급격한 생활 방식의 변화와 그에 따라 종종 발생하는 흥분과 소외, 충격이 뒤섞인 복잡한 감정이다. 멕시코 오악사카주의 농촌 마을에서 멕시코시티로 혹은 모로코 남부 타타 지방에서 카사블랑카로 혹은 파키스탄 연방직할부족지역FATA에서 카라치로 이동한 농부의 아들딸은 로스앤젤레스나 파리, 런던으로 이주할 때와 거의 같은 충격, 어쩌면 더 큰 충격을 받는다. 멕시코시티나 카사블랑카, 카라치에 사는 중산층 도시민들은 서구 대도시의 삶에 적응하는 데 큰 어려움을 겪지 않을 것이다.

따라서 더 나은 기회와 생활 방식을 찾는 젊은이 대다수는 자국 내에서 이동한다. 국내 이동 중 국제 이주로 이어지는 비율은 평균 20%에 불과하다. 특히 중국, 인도, 인도네시아, 브라질, 나이지리아, 미국, 러시아처럼 국토 면적이 넓고 인구가 많은 국가에서는 국내 이주 비율이 국제 이주 비율보다 훨씬 더 높다. 내부 이주의 규모가 엄청나다는 사실을 입증하는 증거가 중국의 '유동 인구'다. 중국의 국내 이주자 수는 최소한 2억 7,000만 명으로 추산된다. 그에 비해 중국에서 태어나 해외에서 사는 사람은 580만 명에 불과하다.[14] 다시 말해, 중국의 국내 이주자 수가 전 세계 국제 이주자 수와 맞먹는 것이다.

여기서 우리는 국토가 넓을수록 국내에 머무는 이주자 비율이 높고 상대적으로 국제 이주를 하는 사람의 비율이 낮다는 경험칙을 확인할 수 있다. 이유는 간단하다. 국토가 넓고 인구가 많은 나라에서는 일자리와 교육, 새로운 생활 방식을 찾아 시골 동네나 마을을 떠나는 사람 대부분이 자국 내 대도시에서 그 기회를 얻을 수 있기 때문이다. 작은 국가에서는 사람들이 그런 기회를 찾아 국경을 넘을 가능성이 커진다. 그런데 국경을 넘는 사람 대부분이 가까운 이웃 나라로 향한다. 이주 비용이 저렴하고, 대체로 문화와 언어, 종교, 관습이 비슷하기 때문이다. 고향 근처에 거주하면 적응하고 일자리를 구하고 가족과 친구를 만나러 고향에 돌아가기도 쉽다.

지도 1을 보면 최근 역사에서 나타난 주요한 국제 이주 현황을 알수 있다. 지도에서 인구 이동의 엄청난 복잡성이 확인되지만, 국가 내부에서 그리고 지역 내부에서 이동하는 사람이 대부분이다. 이주의 현실은 글로벌 사우스에서 글로벌 노스를 향해 대규모로 탈출한다는 일반적 통념과 크게 다르다. 예를 들어, 걸프 지역은 서유럽 못지않게 중요한 국제 이주 목적지이며, 라틴아메리카의 아르헨티나와 브라질, 아프리카의 코트디부아르와 가봉, 남아프리카공화국, 아시아의 싱가포르와 말레이시아, 태국이 해당 지역에서 중요한 이주 목적국으로 부상했다. 그리고 중국과 나이지리아, 브라질처럼 국토 면적이 넓은 국가에서는 국내 이주를 하는 대규모 인구의 이동도 확인된다.

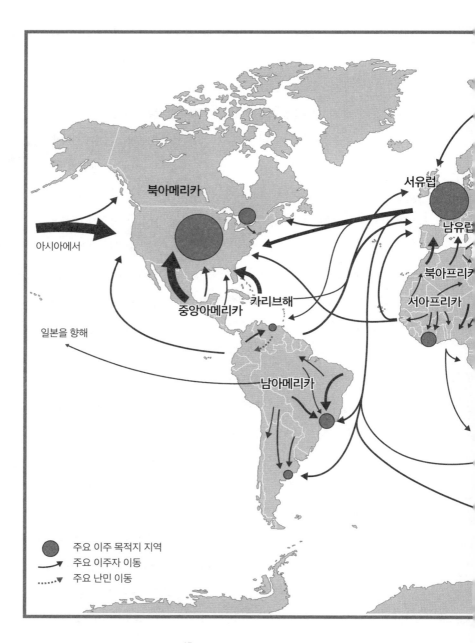

지도 1. 1950~2020년 주요 원거리 이주[15]

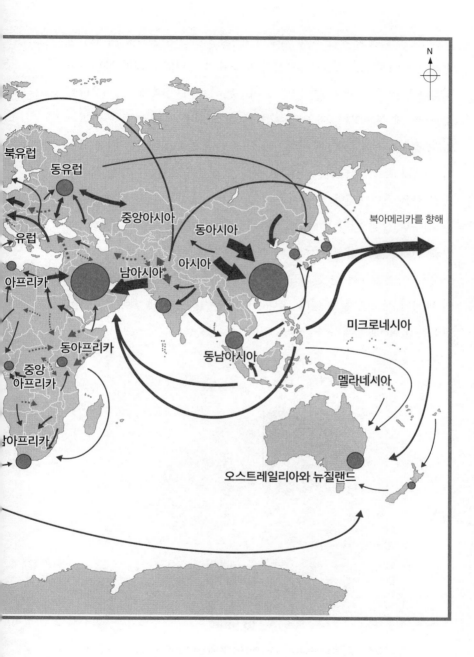

가장 중요한 내용은 세계 인구의 4분의 3 이상이 본인이 태어난 장소와 지역에서 살고 있다는 사실이다. 경제적 기회의 지리적 불평등이 엄청나게 크지만 대다수가 고향에 머무는 것이다. 해외에 사는 사람은 고작 3%에 불과하며, 이 비율은 지난 수십 년간 놀랄 만큼 안정적이었다. 정치적 수사나 언론 이미지와 사뭇 다르게 현실에서는 전체 인구가 대규모로 삶의 터전을 떠나 이주하는 경우가 드물다. 설령 홍수와 지진 같은 자연재해나 전쟁 때문에 삶의 터전을 떠나도 일시적인 근거리 이주로 끝날 때가 많다. 대부분이 고향과 가까운 곳에 머문다. 대륙을 건너는 원거리 이주는 예외적인 경우다.

이런 사실을 예시한 그래프 2를 보면, 세계 인구 중 약 83%가 본인이 태어난 장소에 살고 있다. 국내 이주자는 13%, 국제 이주자는 3%, 난민은 0.3%에 불과하다.

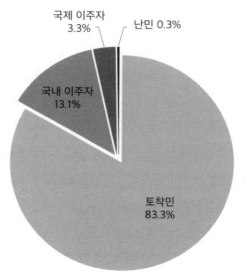

그래프 2. 2020년 세계 인구 대비 이주자와 난민, 토착민 비율

글로벌 이동성의 감소?

　실제 확인된 증거는 국제 이주가 가속화하고 있다는 생각과 국제 이주 위기라는 개념에 의문을 제기한다. 국제 이주가 증가하지 않고 대단히 안정적인 현실도 교통수단과 통신 기술의 획기적 발전에 따라 국제 이주가 가속화한다는 통념에 이의를 제기한다. 교통비가 싸지고 통신수단의 접근성이 나아질수록 이주가 더 쉬워진다는 것이 전통적 사고방식이다. 하지만 실제로는 정반대 추론이 가능하다. 역사를 길게 보면, 사실 인류는 기술 진보 덕분에 정착했다.

　호모 사피엔스는 대부분 역사 동안 떠돌며 살았다. 수렵 채집하고 유목하는 생활 방식에 따라 끊임없이 움직이며 식량을 찾아야 했기 때문이다. 영구 거주지가 없었다는 뜻이다. 기원전 1만 년 무렵 세계 각지에서 농업이 발명되며 비로소 상황이 변하기 시작했다. 중동과 메소포타미아, 황허강 유역, 아프리카 일부 지역에서 농업 (혹은 신석기시대) 혁명이 시작되며 인류는 농업 공동체에 영구 정착하고, 떠돌아다니며 유목하거나 목축하는 생활 방식을 버리기 시작했다.

　그러다가 19세기 초 시작된 산업 혁명이 대대적인 이촌향도를 불러왔다. 기계화 때문에 농업 분야의 일자리가 줄어든 것이 가장 큰 이유였다. 그와 동시에 산업과 광업, 서비스 분야의 노동력 수요가 증가했다. 이런 과정이 영국에서 처음 시작된 후 유럽 전역과 북아메리카를 거쳐 전 세계로 급속히 확산했다. 하지만 이렇게 대규모로 진행되는 이촌향도는 대체로 일시적 국면에 그친다. 부유한 산업화 국가에서는 압도적으로 많은 인구가 이미 도시 지역에 거주하며 도시화 과정이 대체로 완료되거나 도시가 '포화 상태'로 되었다.

따라서 긴 안목으로 보면, 미래에는 글로벌 이동성이 줄어듦에 따라 이주 수준이 떨어질 수 있다. 미국과 영국, 독일, 일본 등 많은 서구 국가에서 이미 인구 대다수가 크고 작은 도시에 거주하며 국내 이주가 줄고 있다.[16] 동아시아와 동남아시아, 라틴아메리카, 중동의 중소득 국가 대부분에서도 대다수 인구가 (중국은 인구의 63%, 멕시코는 81%, 브라질은 87%가) 도시 지역에 거주하며 국내 이주가 활력을 잃고 있다. 사하라사막 이남의 아프리카를 비롯해 남아시아와 중앙아시아 지역 중 최근에 비로소 도시화 과정이 시작된 저소득 국가들에서만 아주 대대적인 도시 집중 현상이 발견된다. 전 세계에서 향후 수십 년에 걸쳐 대규모 이촌향도가 진행될 곳은 이런 지역들뿐이다.

교통수단과 통신 기술의 발전이 자연히 이주 증가로 이어진다는 생각은 이주의 원인에 대한 어설픈 추정에 기초한다. 기술이 이주에 미치는 영향은 기본적으로 모호하다. 한편으로 생각하면, 그 덕분에 여행 비용이 싸지고 잠재적 이주자는 다른 곳의 여러 가지 기회에 관한 정보를 더 쉽게 구할 수 있다. 하지만 교통수단과 통신 기술의 접근성이 좋아지면 기회를 잡으려고 거주지를 바꿀 필요성이 사라질 수도 있다. 예를 들어, 20세기 중반 대중교통이 발전하고 자동차 소유가 대중화되고 고속도로 체계가 도입되자 출퇴근하는 사람이 점점 더 증가했다. 그러면서 다른 곳으로 일자리를 옮길 때마다 거주지를 바꿀 필요성이 사라졌다. 프랑스와 중국, 일본 같은 나라에서는 고속 철도망이 전국에 구축된 덕분에 매일 수백 킬로미터가 넘는 거리도 출퇴근할 수 있다.

통신과 교통의 혁명 덕분에 노동력이 풍부하고 값싼 나라에서 공장을 돌리고 서비스를 제공하고 농업 생산까지 가능해졌다. 영국의 많은 기업이 경제성과 편익을 고려해 콜센터를 인도로 옮겼다. 고객 센터에 전화를 거는 미국인도 마닐라에 기반을 두고 미국식 영어를 유창하게 구사하는 필리핀 교환원과 통화할 수 있다. 미국의 많은 기업이 미국-멕시코 국경 인근 멕시코 땅에 조성된 수출 가공 지구maquiladoras로 공장을 이전했다. 네덜란드의 장미 재배자들이 케냐와 에티오피아의 거대한 화훼농장에 투자한 것도 같은 맥락이다. 이상적인 기후 여건 덕분에 사시사철 장미를 생산할 수 있을 뿐 아니라 노동력도 값싸기 때문이다.[17]

요컨대, 기술이 반드시 이주 증가로 이어지는 것은 아니다. 부유한 국가의 생산 시설로 노동력이 이동하는 대신, 실제로는 '아웃소싱'으로 자본과 생산이 노동력이 값싼 지역으로 이동하기 때문이다. 이 때문에 일정 부분 이주 노동자에 대한 수요가 사라지는 것이 분명하다.

코로나19 팬데믹에 대응하는 과정에서 두드러진 것이 있다. 인터넷 기술 덕분에 특히 고숙련 서비스 분야에서 재택근무자가 점점 더 늘수 있다는 사실이다. 미래에는 이보다 더 수준이 높은 서비스 분야의 고숙련 노동자들도 재배치되어, 더 작고 더 한가로운 공동체에서 더 싼 주택에 살며 더 여유로운 생활 방식을 경험할 가능성이 매우 높다. 하지만 코로나19 팬데믹에 대응하는 과정에서 모든 업무를 원격으로 처리할 수 있다는 생각이 환상임도 분명히 드러났다. 특히 문제가 되는 것이 건설과 요양, 운송, 접객 등 많은 이주 노동자가 담당하는 서비스 업무다. 앞으로 이야기하겠지만, 실제로 근로자가 물리적으로 실재해야 하는 업무에서 발생하는 지속적인 노동력 부족이 지난 수십 년간 이입이 이어진 주된 이유다.

이 모든 증거에서 확인할 수 있는 것은 기술이 이주에 미치는 영향이 불확실하다는 것이다. 기술이 이주를 증가시키는 증거만큼 기술이 이주를 감소시키는 증거도 많다. 교통과 정보 기술이 이동을 쉽게 만들고 새로운 지평을 탐험하도록 사람들을 고무할 수 있지만, 그들을 그대로 머무르게 만들 수도 있다. 기술이 출퇴근이나 여행, 출장 같은 '비이주성 이동'을 가능하게 만들 수 있지만, 거주지를 바꾼다는 의미의 이주 필요성도 제거할 수 있다. 결국, 현재의 이주 수준이 유례없이 높은 것도 아니고 가속화하지도 않으며, 글로벌 이동성이 감소함에 따라 미래의 이주 수준은 실제로 줄어들 수도 있다.

국경이 통제 불능 상태다

불법 이주가 빠르게 늘며 국경이 통제 불능 상태인 듯하다. 이제껏 합법 이주가 안정적인 수준을 유지했지만, 언론의 이미지와 정치적 수사는 서구 국가를 향해 필사적으로 국경을 넘는 불법 이주자의 수가 늘고 있다고 암시한다. 밀입국업자와 인신매매범들이 이주자의 절박한 심정을 악용해 사막과 바다를 건너는 위험하고 값비싼 여정에 나서도록 유혹하지만, 서구의 각국 정부는 이들을 막지 못하는 듯하다. 따라서 정치인과 권위자, 언론은 갈수록 증가하는 이주 압력에 이민 제도가 무너질 수 있다는 경종을 자주 울린다.

이런 위기 이야기는 '집단 이입'과 '탈출' 같은 종말론적 어휘가 널리 사용됨에 따라 더욱더 강화된다. 2015년 영국 총리 데이비드 캐머런David Cameron이 "사람들이 무리를 지어 지중해를 건너온다"라고 이야기했다.[1] 같은 해 시리아 난민이 대규모로 유럽에 도착하자 네덜란드 총리 마르크 뤼터Mark Rutter도 "로마 제국을 보면 알 수 있듯이 국경을 제대로 지키지 못하면 대제국도 무너진다"라고 주장했다.[2] 그리고 3년 뒤 미국 대통령 도널드 트럼프Donald Trump는 이민이 "미국의 안보와 경제를 위협하고 테러의 관문을 제공한다"라고 경고했다.[3] 2022년에는 영국 내무장관 수엘라 브레이버만Suella Braverman이 프랑스에서 보트를 타고 영국 해협을 건너는 사람들이 늘고 있다며 "영국 남해안 침략"으로 묘사했다.[4]

정치인들은 흔히 이입을 외적의 국경 침략으로, 갑자기 닥친 일로 그린다. 혹은 프랑스 정치인들이 **선택된 이입**immigration choisie을 옹호하며 으레 주장하는 대로 **감내된 이입**immigration subie●으로 묘사한다. 이와 더불어 정치적 수사도 점점 더 가혹해졌다. 예를 들어 영국에서는 노동당 정부와 보수당 정부가 연이어 불법 이주자에게 '적대적인 환경'을 조성하려고 노력했다.

미국도 마찬가지다. 정치인과 권위자들은 흔히 '침략'이라는 말을 들먹이고, '이주자 카라반 행렬'을 암시하는 언론의 이미지와 정치적 수사는 흔히 미국의 주권과 안보를 공격한다고 묘사되는 제3세계의 대규모 탈출에 대한 공포를 부채질한다. 하지만 이는 새삼스러운 현상이 아니다. 멕시코에서 넘어오는 이입이 증가한 1990년대에 이미 라틴계 이입을 미국 사회와 문화에 대한 위협으로 묘사하는 이야기가 등장했다. 이런 이야기는 미국에서 광범위하게 부활한 외국인 혐오의 일부였다. 언론과 권위자들은 일반적으로 합법 이입과 불법 이입을 뒤섞은 이야기에서 이입을 '불법 체류 외국인의 침략'에 비유했다.[5]

● 프랑스어 동사 subir는 통제할 수 없는 일을 '겪다' 혹은 '감내하다'라는 뜻이다.

유럽에서도 비슷한 소리가 들린다. 언론과 정치인들은 유럽으로 이동할 기회만 노리는 아프리카인이 무수히 많다는 인식을 조장했다. 2011년 주로 튀니지 출신인 이주자 5,000여 명이 보트를 타고 이탈리아 람페두사섬에 도착하자, 이탈리아 외무장관 프랑코 프라티니Franco Frattini는 "성경의 출애굽에 버금갈 대규모 탈출"을 경고했고, 이탈리아 내무장관 로베르토 마로니Roberto Maroni는 "그 어떤 나라든 무릎 꿇릴… 침략"이라고 주장했다.[6] 일반적인 '탈출' 이야기는 못지않게 강력한 '침략' 이야기와 짝을 이룰 때가 많다. 이런 '침략' 이야기에서는 유럽에 들어오는 이입이 점점 더 비밀스럽게 그려진다.

이입 침략이 임박했다고 경고하는 사람은 서구의 정치인들만이 아니다. 출신국이나 경유국의 지도자들도 이입 침략을 경고하며 외교적·군사적·재정적 지원을 얻으려는 협상 카드로 활용한다. 아프리카의 지도자들은 더 큰 원조 사업을 확보하거나 국경 통제에 협력하고 불법 이주자와 망명 신청 거부자를 다시 인도받는 대가를 얻고자 '흑인 침략'이라는 유럽인들의 뿌리 깊은 공포를 이용할 때가 많았다.

2010년 리비아 지도자 무아마르 카다피Muammar Gaddafi는 "유럽에 들어가길 원하는 수많은 아프리카인 때문에 유럽이 아프리카로 변할 수 있다"라고 경고하며, 유럽연합이 아프리카인의 불법 이입을 막고 '검은 유럽'을 피하려면 최소한 매년 63억 달러(40억 파운드)를 리비아에 지급하라고 요구했다.[7] 2020년 과테말라 대통령 알레한드로 히아마테이Alejandro Giammattei도 "굶주림과 가난, 파괴는 오랜 세월을 기다리지 않는다.… 삶의 질이 더 나은 나라로 가려 하는 중앙아메리카인 무리를 보고 싶지 않다면, 중앙아메리카에 번영의 장벽을 세워야 한다"라고 선언했다.[8]

이주가 통제 불능이라는 두려움 때문에 많은 정치인이 국경 통제 강화를 주장했다. 출신국의 가난과 분쟁 같은 '근본 원인'을 함께 다루지 않으면 국경 통제만으로는 문제를 해결할 수 없다고 주장하는 사람들도 있었다. 하지만 양쪽이 모두 똑같은 인식을 공유하고 있다. 불법 이입이 걷잡을 수 없는 지경에 이르고 있다는 인식이다. 국경 위기에 쏟는 정치권과 언론의 과도한 관심이 글로벌 사우스에서 글로벌 노스로 향한 이주는 주로 불법 이입이며 그 비중이 점점 더 커진다는 생각을 부채질했다.

실상

대다수가 합법적으로 이주한다

최근 수십 년간 서구 국가에 들어오는 이입 수준이 높아진 것은 사실이다. 유럽과 북아메리카에 들어온 비유럽계 이입민의 비중이 증가한 것도 사실이다. 1장에서 설명했듯, 이는 세계 다른 지역으로 이동하는 유럽인들의 대규모 이주가 중단되며 시작된 국제 이주 역전 현상의 일부다. 하지만 글로벌 사우스에서 글로벌 노스로 향하는 이주가 대부분 불법이며 그 비중이 커진다는 생각을 뒷받침하는 증거는 없다. 오히려 일반적 통념과 반대로, 글로벌 사우스에서 글로벌 노스로 이동하는 사람을 비롯해 국제 이주자의 압도적 다수는 여권과 비자를 취득하고 합법적으로 이동한다. 불법 이주에 대한 언론의 과도한 관심이 현상의 실제 규모를 지나치게 부풀리고 있다.

불법 이주 추세를 추산하는 데 가장 유용한 데이터는 국경에서 체포된 인원수다. 물론 국경에서 체포된 사람이 모두 불법 이주자는 아니다. 규모는 작아도 중요한 대상이 망명 신청자들이다. 망명 신청은 인간의 기본권이기 때문에 망명 신청자는 공식적으로 불법 이주자로 분류되지 않는다. 따라서 이 책에서는 불법 이주자와 망명 신청자가 국경에 도착하는 경우를 가리켜 '불청객 국경 도착unsolicited border arrival'이라는 용어를 사용한다. 국경에서 체포된 인원수는 불청객 월경자의 실제 숫자를 정확히 반영하지 못한다. 밀입국업자의 도움이 있든 없든 트럭이나 승합차, 자동차에 숨거나 혹은 걸어서 혹은 울타리를 넘어 들키지 않고 국경을 넘는 이주자도 있기 때문이다.

체포되는 인원수는 국경 통제의 강도에 따라서도 달라진다. 통제를 강화할수록 적발되는 이주자 수도 늘기 때문이다. 하지만 추방된 사람이 다시 이주를 시도하는 경우가 많아서 한 사람이 통계에 중복해서 잡힐 가능성도 있다. 최근 미국에서 체포자 통계 수치가 급증한 이유가 바로 이런 이중 계산 때문이다. 체포자 통계 수치가 완벽한 자료는 아니지만, 최소한 불법 월경의 장기 추세를 파악할 최고 데이터다.

그렇다면 이 데이터에서 무엇을 파악할 수 있을까? 우선, 유럽보다 미국에서 불법 이입 문제가 더 심각한 듯하다. 1990년부터 2020년까지 미국이 국경에서 체포한 사람은 연평균 100만 명이 조금 넘었다. 같은 시기에 합법적으로 미국에 이입한 연평균 인원의 23%, 즉 4분의 1 정도에 해당하는 수치다. 이 시기에 합법적으로 미국에 이주한 연평균 인원은 470만 명이고, 그중 1,024,000명이 영구 이주자, 3,685,000명이 임시 이주자다.

미국에 비하면 유럽은 불법 이입의 규모가 상당히 작다. 그래프 3

은 지중해를 건너다 국경에서 체포된 불법 이주자와 망명 신청자 수를 정리한 자료다. 체계적인 통계가 시작된 1997년부터 2020년까지 북아프리카에서 보트를 타고 이탈리아와 스페인, 몰타 국경에 도착해 등록된 연평균 인원은 각각 47,300명, 16,200명, 1,100명 정도다. 이 세 나라의 통계를 합치면 연평균 64,600명이다.[10] 적지 않은 인원이지만, 매년 합법적으로 유럽연합에 도착하는 유럽연합 비회원국 이주자 (연평균) 200만 명의 3~3.5%에 지나지 않는다. 2015년에 그래프가 한 차례 치솟는데, 시리아를 비롯한 여러 나라의 망명 신청자와 난민 100만여 명이 튀르키예에서 에게해를 건너 그리스에 도착했기 때문이다. 2015년 한 해를 제외하고 장기적인 패턴은 비교적 안정적이다.

물론 실제 숫자는 이보다 더 많은 것이 분명하다. 발각되지 않은 불법 이주가 많기 때문이다. 특히 1990년대에는 국경 통제가 느슨해서

그래프 3. 1997~2022년 보트로 유럽에 도착한 불청객 이주자와 망명 신청자[9]

불법 이주자들이 국경을 넘기가 훨씬 더 수월했다. 하지만 유럽에 도착하는 이주자 중 불법 이입민이 소수라는 것은 의심할 여지가 없다.

불법 이주 규모를 추산할 또 다른 방법은 미등록 이주자 인구의 규모를 파악하는 것이다. 이들의 규모를 파악하는 것이 중요한 이유는 미등록 이주자 대다수가 실제로는 합법적으로 국경을 넘었지만 비자 기한이나 취업 허가 기간을 넘겨 체류하다 미등록 상태가 되었기 때문이다. 이처럼 그 어떤 장벽으로도 막을 수 없는 '비자 기한 초과 체류'가 불법 체류의 주요 원인이다.

불법 월경과 마찬가지로 미등록 이주자 인구도 정확히 확인할 수는 없지만, 가용한 추정치로 상대적 규모는 파악할 수 있다. 유럽의 경우 가용한 최고 추정치는 2008년 자료에서 볼 수 있다. 이 추정치에 따르면, 2008년 (영국을 포함해) 유럽의 미등록 이주자는 유럽 전체 인구의 0.4~0.8%, (해외 출신) 이주자 인구의 7~13%인 190만~380만 명이었다.[11] 영국만 놓고 보면, 최근 연구에서 미등록 이주자 인구가 영국 인구의 대략 1%에 해당하는 674,000~800,000명 수준으로 추산된다.[12]

미등록 이주자 문제도 유럽 대부분 국가에 비해 미국에서 더 심각한 것으로 보인다. 2018년 기준 미국의 미등록 이주자는 1,050만여 명이었다. 같은 해 미국에서 사는 해외 출신 총인구의 25%, 미국 전체 인구의 3.2%에 달한다.[13]

유럽의 불법 이입 규모가 미국보다 작은 것은 몇 가지 이유가 있다. 우선, 지리적 요인 때문이다. 멕시코-미국의 국경을 넘는 것이 지중해를 건너는 것보다 쉽다. 둘째, 유럽도 근로 현장을 단속하는 수준이 낮긴 하지만, 미국은 실질적으로 미등록 이주 노동자 채용을 금지하는 법률을 시행하지 않기 때문이다. 또 다른 이유는 1989년 베를린 장벽이 붕괴되고 2004년과 2007년 유럽연합이 확대되며 서유럽 국가들이 동유럽의 새로운 노동력 공급원을 활용하려고 자유 이주 정책을 시행했기 때문이다. 하지만 또 다른 중요한 요인이 있다. 유럽 각국이 지난 수십 년간 추진한 합법화('사면') 정책이다. 합법화 정책으로 유럽의 많은 미등록 이주자가 법적 지위를 얻었다. 그 반면 미국은 이주와 관련한 정치적 교착 상태가 수십 년간 지속된 탓에 1986년 이주자를 사면한 것이 마지막이었다.

장기적으로 보면 불법 이주는 늘고 있지 않다

이용할 수 있는 증거로 따져볼 때 가장 중요한 것은 불법 이주 수치가 비교적 안정적이라는 사실이다. 미국의 미등록 이주자 인구도 비교적 안정적이다. 1990~2005년까지 빠르게 증가한 이후 최근 20여 년간 1,100만 명 수준을 맴돌고 있다. 미등록 이주자 일부가 본국으로 돌아가거나 법적 지위를 얻는 한편 불법 월경자와 비자 기한 초과 체류자가 새롭게 추가되기 때문이다. 큰 변화를 보이는 부분은 미등록 이주자 인구의 구성이다. 멕시코인의 비중이 줄고 중앙아메리카인과 아시아인의 비중이 늘었다.[14]

결국 미국으로 이주하는 라틴아메리카인이나 유럽으로 이주하는 아프리카인과 중동인이 주로 불법 월경자이고 그 수도 증가했다는 것은 명백한 오해다. 침략당한다는 오해는 이주자 대부분이 어떤 법률도 위반하지 않고 도착한다는 사실을 무시한 것이다. 예를 들어보자. 이용할 수 있는 데이터에 따르면, 아프리카 대륙을 벗어나는 아프리카인 중 10분의 9가 합법적으로 국경을 넘는 것으로 추산된다.[15] 하지만 공항이나 육상 국경에서 매일 일어나는 합법적 국경 통과는 눈에 잘 띄지 않고, 언론의 관심도 거의 끌지 못한다. 따라서 선정적인 언론 기사와 불안을 조장하는 정치적 수사는 문제의 정확한 규모를 과장한다. 가장 중요한 것은 불청객 월경이 증가한다는 증거가 없다는 것이다. 오히려 불규칙한 패턴을 보이며, (불법 이주는) 도착국의 노동력 수요에 따라, (난민 이주는) 출신국의 분쟁에 따라 흐름이 오르락내리락한다. 그런데 언론은 대체로 쇄도하는 흐름만 보도하고, 쇄도 후 통상적으로 감소하는 흐름은 보도하지 않을 때가 많다. 우리가 불법 이주가 급증하고 통제 불능 상태에 접어든다는 인상을 받게 된 이유 중 하나가 바로 이런 언론 때문이다.

그래서 불청객 월경이 급증할 때마다 미래에도 그 흐름이 계속 이어질 것으로 추론하며, 이주 침략이 임박했다는 이주 공황이 일반화된다. 하지만 불청객 월경이 급증하는 흐름은 한 차례 치솟고 끝나는 것이 일반적이다. 늘 일시적 현상에 그쳤다. 급증하는 흐름은 일반적으로 합법적 이주 통로가 부족한 상황에서 도착국의 노동력 수요가 시급하거나 출신국의 폭력과 분쟁이 급증한 데 따른 결과다. 또 계절적으로 기후 여건이 좋아지는 봄에 대체로 국경을 넘는 사람이 급증한다. 이처럼 이주가 증가한다는 소식만 들리고 이주가 급감한다는 소식은 듣기 어려우므로 우리는 국경을 넘는 숫자가 계속 늘고 걷잡을 수 없다는 왜곡된 인상을 받기 쉽다.

대부분 이입은 적극적인 노동력 모집에서 비롯한다

침략당한다는 오해는 불법 이주자를 포함해 글로벌 사우스에서 글로벌 노스로 이주하는 대다수가 정치인들이 주장하는 만큼 불청객은 아니라는 사실을 숨긴다. 정치인들의 수사는 대체로 이입이 우리에게 갑자기 닥치는 일이거나 우리 사회를 위협하는 외부의 힘이 아니라 농업과 광업, 보건, 가사, 접객 같은 분야의 노동력 부족에 대응해 이주노동자를 모집하려는 정부와 기업의 의도적 노력에서 비롯한다는 사실을 감춘다.

미국인과 유럽인 중에는 미국의 많은 라틴계 인구나 영국의 카리브해 인구와 남아시아 인구, 유럽 대륙의 북아프리카 인구와 서아프리카 인구, 튀르키예 인구가 모두 적극적으로 노동자를 모집하는 노력에서 비롯했다는 사실을 아는 사람이 드물다. 노동자들을 적극적으로 초청한 것으로 **선택된 이입**이었다. 우리가 흔히 알고 있는 이미지와 달리, 대부분 이주자는 불쑥 '나타나거나 쏟아져 들어오거나' 자포자기 상태로 모국을 떠난 사람이 아니다. 출신국에서 적극적으로 구인한 근로자다. 제2차 세계대전 이후의 이주 실화는 불법 이주자가 대규모로 도착한 이야기가 아니라 노동력 모집 패턴이 크게 변한 이야기다. 이주 증가는 자연적·자발적 현상이 아니라 노동력 부족 심화에 따라 의도적으로 노동력을 모집한 결과다.

서구 국가에서 비유럽계 이주자 수가 증가한 주된 이유는 이주 노동력에 대한 세계적 수요와 공급에서 근본적으로 발생한 지리적 변화때문이다. 우선 유럽의 탈식민지화가 유럽의 세계 패권과 대규모 유럽인 이출에 종말을 고했다. 1945~1975년 사이 영국과 프랑스, 네덜란드, 포르투갈, 벨기에의 식민지들이 해체되자 식민지 행정가와 군인, 정착민들이 자발적으로 또 강제적으로 식민지를 떠나 대규모로 본국에 돌아갔다. 정치적 혼란과 반식민 민족주의 정서가 팽배한 신생 독립국에서 더는 환영받거나 안전하다는 느낌이 들지 않았기 때문이다. 식민지 개척자들이 탈식민 국가에서 본국으로 돌아가는 대대적 이주가 시작되었다. 알제리의 **콜롱**이 프랑스로, 인도네시아인과 피가 섞인 '동인도 네덜란드인'이 네덜란드로, 우간다와 케냐의 인도 혈통 인구가 영국으로 이동했다.

탈식민지화에 따른 1차 이주 국면이 끝나고 얼마 지나지 않아 급증한 노동력 수요가 서유럽 국가로 향하는 이주를 증가시키는 주요 원인으로 자리 잡았다. 1950년대와 1960년대를 지나는 동안 급속한 경제성장이 산업과 광업의 노동력 부족을 부채질했고, 노동력 부족이 대규모 이주 노동자 모집을 촉발했다. 예를 들어, 영국은 1948~1971년 카리브해에서 이주 노동자를 많이 모집했다. 맨 처음 자메이카와 트리니다드, 토바고 등의 섬에서 윈드러시Windrush호에 싣고 데려와 '윈드러시 세대'로 불린 카리브해 출신 이주 노동자들이 런던 교통공사와 영국 철도, 국민보건서비스NHS 등 전후 공공 분야에서 발생한 노동력 부족을 메웠고, 광업을 비롯한 각종 산업 분야의 노동력 부족은 파키스탄과 방글라데시에서 모집한 노동자들이 메웠다.[16]

프랑스의 기업들은 마그레브와 세네갈, 말리 등 예전 식민지의 농촌으로 모집관을 보내 광업과 자동차 제조업, 기타 중공업 등 프랑스인이 기피하는 일자리에서 일할 건장하고 근면한 농민 후손들을 모집했다. 프랑스 정부도 1963년부터 1982년까지 각종 공직에 종사할 근로자 186,000명을 레위니옹과 과들루프, 마르티니크 등 해외 영토에서 모집했다.[17]

프랑스와 영국은 제1차 세계대전과 제2차 세계대전 당시에도 식민지에서 '신민' 수십만 명을 소집해 유럽의 전장으로 내보냈다. 프랑스

육군은 세네갈과 말리, 모로코, 알제리, 튀니지에서 병사를 모집했다.[18] 마찬가지로 영국령 인도군에서 복무한 인도인이 200만 명 정도였고, 그중 24,000명이 미얀마와 북아프리카, 이탈리아에서 전사했다. 자메이카 등 카리브해 지역 출신 30,000여 명도 영국 육군으로 전투에 참여하거나 영국 왕립 공군과 상선 해군으로 복무했다. 이들이 씨앗이 되어 제2차 세계대전 직후 영국과 프랑스의 노동 이주를 싹틔웠다. 런던 서부 사우설 지역에 시크교도들이 이주한 것도 그 씨앗은 R. 울프 고무 공장에 근무한 전 영국령 인도군 장교였다.[19]

독일과 네덜란드, 벨기에, 스위스, 스웨덴의 기업과 광산 회사들도 1950년대부터 이탈리아와 스페인, 포르투갈, 그리스, 구유고슬라비아 정부와 손님 노동자 협약을 체결하라고 자국 정부를 압박했다. 하지만 1960년대와 1970년대 남유럽 국가들이 번영하며 이출 잠재력이 떨어지자 이들 국가의 정부와 기업들은 튀르키예와 모로코, 튀니지를 새로운 이주 노동력 공급원으로 삼아 노동자를 모집했다.

이주자 공동체가 형성되자 새로운 노동자들이 더 자발적으로 이주하기 시작했다. 새로운 일자리가 있다는 정보를 수집한 사람들이 먼저 정착한 이주자의 도움을 받아 불법으로 들어오기도 했다. 당시에는 비자가 없었고 노동력 부족이 심각한 상황이어서 사전 승인 없이 도착한 근로자들도 대부분 비교적 수월하게 합법적인 거주권을 취득했다.

미국이 이주 노동자를 모집한 방법

프랑스와 영국을 시작으로 유럽은 수 세기에 걸친 식민지 점령으로 사회·경제·문화적 유대를 형성한 덕분에 새롭게 독립한 예전 식민지에서 거꾸로 이주 노동자들을 모집해 이동시킬 수 있었다. 이와 비슷하게 미국이 19세기 말부터 세계 패권을 장악하며 아메리카를 향한 20세기 이주 패턴이 형성되었다.

1898년 미국-스페인 전쟁이 끝나고 푸에르토리코와 필리핀을 점령한 미국은 대규모로 노동자를 모집했다. 먼저 푸에르토리코인들이 계약 노동자로 이주했다. 1959년 정식 주로 완전히 편입되기 전까지 미국의 해외 영토였던 하와이로 먼저 이주한 뒤, 하와이에서 다시 미국 본토로 이주했다. 미국은 1917년 푸에르토리코인에게 미국 시민권까지 확대하며 이주를 더욱 장려했다.[20]

필리핀인들의 미국 이주도 노동자 모집에서 비롯했다. 1906년에 처음 고용된 필리핀 노동자들은 하와이의 사탕수수 농장과 파인애플 농장에서 일했다. 그리고 하와이에서 미국 본토로 이주한 뒤 캘리포니아와 워싱턴, 오리건의 농장과 알래스카의 연어 통조림 공장에서 일하거나 상선 해군에 고용되었다. 실질적으로 식민지 신민인 필리핀인들은 1934년 미국 의회가 쿼터제를 도입해 이입을 제한할 때까지 자유롭게 미국으로 이동할 수 있었다.[21] 미국 해군에 복무해 미국 시민권까지 취득한 필리핀인이 많았다. 한국인들의 미국 이입도 적극적인 노동력 모집으로 시작되었다. 1882년 중국인 이입을 금지하는 중국인배척법이 제정되며 미국 고용주들이 한국인 근로자를 모집하기 시작했다. 하지만 1924년 의회가 동양인배척법을 제정한 뒤 한국인과 필리핀인의 이입이 줄었다.[22]

미국은 1914년 이후 남유럽과 동유럽에서 들어오는 이입을 중단시켰다. 반이민 정서가 확산했기 때문이다. 비교적 규모가 작았던 아시아인의 이입도 줄이기 시작했다. 그에 따른 노동력 부족에 대응해 고용주들은 미국 남부에서 흑인 노동자를 모집했다. 이것이 '대이주'를 촉발했고, 거의 600만 명에 이르는 아프리카계 미국인이 남부 주의 인종 차별과 경제적 착취를 피해 미국 동북부와 중서부, 서부의 산업체에서 일자리를 구했다.[23]

그런데 1942년부터 급속한 경제 성장에 전쟁 준비와 대규모 징집까지 겹치며 각종 산업 분야에서 심각한 노동력 부족 현상이 재발했다. 결국 미국 정부는 브라세로 프로그램Bracero Program을 시행할 수밖에 없었고, 이 프로그램에 따라 1942년부터 1964년까지 24개 주에서 농업과 철도 선로 정비 업무에 종사할 멕시코 청년 450만 명을 모집했다. 브라세로 프로그램은 공식적으로는 일시적 노동력 수급책이었지만, 실질적으로 멕시코인의 대규모 영구 이주를 촉발했다. 제조와 농업, 가사 분야의 노동력 수요가 증가하며 푸에르토리코인 등 라틴아메리카인들의 이입도 자극했다.[24]

불법 이주자도 대부분 우리가 원한 노동자다

미국뿐 아니라 서유럽 여러 나라도 1970년대에 적극적인 노동자 모집을 중단했다. 뒤이어 1980년대에는 여행 비자 발급 요건을 도입해 자유로운 입국을 막고, 1990년대부터는 국경 통제를 강화했다. 하지만 이런 조치로도 이입을 막지는 못했다. 경제 성장이 재개되고 노동력 부족 현상이 확대되며 여전히 노동력 수요가 높았기 때문이다. 더군다나 베를린 장벽의 붕괴와 공산 체제의 몰락, 유럽연합 확대까지 가세해 동유럽에서 새로운 이주 전선이 형성되었다. 1990년대와 2000년대 동유럽과 중유럽의 여러 국가가 서유럽에 이주 노동자를 제공하는 주요 공급원으로 부상했다. 노동력 수요와 가족 재결합이 증가하며 북아프리카와 튀르키예 같은 전통적 이민 송출국뿐 아니라 우크라이나와 러시아, 중국, 나이지리아, 가나, 세네갈 등 비유럽연합 국가에서 유입되는 저숙련 노동자와 고숙련 노동자의 이주가 계속 증가했다.

또 다른 변화도 일어났다. 과거 한 세기 넘게 서유럽과 미국의 산업체에 노동자를 공급한 남유럽의 이민 송출국들이 주요 이주 목적국으로 변하기 시작한 것이다. 특히 스페인과 이탈리아가 농업과 건설, 가사, 각종 서비스 분야의 노동력 부족 현상이 심화하며 북아프리카와 서아프리카, 라틴아메리카를 시작으로 나중에는 동유럽에서 이주하는 노동자가 증가했다.

대부분 노동자가 합법적으로 도착했지만, 국경 규제가 강화되며 비자 기한 초과 체류와 불법 이입이 증가했다. 미국에서는 주로 멕시코인이 문제였고, 유럽에서는 모로코인과 알제리인, 튀니지인, 튀르키예인이 문제였다. 하지만 이런 불법 이주는 '탈출'이나 '외적 침략'과 무관하게 대체로 노동력 부족에 대한 대응이었고, 비공식적인 모집 체계와 구두 추천으로 촉진될 때가 많았다. 다시 말해, 불법 이주자는 대부분 우리가 원한 노동자다.

각국 정부는 반이민 강경 수사를 앞세우고 국경 통제에 엄청난 돈을 쏟아붓지만 대체로 불법 이주를 용인한다. 미등록 노동자의 불법 고용을 못 본 척한다. 불법 이주자들이 농업과 건설, 가사, 접객, 보육, 노인 돌봄 등의 분야에서 시급하게 부족한 노동력을 메웠기 때문이다. 국경이 통제 범위를 벗어난 경우는 많지 않지만, 제도가 이미 부분적으로 작동하지 못하거나 '망가진' 경우는 많다. 외국인 노동자를 찾는 수요와 그 수요를 채울 합법적인 이입 통로의 숫자 사이에 커다란 틈이 존재하는 것이다. 이 틈이 은밀한 이주를 부추기고, 이주 노동자 착취를 확산한다.

요점은 대부분 이입이 합법적이라는 사실이다. 하지만 정부가 공식적으로 노동자를 모집하는 시대가 대체로 끝났기 때문에 '우리가 원하는' 차원에서 진행되는 합법 이주와 불법 이주는 눈에 잘 띄지 않게 되었다. 전체적으로 경제 규제를 완화하는 움직임에 따라 민간 채용 기관이 정부 역할을 대신해 노동자를 모집하는 경우가 늘었다. 서구 각국 정부가 더는 중요한 역할을 맡진 않지만 공식적 이주 정책을 추진하지 않거나 논란의 소지가 큰 이주라는 단어를 피해 완곡한 명칭을 붙일 뿐 실제로는 이입을 장려하는 정책으로 이주 노동자 모집을 계속 촉진하고 있다. 이런 정책을 대표적으로 보여주는 사례가 돌봄 노동자와 가사 근로자의 서유럽 입국을 허가하는 오페어 프로그램au pair programme, 일본과 한국의 국제 연수 프로그램, 오스트레일리아의 워킹홀리데이 프로그램이다.

침략당한다는 오해

난민과 이주자의 국경 도착은 중대한 인도적 문제를 의미한다. 이주자와 난민 중 국경을 넘으려고 시도하는 과정에서 다치거나 목숨을 잃거나 경찰과 국경 수비대, 범죄자 등에게 심각한 학대와 갈취를 당하는 사람이 많기 때문이다. 이 문제를 해결하려면 현상의 진정한 본질과 규모, 원인을 파악하는 것이 중요하다. 정치인들은 점점 더 걷잡을 수 없는 이입 물결이 부유한 서구의 해안을 강타한다며 공포를 조장하지만, 현실은 그런 공포와 무관하다.

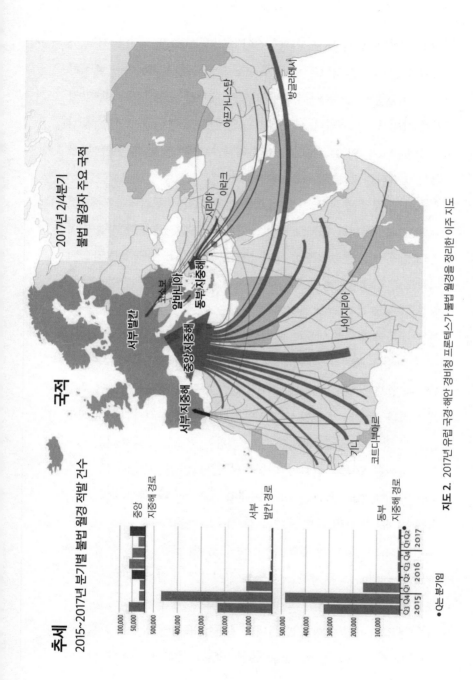

지도 2. 2017년 유럽 국경·해안 경비청 프론텍스가 불법 월경을 정리한 이주 지도

우선, 이입이 통제 불능 상태에 접어들 거라는 증거가 없다. 서구 사회가 경험한 이입과 정착의 수준이 수십 년 전 우리 대부분이 예상한 것보다 더 높았던 것은 사실이다. 하지만 대체로 노동력 수요에 따라 증가한 합법적 이입이었다. 노동력 수요와 합법적 이주 통로 사이에 커다란 틈이 있고, 이 틈 때문에 불법 이입이 상당수 발생했지만, 많은 사람이 생각하는 만큼 대규모는 아니다.

하지만 우리가 주목할 가장 중요한 점은 이입이 우리에게 닥친 것(감내된 이입)이 아니라 대체로 이주 노동자를 모집한 정부와 기업의 적극적 노력에 기인한 것(선택된 이입)이라는 사실이다. 이주 노동자들이 공식적으로 '불청객'이라는 누명을 쓰지만, 증거에 따르면 합법 이입과 불법 이입은 호전적으로 '불법 이주와 싸움'이나 '밀입국과 싸움'을 주장하는 정치적 수사가 암시하는 것보다 훨씬 더 '우리가 원한' 것이다.

현대 이주 노동자와 그 가족, 난민의 이입은 500년 넘게 무자비한 군사력을 앞세워 외국 땅을 침입해 점령한 유럽 식민주의자들의 침략이나 모험과 단순히 비교할 수 없다. 이런 비교에서 적나라하게 드러나는 것이 침략당한다는 오해다. 이는 공황과 공포를 조장하려고 의도적으로 계획된 일종의 선동이다. 정부와 언론, 이주 기관은 서구가 포위되었다는 생각을 적극적으로 꾸며내고 재활용했다. 불법 이주를 논의하는 방식뿐 아니라 불법 이주 묘사 자체도 문제다.

예컨대, 유럽연합의 국경을 수비하는 프론텍스Frontex는 불법 이주를 외적의 침략으로 묘사하는 지도를 정기적으로 발표한다. 지도 2는 2017년 프론텍스가 발표한 것이다. 지도 원본에 커다란 화살표들은 모두 위협적으로 유럽을 향하는 거대한 흐름이 유럽의 국경을 공격한다는 인상을 강화한다. 정치인들은 불법 이입을 우리가 무장해 맞서야 할 거대한 안보 위협으로 묘사한다. 이로써 우리 마음속 깊이 자리한 두려움과 부족 본능을 이용하는 한편, 자신들을 강력한 지도자 혹은 불법 이입과 밀입국업자, 인신매매범에 맞서 싸우며 외적으로부터 국민을 지키는 구세주로 묘사한다.

불법 이입은 그 규모나 본질이 외적의 침략과 전혀 닮지 않았다. 이주자와 난민은 군함이나 전투기를 타고 오는 것도 아니고, 정부를 전복하겠다는 의도를 지닌 것도 아니다. 불법 이주자들이 대규모로 글로벌 사우스에서 글로벌 노스로 탈출하는 것도 아니다. 이 모든 오해가 이입이 통제 불능 상태에 빠졌고 그에 따라 경제와 안보, 정체성이 뿌리째 흔들리고 있다는 공포를 부추긴다. 이런 공포는 상상력의 산물이다. 한마디로 공황에 빠질 필요가 없다.

세계는 난민 위기에 봉착했다

정치인과 전문가, 언론은 유례없는 세계적 '난민 위기'라는 말을 자주 거론한다. 이런 믿음은 라틴아메리카와 중동, 아프리카에서 분쟁과 억압이 늘며 점점 더 많은 사람이 서구에서 더 나은 미래를 찾고자 탈출한다는 일반적 통념과 연결된다. 그 결과, 급증하는 난민 물결이 서구 여러 국가의 망명 제도에 점점 더 과중한 부담을 주는 것처럼 보인다.

유럽에서는 시리안 난민 100만여 명이 도착한 2015년 난민을 둘러싼 논쟁이 최고에 달했다. 그 이후 세계 곳곳에서 국경 위기가 잇달았다. 중앙아메리카의 폭력과 빈곤에서 도망친 뒤 멕시코를 거쳐 미국으로 이동하는 사람이 늘었고, 베네수엘라에서도 대규모 난민이 탈출했다. 2022년 3월 러시아가 우크라이나를 공격하자 수많은 사람이 폴란드와 슬로바키아, 헝가리, 몰도바로 피신했고, 거기서 다시 서유럽으로 이동했다. 세계 곳곳에서 난민이 급증하며 점점 더 위기가 커지는 것처럼 보인다.

폭력과 분쟁이 끝없이 순환하며 국경을 넘으려는 난민들 때문에 갈수록 절망적 상황이 전개되는 듯하다. 국제기구도 세계가 난민 위기에 봉착했다는 생각을 뒷받침한다. 2022년 유엔난민기구 최고 대표인 필리포 그란디Filippo Grandi는 "지난 10년간 매년 난민 수가 증가했다"라고 주장하며 이렇게 경고했다. "국제 사회가 함께 행동을 취해 이런 인간 비극을 해결하고 갈등을 해소하고 지속적인 해결책을 찾지 않으면, 끔찍한 추세가 계속 이어질 것이다."[1]

요컨대, 세계가 불타서 세계적 난민 위기를 감당할 수 없을 듯하다는 것이다. 정치인과 전문가, 언론도 최근 난민 숫자가 급속히 증가했다는 일반적 인식을 부채질했다. 그리고 전쟁과 분쟁, 빈곤, 불평등, 기후변화가 위험하게 뒤얽힌 결과 난민이 계속 증가할 것이라는 일반적 인식을 부채질했다.

난민 위기 이야기를 뒷받침하는 또 하나는 망명 신청자 중 '진짜' 난민이 아니라 사실은 난민으로 가장한 경제적 이주자가 점점 더 늘어난다는 일반적 믿음이다. 정치인과 언론은 이런 '가짜' 망명 신청자들이 추방되지 않고 법적 지위를 얻으려 망명 제도를 남용한다고 거듭 주장했다. 제도를 악용하는 사람들이 '진짜' 난민의 물을 흐린다고 주장했다. 유엔난민기구와 국제이주기구 같은 국제기구도 이런 이야기를 이용해 '진짜' 난민과 뒤섞이는 경제적 이주자가 점점 더 늘며 난민 물결이 갈수록 '혼탁'해진다는 의견을 퍼뜨렸다.

난민 위기 이야기는 급증하는 망명 신청자 때문에 과중한 압력을 받는 서구의 난민 제도가 붕괴하기 직전이라는 인상을 심어주었다. 그래서 우리는 현재의 망명 제도를 폐지하는 수밖에 다른 도리가 없다고 생각할 수 있다. 유엔난민기구는 제2차 세계대전으로 발생한 난민 위기를 해결하려고 1950년에 창설되었다. 현대 난민 제도의 토대는 1951년에 채택된 유엔난민협약이다. 이 협약에 따르면, 폭력과 박해로 부터 보호받고자 국경을 넘는 것은 인간의 기본권이다. 따라서 '불법 망명 신청자'라는 개념은 모순 명사다. 중요한 것은 난민협약에 서명한 국가는 먼저 난민 지위 신청의 정당성을 조사하지 않고 망명 신청자를 박해받을 위험이 있는 나라로 추방하거나 송환할 수 없다는 것이다. 망명 신청자를 박해가 우려되는 국가로 송환할 수 없다는 '농 르풀 망non-refoulement' 원칙이 현대 난민 제도의 핵심이지만, 이입에 강경한 정치인은 이 원칙을 아주 싫어한다.

지금 논란이 되는 것은 유럽의 난민 물결을 관리하고자 고안된 난민 제도가 갈수록 폭력적이고 불안한 세상에서 더는 지속가능하지 않다는 것이다. 이미 1989년 프랑스 사회당 출신의 총리 미셸 로카르 Michel Rocard는 "프랑스가 세상의 모든 고통을 환영할 수는 없다"라고 말했다. 정치인들은 난민 수가 급증하기 때문에 망명권을 축소하고 국경 통제를 강화하는 외에 다른 도리가 없다고 목소리를 높였다. 이런 정책은 국경이 사람들로 넘쳐나고 망명 제도가 압도되는 일을 막으려는 '필요악'이라고 주장했다. 정치인들은 이런 주장과 더불어 으레 난민협약 수정을 요구했다. 2003년 토니 블레어 영국 총리는 전 세계 대규모 이주자 문제를 해결할 능력이라는 측면에서 유엔난민협약이 '완전 구식'이라고 주장했다.[2]

이 모든 주장은 망명 제도가 붕괴되는 것을 막으려면 다음과 같은 방법 외에 다른 수가 없다는 정치적 공감대를 반영한다. 1) '진짜' 난민과 '가짜' 망명 신청자를 가릴 '확고하지만 공정한' 망명 정책을 시행하기, 2) 경유국으로 송환함으로써 '가짜' 망명 신청자를 제지하거나 제3국에서 처리하기, 3) '지역 해결책'을 마련하기, 즉 난민이 더는 서구로 오지 않도록 국제 사회가 난민 출신 지역에 안전한 피난처와 경제적 기회를 만들 것. 이런 정치적 공감대가 점점 더 커지고 있다.

목적국들은 제3국의 협력을 얻어 망명 처리를 아웃소싱하려는 노력을 기울였다. 그 선두 주자가 노동당 출신으로 오스트레일리아 정부를 이끈 케빈 러드Kevin Rudd 총리다. 2013년 러드 총리는 망명 신청 결과가 나올 때까지 망명 신청자들을 태평양의 작은 섬 마누스와 나우루에 억류하는 '강경 노선'을 취했다. 서구 여러 나라도 오스트레일리아의 선례를 좇았다. 그리스는 (본질적으로 '완충국'으로 바뀌어) 망명 신청자들을 레스보스 등 섬 서너 곳에 마련한 수용소에 집단 억류했고,[3] 미국의 트럼프 정부는 (처리 결과가 나올 때까지 망명 신청자들을 멕시코에 강제로 대기시키는) '멕시코 잔류' 정책을 시행했다.[4] 덴마크와 영국은 망명 신청자들의 르완다 송환을 추진했다.

실상

난민 규모는 비교적 작고, 그 숫자도 빠르게 증가하지 않는다

서구가 유례없는 그리고 갈수록 감당하기 어려운 난민 위기에 봉착했다는 생각은 다음과 같은 추정에 기초한다. 1) 난민 숫자가 사상 최대치다. 2) 서구에 들어오는 난민 수가 엄청난 속도로 늘고 있다. 3) 망명 신청자 중 사실은 경제적 이주자('가짜' 망명 신청자)가 늘고 있다. 하지만 이 세 가지가 모두 사실과 어긋나는 추정이다.

첫째, 현재 난민 이주는 절대 유례없이 높은 수준이 아니다. 난민 이주는 언론 보도나 정치적 수사가 암시하는 규모보다 훨씬 더 적다. 1950년대 이후 난민 수는 세계 인구 대비 0.1~0.35%에 불과하며, 난민이 국제 이주자 총인구에서 차지하는 비중도 미미하다. 1985년부터 2021년까지 추산한 국제 난민 총인구는 900만~2,100만 명이다. 이는 전 세계 국제 이주자 총인구의 7~12% 정도에 해당하는 수치다.

둘째, 장기적으로 난민 이주가 증가한다는 증거가 없다. 오히려 변동하는 패턴을 보인다. 출신국의 분쟁 수준에 따라 난민 수가 오르락내리락한다. 난민 수가 1,600만 명으로 정점을 찍은 1990년대 초는 전 세계적으로 분쟁이 늘던 시기였다. 구유고슬라비아와 (소말리아를 필두로) 아프리카의 뿔 지역, 콩고민주공화국과 르완다, 부룬디 등 아프리

그래프 4. 1985~2021년 세계 인구 대비 전 세계 난민 수

카 대호수 지역의 여러 나라가 분쟁에 시달렸다. 특히 구유고슬라비아의 전쟁은 서유럽의 난민 이동 증가로 이어지며 '가짜' 망명 신청자들의 집단 이동을 우려하는 정치적 공황을 고조시켰다. 하지만 전 세계 난민 수는 1993년 이후 감소했다. 2000년대 초반에는 900만 명 수준까지 떨어졌다. 그 수가 워낙 적어서 일자리를 잃는 난민 전문가들이 늘었고, 유엔난민기구 내부에서도 **존재 이유**에 의문이 제기되었다.

난민 수는 2005년에 다시 증가하기 시작했다. 2001년과 2003년 미국이 주도한 아프가니스탄 전쟁과 이라크 전쟁이 장기화한 것도 한 가지 이유였다. 2011년에는 아랍의 봄(2010년 말 튀니지에서 시작해 아랍 중동 국가 및 북아프리카로 확산한 반정부 시위−옮긴이)이 확산하며 정부의 가혹한 탄압에 시달리던 사람들이 거리로 뛰쳐나와 민주화를 부르짖었다. 이런 민주화 운동이 리비아와 예멘, 시리아 등 많은 나라에서 내전으로 비화했다. 시리아에서는 내전으로 국내 실향민 620만여 명이 발생했고, 560만여 명이 이웃 나라로 피신했다. 최근에도 남수단과 에리트레아에서 발생한 폭력적 분쟁과 억압, 미얀마에서 발생한 이슬람계 소수민족 로힝야족의 추방, 베네수엘라의 정치적 위기, 2022년 러시아의 우크라이나 침공 등으로 전 세계 난민 수가 더 증가했다.

세계 곳곳에서 발생한 이런 위기 때문에 국제 난민 수는 2021년 말 2,130만 명으로 늘었고, 2022년에는 (주로 우크라이나 전쟁 때문에) 2,670만 명까지 증가했다. 난민 수가 증가했지만, 사실 현재 난민 수준은 1990년대 초와 비슷하다. 그래프 4를 보면, 세계 인구 대비 난민 비율이 1992년에는 0.33%, 2021년에는 0.25%다. 언뜻 생각하는 것과 달리 장기적 추세로 살펴본 현재 난민 수는 유례없이 높은 수준이 아니다.[5]

실제로 난민 위기에 봉착한 것은 출신 지역이다

　부유한 서구로 이동하는 난민 집단이 급증한다는 생각도 사실과 어긋난다. 사실은 대다수 난민이 이웃 나라에 머문다. 유엔난민기구의 공식 데이터에 따르면, 2017년 기준으로 난민의 약 80%가 이웃 나라에 거주하고 전체 난민의 85%가 개발도상국에 머무는 등 그 비율이 최근 수십 년간 비교적 안정적인 수준을 유지했다.[6] 대부분 난민이 멀리 이동하지 않는 주된 이유는 문화와 종교, 언어가 친숙하고 고향과 가까운 나라에서 머물길 바라기 때문이다. 출신국에 남은 가족이나 친구와 연락하기도 쉽고, 여건에 따라 즉시 돌아갈 수도 있기 때문이다. 게다가 거리가 먼 곳까지 피신하려면 상당히 큰 재원이 필요하다. 멀리까지 이동하길 원하는 난민 중 필요한 자금과 연줄, 서류를 갖춘 사람은 소수에 불과하다.

　정치인들은 (난민 집단이 서구에 들어오지 않도록 이웃 국가에서 수용해야 한다며) '지역 해결책'을 마련해야 한다고 주장하지만, 사실 이미 반세기 전부터 출신 지역에서 난민을 수용했다. 2018년 튀르키예는 전체 인구 8,200만 명의 4.4%에 해당하는 360만 명 이상의 시리아 난민을 수용했다. 같은 해 레바논이 수용한 시리아 난민도 100만 명에 이른다. 당시 레바논의 전체 인구는 600만 명에 불과했다. 그에 비해 2018년 독일은 532,000명, 프랑스는 15,800명, 영국은 9,700명의 시리아 난민을 수용했다.[7] 같은 맥락에서 2022년 전쟁으로 폐허가 된 우크라이나 곳곳에서 피신한 사람 대다수도 우크라이나 내 더 안전한 지역이나 이웃 국가, 특히 폴란드로 이주했다.

　대부분 난민이 고향 근처에 머무르기 때문에 실제 난민 위기는 서구가 아닌 출신 지역에서 발생한다. 세계에서 가장 가난한 국가들이 많은 난민을 수용한다. 2018년 아프리카 각국에서 발생한 난민은 600만 명이고, 같은 해 아프리카 국가들이 수용한 난민은 550만 명이다. 거의 전부가 아프리카의 다른 국가에서 발생한 난민이었다. 아프리카 난민의 92% 정도가 아프리카에 머문다. 우간다와 에티오피아, 케냐가 폭력적 분쟁을 피해 도망친 남수단과 소말리아, 콩고민주공화국의 대규모 난민을 받아들이는 주요 난민 수용국이다. 2021년 전 세계에 등록된 아프가니스탄 난민이 260만 명이고 그중 (85%인) 220만 명이 이란과 파키스탄에 거주했다. 세계 다른 지역에서도 같은 패턴을 확인할 수 있다. 방글라데시가 미얀마 난민 대부분을 수용하고, 콜롬비아와 페루, 칠레가 베네수엘라 난민 대부분을 수용한다.

서구의 난민 수는 1990년대 초 구유고슬라비아 전쟁이나 시리아 내전, 러시아의 우크라이나 침공처럼 지리적으로 비교적 가까운 곳에서 분쟁이 발생할 때만 치솟는다. 서유럽 각국의 난민 수도 차이가 크게 난다. 난민 수가 가장 많은 나라는 독일이다. 독일은 (튀르키예와 콜롬비아, 파키스탄, 우간다에 뒤이어) 전 세계에서 다섯 번째로 중요한 난민 수용국이다. 2019년 기준으로 독일에 거주하는 난민 115만 명은 독일 전체 인구의 1.38%에 해당한다. 스칸디나비아의 여러 나라와 네덜란드도 비교적 많은 난민 인구를 수용하지만, 영국과 프랑스 등 서유럽의 다른 많은 국가에 실제 거주하는 난민은 많지 않다. 2018년 영국에 거주한 난민과 망명 신청자는 전체 인구의 0.23%에 불과한 152,000명이었다.

역사적으로 캐나다와 오스트레일리아, 뉴질랜드에 도착한 난민은 공식적인 재정착 프로그램에 따라 이주한 사람이 대부분이다. 정부가 출신 지역을 면밀히 조사한 뒤 제한된 수의 난민만 영구 이주하도록 초청한 것이다. 이 세 나라가 난민을 제한적으로 수용할 수 있었던 것은 주요 분쟁 지역에서 지리적으로 멀리 떨어져 있던 탓에 자발적으로 국경에 도착하는 망명 신청자가 아주 적었기 때문이다. 예를 들어, 오스트레일리아는 보트를 타고 도착하는 망명 신청자들 때문에 정치적 파장이 일기도 했지만 연평균 난민 수가 21,000명을 넘은 적이 한 번도 없다. 2010년대 내내 오스트레일리아에 합법적으로 이주한 사람이 연평균 60만~80만 명이니 난민 수는 극히 일부에 지나지 않는다.

'가짜' 망명 신청이 증가한다는 증거가 없다

난민으로 가장한 망명 신청자가 증가하는 탓에 이주자 유입 흐름이 갈수록 혼탁해지고 '가짜' 망명 신청자 수가 급속히 증가한다는 생각도 증거와 배치된다. 현재 가용한 모든 지표 중에서 우리가 합법적인 망명 신청자의 상대적 비중을 추산할 가장 좋은 지표는 망명 거부율과 수용률이다. 망명 처리 절차가 훨씬 더 까다로운 나라도 있고 시대에 따라 처리 절차가 달라지기 때문에 거부율과 수용률도 대단히 불완전한 지표다. 하지만 거부율과 수용률의 추세를 보면 전체 망명 신청자 중 '진짜' 난민의 일반적인 비율을 파악할 수 있다.

데이터에 따르면 지난 수십 년간 서구 대부분 나라의 망명 거부율은 대단히 안정적인 수준을 유지했다. 2020년을 예로 들면, (영국을 제외한) 유럽연합 총인구 4억 4,800만 명의 0.12%에 해당하는 521,000명이 유럽연합에 망명을 신청했고, 그중 40.7%인 212,000명이 1차 심사에서 긍정적 결과를 받았다. 1차 심사 통과자 212,000명 중 2분의

1이 공식적인 난민 지위를 획득하고, 4분의 1은 '부수적 보호 지위'를 얻었다. '부수적 보호 지위'를 인정받는 망명 신청자는 개인적으로 박해를 받는다는 사실을 입증할 수 없지만 추방되면 목숨을 잃거나 신변 안전이 위험해질 수 있는 사람들이다. 흔히 전쟁으로 피폐한 나라에서 피신한 사람들이 여기에 해당한다.

212,000명 중 나머지 4분의 1은 인도적 차원에서 임시 체류 허가를 받은 환자나 미성년자들이다. 항소 절차를 거쳐 긍정적 결과를 얻은 사람까지 합치면 2020년 유럽연합에서 체류 허가를 받은 망명 신청자는 모두 281,000명이다. 같은 해 유럽연합 비회원국에서 합법적으로 유럽연합에 들어온 이주자 2,955,000명의 9.5%에 해당한다.[8]

영국도 비슷한 패턴을 보인다. 옥스퍼드대학교 이민관측소가 정리한 데이터에 따르면, 2019년 영국에 사는 외국 출신자 중 388,000여 명이 본래 영국에 망명을 신청한 사람들이다. 같은 해 영국에 사는 외국 출신자 총인구 950만 명의 4%에 해당한다.

2019년 기준으로 영국에 사는 사람 10,000명 중 5명이 망명 신청자로 영국 전체 인구의 0.05%에 불과하다. 영국의 난민 인정률은 유럽연합과 대체로 비슷하다. 2016년부터 2018년까지 망명을 신청한 사람 중 항소 절차를 거친 사람까지 포함해 약 54%가 2020년 5월에 망명 관련 보호 허가를 받았다. 1차 심사에서 통과한 비율은 36%였다.[9]

미국은 2010년대 이후 자발적으로 국경에 도착하는 망명 신청자가 현저히 증가했다. 중앙아메리카와 베네수엘라, 아이티에서 폭력과 정치적 위기가 확산한 것이 한 가지 이유였다. 하지만 난민 인정 데이터에서 '가짜' 망명 신청자 수가 크게 늘었다는 증거는 찾을 수 없다. 최근 몇 년 사이 망명 신청자의 미국 난민 제도 이용을 제한하는 정치적 움직임 때문에 거부율이 조금 더 높아지긴 했지만, 2000년부터 2017년까지 미국이 망명을 거부한 비율은 50~60% 정도였다.[10]

따라서 장기적으로 보면 서구 대부분 국가에서 거의 일치하는 추세가 나타난다. 망명 신청자 중 대략 절반이 최종적으로 승인을 받는다. 경제사학자 티모시 해튼Timothy Hatton은 2003년부터 2017년까지 65개 출신국의 망명 신청자가 유럽연합 회원국에서 망명을 승인받은 비율을 분석한 끝에 어느 정도 증가하는 추세를 발견했다. 가장 큰 이유는 시리아와 에리트레아, 예멘처럼 정치적 테러와 억압의 수준이 높은 나라에서 온 망명 신청자 비율이 증가했기 때문이다. 국가 간 망명 정책의 조화를 이루고 '하향식 경쟁'을 막으려는 유럽연합의 조치도 망명 인정 비율 증가에 나름대로 힘을 보탰다. 하지만 유럽 각국의 비율을 보면 큰 차이가 드러난다. 프랑스와 그리스, 스페인, 헝가리는 망명 인정률이 20%를 밑돌지만 덴마크와 노르웨이, 스위스는 인정률이 40%를 넘고, 독일과 영국은 50%에 가깝다.[11]

불청객 이주자 흐름이 갈수록 혼탁해지고 '가짜' 망명 신청자 수가 증가했다는 주장이 옳다면, 망명 거부율도 **증가**했을 것이다. 하지만 대단히 안정적인 망명 인정률은 유효한 망명 신청자의 비중이 크다는 것을 시사한다. 이는 현대의 난민 이주가 갈수록 '혼탁한 흐름'이 된다는 생각과 배치되는 증거다.

난민 수 부풀리기

서구가 점점 증가하는 난민과 망명 신청자의 무게를 감당하지 못해 쓰러진다는 생각도 사실과 어긋난다. 합법적인 망명 신청이 승인되지 않을 가능성이 '가짜' 망명 신청자가 법망을 빠져나갈 가능성보다 더 크다. 서구 여러 국가에 접수되는 망명 신청자 수는 기본적으로 인근 지역의 분쟁 수준에 따라 변동한다.[12] 장기적인 증가 추세를 입증하는 증거가 없다. 여기서 드러나는 진실은 단순하다. 정말로 분쟁과 억압을 피해 도망쳐 나온 사람이 대부분이라는 진실이다.

그렇다면 난민 수가 걷잡을 수 없이 증가한다고 **생각**하는 이유가 무엇일까? 그 한 가지 이유는 1989년 베를린 장벽이 무너진 이후 정치적 수사와 선동적 언론 보도가 난민의 유입 흐름이 사실보다 훨씬 더 대규모라는 **인상**을 만들었기 때문이다. 그리고 유엔난민기구와 국제이주기구 같은 기관들이 제시한 데이터가 이런 주장을 뒷받침했다. 가령 유엔난민기구가 제시한 데이터에 따르면, 전 세계 실향민 인구는 1951년 180만 명에서 2005년 2,000만 명, 2018년 6,200만 명으로 증가한 뒤 2021년 8,900만 명, 2022년 1억 명으로 치솟았다.[13]

나는 난민 수가 증가한다는 주장이 늘 의심스러웠다. 실제로 전쟁과 정치적 압제는 최근보다 제2차 세계대전 이후 수십 년 동안에 그 수준이 더 높았기 때문이다. 그렇다면 현재 난민 수가 더 많다고 생각하는 이유가 무엇일까? 그 이유를 찾으려고 소냐 프란선Sonja Fransen과 함께 지금까지 유엔난민기구가 발표한 데이터에 기초해 전 세계 난민 이주의 장기 추세를 분석했다.[14] 그 결과, 난민 수가 유례없이 증가한 것처럼 **보이는** 추세가 사실은 이전에 집계에서 제외된 실향민 인구와 국가들까지 포함해 통계적으로 만들어진 인공물임이 확인되었다.

유엔난민기구는 창설 후 1년이 지난 1951년부터 난민 데이터를 등록했다. 그해 유엔난민기구 데이터베이스에 정보가 등록된 국가는 겨우 21개국이었다. 당연히 실제 난민 수는 훨씬 더 많았다. 그 이후 유엔난민기구의 통계에 포함되는 국가와 영토는 1970년 76곳, 1990년 147곳, 2010년 211곳, 2018년 216곳으로 꾸준히 증가했다. 유엔난민기구 데이터베이스에 포함되는 국가가 증가하며 난민 수도 증가했다. 다시 말해, 1950~1990년에는 대부분 국가의 데이터가 빠졌기 때문에 유엔난민기구의 공식 데이터는 과거 난민 수를 심각하게 과소평가한 것이다.

그리고 유엔난민기구가 새로운 범주의 실향민을 데이터베이스에 포함한 것도 문제다. 바로 국내 실향민IDP이다. 국내 실향민은 무력 분쟁이나 폭력, 박해, 자연재해, 인재 때문에 강제로 혹은 의무적으로 고향을 떠났지만 국경을 넘지 않은 사람을 모두 포함하며, 이는 대단히 광범위한 범주다.

유엔난민기구가 글로벌 실향 수준이 대폭 증가한다고 보고하는 주된 이유는 국내 실향민이 급격히 증가했기 때문이다. 2003년 420만 명에서 2018년 4,140만 명으로 급증했다. 2018년의 국내 실향민 4,140만 명은 같은 해 집계한 국제 난민 수의 두 배가 넘는 규모다. 예전에는 국내 실향민이 없었다는 의미가 아니다. 과거에는 국내 실향민이 난민 통계에 포함되지 않았다는 뜻이다. 난민 수가 극적으로 증가한 것처럼 보이는 것은 대체로 오해할 소지가 큰 데이터를 제시하며 인위적으로 만들어진 결과다. 기본적으로 사과와 오렌지를 비교하는 것이나 다름없다.

난민 흐름은 전쟁에 따라 오르락내리락한다

그래프 5는 1977년부터 2022년까지 폭력적 분쟁과 억압으로 발생

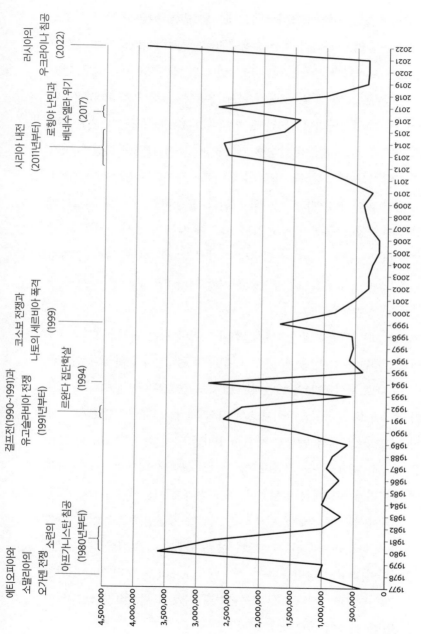

그래프 5. 1977~2022년 분쟁으로 발생한 전 세계 난민 수[15]

한 난민 수를 정리한 도표다. 이 그래프를 보면, 난민 이동이 선형으로 상승하지 않고 폭력적 분쟁 발생에 따라 오르락내리락하는 추세가 확인된다. 오가덴 전쟁이 일어난 1970년대 말 에티오피아의 많은 난민이 소말리아로 이동했고, 소련의 아프가니스탄 침공으로 1980년부터 1982년 사이에만 난민이 420만 명 발생했다. 1989년 소련이 철수할 때까지 난민이 총 580만 명 발생했고, 그 대부분이 가까운 이란과 파키스탄으로 피신했다. 사하라사막 이남 아프리카 지역에서 1980년대 내내 분쟁이 이어지며 에티오피아와 르완다, 모잠비크, 라이베리아 등의 난민들이 고향을 등졌지만, 1991년 걸프전 때문에 강제로 내몰린 이라크인 140만 명이 이란으로 달아날 때까지 전 세계 난민 수는 감소했다. 1991년에는 유고슬라비아 전쟁까지 일어나 특히 보스니아에서 대규모 난민이 발생했다.

1994년에는 르완다 집단학살 사건이 일어나 르완다 인구 3분의 1에 맞먹는 230만 명이 탈출했고, 그 대부분이 콩고민주공화국과 탄자니아, 부룬디로 피신했다. 1999년에는 코소보 전쟁과 나토NATO의 세르비아 폭격으로 구유고슬라비아에서 다시 대규모 난민이 발생했다. 세르비아와 코소보에서 탈출한 사람이 100만 명에 이른다. 2000~2010년은 비교적 평화로운 시기였다. 이 시기에 실향은 대부분 사하라사막 이남 아프리카 지역에서 발생했다. 비교적 평화로운 시기가 끝난 것은 아랍 세계에서 독재 정권에 반대하는 시위가 확산한 2011년이었다. 특히 시리아에서 정부의 탄압과 그에 따른 분쟁으로 극심한 폭력 사태가 벌어지며 대규모 난민 이주가 시작되었다. 2012년부터 2021년까지 무려 870만여 명이 시리아를 빠져나갔다. 내전이 발생하기 전 시리아 전체 인구의 41%에 달한다.

2017년에는 미얀마 정부가 로힝야족 70만여 명을 추방했다. 베네수엘라에서는 전반적으로 부패와 초인플레이션, 불안이 팽배한 분위기에서 반정부 시위에 대한 폭력 진압까지 겹치며 라틴아메리카에서 수십 년 만에 처음으로 대규모 난민 물결이 일었다. 2018~2019년에만 베네수엘라 난민 400만 명이 주로 콜롬비아와 페루, 칠레로 달아났다. 그 이후 난민 이주는 낮은 수준을 안정적으로 유지한 뒤, 러시아가 우크라이나를 침공한 2022년에 다시 치솟았다. 우크라이나에서 최소한 230만 명이 서구로 피신해 주로 폴란드와 독일, 체코공화국으로 이주했다.

그래프 5를 보면 난민 이주 패턴에서 장기적으로 일정한 추세가 보이지 않고 매우 불규칙하다. 난민 수가 급하게 오르내릴 뿐 시간 경과에 따른 분명한 선형적 추세가 보이지 않는다. 현재 우리가 글로벌 난민 위기를 겪고 있다는 추정과 어긋나는 것이다. 내가 소냐 프란선과 함께 난민 통계를 분석한 끝에 내린 결론은 다음과 같다. 최근 서구 여러 국가에서 망명 신청자와 난민이 급증한 상황은 난민 이주의 '밀물'을 반영하는 것이 아니라, 몇몇 특정 국가의 분쟁 확산에 따른 정상적이고 일시적인 반응이다. 분쟁이 가라앉으면 난민 수도 감소할 것이다.

세상은 더 평화로워졌다

위성 텔레비전과 인터넷, 스마트폰 덕분에 그 어느 때보다 많은 사람이 더 자주 더 생생하게 전쟁과 압제의 이미지를 접하고 있다. 폭력과 압제, 정치적 수사에 더 자주 **노출**되면 세상이 불타고 있다는 잘못된 인상을 받기 쉽다. 선정적인 언론 보도와 정치적 선동 탓에 침략당한다는 오해가 번지기도 했지만, 거대한 난민 홍수가 망명 제도를 압도한다고 생각하는 또 다른 이유는 세계의 현재 상태를 지나치게 비관적으로 보기 때문이다.

시간을 되돌려 보면, 유엔난민기구가 데이터를 집계한 제2차 세계대전 이후보다 20세기 초중반에 강제 실향 수준이 훨씬 더 높았다고 믿는 것이 타당하다. 이때가 훨씬 더 폭력적인 시기였기 때문이다. 예를 들어, 제1차 세계대전이 벌어진 1914~1918년에 유럽인 950만 명이 강제 이주한 것으로 추산된다. 1923년에는 오스만 제국이 무너지고 튀르키예인의 근대 국가가 형성되며 튀르키예에 살던 그리스인 120만 명이 강제 이주하고, 그리스에 살던 튀르키예 민족 35만~40만 명이 튀르키예로 이주했다.[16]

아시아에서는 (1937~1945) 중일전쟁 당시 6,000만~9,500만 명이 강제 이주한 것으로 추산되고,[17] 제2차 세계대전 당시 일본이 점령한 동남아시아 전역에서 집단 이주와 강제 노동에 내몰려 목숨을 잃은 사람은 300만~1,000만 명이다.[18] 제2차 세계대전 당시 강제 이주한 유럽인은 대략 6,000만 명으로 추산된다.[19] 그리고 유럽의 유대인 600만여 명, 세르비안 민족과 폴란드 민족, 러시아 민족 수백만 명이 나치 정권에 목숨을 빼앗겼다. 나치가 살해한 사람은 총 2,090만 명이고, 그중 830만 명이 동유럽인이었다.[20]

제2차 세계대전이 끝나자 인종 청소 정책에 따라 동유럽에서 추방된 독일 민족 1,200만여 명을 비롯해 다양한 민족 집단과 홀로코스트 생존자, 실향민의 대대적인 인구 이동이 시작되었다.[21] 1939년부터 1947년 사이에 유럽인 총 5,500만여 명이 강제 이주한 것으로 추산된다.[22] 유엔난민기구가 난민 통계를 집계하기 **직전**에 이미 제2차 세계대전의 직접적 여파로 전 세계 실향민이 무려 1억 7,500만 명에 달했다고 추산하는 자료도 있다.[23] 이는 당시 세계 인구 대비 약 8%에 해당한다. 현재 세계 인구 대비 난민 비율이 0.3%인 데 비하면, 엄청나게 높은 수준이다.

전후 수십 년간 공식 통계에 포함되지 않은 난민이 많다. 유럽인이 아닌 경우가 특히 심했다. 인도에서는 영국이 철수하고 영토 분할을 둘러싼 종교 간 긴장과 폭력이 확산한 1947년부터 1951년까지 약 1,400만 명이 삶의 터전을 잃었고, 그중 많은 사람이 새롭게 독립한 파키스탄을 향해 국경을 건넜다.[24]

1962년 알제리가 프랑스 식민지에서 독립하자 100만 명이 넘는 (프랑스와 기타 유럽 출신 정착민의 후손인) 콜롱과 (프랑스군에 협력한 알제리인) 아르키harki가 알제리를 떠났다.[25] 1945년부터 1960년대 초반까지 (현재 인도네시아) 네덜란드령 동인도 제도에서 부득이 네덜란드로 이주한 혼혈 '귀환자'도 375,000명이다.[26] 1972년에는 계약 노동자와 무역상의 후손인 인도계 5만여 명이 군사 독재자 이디 아민의 명령을 받고 우간다를 떠났다. 이디 아민은 아시아계 우간다인들을 '우간다 돈을 착복'하는 '흡혈귀'라고 비난했다.[27]

글로벌 난민 위기에 봉착했다고 생각하는 이유 중 하나는 전쟁과 압제의 수준이 전반적으로 높아졌다는 잘못된 추정 때문이다. 그런데 증거가 가리키는 방향은 정반대다. 세상이 전반적으로 더 평화로워졌다는 것이다. 소냐 프란선과 나는 전투 관련 사망자 수 데이터를 분석한 결과, 전쟁의 강도와 심각성이 장기적으로 감소한다는 분명한 추세를 확인했다.[28] 분쟁의 **빈도**는 줄지 않았지만 치명도는 크게 감소했다.

난민 위기는 정치적 위기다

증거에 따르면, 유엔난민기구와 기타 인도적 단체는 난민 수를 왜곡하며 난민과 망명 이주가 유례없이 높은 수준에 도달했다는 생각을 떠받치고 있다. 이런 기구들이 난민 수를 왜곡하는 이유는 중요한 활동을 추진할 관심과 자금을 모으려는 목적 때문이겠지만, 난민 이주가 통제 불능 상태에 빠지고 있다는 인식을 강화하는 데 공모하는 셈이다. '난민 위기'라는 인식은 집단의식에 깊이 뿌리를 내렸고, 학교 지도책까지 침투했다. 네덜란드의 많은 학교에서 사용하는 지도책De Grote Bosatlas 2015년 판을 보면, 커다랗게 그려진 빨간색 화살표가 망명 신청자의 흐름을 왜곡하며 불안을 조장하고 있다.

불행히도 이런 왜곡은 난민을 보호하자는 주장을 약화한다. 사람들이 현재 난민 수가 도착국 사회와 망명 제도의 흡수 용량을 초과한다고 믿게끔 만들기 때문이다. 난민 수가 지속 불가능하게 많다는 주장은 정치인들에게도 유리하다. 국경 통제를 더욱 강화하고 망명 신청자들을 불법적으로 '밀어내' 가혹하고 비인간적인 취급을 받도록 내몰 정당성이 마련되기 때문이다.

물론 난민이 대규모로 도착하면 국경 교차점 근처나 망명 신청자 센터가 들어선 도시와 마을에 사는 주민들의 삶이 힘들어질 수 있다. 갑자기 밀어닥친 난민이 지역사회를 압도해 현지 자원에 상당히 큰 부담을 줄 수 있다. 대규모 난민 유입이 지역적 차원에서 초래할 문제를 하찮게 치부하는 것은 아니지만, 국가 차원이나 국제 차원에서 볼 때는 난민 수가 기록적인 수준에 도달한 탓에 망명 제도가 붕괴 직전이라고 주장할 과학적 근거가 없다.

서구가 망명 제도의 용량을 초과한 난민 밀물에 뒤덮였다는 믿음이 널리 퍼졌지만, 실제 데이터는 이런 믿음과 분명히 배치된다. 앞서 살펴보았듯이 서구 여러 국가, 특히 유럽의 국가들은 전후 수십 년간 훨씬 더 많은 난민을 감당했다. 현재 난민 수가 과거보다 훨씬 더 많은 것도 아니고, 대부분 난민이 고향 근처에 머물며, 세계에서 가장 가난한 나라들이 가장 큰 부담을 떠안고 있다. 결국 우리가 흔히 말하는 '난민 위기'는 숫자적 위기가 아니라 정치적 위기다. 난민을 수용하고 다른 목적국들과 책임을 분담하려는 정치적 의지 부족을 반영한다.

지금 우리 사회는 그 어느 때보다 다양하다

이입이 증가하며 서구 사회의 인종적·문화적·종교적 다양성이 역사적으로 전례가 없는 수준에 이르렀다. 이것이 이입과 관련해 이민 옹호자나 이민 회의론자 모두가 공유하는 가장 흔한 믿음일 것이다. 이는 타당한 믿음처럼 보이는데, 실제로 서구의 이입민 인구에서 비유럽인과 유색인, 비기독교인이 차지하는 비중이 늘었다.

과거 5세기에 걸쳐 유럽인들이 세계 다른 지역으로 이주해 정착했지만, 제2차 세계대전 이후 수십 년 만에 이런 패턴이 뒤집혔다. 대규모로 바다를 건너던 유럽인들이 모험을 중단하자 점점 더 많은 아시아와 라틴아메리카, 카리브해, 아프리카의 이주자가 유럽과 북아메리카, 오스트레일리아, 뉴질랜드에 정착했다. 이런 흐름이 현대 서구 사회의 다양성이 유례없이 높은 수준에 도달했다는 생각을 부추겼다. 진보 진영은 이런 다양성이 중요한 혁신과 문화 부흥의 원천이라고 반기지만, 보수 진영은 현대의 높은 다양성 수준을 도착국 사회의 문화적 통일성과 사회적 응집성에 대한 잠재적 위협으로 간주한다.

미국에서는 멕시코와 푸에르토리코 등 라틴아메리카 출신 이주자가 대거 정착하며 백인 다수 집단을 중심으로 스페인어와 라틴아메리카 문화의 영향력 확대를 우려하는 목소리가 높아졌다. 서유럽에서도 특정 이주자 집단의 통합성이 부족하다는 인식이 문제시되었다. 특히 우려한 대상이 파키스탄과 방글라데시, 튀르키예, 모로코 등 이슬람 국가에서 온 이주자들이었다. 미국에서 9·11테러가 발생하고 유럽에서 이슬람 극단주의 세력의 공격이 연이어 발생하자 '너무 많은' 이입이 사회적 응집성과 민족 정체성, 국가 안보를 잠재적으로 위협한다는 우려가 커졌다.

높은 다양성 수준이 초래하는 문제를 인정하고, 사회적 응집성과 신뢰의 침식을 막고 사회적 갈등을 예방하고자 이입을 우려하는 목소리에 더 진지하게 귀를 기울이라는 압력이 점점 더 커졌다. 결국 정치인과 권위자들은 다양성이 도착국 사회의 흡수 용량을 초과할 수 있다고 염려하는 목소리를 높이기 시작했다. 평행선 같은 삶을 사는 비유럽계 소수민족과 이주자가 갈수록 증가하며 도착국 사회의 생활양식과 문화, 핵심 가치를 훼손한다는 우려도 더불어 커졌다.

권위자와 논평가들은 흔히 이런 문제를 더 광범위한 '문명 충돌 clash of civilizations'의 일부로 설명했다. 관용과 자유주의를 중시하는 서구의 세속 문화와 이른바 강경 보수주의나 심지어 불관용, 극단주의를 중시하는 종교 문화 사이에 발생하는 문명 충돌로 설명했다.[1] 이런 설명은 흔히 후자, 즉 종교·문화·사회의 핵심 가치나 신앙이 수용국 사회의 핵심 가치나 신앙과 크게 달라서 서로 양립할 수 없다는 생각과 연결된다. 이런 생각이 정치 최고위층에서 상당한 설득력을 얻었다. 물론 전달하는 어조는 더 정중하지만 말이다. 예를 들어, 테레사 메이 Theresa May 영국 총리는 하원의원 시절인 2015년 공식 석상에서 "이입 수준이 너무 높고 변화 속도가 너무 빠르면 응집력 있는 사회를 건설할 수 없다"라고 연설했다.[2]

물론 이런 생각에 모두가 동의하는 것은 아니다. 이런 의견을 인종 차별과 외국인 혐오로 거부하는 논평가가 많다. 이들은 정반대로 인종적·민족적·종교적 다양성의 증가를 문화 부흥과 문화적 미덕의 활력으로 반긴다. 기업 로비 단체도 이입과 다양성을 혁신과 경제 성장의 중요한 동력으로 옹호할 때가 많다. 무관심하거나 양면적 태도를 취하는 사람도 있다. 이 문제에 대한 의견이 정반대로 다를 때가 많지만 모든 진영이 '사실'로 받아들이는 기본 내용이 있다. 우리가 현재 유난히 다양한 사회에서 산다는 것이다.

실상

우리의 과거는 생각보다 훨씬 더 다양했다

2장에서 확인한 대로, 세계 인구의 약 3%가 국제 이주자이고, 국제 이주자 인구 비율은 일반적 통념과 달리 제2차 세계대전 이후 대단히 안정적이었다. 따라서 우리는 현대 서구 사회의 문화적·민족적 다양성이 이례적이고 유례없는 수준에 도달했다는 일반적 추정에 의문을 제기할 수밖에 없다.

서구 대도시의 거리에서 목격되는 다양한 민족 집단과 문화, 언어를 보면 넋이 빠질 지경이다. 하지만 한 걸음 뒤로 물러서서 장기적·세계적 관점을 취하면, 현대 서구 사회의 다양성과 이입 수준이 생각만큼 이례적이 아니라는 깨달음이 들기 시작한다.

우리 사회가 그 어느 때보다 다양하다는 생각은 과거 우리 사회가 실제보다 훨씬 더 동질적이었다는 왜곡된 이미지에 기초한다. 우선, 북아메리카와 유럽의 많은 나라가 과거에 많은 이입 사건을 경험했다. 1910년 미국에 살던 이주자 1,350만 명은 당시 미국 인구의 14.7%에 해당하는데, 이는 오늘날과 비슷한 비율이다.[3] 많은 사람이 잊고 있지만, 영국과 프랑스, 독일, 오스트리아, 네덜란드, 벨기에 등 유럽 각국도 이입 역사가 길고 논란의 여지도 많다.[4]

국제 이주는 지난 세기 대단히 안정적인 수준을 유지했다. 가장 큰 변화는 국제 이주 흐름의 주요 방향이 역전된 것이다. 대체로 유럽인들이 다른 대륙에 식민지를 개척하고 정착하는 흐름이 멈추며, 정반대 방향으로 이주하는 사람이 증가했다. 다시 말해, (글로벌 사우스) 예전 식민지에서 서구 국가로 이주하는 사람이 증가했다. 결국 다양성이 증가한다는 생각은 유럽 중심적이고 인종 차별적인 강력한 편견을 드러낸다. 비유럽계 이주자가 본질적으로 더 '다양하다'는 암시가 깔려 있기 때문이다.

둘째, 우리가 잊기 쉽지만, 현재 다수 인구가 완전히 '자기 집단'으로 인정하는 이주자와 소수 집단도 그리 멀지 않은 과거에는 동화될 수 없는 '타인'으로 여겨졌다. 현재 (서유럽의) 무슬림 이주자 집단과 (미국의) 라틴아메리카 이주자 집단이 다양성 논란의 중심에 서 있지만, 현대 역사를 통틀어 다양한 이주자 집단과 (토착민) 소수 집단이 민족 정체성과 안보에 대한 근본적 위협으로 간주되었다.

유럽에서는 유대인과 (훗날 '집시'로 경멸받은) 로마니인이 의심과 적대적 눈초리를 받으며, 이주자건 아니건 상관없이 수 세기 동안 폭력에 시달렸다. 기독교 내 다양한 파벌도 서로 문화적으로, 종교적으로 다르다고 보곤 했다. 17세기 프랑스에서 위그노가 박해받았던 것처럼 가톨릭교도가 다수인 국가는 소수인 개신교도를 억압했고, 개신교도가 다수인 사회는 원주민이건 이주자건 상관없이 로마 가톨릭교도의 충성심을 의심했다.

영국은 특히 아일랜드 사람들을 겨냥해 가톨릭에 반대한 역사가 길다. 19세기와 20세기를 통틀어 아일랜드 출신 가톨릭교도 이주 노동자에 대한 적대심이 팽배했다. 아일랜드 출신 가톨릭교도 이주 노동자는 '술고래에 걸핏하면 화를 내는 인부'라는 고정관념이 만연했다.[5] 19세기 말과 20세기 초 동유럽의 인종주의와 집단학살을 피해 영국으로 이주한 유대인들도 안타깝게 반유대주의에 시달렸다.

서유럽에서는 동유럽인들을 열등한 존재이자 민족에 대한 잠재적 위협으로 취급하는 것이 오랜 전통이다. 19세기 말 독일에는 폴란드인을 배척하는 분위기가 팽배했다. 사회학의 창시자 중 한 명인 막스 베버는 1895년 **열등 인종**(하층 인종)인 폴란드 이주 농민들이 독일 농민들을 쫓아낼 수 있다고 경고했다.[6] 1930년대부터 독일과 유럽 각지에서 유대인을 겨냥해 이민을 배척하는 정서가 점점 더 강해졌다. 이런 정서가 오랜 반유대주의에 편승한 결과가 홀로코스트다. 나치 정권은 유럽 전체 유대인의 3분의 2인 600만여 명을 조직적으로 박해하고 노예처럼 함부로 부리고 살해했다.[7]

프랑스는 반유대주의가 악랄했을 뿐 아니라 오래전부터 남유럽인들을 문화적·인종적으로 열등해 프랑스 민족과 동화되기 부적합한 존재로 간주했다. 20세기 전반 이탈리아와 포르투갈, 스페인에서 대규모 노동자가 프랑스로 이주했지만, 주로 도시 빈민가와 **판자촌**에 살며 멸시받았다.[8] "아프리카는 피레네산맥 이남부터 시작한다L'Afrique commence aux Pyrénées"라는 악명 높은 프랑스어 표현이 스페인인과 포르투갈인을 향한 프랑스인의 뿌리 깊은 우월감을 반영한다. 프랑스인들은 흔히 스페인인과 포르투갈인이 너무 '원시적'이고 '후진적'이어서 프랑스 문명과 어울리지 않는다고 생각했다.[9] 이런 우월감이 반향을 불러일으킨 것이 바로 '열등한' 문화와 사회 출신 이주자뿐 아니라 식민지 주민이 선택할 수 있는 유일한 선택지는 프랑스 문화에 완전히 동화하는 것이라는 식민 지배 이데올로기다. 프랑스뿐 아니라 북유럽과 서유럽 전역에서 남유럽인에 대한 인종 차별은 1970년대까지 이어졌다.[10]

적화赤禍, 흑화黑禍, 황화黃禍

권력층은 미국의 본질을 '백白'으로 규정하려고 시도하지만, 실제로 미국은 토대를 세울 때부터 본질적으로 다양한 사회였다. 월등한 군사력을 앞세우고 도착한 백인 침략자('정착민')들은 그야말로 백인 기독교도(특히 개신교도) 유럽인만 사는 배타적 유럽 사회를 외국 땅에 이식하려고 노력했다. 그래서 정착민들은 인종 혼합이라는 생각에 늘 격렬하게 저항했다.

아메리카 대륙에서 인종 차별적 폭력에 희생된 첫 번째 제물은 원주민이었다. 아메리카 원주민은 몰살되지는 않았지만, 체계적으로 수용되고 말 그대로 자기 땅에서 쫓겨났다. "선량한 인디언은 죽은 인디언뿐이다" 같은 대중적 비방을 중심으로 많은 '서부 지대' 영웅담이 회자했다.[11] 체계적 인종 차별 폭력에 희생된 두 번째 제물은 1,200만 명에 달하는 아프리카인이다. 이들은 대서양 너머로 난폭하게 끌려와 농장에 노예로 팔렸다. 그 후손도 마찬가지였다.

19세기 미국은 최소한 현재와 비슷하게 민족과 인종이 다양한 나라였다. 1800년 60만 명으로 추산되던 인구가 1890~1900년 25만 명으로 급감하긴 했지만 아메리카 원주민은 유럽인들이 정착하던 초창기에도 여전히 많았다.[12] 19세기 초기 미국 인구의 15~18%는 아프리카계 미국인, 즉 노예로 끌려온 아프리카인의 후손들이었다.(라틴아메리카와 아시아의 이입이 증가해 아프리카계 미국인의 비중은 현재 12.4%로 떨어졌다.[13])

하지만 아프리카계 미국인과 아메리카 원주민은 '다양성 문제'로 인식되지 않았다. 20세기까지는 법적으로 완전하고 평등한 미국 시민으로 인정되지 않았기 때문이다. 19세기에 걸쳐 노예무역과 노예 노동이 점차 폐지되었지만 제도적 인종주의와 차별은 사라지지 않았다. 1865년 노예제가 공식적으로 폐지된 후에도 미국 남부는 인종 차별적인 짐 크로법을 제정해 아프리카계 미국인을 물납 소작인으로 농장에 묶어두고, 사실상 인종 분리 정책을 도입함으로써 흑인 차별을 제도화했다. 아프리카계 미국인은 인종적으로 분리되어 다른 인종과 어울리거나 결혼하는 것이 금지되었기 때문에 본질적으로 와스프WASP(백인 앵글로색슨 개신교도)를 민족 정체성으로 삼는 미국에 위협이 되지 않았다.

백인 우월주의자의 관점에서 보면 노예제 폐지는 인종 분리 제도의

'필요성'을 의미했고, 인종 분리 제도는 폭력적인 억압으로만 유지될 수 있는 제도였다. 1960년대까지도 미국 남부에서는 집단 린치가 일반적 현상이었다. 백인 폭도들은 흑인이 백인 여성을 강간했다는 혐의를 조작하고 의심스러운 근거를 들며 집단 린치를 정당화했다. 린치라는 말을 들으면 흔히 흑인 남성과 여성이 나무에 매달린 모습이 연상되지만, 흑인들은 고문받거나 사지가 잘리거나 목이 잘리거나 무덤까지 파헤쳐진 경우도 많았고, 일부는 산 채로 화형을 당했다. 1882년부터 1968년까지 미국에서 린치 사건이 4,743건 발생한 것으로 추정된다.[14] 이런 린치가 아프리카계 미국인을 위협하고 공포에 떨게 했으며, 백인 우월주의를 유지하려고 '아프리카계 미국인들을 꼼짝 못 하게' 만들었다.

1914~1970년 흑인 대이동 시기에 아프리카계 미국인 600만여 명이 경제적으로 더 나은 기회를 찾겠다는 희망을 품고 인종 차별이 심한 남부에서 벗어나 북부 공업 도시로 이주했다.[15] 하지만 북부에서도 여전히 인종 분리 정책과 '특정 경계 지역 지정' 정책에 시달리며 따로 분리된 지역에 살 수밖에 없었다. 기본적으로 백인 미국인들이 흑인과 이웃으로 살길 원하지 않았기 때문이다. 미국의 많은 주가 1960년대 말까지도 인종 간 결혼을 법으로 금지했다.[16] 민권법 운동이 성공을 거두었지만 지금도 여전히 제도적 인종주의와 차별, 인종 프로파일링(경찰이 피부색이나 인종을 토대로 용의자를 특정하는 수사기법-옮긴이), 경찰 폭력이 큰 문제를 일으키고 있다.

본래 인종적으로 열등하고 문화도 미개하다는 오해가 아메리카 원주민과 아프리카계 미국인을 향한 폭력을 정당화하고 이들이 새롭게 미국 민족에 포함될 자리를 내주지 않았다. 백인 단일 국가를 형성하고 유지하려 했기 때문이다. 아메리카 원주민이나 아프리카 노예의 후손 같은 소수 인종 집단이 동등한 국가 구성원으로 완전히 인정받길 열망한다는 것은 상상도 할 수 없는 일이었기에 이들은 보호구역이나 격리된 지역으로 쫓겨나 살 수밖에 없었다.

미국에서 가장 폭력적인 인종주의 희생자는 아메리카 원주민과 아프리카계 미국인이지만, 새로운 이입 집단도 흔히 다수 집단의 적대심에 시달렸다. 미국 다수 집단이 이들을 미국 민족을 위협하는 위험한 존재로 간주한 것이다. 19세기 말부터 정치인과 언론은 갈수록 느는 중국계 이입민과 일본계 이입민에게 '황화yellow peril(황색 인종, 특히 일본인과 중국인이 서양 문명을 압도한다는 백색 인종의 공포심-옮긴이)'라는 프레임을 씌우기 시작했다.[17] 노동계 대표와 정치인들을 중심으로 격렬한 반중국 정서가 팽배해지자 미국은 1882년 중국인 노동자의 이입을 금지하고 시민권을 박탈하는 중국인배척법을 채택했다.[18] 1941년 일본군이 진주만을 공격하자 미국도 제2차 세계대전에 참전하게 되었고, 미국 정부는 헌법을 위반하면서까지 미국 시민인 일본계 후손 11만여 명을 격리했다.[19]

용광로에서 '찌꺼기' 청소하기

백인 다수 집단은 이제껏 일상적으로 새로운 이입민과 소수 집단을 정체성과 민족 문화 더 나아가 국가 안보에 대한 잠재적 위협으로 묘사했다. 지금은 상상하기 어렵겠지만, 독일인과 이탈리아인, 아일랜드인, 폴란드인, 일본인, 유대인, 가톨릭교도도 한때는 동화될 수 없는 존재 더 나아가 국가를 위협하는 존재로 취급받았다. 기본적으로 최근 무슬림과 라틴아메리카 사람들이 받는 대접과 다르지 않았다.

독일계 이입민은 한때 미국의 정체성과 안보를 위협하는 존재로 간주되었다. 19세기 독일인들이 대규모로 이입하자 이민을 배척하는 반독일 정서가 일고 독일어 사용 증가에 반대하는 주장이 확산했다. 1890년 미국에는 독일어로 발행되는 신문이 1,000개가 넘고, 심지어 독일어 전용 교육 체계까지 있었다. 1910년 800만 명에 이르는 독일계 미국인은 미국에서 가장 큰 비영어권 집단이었다.[20] 결국 독일어가 영어를 대신해 미국 국어가 될 수 있다는 두려움이 커졌다.

더욱이 제1차 세계대전으로 반독일 정서가 강화되며 미국에 대한 독일계 미국인의 충성심까지 의심받았다. 독일계 미국인들은 주류 미국 문화에 '동화'하지 않고 수상쩍게 자신들의 전통을 고수하는 '하이픈이 붙은(외국계-옮긴이) 미국인'으로 의심받았다.[21] 급기야 우드로 윌슨Woodrow Wilson 대통령은 1919년 "하이픈을 붙이고 다니는 사람은 단검을 지니고 다니다가 준비만 되면 언제든 이 공화국의 급소를 찌를 사람이다"라고 경고했다.[22] 독일계 미국인들은 흔히 '훈족'으로 불렸다. 중세 시대 유럽을 침공했다고 알려진 인구 집단에 빗대 '야만적 침략자 종족'으로 불린 것이다.[23]

독일계 소수 집단이 이삼 세대를 거치며 '유치원kindergarten' 같은 언어 흔적과 핫도그 같은 요리 흔적만 겨우 남긴 채 대체로 미국 주류에 동화된 후에는 유대계 동유럽인을 비롯해 가톨릭교도들이 이민을 배척하는 적개심의 대상이 되었다. 20세기 중반 아일랜드와 폴란드, 이탈리아에서 가톨릭교 이입민들이 대규모로 도착하자 개신교 다수 집단이 적대적인 반응을 보였다. 이들을 동화될 수 없는 존재로 보거나 이들의 이입을 와스프 정체성에 대한 명백한 위협으로 간주했다.

가령, 시칠리아 사람 등 이탈리아 남부인들은 거의 '백인'으로 인정받지 못했다. 이는 부분적으로 이탈리아 내부의 인종주의도 반영된 것이다. 이탈리아 북부인들은 오래전부터 피부색이 짙은 남부인, 특히 시칠리아 사람들을 '미개하고' 인종적으로 열등하며 '영락없이 아프리카인이어서 유럽의 일원이 될 수 없다'고 생각했다.[24] 반이탈리아 정서는 일반적이고 전혀 부끄럽지 않은 것이었다. 1891년 《뉴욕타임스》는 사설에서 시칠리아 사람을 '강도와 암살자의 후손', '줄어들지 않는 해충'으로 지칭했다.[25] 기록에 따르면, 1890년부터 1920년까지 이탈리아인을 대상으로 집단 린치 사건이 50여 건 발생했다. 대단히 지성적이고 '문명화된' 집단에서도 인종 차별적인 비방이 일반적이었다. 1914년 미국의 저명한 사회학자 에드워드 로스Edward Ross는 백인 미국인들이 '아프리카와 사라센, 몽골의 피를 지닌 사람'과 남부 유럽인을 받아들임으로써 실질적인 '인종 자살'을 저지르고 있다고 주장했다.[26] 또한 로스는 '미개한 이주자들을 대규모로 받아들인 데서 비롯된 대중 지능의 하락'이 '20세기 초 미국에 닥친 불가사의한 쇠퇴'의 원인이라고 주장했다. 그리고 10년 뒤 또 다른 사회학자 에드윈 그랜트Edwin Grant는 '용광로에서 찌꺼기'를 제거해 '미국을 우생학적으로 정화'할 '체계적인 국외추방'이 필요하다고 주장했다.[27]

오늘날 '대교체Great Replacement' 음모론 신봉자들이 조장하는 공포도 기본적으로 이와 다르지 않다. 이들도 문화와 인종이 다른 이주자들을 서구 문명에 대한 위협으로 간주한다. 가장 큰 차이는 그 대상이다. 예전에는 아일랜드인과 폴란드인, 이탈리아인, 유대인, 중국인이 대상이었지만 지금은 (미국의) 라틴아메리카인과 (유럽의) 무슬림 같은 집단으로 대상이 바뀌었다. 예를 들어 《비상 상황: 제3세계 침략과 미국 정복State of Emergency: The Third World Invasion and Conquest of America》을 저술한 미국의 정치 평론가 팻 뷰캐넌Pat Buchanan은 2006년 이런 주장을 폈다. 불법 이주는 멕시코 지배층이 1848년에 잃어버린 땅을 재정복하려고 꾸민 '아즈틀란Aztlan(아즈텍인의 고향-옮긴이) 음모'의 일부라며 "국경을 통제하지 못하고 역사상 가장 큰 침입을 막지 못하면 미합중국은 해체되고 미국 남서부를 잃을 것이다"라고 주장했다.[28]

사민당에서 정치인으로 활동한 적이 있는 독일 작가 틸로 자라친 Thilo Sarrazin은 2010년에 발표한 책《독일이 사라지고 있다Deutschland schafft sich ab》에서 다음과 같은 우려를 표명했다. 독일이 무슬림 국가에서 유입된, 통합을 꺼리고 흔히 복지에 의존하며 범죄와 폭력, 테러에 더 취약한 이주자와 망명 신청자들에게 점점 더 압도되고 있다는 것이다. 자라친은 "지능이 다른 인구 집단이 다르게 증식한다"라며 대규모로 도착한 저숙련 이주자들 때문에 독일의 평균 지능 수준이 떨어지고 있다고 주장했다.[29] 자라친의 주장은 한 세기 전 미국에서 에드워드 로스가 주장한 내용과 기본적으로 다르지 않다.

이 모든 사례에서 알 수 있지만, 다양한 '타자'를 위협으로 묘사하는 것은 전혀 새로운 이야기가 아니다. 여러모로 볼 때, 이입이 도착국 사회의 흡수 용량을 초과한다고 다소 모호하게 암시하는 것을 비롯해 다양성을 우려하는 것이나 이입을 주류 문화와 정체성에 대한 위협으로 묘사하는 것은 패권을 상실하고 있다는 다수 집단의 두려움을 은밀히 표현하는 것 같다. 이런 두려움이 한 세기 전에는 인종 차별적 용어로 더 파렴치하게 표현되었다. 현재 새로운 이입민 이야기는 대부분 본질적으로 예전 이야기를 재활용한 것이다. 무슬림 이입이 서구를 이슬람화하려는 비밀 음모의 일부라는 반이민 주장을 예로 들어보자.

이런 주장은 유대인이 돈과 사업, 문화, 정치 문제에서 우위를 점해 세계 패권을 쟁취하려는 음모에 연루되었다는 예전의 음모론과 놀랄 만큼 흡사하다.

북유럽과 북아메리카의 가톨릭교도에 대한 의심도 맥락은 같다. 상황이 나빠지면 이들이 국가와 헌법보다 로마의 교황에게 더 충성할 것이라는 주장이 이런 의심을 뒷받침하고 있다. (아일랜드계) 존 F. 케네디가 가톨릭교도 최초로 미국 대통령이 된 1960년 대선 당시에도 종교적 소속이 주요 쟁점이었다. 지금은 이런 일을 거의 상상할 수 없다는 사실에서 상황이 얼마나 빠르게 변하는지 알 수 있다. 예전에 외부자이던 사람들이 내부자가 되면, 다수 집단은 그들이 한때 동화될 수 없는 '타자'로 간주되었다고 상상하지 못한다. 사실 '그들'과 '우리' 사이의 경계는 계속해서 변화하며, 일반적으로 가장 최근에 이입한 집단에 '타자'라는 프레임이 씌워진다. 여기서 과거 우리 사회가 문화적으로나 민족적으로 더 동질적이었다는 이상적인 이미지가 얼마나 위험한지 드러난다. 우리의 과거는 일반적으로 생각하는 것보다 훨씬 더 다양하고 인종 차별적이었다.

사회와 문화의 다양성이 감소했다

흔히 소수 집단과 이입민이 민족을 위협한다고 생각하지만, 사실 지금 사회와 주류 문화는 그 어느 때보다 동질적이라고 믿는 것이 타당하다. 유럽은 지금까지 늘 민족국가 수보다 훨씬 더 많은 민족적·언어적·종교적 집단들로 지극히 다채롭게 짜인 양탄자 같았다. 지방과 지역의 정체성도 뚜렷했다. 지역이나 도시마다 언어와 풍습, 관습이 달랐다. 가령 19세기 파리에 살던 주민은 시내로 몰려드는 브르타뉴 시골 사람들에게 거의 친밀감을 느끼지 못했다. 브르타뉴 사람들은 프랑스어도 사용하지 않았다.[30]

16세기부터 국가의 규모가 커지기 시작했고, 1789년 프랑스혁명 이후 19세기에 걸쳐 근대 유럽의 민족국가들이 형성되고 통합되는 동안 그 과정이 훨씬 더 빨라졌다. 국어 선포를 비롯해 국기와 통화, 우표, 애국가 같은 강력한 상징이나 헌법과 군대, 관료제처럼 중요한 정부 기관이 배경이 아주 다양한 사람들에게 공동 운명 의식과 소속감, 정체성을 주입했다. 교육과 징병, 관료제 확대, 철도 개발도 공용어와 민족 정체성 보급에 기여했다. 이로써 서로 알지 못하던 사람들이 공통된 소속감을 키웠다.

정치학자이자 역사학자인 베네딕트 앤더슨Benedict Anderson은 1983년에 출간한 중요한 책《상상된 공동체》에서 민족을 '상상된 공동체'라고 설명했다. 민족은 대부분 서로 한 번도 본 적 없지만 같은 영토 안에 사는 사람들에게 공동의 목적 의식과 운명 의식을 심어주는 사회적 구성물이라는 것이다.[31] 민족주의는 양날의 검이다. 이를 여실히 보여주는 대표적 사례가 국제 축구 경기와 올림픽대회다. 민족주의는 한편으로는 전쟁과 파괴 그리고 훌리건 난동을 일으킬 잠재적 원인이지만, 그와 동시에 선을 위해 쓰일 수 있는 단결력이다. 서로 숙적이던 사람들 사이의 벽을 허물어 공동 이익을 추구하며 협력하도록 독려하기 때문이다.

국가적 관점에서 보면 이제껏 민족을 형성하는 작업은 대단히 성공적이었다. 16세기부터 잉글랜드와 웨일스, 스코틀랜드, (북)아일랜드가 성공적으로 연합한 결과 포괄적인 영국 정체성이 만들어졌고, 영어가 영국 전역에서 거의 보편적인 언어로 채택되었다. 19세기 초 이탈리아 반도의 8개 독립국에 살던 사람 중에는 이탈리아가 하나로 통일될 수 있다고 믿은 사람이 거의 없었을 것이다. 지역별 정체성이 뚜렷하고, 지역 간 적대감이 워낙 컸기 때문이다. 하지만 이탈리아는 1848년부터 1871년 사이에 실질적인 통일 국가로 변모했다.[32] 독일도 1871년 왕국과 공국, 기타 소국 300개 이상을 통일해 근대 국가로 태어났다.[33]

민족 형성, 국가 관료제 확대, 철도와 도로망, 학교와 라디오, 텔레비전을 통한 공용어와 민족 문화 전파, 징병제를 통한 다른 지역 사람들과 교류 확대, 내부 이주, 교사와 행정 인력의 계획적인 순환 배치 등은 지방과 지역의 정체성과 방언, 풍습이 점차 약해지기 시작한다는 의미였다. 국어가 확산할수록 지역 언어와 방언을 사용하는 사람은 점점 더 줄어들고, 그런 소수 언어는 소멸 위기에 몰릴 때가 많았다.

우리 사회와 세계는 그 어느 때보다 동질화하고 있다

국가와 교육, 언론 그리고 최근 인터넷의 영향이 커지며 문화적·언어적 동질화의 힘이 곳곳에서 작용하고 있다. 이런 동질화 과정이 민족 정체성을 구축하는 데 도움이 되었지만, 그와 동시에 도로를 다지는 롤러처럼 지역 집단의 정체성과 관습, 언어를 깔아뭉갰다. 단 하나의 정체성을 중심으로 합치려는 민족주의 운동에 편승해 주류 민족과 동화하길 거부하는 소수 집단을 향한 배척과 끔찍한 폭력이 자행되고, 집단학살과 대규모 난민 흐름으로 이어지기 일쑤였다.

단 하나의 민족 정체성을 중심으로 한 동질화 과정은 서유럽에 비해 중유럽과 동유럽에서 더 늦게 진행되었다. 중유럽과 동유럽에서는 합스부르크 제국과 오스만 제국, 러시아 제국이 대단히 수준 높은 문화적·종족적·종교적 다양성을 20세기까지 수용하고 용인했기 때문이다. 1919~1922년 그리스-튀르키예 전쟁과 1990년대의 구유고슬라비아 전쟁, 구소련 내 공화국의 각종 분쟁과 내전 등 최근 이 지역에서 전쟁이 일어난 기본 이유는 유고슬라비아공화국을 비롯해 문화가 다양한 오스만 제국과 소련 제국이 무너진 뒤 단일 민족으로 인구와 정체성을 구축하려는 민족주의적 욕망 때문이다.

전쟁이 민족 정체성을 구축하고 새로운 민족에 어울리지 않는 소수 집단을 몰아내거나 탄압하거나 제거하는 데 도움이 될 때가 많지만, 전쟁은 국가가 대담하게 힘을 확대하는 계기도 된다. 사회학자 찰스 틸리Charles Tilly의 유명한 표현처럼 "전쟁이 국가를 만들고, 국가가 전쟁을 만들었다."[34] 제2차 세계대전 후 수십 년간 식민 강대국들이 알제리나 인도, 인도네시아처럼 민족이 다양한 나라에서 독립운동을 군사적으로 억제했지만 오히려 민족주의가 강화되었다. 마찬가지로 우크라이나에 대한 러시아의 군사 침략도 2014년 이후 역풍을 맞았다. 민족이 다양한 우크라이나에서 공동 운명 의식과 민족의식이 공고해지고, 우크라이나어가 힘을 잃기는커녕 국어로 위상이 강화된 것이다.

하지만 민족주의의 힘은 소수 집단을 몰아내기도 한다. 20세기 초 튀르키예인의 근대 국가가 탄생하며 그리스인들이 튀르키예에서, 튀르키예인들이 그리스에서 대규모로 추방되었다. 더 나아가 20세기 상당 기간에 걸쳐 중앙아시아의 튀르키예인들이 튀르키예인의 '모국'으로 이주하는 계기가 되었다. 마찬가지로 1947년 인도가 독립하며 인도와 파키스탄으로 분리되자 힌두교도와 시크교도 800만여 명이 (지금의 방글라데시가 당시 동파키스탄으로 포함된) 파키스탄에서 인도로 피신했고,

무슬림 600만여 명이 인도에서 파키스탄으로 이주했다.[35] 제2차 세계 대전 이후, 특히 1990년대에 독일 민족인 동방이주자Aussiedler 450만 여 명이 구소련과 동유럽에서 독일로 역이주했다.[36]

민족 집단이 점점 더 '자신들의' 민족국가로 모여들고 소수 집단이 탄압받거나 죽임을 당하거나 추방되거나 이주하며 많은 나라에서 민족적·종교적·언어적 다양성이 증가하기는커녕 오히려 더 줄어들었다. 동시에 다민족 대제국이 해체되고 민족국가들이 새롭게 등장하며 동질화하려는 힘이 내부와 외부에서 작용했다. 또한 기성 종교의 영향력이 축소되고 세속화가 진행되며 서구 국가 내부의 엄격한 종교적 구분도 느슨해졌다.

지역적·민족적·종교적 장벽이 무너지자 민족 문화와 국제 문화의 '주류'가 강화되었다. 1920년대에 등장한 청년 문화가 1950년대 이후 점점 더 빠르게 세계로 확산하며 전 세계 청년들이 음식과 음악, 영화, 문학 등 다양한 예술적 표현 형식에서 공통된 기준점을 찾기가 더 쉬워졌다. 재즈 등 아프리카계 미국인의 음악이 대서양 건너 유럽과 아프리카 등으로 전파되어 현지 음악 양식과 융합되고, 이탈리아와 중국, 중동의 음식이 전 세계 식생활을 변화시켰다. 국제 여행을 떠나기도 쉬워지고 케이블TV와 인터넷까지 등장하며 민족 문화와 국제 문화가 이른바 '세계화' 과정을 거치며 발전하는 속도가 더욱 빨라졌다. 그 결과, 영어를 사실상 만국 공통어로 사용하는 비중이 증가하고 취향은 중산층으로 한층 더 수렴하고 청년 문화가 전 세계로 확산했다.[37]

이처럼 동질화를 추구하는 민족 통합과 세계화라는 두 가지 힘이 지역주의자들의 반발을 불러일으켰고, 스페인의 카탈루냐 지방과 영국의 스코틀랜드에서는 지역주의자들의 반발이 독립운동이라는 형태로 분출되었다. 정치적 통합을 추구하는 유럽연합에 대한 대다수 영국인의 저항도 브렉시트를 결정하는 강력한 동기로 작용했다. 하지만 이런 반발에도 불구하고 장기적 관점에서 보면 서구 사회가 문화적으로 다양성이 감소한 것은 부인할 수 없다.

동질화는 전 세계적 현상이다. 이런 추세를 가장 분명하게 보여주는 지표가 소수 언어의 소멸이다. 유네스코 데이터에 따르면, 1950년부터 2010년 사이에 230개 언어가 소멸하고, 현재 전 세계 7,100여 개 언어 중 사용자가 1,000명 미만인 언어가 3분의 1이다. 마지막 사용자가 사망하며 2주마다 1개 언어가 소멸하는 것으로 추산되고, 전 세계 언어의 50~90%가 다음 세기까지 사라질 것으로 예상된다.[38] 언어는 공유된 문화와 상상력, 정체성을 전달하는 주요 수단이기 때문에 언어의 소멸은 대단히 심각한 문제다.

다양성은 사회적 응집성과 민족 정체성을 위협하지 않는다

현재 서구 국가들이 유례없이 수준 높은 문화적·민족적 다양성을 경험한다는 것은 분명한 오해다. 이입에 따른 민족적 다양성이 사회적 응집성을 해친다는 주장도 증거와 배치된다. 인류 역사를 통틀어 전 세계 사회는 현재 서구의 많은 사회가 경험하고 있는 것보다 훨씬 더 수준 높은 다양성에 성공적으로 대처했다.

많은 근대 국가가 소수 집단에게 특별한 권리를 주거나 지역 정체성을 허용하는 분권적 연방 국가 모델을 채택해 일부 인구 집단의 문화적 다양성을 수용했다. 미국과 캐나다, 스페인, 벨기에, 독일, 스위스 등 서구에는 지방 정부와 더불어 분권적 연방 정부 구조를 채택한 나라가 많다. 이런 구조로 지역적·언어적 정체성이 뚜렷이 다른 인구 집단들이 대체로 평화롭게 공생하고 있다. 그리고 이런 구조에 흔히 수반하는 민족 이념은 민족적·종교적·지역적 '하이픈이 붙은' 정체성이 그 정체성을 대체하는 민족에 대한 소속감과 양립할 수 없다고 보지 않는다.

이렇게 해서 전 세계 많은 사회가 커다란 민족적·종교적 차이를 성공적으로 수용했다. 전 세계 국가들의 문화적 다양성 수준을 표시한 것이 지도 3이다. 이 지도는 독일 올덴부르크대학교의 연구자 에르칸 괴렌Erkan Gören이 개발한 지표를 토대로 작성했다. 괴렌의 지표는 민족과 인종에 관한 데이터를 주요 민족 혹은 인종 집단들이 사용하는 언어의 유사성을 측정한 수치와 결합한 것이다. 지도를 보면 다양성 수준과 국가 기능의 효율성 사이에 분명한 연결성이 보이지 않는다. 국토가 넓은 인도네시아와 인도는 내부적으로 엄청난 민족적·언어적·종교적·문화적 차이를 극복하고 확실한 민족 통합 의식을 주입한 대표적 나라다. 이런 나라는 대부분 서구 사회보다 다양성 수준이 훨씬 더 높을 때가 많다.

사실 많은 사람이 (하나 혹은 둘 이상의) 민족에 대한 소속감과 지역 혹은 지방에 대한 강력한 충성심을 결합해 '다중 정체성'을 육성한다. 예를 들어, 영국에서 '영국다움Britishness'이라는 개념은 지역적·민족적 정체성을 일부 대체하는 포괄적 소속감을 의미한다. 그리고 많은 이주자가 잉글랜드다움이나 웨일스다움, 스코틀랜드다움이라는 개념보다 영국다움이라는 개념을 더 쉽게 받아들인다. 지역 정체성도 마찬가지다. 흔히 축구팀을 응원하는 열렬한 지지로 표출되는 지역 정체성

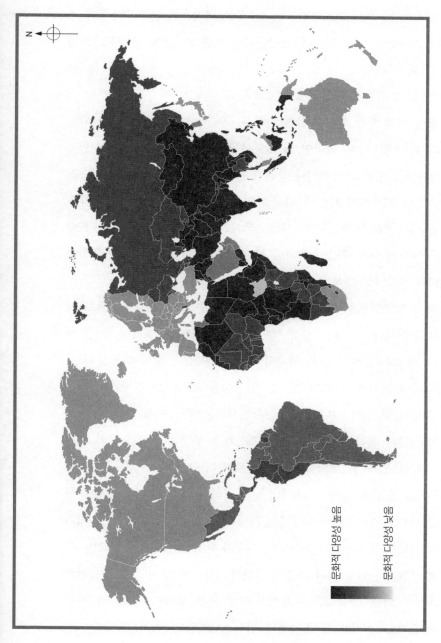

문화적 다양성 높음

문화적 다양성 낮음

지도 3. 전 세계 문화적 다양성[39]

은 민족을 뛰어넘는다. 리버풀에 거주하는 파키스탄 이주자의 딸은 스스로 리버풀 사람인 동시에 영국인이고 또한 파키스탄인이라고 느낄 수 있다.

물론 민족 형성 실험이 극심한 갈등으로 이어질 수 있는 것도 사실이다. 특히 정치인이 외국인 혐오를 선동하거나 지역 지도자가 이민을 배척하는 긴장을 조장하거나 정권이 지역적 혹은 민족적 소수 집단을 억압할 때 위험성이 커진다. 나치 독일의 유대인이나 르완다의 투치족, 구유고슬라비아의 보스니아인들은 정치인들이 민족의 적이라는 프레임을 씌우면 한때 주류에 속하던 집단도 '타자'가 될 수 있다는 위험을 강력히 경고하는 사례다.

하지만 한편으로 문화적·민족적 다양성 수준과 다른 한편으로 사회적 응집성과 평화로운 공생 사이에 **내재적** 모순이 있거나 둘 중 하나를 선택해야 하는 것은 아니다. 따라서 이입/민족적 다양성과 사회적 응집성/신뢰 사이의 분명한 연관성을 찾으려는 연구가 실패하는 것도 놀랄 일이 아니다. 일부 서구 사회는 최근 수십 년에 걸쳐 사회적 신뢰의 심각한 하락을 경험했다. 가장 부정적 추세를 보인 나라가 미국이다. 하버드대학교 사회학자 로버트 퍼트넘Robert Putnam의 책 《나 홀로 볼링》을 보면, 1960년대 성인 미국인의 약 55%가 '대부분 사람을 신뢰할 수 있다'는 의견에 동의했지만 2000년이 되자 그 수치가 35% 정도로 떨어졌다.[40] 퍼트넘이 철저하게 조사한 자료에 따르면, 사회적 신뢰가 하락한 것과 더불어 사회적 상호작용과 시민 참여도 전체적으로 하락했다. 유럽은 나라마다 서로 다른 추세가 나타난다. 독일과 네덜란드, 벨기에 등 북유럽과 서유럽, 스칸디나비아, 발트해 연안의 국가들에서는 정치 제도를 비롯해 타인에 대한 신뢰가 높아졌지만, 지중해 국가와 영국, 아일랜드, 공산주의에서 벗어난 동유럽 일부 국가에서는 신뢰도가 하락했다.[41]

하지만 경험적 연구에서는 사회적 신뢰 및 사회적 응집성과 이입 및 민족 다양성 사이의 체계적 연관성이 발견되지 않았다.[42] 사실 사회적 신뢰에 크게 영향을 미치는 요인은 불평등과 소득, 고용, 정부 신뢰도 등이다. 이입이나 다양성과 연관이 없다. 미국의 (2006~2014) 종합 사회 조사General Social Survey에서도 실업과 저소득, 정치 제도의 신뢰도 저하가 사회적 신뢰 하락의 주요 요인으로 지목되었다.[43] 퍼트넘은 특히 경제적 불평등이 신뢰와 사회적 응집성, 공동체 생활에 대한 국민 참여를 저하시킨다고 주장한다.[44] 영국의 사회역학자 리처드 윌킨슨Richard Wilkinson과 케이트 피킷Kate Picket은 《평등이 답이다The Spirit Level》에서 소득 격차가 큰 (미국의 주와) 서구 국가에서 인간 사이의 신뢰 수준이 낮다는 자료를 제시하며 퍼트넘의 주장을 사실로 확인했다.[45]

사실 이입과 다양성의 수준이 높거나 증가하면 사회적 신뢰도도 높거나 증가하는 사회가 많다. 경제적으로 더 평등한 사회나 문화적 소수 집단이 인정받는 사회에서는 이입이 실제로 사회적 신뢰에 긍정적 영향을 미치기도 한다.[46] 즉, 이입과 다양성 자체가 문제가 아니라, 정부와 사회가 이입과 다양성을 대하는 방법이 중요한 것이다. 세상에서 다양한 사회 중 일부는 가장 번영하고 민주적인 국가에 포함되지만, 북한처럼 세상에서 민족적으로 가장 동질적인 사회는 극도로 억압적일 수 있다. 요컨대 경제학자 알베르토 알레시나Alberto Alesina와 엘리아나 라 페라라Eliana La Ferrara가 주장한 대로 "민족적 다양성의 수준

이 비슷해도 갈등과 민족 간 협력의 정도는 사뭇 다를 수 있다."⁴⁷

캐나다, 오스트레일리아, 뉴질랜드 그리고 최소한 1970년대까지 미국은 모두 이입이 많고 사회적 신뢰 수준이 상당히 높은 사회였다. 정치 지도자와 제도가 **여럿이 모여 하나로**epluribus unum라는 이념을 중심으로 다양한 형태의 민족 정체성을 구축했기 때문이다. 하지만 정치인들은 특정 소수 집단이 민족에 위해를 가할 음모를 꾸민다는 혐의를 제기해 분열과 증오의 씨앗을 뿌릴 힘도 지닌다. 그래서 정치인들이 분위기를 조장해 인종주의와 음모론이라는 괴물이 고개를 쳐들면, 그때까지 민족에 대한 소속감과 충성심을 의심받지 않고 성공적으로 원만하게 통합된 집단, 민족적·종교적 정체성이 일상생활에서 반드시 중요한 역할을 하지 않던 집단, 인종적·민족적으로 혼합된 가정을 꾸린 집단도 민족의 적으로 재정의되어 분리될 수 있으며, 조직적 배척과 폭력 심지어 집단학살의 피해자가 될 수 있다. 다양성 자체는 사회적 응집성을 해치지 않지만, 정치인의 증오 발언은 사회적 응집성을 해칠 수 있다.

이런 사실들이 강조하는 것은 우리의 민족적 다양성이 여러모로 감소했다는 것이다. 우리 사회가 그 어느 때보다 다양하다는 생각은 과거의 다양성을 무시하는 것이다. 이와 더불어 민족 문화가 통합되고 문화적 표현의 국제적 규범과 가치, 형식이 점점 더 확산함에 따라 '주류' 문화가 갈수록 동질화했다는 사실도 무시하는 것이다. 네덜란드의 사회학자 얀 빌럼 다위벤닥Jan Willem Duyvendak이 주장한 대로 다양성 증가에 대한 정치적 우려는 실제로 이주자들의 행동과 정체성에서 보이는 근본적 변화를 반영하는 것이 아니라 역설적으로 민족 문화의 동질성 증가를 반영하는 것일 수 있다.⁴⁸ 민족 문화가 동질화할수록 민족 정체성에 어울리지 않는다고 보이는 집단을 대하는 태도가 더 적대적인 것 같다. 전 세계 사회는 현재 서구 사회보다 훨씬 더 수준 높은 다양성에 성공적으로 대처했다. 진짜 위험은 다양성 자체가 아니라 근본적으로 다른 집단으로 구분하는 이념이다.

가난한 나라를 발전시키면
이주가 줄어들 것이다

국경 통제로는 합법 혹은 불법 이입을 막을 수 없다는 것이 분명해지
자 많은 정치인과 전문가, 원조 기구가 출신국의 경제 발전을 추진하
고 빈곤을 줄여 '근본 원인'을 해소하는 것이 유일한 방법이라고 주장
했다. 이는 새삼스러운 주장이 아니다. 개발 원조와 교역을 이주 압력
을 줄이는 도구로 활용하자는 것은 수십 년간 특히 진보 진영에서 즐
겨 주장한 내용이다.

1993년 미국의 클린턴 행정부가 북미자유무역협정NAFTA을 추진
하며 의회의 지지를 얻고자 동원한 주장 중 하나도 무역 자유화가 경
제 성장을 창출하고 그에 따라 멕시코인의 이주를 감소시킨다는 것이
었다.[1] 정치인과 개발 기구들은 원치 않는 이주를 막는 '현명한' 방법이
원조라고 수시로 홍보했다. 1995년 당시 덴마크 총리 포울 뉘루프 라
스무센Poul Nyrup Rasmussen은 대외 원조를 늘리려고 집단 이입의 망령

을 소환해 "제3세계를 돕지 않으면… 빈곤한 사람들이 우리 사회로 들어올 것이다"라고 주장했다.[2] 2005년 보트를 타고 이탈리아 남부로 건너오는 리비아인들이 급증하자[3] 호세 마누엘 바로소José Manuel Barroso 유럽연합 집행위원장은 "이입 문제와 우리가 목격하고 있는 그 극적인 결과에 효과적으로 대처할 유일한 방법은 원대하고 조직적인 개발 협력으로 근본 원인을 해소하는 것이다"라고 주장했다.[4]

10년 뒤 아프리카 출신 이주자와 망명 신청자들이 지중해를 건너다 익사하는 사건이 끊이지 않자 유럽연합은 아프리카인의 불법 이주를 막기 위해 긴급신탁기금을 조성했다. 2015년 신탁기금을 출범시키며 장 클로드 융커Jean-Claude Juncker 유럽연합 집행위원장은 아프리카 국가들과 협력해 "불법 이주의 근본 원인을 해소하고 경제적이고 평등한 기회와 안보, 개발을 촉진하겠다"라고 약속했다.[5] 아프리카 국가들도 이주 문제를 해결할 방법은 개발뿐이라며 비슷한 주장을 폈다. 국경 위기에 대응해 아프리카 지도자들은 유럽을 향해 아프리카 마셜 플랜에 착수하라고 거듭 요구했다. 2016년 마키 살Macky Sall 세네갈 대통령이 아프리카 국가들은 개발 촉진으로 이출을 줄이도록 협력해야 하고 유럽은 개발 협력으로 불법 이주를 막으려고 노력하는 아프리카를 원조해야 한다고 주장했다.[6]

아메리카 대륙에서도 비슷한 이야기가 들렸다. 2021년 국경을 넘는 사람들이 급증하자 바이든 행정부는 중앙아메리카 국가에 원조를 제공하고 부패를 근절함으로써 중앙아메리카에서 미국으로 이주하는 근본 원인을 해소하겠다고 공언했다. 공식적인 '이주 근본 원인' 해소 정책에 따라 바이든 행정부는 코로나19 팬데믹과 극단적인 기후 조건으로 더욱 악화한 '부패와 폭력, 인신매매, 빈곤' 등 '중앙아메리카 사람들을 이주로 내모는 근본 원인을 개선하는 조직적이고 현지 사정에 맞춘 접근법'에 집중하겠다고 약속했다.[7]

이렇게 해서 이주 방지가 무역 장벽을 허물고 원조 지출 규모를 늘리자는 주장의 중심 논거로 자리 잡았다. 정치인과 원조 기구, 인도적 단체들은 '이주 대신 개발'을 주장하는 시류에 앞다투어 편승했다. 그 밑바탕에 깔린 단순하지만 강력한 논리가 공감을 불러일으켰다. 가난한 사람들이 글로벌 노스를 향해 위험한 여정에 나설 필요가 없이 고향에 머물도록 도와야 한다는 논리였다.

실상

가난한 나라가 부유해질수록 이주가 증가한다

'이주 대신 개발'이라는 주장이 이입에 강경한 태도를 고집하는 이야기보다 훨씬 듣기 좋은 이유는 인도적 울림 때문이다. 특히 좌익 진영이 '이주 대신 개발'이라는 주장을 환영하는 이유도 같다. 이주를 빈곤과 불평등이라는 불의와 연결하기 때문이다. 개발이 장기적으로 이주의 근본 원인을 해소할 유일한 해결책이라는 주장은 언뜻 생각하면 상당히 일리 있는 것처럼 들린다. 이주 문제를 해결할 현명한 방법처럼 보일 것이다. 글로벌 사우스의 가난한 사람들이 더는 서구를 향해 절박하고 위험한 여정에 나설 마음도 먹지 않고, 밀입국업자나 인신매매범의 손에 붙잡히거나 악덕 고용주에게 노동력을 착취당할 일도 없을 테니 말이다.

듣기에는 정말 좋은 주장이다. 하지만 개발 프로그램의 전반적 신뢰성[8]과 상대적으로 규모가 작은 '원조'의 효과에 관한 논란[●]은 차치하고, 가난한 나라에 대한 원조와 개발이 이주를 감소시킬 것이라는 생각은 대단히 비현실적이다. 이주의 원인에 대한 완전히 잘못된 추정에 기초하기 때문이다. 이주의 원인을 잘못 파악했기 때문에 과학적 근거가 전혀 없는 주장이다. 사실은 완전히 뒤집어야 할 주장이다. 증거가 보여주는 그림이 정반대이기 때문이다. 가난한 나라의 경제 개발은 이주를 감소시키기는커녕 오히려 증가시킨다. 역설적으로 경제 개발과 도시화, 현대화가 일정 수준에 도달한 지역과 나라에서 이출이 일반적으로 **더 높게** 나타난다.

내가 이런 현상을 처음 목격한 것은 1993~1994년 모로코에서 아틀라스산맥 남쪽 오아시스 지역을 떠나 모로코 북부와 유럽의 도시로 이주하는 사람들을 연구할 때였다.[9] 당시 현장 연구 결과 나는 빈곤과 저개발이 이주의 근본 원인이라는 일반적 추정에 의문을 제기할 수밖에 없었다. 내가 관찰한 바에 따르면, 중앙에 위치해 연결성도 좋고 비교적 부유한 오아시스 지역이 프랑스와 네덜란드, 벨기에, 스페인 등 유럽 국가로 국제 이주하는 수준이 가장 높았던 반면, 비교적 가난하고 고립된 오아시스 지역에서는 주로 근거리 이주에 그치거나 마라

[●] 예를 들어 유럽연합이 약속한 아프리카 긴급신탁기금 총 50억 유로는 2017년 유럽연합 GDP 2조 유로의 겨우 0.25%에 해당한다. 유럽연합이 자신들의 경제를 지원하는 규모에 비하면 상징적 수준에 지나지 않는다. 유럽연합은 2021년 한 해에만 공동농업정책(CAP)에 557억 유로를 배정했다. 그중 94%가 유럽 농부들에게 직접 지급된 보조금이었다. 게다가 유럽연합이 실제 출연한 기금도 약속한 금액의 일부에 그쳤다. 원조국들이 2022년까지 유럽연합 아프리카 긴급신탁기금에 실제 출연한 돈은 약속한 금액의 12%인 6억 2,300만 유로에 불과하다.

케시와 카사블랑카, 아가디르 등 모로코의 대도시로 이동하는 사람이 많았다.

1998~2000년까지 그리고 최근에 모로코 남부 토드가 협곡 지역에서 진행한 현장 연구 결과는 훨씬 더 흥미롭다. 1960년대 이후 토드가 협곡 지역에서는 유럽뿐 아니라 모로코의 도시로 이주하는 사람이 많았다. 그리고 이주자들이 고향으로 송금한 돈이 돌며 현지 주민과 지역 전체가 경제적으로 더 번영했다. 그런데 소득과 전반적 생활 조건이 개선되고 가난이 줄었지만, 실제로 토드가 협곡에서 모로코의 대도시, 특히 유럽으로 빠져나가는 이주자는 오히려 더 **증가**했다. 프랑스나 네덜란드 등 전통적 목적지로 이주한 사람이 많았지만, 스페인과 이탈리아 그리고 최근에는 포르투갈과 캐나다로 이주하는 사람이 점점 늘

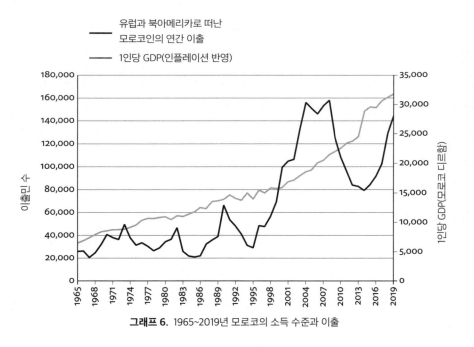

그래프 6. 1965~2019년 모로코의 소득 수준과 이출

기 시작했다.[10]

나중에는 모로코 전역에서 똑같이 역설적 상황이 관찰되었다. 최근 수십 년간 모로코는 소득 증대와 빈곤 감소, 문해력과 교육 수준 향상, 인프라 개발이라는 측면에서 괄목할 만한 발전을 이루었다. 성인 문해율은 1982년 30%에서 2014년 76%로 증가했고, 농촌의 전기 보급률은 1992년 13.9%에서 2017년 100%로 급등했다. 하지만 연간 인구 증가율은 1982년 2.7%에서 2019년 1.1%로 떨어졌다.

그리고 다양한 출처에서 나온 이주 데이터를 취합하니 놀라운 결과가 확인되었다. 1990년대 초 이후 남유럽으로 자유로운 이동이 중지되었지만, 모로코인의 이출이 기록적인 수준으로 치솟은 것이다. 1990년대 중반 연간 30,000~40,000명 수준이던 이출이 2008년 150,000명에 육박할 정도로 치솟았다. 2007~2008년 세계 경제 위기가 닥치고 남유럽의 실업률이 급증하며 이출도 급감했지만, 2014년 이후 경기가 회복되며 이출이 2019년 144,000명으로 다시 증가했다. 2000년부터 2019년까지 유럽 등 서구 국가로 이주한 모로코인은 230만 명으로 추산된다. 2000년 기준 모로코 전체 인구의 8%에 해당한다.[11] 그래프 6에서 나타나듯, 모로코는 1인당 소득이 꾸준히 느는 동안 이출도 증가했다.

이런 관찰 결과는 신고전주의 경제학에 뿌리를 둔 전통적인 이주 이론과 전혀 맞지 않는다. 전통적 이주 이론은 이주를 소득 격차와 기타 개발 불균형의 산물로 설명하고, 생활 조건이 개선되고 빈곤이 감소하면 그 결과 이주도 감소할 것으로 예측했다. 사실 다른 주요 이출 국가에서도 같은 결과가 확인된다. 현실 세계의 이주 패턴을 대충 훑어보아도 빈곤이 글로벌 사우스에서 글로벌 노스로 이주하는 주요 원인이라는 추정 전체에 의문을 제기할 수밖에 없다. 빈곤이 정말 이주의 원인이라면, 사하라사막 이남 아프리카 지역 등 세상에서 가장 가난한 국가에서 서구 국가로 이주하는 이출률이 실제로 아주 낮다는 사실은 어떻게 설명될 수 있을까?[12] 멕시코나 튀르키예, 모로코, 인도, 필리핀 등 세계에서 가장 큰 이출 국가들이 대체로 중소득 국가라는 사실은 어떻게 설명될 수 있을까?

개발은 이주를 감소시키기는커녕 오히려 증가시킨다

나는 모로코 현장 연구에서 깨달은 통찰을 기초로 연구 범위를 세계로 확대했다. 마침 2010년 영국 서식스대학교와 세계은행이 전 세계 이입 인구와 이출 인구를 최초로 새롭게 추산한 데이터 세트를 발표했다. 그 덕분에 세계적 개발 수준과 이입 및 이출 추세의 관계를 최초로 검증할 수 있었다.[13] 나는 개발 수준을 측정하는 데 두 가지 서로 다른 지표를 이용했다. 하나는 1인당 GDP이고, 다른 하나는 인간개발지수 HDI다. 세계은행이 이용하는 HDI는 교육 수준과 1인당 국민총소득 GNI, 평균 수명 등을 종합적으로 평가한 지수다. HDI와 이입 및 이출 수준의 관계를 나타낸 것이 그래프 7이다. 이입 및 이출 수준은 HDI 각 범주 내 국가들의 총인구 대비 이입민과 이출민의 비율을 측정한 것이다.

우선 이 그래프에서 나타나는 HDI와 이입 수준의 선형적인 양의 연관성은 직관적이다. 우리가 예상하는 대로, 국가가 부유하고 '개발'될수록 더 많은 이주자가 몰리기 때문이다. 세상에서 아주 부유한 국가들은 이입민이 전체 인구의 평균 15%를 차지한다. 이는 이입 수준

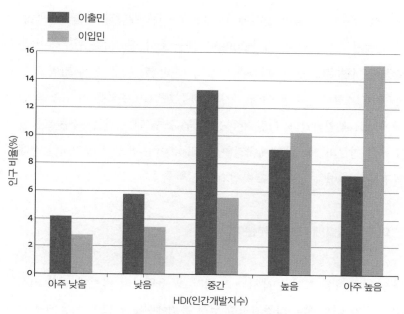

그래프 7. HDI와 이입 및 이출 인구 규모의 관계[14]

의 증가가 장기적 성장과 번영에서 거의 불가피하게 생기는 부산물, 특히 대표적으로 이주 노동자를 끌어들이는 노동력 부족이 발생할 때 생기는 거의 불가피한 부산물이라는 생각을 입증하는 자료다.

하지만 정말 놀라운 것은 HDI와 이출 수준의 비선형적 관계다. 그래프를 보면 가난한 나라가 부유해질 때 이출이 증가하고, 중소득 국가에서 고소득 국가로 발전하면 이출이 다시 감소한다. 이출은 HDI 중간 수준에서 정점을 찍고, 그때 인구의 대략 13%가 해외에 거주한다. HDI 대신 GDP 기준 1인당 소득을 기준으로 분석한 결과도 비슷하다.

나는 그 결과를 검증하려고 정치적 자유와 인구 성장, 국가 규모 등 이주 수준에 영향을 미칠 만한 다른 요인들의 효과를 통제한 채 회귀 분석을 실시했다. 회귀 분석에서도 마찬가지로 개발과 이출의 비선형적 관계가 확인되었다. 내가 2000년 인구 조사 데이터를 연구해 처음 발견한 이런 결과는 그 이전과 이후의 데이터와 각종 통계 기법을 활용해 시간 경과에 따른 여러 국가의 이주 패턴을 추적한 여러 후속 연구에서도 확인되었다. 이런 결과는 인구 조사 연도 간 순이주 흐름을 추산한 연구와 제2차 세계대전 이후 각국 이주 궤도의 실질적인 전개과정을 추적한 연구에서도 확인되었다.[15]

이주는 개발에 내재한 부분이다

이런 결과를 보면 19세기와 20세기 초 유럽인의 이출에 관한 역사적 연구가 떠오른다. 마찬가지로 당시 유럽에서도 개발이 처음에는 이출 증가로 이어지는 역설적 현상이 확인되었다. 당시 연구 문헌을 보면, 이출이 처음에 증가한 뒤 감소하는 '이동성 전환' 혹은 '이주 전환' 현상이 나타난다. 개발과 이주 사이에 전형적인 역 U자 형태의 비선형 관계가 확인된다.

이 현상은 미국 지리학자 윌버 젤린스키Wilbur Zelinsky가 1971년 〈이동성 전환 가설The Hypothesis of the Mobility Transition〉이라는 획기적 논문에서 최초로 기술했다.[16] 젤린스키는 농촌 농업 사회가 도시 산업 사회로 전환하고 인구 변천을 겪으면 처음에는 모든 형태의 국내·국제 이동성이 **가속화**한다고 주장했다. 스코틀랜드 지리학자 로널드 스켈던Ronald Skeldon은 라틴아메리카와 아시아에서 젤린스키의 생각을 검증했다. 연구 결과 스켈던은 경제 개발과 도시화, 교통, 통신의 수준이 발전함에 따라 국내·국제 이주의 규모와 지리적 범위도 커진다는 사

실을 확인했다.[17]

스켈던은 1997년 《이주와 개발Migration and Development》이라는 중요한 책을 발표하며 이주에 관한 새로운 패러다임이 필요하다고 주장했다. 이주를 개발의 반대가 아니라 개발을 구성하는 부분, 따라서 여러모로 불가피한 부분으로 보아야 한다고 주장했다. 이 책에서 스켈던은 자신의 모든 주장을 마지막 한 문장으로 요약했다. "이주는 개발이다." 모로코에서 현장 연구를 진행하며 읽은 《이주와 개발》은 계시나 다름없었다. 내가 현장에서 목격한 역설적 현상과 일치했다.

경제사학자 티모시 해튼과 제프리 윌리엄슨Jeffrey Williamson이 1998년에 발표한 책 《대이주 시대The Age of Mass Migration》에서도 비슷한 패턴이 발견된다. 이 책은 1850년부터 1913년까지 유럽에서 아메리카 대륙과 오스트랄라시아로 이동한 대규모 이주를 자세히 분석했다.[18] 19세기 중반 미국에 들어온 이입민은 당시 유럽에서 가장 발전하고 산업화한 영국과 기타 북해 국가 출신이 대부분이었다. 산업 발전과 도시화가 뒤처진 남유럽과 동유럽의 더 가난한 농촌 국가들은 이보다 늦게 이출이 시작되어 20세기 초에 비로소 정점에 달했다.

이처럼 최근의 증거나 역사적 증거는 가난한 나라가 성장하면 이주가 감소할 것이라는 생각을 모두 부정하지만 사실은 정반대일 듯하다. 성장이 이주 **증가**로 이어질 것이다.

개발은 능력과 열망을 키운다

그렇다면 가난한 나라가 부유해질수록 이출이 증가하는 역설을 어떻게 설명할 수 있을까? 이런 관찰에 따르면 우리가 흔히 이주를 생각하는 방식을 근본적으로 바꿀 수밖에 없다. 대체로 이주가 빈곤과 불평등의 일차함수라는, 직관적으로 보이지만 잘못된 생각에서 벗어날 수밖에 없다. '푸시풀push-pull(정든 삶의 터전을 떠나도록 밀어내는 요인과 미지의 곳에서 끌어당기는 요소가 인구 이동을 유발한다는 이론-옮긴이)' 모델로 알려진 이런 사고 모델이 불행히도 여전히 학교에서 이주 관련 교육 과정을 장악하고 있지만, 이 사고 모델은 순진하게도 사람들이 부유해지고 출신지와 목적지의 불평등이 줄어들수록 이주가 감소한다고 추정한다. 하지만 증거에 따르면 **비선형적** 관계다. 즉, 국가가 저소득 사회에서 중소득 사회로 발전하면 처음에는 이출이 증가하고, 국가가 세계 소득 체계에서 최상위 계층에 도달하면 이출이 다시 감소한다.

이 역설을 이해하려면 출신국 관점에서 개발이 이주를 유발하는 원인을 현실적으로 파악할 수 있는 대안 이론이 필요하다. 이주를 빈곤

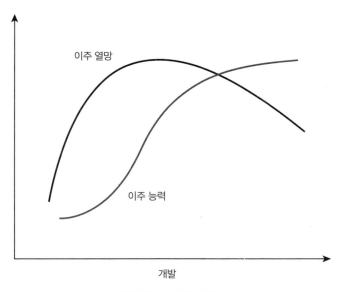

그래프 8. 능력 열망 모델

이나 저개발, 불평등, '푸시풀' 요인의 산물로 보는 대신, 내가 책에서 주장한 대로 이주를 이주 희망자의 열망과 능력의 기능으로 보면 이주의 원인을 더 정확히 파악할 수 있다.[19] 이런 '능력 열망' 모델을 설명한 것이 그래프 8이다.

이 모델은 미시적 수준의 이론으로 개발이 이출을 증가시키는 거시적 수준의 역설을 설명한다. 가난한 나라에서 경제가 성장하고 교육 수준이 향상되고 언론 노출이 증가하면 동시에 사람들이 이주하려는 1) 능력과 2) 열망도 커지기 때문에 처음에는 이주도 증가한다는 것이 이 모델의 핵심이다.[20] 이주하려면 상당한 재원이 필요하다. 원거리를 이동하거나 국경을 건너 이주할 때 특히 많은 재원이 필요하다. 비행기 표와 여권, 비자, 숙식을 해결할 돈도 필요하고, 이주 모집자나 중개인들에게 수수료도 지불해야 한다. 일반적으로 목적국으로 이주해 정착하고 일자리를 찾기까지 시간이 걸리기 때문에 출신국에 남은 가족은 이주한 가족 구성원의 노동 소득이 없는 상태에서 수개월 혹은 그 이상을 버텨야 한다.[21]

서구 국가로 국제 이주를 하려면 여행 경비나 여권·비자 발급 비용이 특히 비싸므로 정말 가난한 사람보다는 비교적 부유한 사람이 이런 비용을 감당하기가 더 쉽다. 소득 증대와 더불어 교육 수준 향상도 이주 능력을 키운다. 기술과 졸업장이 있는 사람은 해외에서 일자리를 구하고 비자를 받기가 더 쉽기 때문이다. 정말 가난한 사람은 해외에 거주하는 가족과 연줄이 닿지 않으면 불법 이주도 선택할 수 없다. 밀입국업에게 지급하는 수수료와 국경 수비대에 전달하는 뇌물, 도착국에서 숙소를 구하고 직장에 다니는 비용이 많이 들기 때문이다. 그래서 정말 가난한 사람은 이주하지 못하거나 이주한다 해도 겨우 인접 마을이나 도시까지 근거리를 이동하는 경우가 많다. 극심한 빈곤은 이주 능력을 완전히 빼앗을 수 있다.

저소득 사회가 부유해지고 빈곤이 줄어들수록 해외 이주에 드는 재정적 비용과 위험을 감당할 수 있는 사람이 늘어난다. 사람들이 부유해지고 교육 수준이 높아질수록 원거리를 이동할 가능성도 점점 더 많아진다. 개발과 더불어 일반적으로 이주의 지리적 범위도 넓어지는 까닭이 바로 이것이다. 현재 사하라사막 이남 아프리카와 남아시아, 중앙아메리카 지역이 그렇듯 가난한 경제가 성장하기 시작하고 학교에 다니는 사람이 늘어도 국제 이주는 같은 지역 내 중소득 국가를 목적지로 삼는 경우가 대부분이다. 하지만 중소득 국가로 발전하면 돈벌이가 더 좋은 글로벌 노스의 목적지로 이주할 비용을 감당할 수 있는 사람도 증가하고, 교육 수준이 높아짐에 따라 해외에서 일자리를 구하고 비자를 취득하는 데 필요한 졸업장과 자격 조건을 갖춘 사람도 증가한다.

개발은 사람들의 이주 **능력**을 높이고 어느 정도까지는 이주 **열망**도 키운다. 이런 사실을 제대로 파악하려면 개발을 경제 성장으로만 이해하는 협소한 틀에서 벗어나야 한다. 개발을 사회 변혁과 문화 변동이라는 훨씬 더 광범위한 과정으로 이해해야 한다.[22] 학교에 다니고 라디오를 듣고 텔레비전을 보고 인터넷을 검색하고 스마트폰을 이용하고 광고를 접하고 외국인 방문객과 관광객을 접하고 직접 여행을 다니면 정신적 지평이 넓어진다. 교육과 언론, 다양한 생활 방식에 노출되면 십중팔구 열망이 심각한 변화를 겪게 된다. 농촌 생활 방식에서 벗어나 도시 지역으로 이주하길 원하는 경우가 많지만, 해외로 나가려는 사람도 늘어난다. 게다가 교육 수준이 높아지고 '바깥' 세상에 대한 지식이 늘면 젊은 세대를 중심으로 전통적 농촌 생활 방식에 대한 불만이 쌓인다. 땅을 갈거나 가축을 기르는 것과 다른 미래를 상상하는 것이다.

모로코 남부 토드가 협곡 지역을 예로 들면, 교육 수준이 높아지고 언론 노출이 증가하자 젊은 세대의 물질적·사회적 열망이 급속히 변화했다. 최근 수십 년간 이 지역의 생활 여건이 크게 향상되었지만, 주민들의 삶에 대한 열망은 훨씬 더 빠르게 높아졌고, 이주 열망도 커졌다. 여름 휴가철마다 고향을 찾아 상대적으로 부유한 모습을 보여주는 이주자들은 협곡 지역에 사는 사람들의 사회적 열망을 변화시키는 '롤 모델'이었다. 특히 국제 이주가 성공과 강하게 결부되며 많은 청년이 고향을 떠나는 데 거의 집착하다시피 했다. 이와 더불어 토드가 협곡 주민 중 이주에 필요한 재원과 기술, 지식을 갖춘 사람도 늘어갔다. 이렇게 이주 열망과 능력이 커지자 토드가 협곡을 떠나자는 영감을 받아 실제로 협곡을 떠나는 사람이 늘어났다. 현지의 생활 수준과 소득, 교육 수준이 향상되었는데도 말이다. 생활 수준과 소득, 교육 수준의 향상이 역설적으로 이들이 협곡을 떠나게 만든 **이유**였다.

개발은 농촌 지역에서 사람들을 몰아낼 수밖에 없다

능력 열망 모델을 보면 이주에 대해 완전히 다른 시각이 필요하다는 것을 알 수 있다. 이주를 (빈곤이나 인구 증가, 환경 문제 등) 모종의 문제에서 비롯된 산물로 보는 전통적 시각이 아니라 광범위한 개발 과정에 내재하는 부분으로 보는 시각이 필요한 것이다. 그 필요성을 가장 잘 보여주는 사례가 도시화와 이주의 관계일 것이다. 사실 이 둘은 불가분의 관계다. 도시화는 경제 활동과 경제 주체가 점진적으로 농촌에서 도시로 이전하는 중요한 경제 변화와 사회 변혁 과정의 핵심이었다. 그리고 이 과정에서 불가피하게 나타난 부산물이 바로 농촌에서 도시로 이주하기다.

이런 기본 변화가 전 세계 모든 농촌 사회에서 나타났다. 교육 수준이 높은 청년들이 으레 새로운 기회와 생활 방식을 찾아 농촌 지역에서 벗어나길 열망했다. 그래서 학교와 도로 건설, 농업 개발 사업처럼 일부 탈농 이주를 줄이려고 도입된 개발 개입이 실패했다. 이런 개입은 의도치 않게 '농촌 탈출'을 가속화하는 역효과까지 일으킬 수 있다.[23]

많은 연구로 교육이 특히 청년들의 이주 열망을 높이는 강력한 효과를 지닌 것으로 확인되었다.[24] 역설적으로 학교 건설이 장기적으로 탈농 이주에 박차를 가하는 최고의 처방인 듯하다. 수년간 교육을 받은 농촌 청년들은 이제 더는 농민의 삶을 꿈꾸지 않고 점점 더 국내나 해외의 도시 지역으로 이주하길 바란다. 교육 욕구가 강력한 이주 동기로 작용할 때도 많다. 작은 마을과 도시에 초등학교와 중등학교가 없으면 청년들이 어릴 때 이주를 시작하고, 중등학교를 마치면 고등 교육을 받으려고 또 다른 곳으로 이주할 가능성이 크다. 그리고 고등 교육을 마친 후에는 본인의 열망과 자격에 어울리는 일자리를 찾아 다시 이주해야 할 가능성이 크다.

이주하려면 특정한 사고방식도 필요하다. 나이지리아의 지리학자 아킨 마보군제Akin Mabogunje는 이미 1970년에 아프리카에서 이주가 취업과 소득 증대, 학위 취득 등 '목적을 위한 수단'일 뿐 아니라 '좋은 삶'에 대한 (대체로 돌이킬 수 없는) 사고의 변화를 반영한다고 내다보

왔다.[25] 농촌 지역의 청년이 교육을 받고 신문과 라디오, 텔레비전, 인터넷을 통해 정보를 취득하면 대체로 취향과 선호도가 변하고 전통적 농업 농촌 생활 방식에서 멀어진다. 그리고 전형적으로 도시 지역에서 꿈꿀 수 있는 '현대적 삶'을 살려는 욕망을 불러일으킨다.

분명한 것은 이런 현상이 '제3세계'에서 특수하게 나타나는 현상이 아니라는 것이다. (나처럼) 작은 도시 출신은 그 느낌을 잘 안다. 작은 도시도 어린아이들에게는 자라기 좋은 곳이지만, 특정 시기가 지나면 천국 같던 곳이 왠지 따분해지기 시작하고, 많은 청년이 대도시에 매력을 느낀다.

많은 사람에게 도시 생활은 거부할 수 없는 매력이다. 교육받는 사람이 늘어나고 사회가 산업 및 서비스 기반 경제로 전환하면 도시 지역으로 이주하는 사람이 느는 것은 불가피하다. 유엔 식량농업기구 관계자 같은 개발 전문가와 정부 관료는 흔히 소작농과 소농이 현대화하고 생산을 늘리도록 농업 개발을 촉진해 사람들이 다시 고향으로 돌아가 삶을 일구고 이주할 필요가 없게 만들어야 한다고 주장한다.

하지만 농촌 개발을 촉진하려는 시도는 혹시 성공하더라도 농촌 탈출을 가속화할 가능성이 크다. 농촌이 개발되면 탈농 이주가 줄기는커녕 오히려 증가할 것이다. 농업 기계화는 다름 아닌 농장 노동자의 일자리 감소를 의미하기 때문이다. 농업이 현대화하고 생산이 늘수록 농사에 필요한 트랙터 등 기계는 더 늘어나고 일손은 더 줄어든다. 결국 개발될수록 농업에서 사람이 차지하는 비중은 줄어든다.

산업화 이전 사회는 농업에 종사하는 사람이 90%를 넘었지만 고소득 국가는 농업 종사자가 5% 미만이다. 농업이 현대화하고 농촌에서 일자리가 감소하는 동시에 도시에서 산업 및 서비스 분야의 일자리가 늘어나며 청년들이 농촌 지역을 떠나게 된다. 같은 맥락에서 '낙후한' 농촌 지역에 도로와 전기 등 사회기반시설을 확충하는 것도 역설적으로 탈농 이주를 가속화한다. 교통비 부담은 낮아지고 바깥세상에 대한 노출은 증가하기 때문이다. 이런 내용을 모두 종합하면, 개발로 이촌향도와 국제 이주를 막는 것은 불가능하다. 이주가 개발에 내재한 부분이기 때문이다.

결국 경제 성장과 교육, 농업 분야에서 도시 분야로 구조적인 노동력 이동은 모두 농촌을 떠나 도시 지역으로 향하는 이주 증가로 이어진다. 대부분은 국내에서 이주한다. 전 세계 모든 이주자 중 약 80%가 국내 이주자다. 하지만 사회가 더 부유해져 중소득 국가가 되면, 시골에서 곧장 해외로 이주하거나 먼저 도시로 이주한 다음 이를 발판 삼아 다시 해외로 이주하는 등 해외 이주를 감당할 수 있는 사람도 더 늘어난다. 저소득 국가에서 빠져나가는 국제 이주는 처음에는 근거리에 그치는 경우가 많다. 대부분 이주자는 해외의 먼 목적지까지 이동할 재원이 부족하고, 부유한 사람만 그 비용을 감당할 수 있기 때문이다. 이런 이유로 저소득 국가의 이출민은 대부분 같은 지역 내 중소득 국가로 이동한다. 예를 들어, 짐바브웨인들은 남아프리카공화국으로, 네팔인들은 인도로, 아이티인들은 도미니카공화국으로 이주한다. 하지만 국가가 부유해질수록 먼 목적지로 이주하는 데 필요한 자금과 졸업장, 지식을 갖춘 사람도 증가한다.

이주 역설

흔히 출신국의 개발이 이주의 근본 원인을 해소할 가장 효과적 방법이라고 믿지만, 증거에 따르면 이런 믿음은 이주의 실제 근본 원인에 대한 잘못된 추정에 기초한다. 사실은 정반대여서 저소득 국가의 개발은 이출을 줄이기는커녕 오히려 더 증가시킨다.

빈곤이 감소하고 소득과 교육이 향상되면 그와 동시에 이주 열망과 능력도 높아지기 때문에 이출이 증가한다. 농업 농촌 경제에서 산업 도시 경제로 전환 중인 사회에서 국제 이주와 이촌향도 규모가 가장 크게 나타난다. 그리고 사회가 중소득 국가에서 고소득 국가로 진입하면 그때 비로소 이촌향도가 감소한다. 고소득 국가가 되면 고향에 머무르며 삶의 열망을 실현할 수 있는 사람도 증가하며 해외 이주 열망도 감소한다.

경제 개발이 일정한 전환점을 넘어서면, 이출 수준이 떨어지기 시작하고 가난한 나라에서 노동자들이 몰려든다. 일반적으로 '중상위소득' 국가로 진입할 때 이런 현상이 발생한다. 중상위소득 국가로 진입하면 한동안 이출과 이입이 동시에 크게 증가한다. 2020년 경제학자 마이클 클레멘스Michael Clemens가 증명한 바에 따르면, 평균적으로 한 국가가 (구매력평가지수로 환산한) 1인당 GDP 소득 5,000달러라는 부의 문턱을 넘어서면 이출 증가가 둔화하기 시작하고, 10,000달러를 넘으면 이출이 다시 증가한다. 현재 1인당 GDP 10,000달러에 근접한 모로코와 필리핀, 과테말라가 이출 수준이 높은 국가다.[26]

이출 정점을 지나면 '이주 전환'에 따라 순이출 국가가 점차 순이입 국가로 바뀐다. 경제가 계속 발전할수록 이출이 점차 감소해 전반적 이입 수준이 이출 수준을 능가하기 시작하는 것이다. 스페인과 이탈리아, 아일랜드, 핀란드, 한국, 타이완, 태국이 최근 수십 년간 이런 이주 전환 과정을 거쳤다. 미국과 유럽연합에 각각 외국인 노동력을 제공하는 주요 공급처인 멕시코와 튀르키예도 이출 정점을 지난 것으로 보인다. 멕시코와 튀르키예는 이출이 감소하고 국경 남쪽과 동쪽의 더 가난한 나라에서 들어오는 이주자가 늘고 있다.

하지만 전 세계 60여 개 저소득 국가에서는 소득과 교육 수준이 높아지며 향후 수십 년간 사람들의 이주 능력과 열망이 커질 것이다. 아시아와 중동 지역에서는 예멘과 아프가니스탄, 타지키스탄, 방글라데시, 캄보디아, 네팔, 미얀마, 파푸아뉴기니 등이 여기에 해당한다. 서반구에서도 개발에 따라 아이티를 비롯해 중앙아메리카와 안데스 지역의 매우 가난한 나라들에서 이출 잠재력이 커질 것이다. 이출 가능성이 가장 큰 지역은 사하라사막 이남 아프리카다. 현재 세계에서 가장 가난한 이 지역은 지금도 이출 잠재력이 상당히 크다.

그렇다고 해서 정부가 나서서 경제 성장과 교육 향상, 사회기반시설 확충을 촉진하지 말아야 한다는 의미는 아니다. 하지만 부유한 국가가 가난한 국가를 '개발'시킬 수 있고 당연히 그래야 한다는 식민지 시대적 주장은 그 신뢰성과 적절성을 검토하는 것이 옳다. 물론 빠른 경제 성장과 정부 및 사회 안전에 대한 신뢰가 이출 수준을 어느 정도 완화하는 효과를 발휘한다. 하지만 정부는 이주 전환 과정을 어떻게든 빨리 끝낼 수 있다는 착각에 빠지면 안 된다. 이 문제와 관련해 정치인과 전문가들이 줄곧 마음에 품는 순진한 희망을 버리도록 하려면, 이주 전환이 일반적으로 수세대에 걸쳐 구체화하는 기본적인 사회적·경제적 변화와 연관된 **장기적** 과정이라는 사실을 강조하는 것이 중요하다.

확인된 증거에 따르면, 개발이 이주를 줄이는 '치유책'이 될 수 있다는 생각 전체가 완전히 뒤집힌다. 저소득 국가의 개발은 이출 감소가 아닌 이출 증가로 이어지는 것이 불가피하다. 소득이 증가하고 교육 수준이 높아지고 사회기반시설이 확충되면 그와 동시에 사람들의 이주 **능력**과 **열망**도 커지기 때문이다. 이런 이주 역설에서 드러나는 것은 이제껏 이주와 관련해 오랫동안 논쟁과 보도, 교육을 지배한 전통적인 사고방식의 근본적 변화가 필요하다는 사실이다. 특히 이주를 경제 개발과 도시화, 현대화라는 과정에 내재해 분리할 수 없는, 따라서 대체로 불가피한 부분으로 보아야 한다.

이런 관점을 취하면 미래도 내다볼 수 있다. 여러모로 20세기 후반기는 아시아인들이 대규모로 국제 이주 무대에 등장한 아시아 이출 시기였다. 중국과 인도, 한국, 필리핀 등 아시아 국가에서 점점 더 다양한 전 세계 목적국으로 이주하는 사람이 계속 증가했다. 앞으로 다가올 반세기는 아프리카인 이주 시기가 될 가능성이 크다. 사하라사막 이남 아프리카의 가난한 나라에서 이주하는 사람이 증가할 것이다. 개발에도 불구하고 이주하는 것이 아니라 역설적으로 개발 때문에 이주할 것이다.

이출은 비참한 상태에서 벗어나려는 자포자기식 탈출이다

부유한 서구에서 기회를 잡을 수 있다는 밀입국업자와 이주 모집인들의 거짓 약속에 속아 값비싸고 위험한 여정에 나서는 이주자가 매년 수백만 명이다. 이들이 위험한 여정에서 다행히 목숨을 지킨다 해도 최종 도착하는 곳은 엘도라도가 아니다. 노동 시장 밑바닥에 떨어져 소외된 채 더럽고 위험하고 천한 일을 하게 된다.

글로벌 사우스에서 글로벌 노스로 향하는 이주가 서구의 부와 호사라는 비현실적인 신기루에 이끌린, '비참한 상황에서 벗어나려는 자포자기식 탈출'이라는 생각이 널리 퍼져 있다. 정치인과 언론이 이러한 생각을 유포하고 있기 때문이다. 그로써 서구의 많은 정부가 이주 희망자들이 고향에 머무르는 편이 더 낫다는 확신하에 이주를 만류하는 홍보 캠페인에 큰돈을 투자하고, 국제이주기구 같은 유엔 기구의 도움을 자주 받았다. 홍보 캠페인의 형태는 주로 아프리카와 아시아, 라틴아메리카의 가난한 국가에 사는 청년들에게 서구 이주에 드는 비용과 위험 등 정보를 전달하는 텔레비전 광고와 온라인 광고다. 유명인들이 광고에 등장할 때도 있다.

캠페인의 요지는 일관된 내용이다. "부유한 서구의 삶이 경이롭다는 밀입국업자의 거짓말에 속지 마라! 이주는 위험하다! 여러분보다 먼저 이주한 사람들도 자신의 결정을 후회한다! 가족을 절망 속에 남겨두고 떠나지 마라! 모국에 남아 미래를 일구는 편이 더 낫다!" 이런 캠페인은 우리가 이주자와 관련해 언론에서 흔히 보고 들은 이미지와 이야기를 연상시킨다. 농장이나 건설 현장, 식당, 정육 공장, 접객업소, 저임금 공장, 가정집, 윤락업소 같은 곳에서 '현대판 노예'로 심각하게 노동력을 착취당하는 이주자의 이미지와 이야기다. 이런 일을 당하지 않도록 이주 희망자들에게 암울한 이주 현실을 알려야 한다는 것이다.

홍보 캠페인에 이용되는 광고의 중심은 대체로 끔찍한 경험을 한 뒤 정신을 차리고 도착국에서 운영하는 귀환 프로그램 덕분에 다시 모국으로 돌아가 미래를 일구기로 결심한 선배들의 경험담이다. 귀환 프로그램은 이주자들이 고향으로 돌아가 새로운 삶을 일굴 수 있도록 귀환 전과 귀환 후에 교육과 훈련을 제공한다.

2015년부터 2019년까지 유럽연합과 회원국들은 130회가 넘는 이주 인식 개선 캠페인을 기획하고, 대략 4,500만 유로를 투입한 것으로 추산된다.[1]

바이든 행정부도 이입 방지 정책에 따라 2021년 미국 여행의 위험성을 알리는 캠페인으로 중앙아메리카 사람들의 이주 의사 결정에 영향을 미칠 사업을 도입했다. 미국 국무부는 국제이주기구에 기금을 지원해 멕시코와 중앙아메리카에서 **두 번 생각하기**Piénsalo 2 Veces라는 캠페인을 벌였다. 캠페인의 목적은 이주자들에게 이주 정보를 제공하고 개발 활동을 이주의 대안으로 제시하는 것이었다.[2]

캠페인이 전달한 핵심 이미지는 산산조각이 난 이주 노동자의 꿈이다. 거짓말에 속아 함정에 빠진 이주 노동자가 노동 시장 밑바닥에 떨어져 소외된 채 다른 이주자들과 함께 더럽고 비좁고 비위생적인 아파트에서 사는 이미지다. 불법 이주자들의 상황은 특히 끔찍하다. 체포되어 추방당할 공포에 끊임없이 시달리는 불법 이주자는 고용주의 학대에 취약하고, 집으로 돈을 송금하기는커녕 숙식비도 해결하지 못할 때가 많다. 갚아야 할 빚과 빈손으로 집에 돌아가 당할 수모 때문에 이들은 수년간 고통과 착취를 견디는 수밖에 다른 도리가 없다. 이들이 미리 정보를 알았더라면….

실상

이주는 더 나은 미래를 위한 투자다

캠페인의 요지는 분명하다. "나가봐야 소용없다. 거짓말에 속지 말고 고향에 머무르는 편이 더 낫다." 하지만 이주자는 이런 광고를 보면 대체로 콧방귀를 뀐다. 모로코에서 현장 연구를 진행할 때 이주를 열망하는 젊은 남녀들에게 그런 홍보 캠페인을 어떻게 생각하는지 물으면 으레 비웃음과 함께 이런 답변이 돌아왔다. "유럽의 삶이 정말 그렇게 나쁘다면, 왜 비자를 요구하고 담장을 쌓죠?" 모로코 젊은이들의 답변에서 현실이 드러난다. 이주에 비용과 위험, 고통이 따르겠지만 그래도 고향에 머무르는 것보다 떠나는 것이 대다수 이주자에게 훨씬 더 나은 선택지라는 단순한 현실이다. 불법 체류자 신분으로 아무리 보잘 것없는 일을 하고 노동력을 착취당해도 고향에서 비슷한 일을 하거나 설상가상 아무 일도 하지 못할 때보다 보상과 미래 전망이 훨씬 더 좋다는 것이다.

이주 방지 캠페인은 "이주자가 사기를 당해 모든 것을 잃고 노예처럼 강제 노동에 시달리다 죽거나 추방된다"라는 최악의 시나리오에 치우쳐 있다. 일반적으로 애니메이션과 배우들을 이용해 허구의 이야기를 전달한다. 실제로 끔찍한 일을 당하는 이주자도 많지만, 핵심은 이런 이야기가 이주자 대부분의 경험을 반영한 것은 아니라는 사실이다. 대부분 이주자도 이런 사실을 알고 있다. 그런데 국제기구와 인도적 비정부기구들이 이주자가 고통받고 학대받는 가장 '끔찍한' 이야기를 찾아내거나 때론 날조하기 때문에 우리는 더 큰 그림을 보지 못하게 된다.[3] 중요한 것은 이런 이야기가 다음과 같은 질문에 답변을 제시하지 못한다는 것이다. 상황이 정말 그렇게 나쁘다면, 사람들은 왜 계속 이주할까? 사실 우리가 취약한 이주 노동자를 피해자로 묘사하는 일방적 이야기에 의문을 제기해야 할 몇 가지 이유가 있다.

인식 개선 캠페인으로 이주를 방지할 수 있다는 생각의 토대는 글로벌 사우스에서 글로벌 노스로 향한 대다수 이주, 특히 불법 이주가 기본적으로 비합리적인 자포자기식 행동이라는 추정이다. 따라서 잠재적 이주자들에게 "고향에 머물라. 그것이 당신에게 최고의 이익이다!"라고 말해주어야 한다는 것이다.

가난과 폭력에 떠밀려 이주했다는 이야기들이 주변에서 많이 들린다. 이런 이야기는 일반적으로 글로벌 사우스에서 글로벌 노스를 향한 이주를 빈곤과 굶주림, 폭력에서 벗어나려는 자포자기식 탈출로 묘사하고, '가난한 나라'에 대한 서구의 편견으로 가득하다. '가난한 나라'는 빈곤과 폭정, 폭력의 온상이며, 가뭄과 홍수 때문에 땅을 잃고 비위생적인 도시 빈민가에서 비참한 삶을 살도록 내몰린 가난하고 절망적인 사람들이 점점 더 필사적으로 해외 이주에 나선다는 편견이다. 그리고 이런 편견의 밑바탕을 이루는 것이 흔히 가난한 나라를 모두 심지어 대륙 전체, 특히 아프리카를 인도적 재난 지역으로 묘사하는 언론 보도다.

이런 보도는 '제3세계의 비참함'을 묘사하는 조잡한 고정관념을 이용한다. 대체로 인도적 수사로 포장되지만, 이주의 근본 원인과 관련해 그 밑바탕에 깔린 추정은 도널드 트럼프와 정치인들이 주창한 '거지소굴 국가'라는 수사 이면에 자리한 추정과 기본적으로 다르지 않다.[4] 더 깊이 들어가면, 이주가 비참한 상태에서 벗어나려는 자포자기식 탈출이라는 묘사는 결정적 사실을 무시한다. 불법이라 해도 이주하면 대체로 고향에서 벌 수 있는 것보다 훨씬 더 많은 돈을 번다는 사실을 무시한다. 이런 관점에서 보면 이주는 합리적 결정이다. 우리가 일반적으로 듣는 이야기와 다른 것이다.

이주 방지 캠페인에 동참한 국제기구와 언론은 이주를 편파적이고 일방적으로 묘사한다. 이주자는 밀입국업자와 인신매매범, 이주 모집인, 고용주 등 다양한 사기꾼에게 희생되는 수동적 피해자로 전락한다. 하지만 이주자 대부분의 현실은 '자포자기식' 이주라는 고정관념과 사뭇 다르다.

첫째, 앞 장에서 설명한 대로, 정말 가난하고 취약한, 절망할 이유가 충분한 사람들은 대체로 이주에 필요한 재원이 없다. 멀리 떨어진 나라로 향하는 원거리 이주는 언감생심이다. 그래서 국제 이주자는 대부분 최빈국 출신도 아니고 출신국의 최빈층도 아니다. 마닐라나 멕시코 시티, 카사블랑카에서 행상을 하거나 청소부로 일하는 사람이 해외로 이주할 확률은 제로에 가깝다.

둘째, 연구자들이 수많은 현장 연구를 진행하며 이주자들과 면담한 결과, 언론 보도와 정치적 수사에서 끊임없이 재활용되는 고정관념과 딴판으로 대부분의 이주 결정은 자포자기식 결정이 아니라 의식적이고 의도적인 결정이었다. '자포자기식 탈출'이라는 이미지와 달리 이주는 더 나은 미래를 위한 신중한 투자다. 연구자들이 확인한 바에 따르면, 대체로 해외 이주는 신중한 계획과 많은 재원이 필요한 결정이다. 따라서 가볍게 해외 이주를 결정하는 경우는 거의 없다.

이주는 합리적 결정이다

특히 저소득 국가에서 이주는 개인적 결정이 아니라 대체로 집단적 결정이다. 가족 구성원 한두 명의 이주에 온 가족이 투자하는 집단 결정이다. 많은 연구 결과에 따르면, 도시로 이주한 가족 구성원은 시골에 거주하는 나머지 가족에게 보험과 같은 중요한 존재다. 잠재적인 추가 소득원이기 때문이다. 그래서 불확실한 농업 소득에만 의존할 때보다 가족들의 삶이 더 안전해진다. 농업 소득에만 의존하는 가족은 한 해만 흉년이 들어도 절대 빈곤에 빠질 수 있지만, 도시에서 들어오는 추가 소득이 있다면 가족이 모든 달걀을 한 바구니에 담지 않아도 된다. 경제학자들이 이야기하듯 '위험을 분산'하는 것이다.[5] 그리고 가족 구성원이 해외로 이주하면 대체로 그 보상이 훨씬 더 커진다.

고향에 머물라는 캠페인은 이주가 대부분 이주자에게 고향에서 성취할 수 있는 수준 이상으로 삶을 개선해 인생을 바꿀 기회라는 사실을 무시한다. 20세기 중반까지 수많은 유럽인에게 신대륙 이주는 상상할 수 없을 만큼 더 나은 미래의 희망이었다. 오늘날 라틴아메리카와 아프리카, 남아시아, 동남아시아에 사는 수많은 사람도 마찬가지다.

훨씬 더 많은 급여 외에도 강력한 이주 동기로 작용하는 것이 있다. 자녀들이 더 나은 직업을 구할 기회가 있고 더 나은 삶을 누릴 수 있다는 전망이다. 이주는 '횡재'를 노리거나 (자신이 무슨 짓을 하는지도 모른 채) 온 가족의 저금을 판돈으로 걸고 자포자기식으로 '도박'을 벌이는 무모한 행동이 아니다. 가족의 장기적 행복을 위한 투자다. 이주는 안정적인 가족 소득원과 제대로 된 집, 질병 치료 능력, 사업을 시작할 자금, 자녀들의 학업 기회를 마련할 진정한 기회다. 이주는 자포자기 행동이 아니라 자기 자신과 가족에게 최선의 이익을 얻으려는 합리적 결정이다.

예를 들어, 2019년 기준 멕시코 농장 노동자의 월평균 임금은 3,400페소였으며, 달러로 환산하면 196달러다.[6] 반면 캘리포니아 농장에서 일한 이주 노동자는 시급 15달러를 받아 월평균 임금이 2,500달러 정도였다.[7] 2022년 기준 모로코에서 저숙련 노동자가 받는 평균 일당은 8유로 정도였지만, 스페인 남부 농가에서는 미등록 이주자도 시급으로 최소한 5~6유로를 받아 평균 일당이 40~50유로였다. 프랑스와 네덜란드에서는 육체노동자가 시간당 최소한 10유로, 일당으로 80유로를 벌었다. 모로코에서 받는 일당보다 **10배**가 많은 돈이다.

미등록 이주자에게도 이주가 장기적으로 이익이다. 이들이 힘든 환경과 착취를 기꺼이 감내하는 이유는 긴 안목에서 이익이기 때문이다.

나는 모로코 남부에서 현장 연구를 진행할 때 이런 사실을 확인했다. 1990년대와 2000년대에 많은 모로코 청년이 농업과 건설 분야의 호황으로 일자리가 넘치던 스페인으로 불법 이주했다. 불법 입국자 신분이었지만 고향에서 일할 때보다 훨씬 더 많은 돈을 벌었고, 스페인에서 몇 차례 불법 체류자 합법화 조치를 시행한 덕분에 많은 사람이 마침내 거주 허가를 받아 가족들까지 스페인으로 초청했다.

이주 방지 홍보 캠페인에 깔린 추정과 반대로 미등록 이주 노동자 대부분이 이주 결정을 후회하지 않는 이유가 바로 이것이다. 외국에서 태어나 미국에서 사는 라틴아메리카 사람들을 설문 조사한 결과, 영주권이 없어 미등록 이주자일 가능성이 높은 사람 중 대다수(78%)가 다음에도 가능하면 다시 미국으로 이주하겠다고 대답했다. 영주권 소지자와 귀화 미국 시민의 87%보다 아주 조금 낮은 수치다.[8]

이주가 가장 효과적인 개발 원조다

대부분 이주자가 아주 타당한 이유로 고향을 떠났다는 사실을 분명히 보여주는 증거가 본국 송금이다. 전 세계 이주자가 해마다 엄청난 돈을 고향으로 송금한다. 이주자들이 송금한 돈은 출신국의 수많은 가족과 공동체를 살리는 생명줄이 된다. 최근 수십 년간 이주자들이 개발도상국에 송금하는 금액이 유례없이 높은 수준으로 치솟았다. 세계은행이 집계한 공식 데이터에 따르면, 1990년 이주자들이 저소득 국가와 중소득 국가에 송금한 금액이 총 290억 달러였다. 이 금액이 2000년에는 740억 달러로 2배 이상 증가하고, 2010년에는 3,020억 달러로 다시 4배 이상 늘었다. 그리고 2020년에는 5,020억 달러까지 증가했다.

　2020년 이주자들이 개발도상국에 송금한 금액은 공적개발원조 ODA 1,930억 달러의 2.6배에 육박한다. 해외직접투자FDI 5,360억 달러와 비교하면 94%에 해당하는 금액이다. 특히 이출 비율이 가장 높은 중소득 국가의 경우 이주자들이 송금한 금액에 비하면 공적개발원조는 없는 것이나 마찬가지다. 2020년 이주자들이 멕시코와 필리핀, 인도에 송금한 돈은 각각 430억 달러, 350억 달러, 830억 달러다. 그에 비해 공적개발원조는 각각 10억 달러, 15억 달러, 18억 달러에 불과하다. 평균적으로 따져보면, 2010년대 이주자들이 중소득 국가에 송금한 돈이 원조금보다 10배가 많다. 저소득 국가도 이주자가 송금하는 금액이 개발 원조금 대비 평균 60~70% 정도까지 증가했다.[9]

　그런데 세계은행이 집계한 공식 데이터에는 은행이나 웨스턴 유니

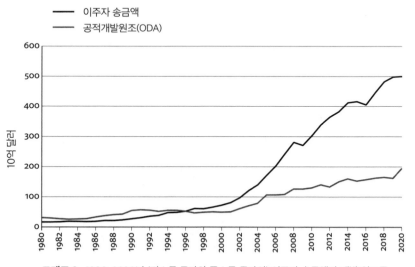

그래프 9. 1980~2020년 (저소득 국가와 중소득 국가의) 이주자 송금액과 개발 원조금

언과 머니그램 등 국제 송금 기업을 이용해 송금한 금액만 포함된다. 실제로 이주자가 송금하는 돈은 공식 데이터로 집계된 금액보다 훨씬 더 많을 것이다. 국제 송금 기업을 이용하는 수수료가 워낙 커서 비공식적인 업체를 이용해 송금하거나 고향으로 돌아가는 인편에 현금이나 상품을 전달하는 이주자가 많기 때문이다. 비공식적 경로로 집계되지 않고 송금되는 돈을 모두 합치면 공식적으로 송금된 돈의 최소한 50%에 달한다고 추산하는 자료도 있다.[10]

현물로 전달하는 금액도 상당하다. 크리스마스철이 되면 전 세계 수많은 필리핀 출신 이주자가 식료품과 귀중품으로 가득한 '발릭바얀 balikbayan' 상자를 고향으로 발송한다. 발릭바얀은 '본국으로 송환된'이라는 의미이며, 필리핀인에게 발릭바얀 상자는 가족과 실질적이고 상징적으로 강력한 유대 관계를 유지하는 방법이다. 유럽에서 일하는 튀르키예와 모로코 출신 근로자들도 여름 휴가철이면 옷과 자동차 부품, 냉장고, 세탁기, 텔레비전, 위성 수신기, 컴퓨터, 핸드폰 등을 자동차나 승합차에 가득 싣고 고향을 찾아 가족들에게 선물로 주거나 판매한다. 그리고 고향에서 올리브유와 대추야자처럼 귀중한 자산이나 의류와 가구 같은 제품을 싣고 유럽으로 돌아간다.

본국 송금은 세계에서 가장 효과적인 상향식 개발 원조인 것이 분명하다. 그 규모가 공적개발원조보다 2배 이상 클 뿐 아니라, 이주자의 돈이 가족, 즉 돈이 필요한 사람에게 직접 전달된다. 부패한 정치인이 빼돌리거나 국가 공무원과 값비싼 컨설턴트, 개발 전문가가 착복할 수 없다.[11] 본국 송금은 개발도상국의 농촌과 도시 공동체를 살리는 생명줄이다. 고향에 남은 수많은 가족의 소득과 생활 수준 향상에 기여한다.

송금은 고향의 가족에게 보험과 같다. 추가 소득원이며 흉작이나 경제 위기 등 문제가 생길 때 중요한 역할을 하는 재정적 완충장치다. 또한 송금은 본국의 중요한 경제 생명줄이다. '경기 대응' 효과를 발휘할 때가 많기 때문이다. 즉, 본국에 경제 위기나 지진 등 재난이 닥치면 이주자들이 더 많은 돈을 송금하기 때문이다.[12]

이주는 자포자기식 탈출이 아니라 대체로 가족 전체의 생활 수준을 향상하려는 장기적 전략이다. 이주자들은 더 나은 미래에 대한 간절한 희망을 품고 수년간 힘든 일과 외로움을 기꺼이 감내한다. 이주자들이 이주 초반에 송금하는 돈은 식량과 옷을 구매하거나 질병을 치료하거나 집을 짓는 등 시급한 용도로 사용된다. 이주자들은 힘들게 일해 번 돈을 식료품점이나 카페, 식당, 게스트하우스, 택시 회사, 기타 운송업체 등 소규모 사업에 투자하기도 한다. 출신국이나 도착국에서 자녀들에게 더 나은 교육 기회를 제공하는 것도 대부분 이주자의 장기 목표다.

이주 대박

많은 주민이 해외로 이주한 지역과 지방은 이주와 송금의 영향 덕분에 변화할 때가 많다. 근로자를 모집한 곳에 따라 다르긴 하지만, 출신국의 특정 지역에서 이주자들이 모집되고 이들이 도착국의 특정 도시 그것도 특정 지역에 정착하는 경우가 많다. 예를 들어 멕시코에서는 최근 들어 다른 여러 주에서도 사람들이 미국으로 이주하지만, 전통적으로 할리스코와 미초아칸, 사카테카스 같은 서부와 중부의 주들이 미국 이주의 중심지였다. 유럽에 사는 모로코인은 리프산맥 지역과 수스 협곡 지역, 일부 남부 오아시스 출신이 많다. 영국에는 미르푸르 출신 파키스탄인과 실렛 출신 방글라데시인이 많이 살고, 인도계 이주자 대다수는 비하르와 우타르 프라데시, 타밀나두로 그 뿌리가 거슬러 올라간다.[13]

이런 출신 지역에서는 이출이 주민들의 일상생활에서 중심을 차지하고 있다. 연구자들이 '이주 문화'라고 부를 만큼 대부분 집안에 해외 거주 가족이 있다. 이런 지역에서는 이출이 대체로 더 나은 미래로 가는 주요 통로로 인식된다. 파키스탄 북부의 미르푸르는 한때 파키스탄에서 가장 가난한 지역이었지만, 대대적인 영국 이주 덕분에 이 지역이 이제 서민의 생활 수준에서 부유한 지역이 되었다. 미르푸르 주민들의 이주는 영국 정부가 잉글랜드 중부와 북부의 공장에서 일할 노동자를 모집한 1960년대에 시작되었다. 당시 미르푸르 근처 젤룸강에 거대한 수력발전댐이 건설되며 마을에서 쫓겨난 사람이 많았다. 미르푸르 주민들에게 영국 이주는 급격한 운명의 변화였다. 미르푸르 주민들의 이주를 광범위하게 연구한 인류학자 로저 밸러드Roger Ballard가 표현한 대로 "미르푸르 사람들은 대박을 터트렸다."[14]

미르푸르는 영국과 관계를 맺은 덕분에 변화했다. 그 변화를 한눈에 보여주는 것이 이주자들이 지은 거대한 저택이다. 이주자 2세대를 포함해 영국의 파키스탄인 중에는 고국의 사업체에 투자한 사람이 많다. '작은 영국'으로도 알려진 미르푸르의 부동산과 가게, 제과점 등이 이주자들의 투자를 받았다. 직항 항공 덕분에 매년 수십만 명이 영국에서 미르푸르를 방문하고, 이들의 구미에 맞도록 거리와 상가도 서양식으로 조성되었다.[15] 미르푸르에서는 온갖 영국산 생필품을 구매할 수 있고, 파운드화 결제도 가능하다. 미르푸르 라디오 방송국은 미르푸르와 영국의 청취자들이 전화로 참여하는 프로그램까지 운영한다.

버밍엄과 브래드퍼드 같은 영국 도시와 미르푸르는 소통과 여행이 워낙 활발해 지리적으로 대단히 멀리 떨어졌지만 한 공동체처럼 느낄 정도다.[16]

오아시스에서 천국으로

모로코 남부 토드가 협곡 지역의 주민들도 이주 대박을 터트렸다. 나는 1994년에 처음 토드가 협곡을 방문했고, 1998년부터 2000년까지 그 지역에 거주하며 연구를 진행했다. 그 이후에도 거의 매년 토드가 협곡 지역을 방문해 장기적 변화를 추적 관찰하고 있다.

과거 토드가 협곡 지역은 주로 농사에 의존하고, 사하라사막을 횡단하는 카라반 무역의 소박한 중심지였다. 그런 지역이 몇 년 동안 프랑스와 네덜란드, 최근에는 스페인으로 대거 이주한 덕분에 번화한 지역 경제 중심지로 바뀌었다. 토드가 협곡 주민들의 이주는 프랑스와 네덜란드의 광산과 공장이 이 지역으로 이주 모집인을 파견한 1960년대에 시작되었다. 당시 토드가 협곡 지역에 살던 유대인은 거의 모두 이스라엘로 이주했다. 1960년대 토드가 협곡 주민들이 유럽으로 노동 이주한 뒤 1970년대와 1980년대에 가족 재결합이 대규모로 진행되었다.

1990년대부터는 오아시스 지역의 주민 중 스페인에서 붐이 인 온실 농업 등 새로운 일자리 기회를 찾아 스페인으로 이주하는 사람이 늘었다. 어민에게 돈을 주고 지브롤터해협을 건너거나 관광비자를 받고 들어가 비자 기한 만료 후에도 머무는 등 대부분 불법 이주였다. 이렇게 스페인에 불법 체류하던 사람들이 2000년대 몇 차례 진행한 합법화 조치 덕분에 거주 허가를 받았다. 2007~2008년 세계 경제 위기로 잠시 주춤했지만, 2010년대 유럽의 경기가 회복되며 노동력 수요가 증가하자 토드가 협곡 지역의 이출이 다시 시작되었다. 특히 스페인과 이탈리아로 많이 이주했지만, 최근에는 포르투갈로도 (그리고 고숙련 노동자는 유럽 밖 캐나다로) 이주하고 있다.

오늘날 토드가 협곡 지역에서 가족 구성원이 유럽에 사는 가정이 무려 40%다. 설문 조사 결과, 해외 송금을 받는 가정의 소득이 그렇지 않은 가정의 소득보다 최소한 2배가 높고, 그 이상인 경우도 많았다. 이주자들이 새집을 짓거나 작은 사업체에 투자하며 건설 붐이 일고 팅히르가 급속히 발전했다. 토드가 협곡 지역의 번화한 도심 팅히르는 새로운 고용 기회가 넘쳐 주변 산악 지대의 오지 마을에서 국내 이주자들이 몰려들고 있다.[17]

모로코의 많은 농촌 지역에서 이주 기회에 대한 접근성이 주민들 삶의 전망을 정의하는 결정적 요소다. 모로코 남부 지역에서 대부분 소작인과 소농으로 먹고산 흑인 하층 민족 집단 하라틴에게는 이제껏 이주가 상층 계급으로 이동하는 주요 통로였다. 흑인과 백인, 소작인과 지주, 노예 출신과 자유민, 농민과 유목민 등 전통적 구분법 대신 현재 모로코 남부에서는 사회 계층을 구분할 때 이주를 기준으로 '가진 자'와 '가지지 못한 자'로 나눈다. 모로코 전역에서 이출은 돈을 더 많이 버는 방법일 뿐 아니라 자녀들의 교육과 직업 기회를 비롯해 의료 서비스와 사회보장에 대한 접근권을 의미한다.

모로코 현지인이 보기에 이주자는 엄청나게 부유하다. 다른 세상 사람이나 마찬가지다. 타고 다니는 자동차와 몸에 걸친 옷, 집에 가져오는 선물들이 모두 상대적 부를 대변하고, 이주가 더 나은 미래를 위해 가장 확실한 길이라는 사실을 입증하는 증거다. 이런 현상이 모로코 시골 전역으로 확산했다. 매년 여름 휴가철이면 모로코 전체 인구의 3분의 1에 이르는 모로코 이주자 300만여 명이 유럽 전역에서 승용차나 승합차를 몰고 스페인 남부로 이동해 여객선을 타고 해협을 건넌 뒤 계속 차를 몰고 남쪽 고향으로 이동한다. 모로코 시골 많은 곳에서 여름 휴가철이 과거 추수철을 대신해 중요한 시기가 되었다. 결혼식을 비롯한 각종 잔치가 여름 휴가철에 열린다. 이주자들이 고향을 찾는 시기이기 때문이다.

여름 휴가철이면 이주를 열망하는 모로코 시골의 젊은 남녀가 들뜬다. 이주자의 자녀와 손주인 이주자 2세대와 3세대가 관심의 초점이다. 멋진 차와 옷, 장비 때문만이 아니라 이주자와 결혼하는 것이 유럽으로 가는 확실한 차표이기 때문이다. 멕시코와 과테말라, 필리핀, 튀니지 등 다른 이출국의 수많은 농촌도 마찬가지다. 이런 나라에서는 이출 문화가 그야말로 전국적 차원으로 확산하는 경우가 많다. 이주가 일종의 신기루나 환상이어서 그런 것이 아니라, 상류층이 아닌 많은 사람에게는 이주가 정말 더 나은 미래에 대한 가장 현실적이고 확실한 전망을 제공하기 때문이다.

고향에 머무르느니 차라리 빚을 지는 게 낫다

이주하려면 비용이 많이 들기에 주위에서 돈을 빌리거나 이주 모집인과 고용주에게 빚을 지고 이주하는 사람이 많다. 대부분 이주 노동자는 급여 공제 등의 방법으로 빚을 갚아 나간다. 하지만 부채 상환 때문에 이주자를 기본적으로 강제 노동자나 인신매매 피해자로 당연시하는 것은 엄청난 오해다. 언론 이미지와 정치적 이야기는 걸프 국가에서 가사 노동자로 일하는 여성 이주자들을 대부분 여권도 빼앗긴 채 집에 갇혀 심각한 학대와 강간까지 당하는 '현대판 노예'로 그린다. 실제로 이런 일이 벌어지기도 하지만, 이것이 모든 이주 노동자의 경험을 대변하지는 않는다. 이주 노동자를 현대판 노예로 묘사하는 것은 이주자의 주체성을 무시한 것이다. 많은 이주 노동자가 가족이나 이주 모집인, 밀입국업자에게 빚진 이주 비용을 갚으려면 수개월간 혹은 수년간 일해야 하지만, 대체로 국제 이주는 최종적으로 이익을 얻는 투자다.

이주 부채에 관한 중요한 자료가 현재 케임브리지대학교에서 이주 정책을 분석하는 도블린 란베이그 멘도사Dovelyn Rannveig Mendoza의 연구 결과다. 멘도사는 20년간 아시아와 태평양, 걸프 지역, 유럽에서 이주 노동자 모집 현황을 광범위하게 연구했다. 수많은 이주 노동자와 이주 모집인, 정부 관료를 면담한 결과, 멘도사는 이주자와 모집 기관이 부채 상환 조건을 포함해 계약을 체결하는 경우가 아주 흔하다는 사실을 확인했다. 고용 후 처음 몇 달간 급여 공제 형식으로 이주 부채를 상환한다는 식이다. 불법적으로 이주할 때도 밀입국업자와 부채 상환 조건으로 계약을 체결하는 경우가 드물지 않다.[18]

이처럼 빚을 지고 일하는 상황은 분명히 우리 대부분이 생각하는 공정 거래와 거리가 멀지만, 이주 모집인이나 밀입국업자, 고용주에게 빚을 갚는다는 사실 때문에 이주자를 피해자로 당연시할 수는 없다. 전 세계적으로 매년 수백만 명이 빚을 얻어 해외로 이주한다. 대부분 **자발적** 결정이다. 누가 강요해서 해외로 이주하는 것이 아니다. 멘도사가 주장한 대로, 비교적 가난한 사람은 대부분 빚을 얻지 않으면 이주에 필요한 재원을 마련하지 못해 고향을 벗어나지 못하는 것이 사실이다.[19] 빚은 수많은 가난한 사람이 합법적으로 때론 불법적으로 서구와 걸프 지역 등의 부유한 나라로 이주해 스스로 더 나은 미래를 개척하는 길이다. 이주 노동자들은 자신의 자유를 되찾고 고향으로 더 많은 돈을 송금하려고 열심히 빚을 갚아 나간다. 따라서 이주 노동자를 일방적인 피해자로 묘사하는 것은 타당하지 않다. 이주 노동자도 스스로 피해자라고 생각하지 않을 것이다. 이주 노동자들은 엄청난 시간과 노력, 돈을 투자한다. 어떻게든 도착국에 머물며 빚을 갚고 빈손으로 고향에 돌아가지 않으려고 무슨 일이든 기꺼이 한다.

물론 빚을 갚아야 한다는 부담 때문에 이주자들이 각종 착취와 학대에 취약한 것은 분명하다. 이주 모집 기관이 출발할 때나 도착할 때 이주 노동자에게 과도한 비용을 청구하거나 급여 공제나 근로 조건에서 약속을 어기는 경우가 많기 때문이다. 멘도사의 연구에 따르면, 이주 모집 기관이 '계약서를 대체'하는 경우도 많다. 목적지에 도착하면 출발할 때 서명한 서류와 내용도 완전히 다르고 조건도 훨씬 더 열악한 계약서에 서명하라고 강요하는 것이다. 그리고 대체된 계약서에 서명하면 실제로 임금이 법으로 규정된 수준이나 전에 합의한 수준보다 떨어지거나 더 험한 일자리로 가거나 각종 혜택이 줄거나 아예 사라진다.[20]

특히 학대에 취약한 사람은 고용주 한 명을 지정해 근로 허가를 받은 이주자다. 사우디아라비아나 아랍에미리트, 카타르처럼 **카팔라** 제도를 시행하는 걸프 국가에서 이런 상황이 흔히 발생한다. 후원자(**카팔라**)가 한 명으로 지정된 이주 노동자는 자기 마음대로 고용주를 바꿀 수 없기 때문이다. 서구에서도 가사와 간병, 접객 분야에 종사하는 외국인 근로자는 고용주 한 사람과 임시 계약을 체결해 이주하기 때문에 착취에 취약하다. 이런 맥락에서 멘도사는 서구 국가들도 나름

의 **카팔라** 제도를 시행하고 있다고 주장한다.[21]

이주 노동자 학대는 대부분 노동력 착취와 관련이 있다. 멘도사가 연구한 결과, 요르단에서 가사 노동자로 일하는 필리핀인과 스리랑카인들이 신고한 학대 사례는 대부분 일반적인 인식과 달리 폭력이나 성폭행이 아니라, 임금 체불이나 과소지급, 열악한 생활 환경과 노동 환경이다.[22] 서구에서도 이주 노동자의 임시 계약 조건이나 미등록 신분을 악용해 열악하고 때론 위험한 환경에서 장시간 일을 시키고 낮은 임금을 지급하는 고용주가 많다.[23]

하지만 전 세계 많은 이주 노동자가 착취를 당한다는 사실이 이주 노동자가 이익을 얻지 못하고 그런 상황을 미리 알았다면 이주하지 않았을 것이라는 뜻은 아니다. 증거에 따르면 대부분 사람이 타당한 이유로 이주하지만, 일부 이주자가 실망하는 일은 불가피하다. 해외 생활이 상상한 것과 다를 수 있지만, 고향을 떠나온 것을 후회하는 이주자는 소수에 불과하다. 그 대안으로 고향에 머물렀으면 상황이 훨씬 더 나빠졌을 것이기 때문이다. 이주자들이 다시 이주하는 이유가 바로 이것이다. 필리핀 정부가 발표한 자료에 따르면, 해외로 나가는 이주 노동자 중 약 3분의 2는 '재고용자', 즉 이전에 해외에서 일한 경험이 있는 사람들이다.[24]

글로벌 사우스에서 글로벌 사우스로 향하는 이주가 가난을 벗어나는 주요 통로다

운명을 바꿀 방법이 서구 이주밖에 없는 것은 아니다. 서유럽에서 손님 노동자로 일하는 파키스탄 미르푸르 사람과 북아프리카인, 튀르키예인, 1942~1964년 브라세로 프로그램으로 초청된 멕시코 노동자처럼 운 좋게 시골에서 직접 선발되지 않으면, 대부분 서민은 서구 국가로 이주하기가 무척 어렵다. 비용이 너무 많이 들기 때문이다. 국경 통제와 비자 규정 때문에 서구 국가로 이주하려면 비용이 많이 든다. 그래서 일반적으로 돈이 많은 사람이나 이미 해외에서 사는 가족에게 지원을 받는 사람만 서구로 이주할 수 있다. 필리핀을 예로 들면, 전통적으로 수도권과 센트럴 루손 지방, 남부 타갈로그처럼 빈곤율이 가장 낮은 지역에서 해외 이주자가 많은 것이 우연의 일치가 아니다.[25]

멘도사가 최근 연구한 결과에 따르면, 네팔 노동자가 유럽연합에 이주하며 모집 기관에 지급하는 수수료는 대략 7,000유로다. 네팔의 임금 수준으로 따지면 저임금 노동자의 4년 연봉, 평균 임금 근로자의 1년 연봉이니 엄청난 금액이다. 네팔의 1인당 GDP를 기준으로 환산하면, 서유럽 시민이 이주 수수료로 15만 유로를 지급하는 것과 같다. 멘도사가 확인한 바에 따르면, 이주자들이 이처럼 엄청난 수수료를 기꺼이 지급하는 이유는 이주를 유럽연합에서 자신과 가족의 영주권을 얻으려는 장기 투자로 보기 때문이다.[26]

엄청난 재정 부담 때문에 여유가 없는 사람에게 매력적인 차선책은 접근하기 쉬운 비유럽 목적지나 도시로 이주하는 것이다. 걸프 국가 외에도 싱가포르와 말레이시아, 태국, 타이완이 인도네시아와 필리핀, 인도, 미얀마, 라오스 등 가난한 아시아 국가 출신 이주 노동자들의 매력적인 목적지로 부상했다. 홍콩에서 일하는 태국인 이주 노동자는 고향에서 벌던 돈보다 4~5배 이상을 번다. 이들이 2년 기한부 가사 노동 계약을 체결하며 이주 모집 기관에 6개월분 급여보다 많은 수수료를 기꺼이 지급하는 것도 바로 이런 이유 때문이다.[27]

아프리카에서는 남아프리카공화국과 나이지리아, 코트디부아르처럼 상대적으로 부유한 나라와 리비아와 가봉 등 산유국이 중요한 역내 이주 목적지로 떠올랐다. 사우디아라비아, 아랍에미리트, 쿠웨이트, 카타르 등 걸프 지역의 부유한 산유국과 요르단, 레바논, 이스라엘 등 중동 여러 국가도 중요한 이주 목적지로 부상해, 상류층이 아닌 수많은 아시아인과 아프리카인이 이주하고 있다. 서구 국가와 비교해 중동 국가로 이주하는 것이 대체로 비용도 덜 들고 더 수월하기 때문이다. 걸프 국가는 이주자의 권리를 제한하고 나중에 이주자를 본국으로 돌려보내는 경우가 많지만, 취업 비자 발급 절차가 비교적 수월하다.[28]

서구 언론이 많이 놓치는 것이 바로 이런 부분이다. 상황이 나빠져서 이주자가 끔찍하게 학대받고 착취당하는 사례에 거의 전적으로 초점을 맞추기 때문이다. 사회학자 케릴린 슈웰Kerilyn Schewel이 에티오피아 현장 연구에서 확인한 바에 따르면, 리프트 계곡 중앙 저지대에 자리한 도시 지웨이 주변 마을의 젊은 여성들이 더 나은 미래를 향한 지름길로 중동을 선택해 이주하는 사례가 늘고 있다.

다른 대안은 매일 에티오피아 시장에 장미 수백만 송이를 출하하는 네덜란드인 소유 화훼농장의 온실에서 일하는 것이다. 2016년 기준으로 온실에서 일하는 노동자가 받은 월급은 35~42달러였다. 주거비와 식비로 85%가 나갈 만큼 생활비를 대기도 빠듯한 금액이었다. 그래서 젊은 여성들이 베이루트와 두바이, 리야드 등 중동의 도시로 앞다투어 이주했다. 베이루트에서 가사 노동자로 일하면 생활비도 따로 들지 않고 월급으로 평균 150달러를 벌었다. 먹고살기 빠듯한 돈을 받으며 현지 화훼농장에서 뼈 빠지게 일하는 대신 사우디아라비아 등 걸프 국가나 레바논에서 2~3년 계약 조건으로 가사 노동을 하는 것이

그들 말마따나 '삶을 바꿀' 유일한 기회였다.[29]

중동으로 이주하려고 대부분 가정이 여권 발급 비용과 건강 검진료, 아디스아바바를 오가는 교통비 등 초기 투자비로 지출한 금액은 (2016년 물가 기준) 280~560달러였다. 항공료와 비자 발급 수수료 등 나머지 비용은 이주 모집 기관이 부담한 뒤, 나중에 중개 수수료까지 포함해 이주 처음 몇 달간 월급에서 공제했다. 몇 년간 해외에서 일하며 돈을 모은 젊은 여성들이 고향에 돌아와 시내에 집을 마련하고 커피 가판점이나 식당, 구멍가게 등 작은 사업체를 차렸다. 외지인의 눈에는 변변치 않은 사업체로 보이겠지만, 그 여성들에게는 그야말로 삶을 바꿀 힘을 얻는 경험이다. 돈을 모은 덕분에 시골 고향을 벗어나 도시에 정착하고, 경제적으로 독립한 덕분에 배우자를 선택할 기회도 늘고, 가족들의 수입에도 기여할 수 있었다.[30]

이주자도 스스로 판단할 수 있다

사람은 첫인상에 속을 수 있다. 정치인과 언론이 묘사하는 가난한 나라 이주자의 모습은 '제3세계'의 빈곤과 비참함에 대한 고정관념에 기초한다. 하지만 증거는 개발도상국 사람들이 일반적으로 해외 생활에 대한 비합리적 신기루에 기초해 이주한다는 고정관념과 배치된다. 많은 이주자가 상당한 어려움을 겪고 종종 착취당하고 일부는 실망도 하지만, 대부분 이주자에게는 고향에 머무르는 것보다 떠나는 것이 훨씬 더 나은 선택지다. 이주자들이 송금하는 돈은 가족의 중요한 소득원이다. 이주자들이 송금하는 돈 덕분에 주거와 의료, 교육, 생활 수준이 크게 향상하고, 가족이 재결합할 수 있다는 전망이 이주자 자녀들에게 특별한 기회가 된다. 따라서 홍보 캠페인으로 이주를 만류할 수 있다는 생각은 착각이다.

수많은 이주자가 밀입국업자와 인신매매범의 거짓 약속에 속아 넘어가 이주한다는 생각은 가난한 유색인에 대한 서구 국가와 원조 기구들의 고정관념에서 기인한다. 무지하고 순진하고 왠지 비이성적이어서 고향에 머무르는 것이 최선의 이익이라고 알려주어야 할 대상으로 보는 것이다. 이런 고정관념은 "너에게 좋은 것이 무엇인지 내가 안다"라는 투로 거들먹거리는 태도일 뿐 아니라, 상류층이 아닌 수많은 사람에게 해외 이주가 더 나은 미래를 향한 가장 확실한 길이라는 사실, 그래서 엄청난 비용과 위험도 기꺼이 감수한다는 사실을 무시하는 것이다. 이주자들이 적극적으로 이주할 방법을 찾는 이유는 분명한 혜택이 보이기 때문이다. 다시 말해, 이주자도 스스로 판단할 수 있고, 실제 스스로 판단한다.

이주 노동자는 필요 없다

"우리가 하려고 하는 것은 이주, 특히 일자리가 없는 저숙련 노동자의 이주를 억제하는 것이다." 영국 총리 보리스 존슨Boris Johnson이 2019년 12월 텔레비전 인터뷰에서 한 말이다. 며칠 뒤 보리스 존슨의 보수당이 총선에서 압승했고, 2020년 2월 1일 영국이 유럽연합에서 공식 탈퇴했다. 텔레비전 인터뷰 중 존슨 총리는 브렉시트로 국경 주권을 되찾아 유럽연합에서 들어오는 저숙련 노동자의 이입을 단속하고 오스트레일리아처럼 이민 점수제를 도입해 고숙련 노동자를 끌어들이겠다고 유권자들에게 약속했다.[1]

존슨의 발언에 대해 서구 여러 나라도 더는 저숙련 이주자가 필요 없다고 공감했다. 제2차 세계대전 이후 수십 년간 서구 여러 국가가 공장과 광산, 농촌에서 일할 이주 노동자를 대거 모집하던 시절과 상황이 달라졌다.

서구에 이주 노동자가 절실히 필요한 시절은 영원히 끝난 듯하다. 탈공업 경제로 진입하며 공장과 농장의 일자리가 줄어들었기 때문이다. 기계화·자동화와 더불어 '아웃소싱'이 유행하며 노동 집약 산업이 저임금 국가로 이전했다. 제2차 세계대전 이후 수십 년간 외국 노동자를 끌어모은 육체노동 일자리 대부분이 1970년대 이후 빠르게 사라졌다. 기계가 사람 손을 대신하고 육체노동 일자리가 해외로 옮겨졌기 때문이다. 산업 쇠퇴와 더불어 연구와 공학, 의료, 경영 등 서비스 분야의 일자리가 급증하며 노동자에게 요구되는 교육과 훈련 수준은 더 높아졌다.

1970년대와 1980년대 많은 공장과 광산이 문을 닫으며 수많은 노동자가 해고되었다. 이것이 미국 러스트 벨트rust belt(미국 제조업의 호황을 구가했던 중심지였으나 제조업의 사양화 등으로 불황을 맞은 지역을 이르는 말-옮긴이)의 여러 주와 영국 미들랜즈, 북유럽, 서유럽 등 서구 공업 중심지 전역의 대량 실업 사태로 이어졌다. 이런 상황이 원주민과 외국인 노동자 모두에게 영향을 미쳤지만, 특히 어려움을 겪은 사람이 이주 노동자였다. 가장 먼저 해고되는 경우가 많았기 때문이다. 대량 실업이 장기화하고 복지 정책에 의존하는 상황에 정부 방임까지 겹치며 일부 저숙련 이주자 공동체가 통합되지 못하고 분리되는 문제가 불거졌다. 다시 경험하고 싶지 않은 상황이 펼쳐진 것이다.

21세기 '지식 경제'에 맞는 '인재 모집 경쟁'이나 '두뇌 확보 전쟁'에 따라 이민 점수제나 특별 이민 제도, 면세 정책으로 관리자나 기술자, 법률가, 회계사, 의사 등 고숙련 노동자를 유인해야 한다는 것이 현재 각국 정부의 일치된 주장이다.

이 때문에 탈공업 경제에서는 경제 전망이 낮은 저숙련 노동자가 필요한 공간이 갈수록 줄어든다는 믿음이 강화되었다. 가난한 나라와 부유한 나라의 엄청난 불평등만 생각하면 개발도상국에서 이주를 열망하는 젊은이가 넘쳐나는 것처럼 보일 수 있다. 그리고 이들이 목적국으로 이주해도 기껏해야 비공식적인 경제 분야에서 변변치 못한 존재로 전락할 가능성이 크다고 볼 수 있다. 따라서 이주 노동자를 대거 모집하는 대신 그나마 얼마 남지 않은 블루칼라 일자리를 토박이 노동자에게 제공하는 것이 더 타당해 보일 수 있다. 결국 저숙련 노동자의 이주를 막거나 임시로만 허용해야 한다는 공감대가 널리 퍼졌다.

실상

이주를 이끄는 주요 동기는 노동력 수요다

서구 국가가 국경을 더 엄격하게 통제하지 않으면 저숙련 이주자로 넘쳐날 것이 확실하다는 생각은 흔히 이주를 이끄는 주요 동기가 국가 간 경제적 불평등이라는 추정에 기초한다. 경제학자들도 대체로 국제 이주를 국가 간 소득이나 임금 격차의 일차함수로 생각한다. 경제적 불평등과 임금 격차가 커질수록 출신국에서 이주할 마음을 먹는 사람이 증가한다는 것이다. 이런 논리에 따르면 출신국의 경제 개발을 촉진해 국제적 불평등을 줄이는 것이 이주 압력을 줄이는 열쇠다. 그런데 불평등을 크게 줄이려면 수십 년이 걸리기 때문에 국경 통제를 강화하는 외에 다른 선택지가 없는 것 같다. 마땅한 일자리도 없는데 이주를 열망하는 사람이 '저 밖'에 너무 많기 때문이다.

대단히 논리적인 주장처럼 **들리지만** 실상은 다르다. 경제학자들의 믿음과 달리 경제적 격차가 으레 이주로 '이어지는' 것은 아니다. 사실 전 세계적으로 사람들을 밀고 당기는 것은 추상적인 경제력이 아니다. 현실 세계의 이주 패턴은 단순한 경제적 불평등의 기능이 절대 아니다. 불평등이 정말 이주를 촉진한다면 가장 가난한 나라에서 가장 부유한 나라로 이주하는 사람이 왜 그렇게 적을까? 이주 노동자 대부분이 저소득 국가가 아닌 중소득 국가 출신인 이유는 무엇일까? 그리고 무엇보다 가장 가난한 나라에서 이주하는 사람이 그토록 적은 이유는 무엇일까?

우리는 이런 질문에 대한 대답을 이미 알고 있다. 5장에서 설명했듯, 실제로 가난한 사람은 원거리 이주를 할 수 없다. 비용이 많이 들기 때문이다. 그래서 역설적으로 가난한 나라가 부유해지고 목적국과 임금 격차가 줄어들수록 일반적으로 이주가 증가하는 것이다. 사실 미국과 캐나다, 독일과 네덜란드, 오스트레일리아와 뉴질랜드처럼 서로 임금 격차가 현저히 크지 않은 국가와 지역 내부에서 이동하는 이주자가 대부분이다. 그 이유는 국제 이주의 주요 동기가 불평등이나 빈곤이 아닌 **노동력 수요**이기 때문이다.

사람들이 이주하는 가장 큰 이유는 임금 격차가 아니다. 그들이 지닌 특정한 기술과 자격, 직업적 열망에 맞는 일자리가 다른 곳에 있기 때문이다. 부유한 국가에서 이입과 이출 수준이 계속 높게 나타나는 이유도 기술에 맞는 일자리 때문이다. 독일을 예로 들면, 2020년 현재 독일 태생으로 해외에 거주하는 사람이 390만여 명이고, 외국 출신으로 독일에 거주하는 사람은 3배 정도가 많은 1,030만 명이다. 영국도 비슷하다. 2020년 현재 영국에서 태어나 해외에 거주하는 사람이 470

만 명으로 추산되고, 외국 출신으로 영국에 거주하는 사람은 그보다 2배가 많은 950만 명이다. 이탈리아도 해외에 거주하는 이탈리아 출신이 330만 명이고, 외국 태생으로 이탈리아에 거주하는 사람은 2배 정도가 많은 630만 명이다.[2]

경제지리학에서 배우는 유용한 경험칙이 있다. 인간이 기술을 쌓고 전문화할수록 노동 시장의 지리적 범위가 넓어지고 자신의 욕구와 열망에 맞는 일자리를 찾아 이동할 확률이 높아진다는 것이다. 농장 일꾼이나 현금 출납원, 배관공은 살고 있는 곳에서 일자리를 찾을 가능성 크지만, 기술자나 외과 의사, 대학교수는 이주해야 할 때가 많을 것이다. 처음에는 교육받으려고 그리고 졸업한 후에는 자기 기술과 열망, 진로 계획에 맞는 일자리를 찾으려고 이주해야 할 가능성이 크다. 그래서 나는 학생들에게 교육 수준 향상은 잠재적으로 결혼 생활에 문제가 생길 신호라고 이야기한다. 부부가 전문화할수록 두 사람이 꿈에 그리던 일자리를 한곳에서 발견하기가 더 힘들어지기 때문이다.

(이주 논의에서) 금기시하는 내용

앞 장에서 이야기했지만, 이주자들이 젖과 꿀이 흐르는 땅의 신기루에 비합리적으로 이끌려 자포자기식으로 이주한다는 고정관념은 오해다. 이주자 대부분의 경험을 반영하지 못한다. 국제 이주를 하려면 상당한 돈과 시간, 노력을 투자해야 하고, 감정적·사회적으로 큰 대가를 치를 수 있다.[3] 원거리 이주를 하려면 신중히 계획을 세우고 가족이 돈을 빌리거나 빚을 얻거나 땅과 자산을 팔아야 할 때가 많다. 따라서 이주 노동 지망자가 일자리를 찾을 수 있다는 헛된 희망에 빠져 대대적으로 '쏟아져 들어온다'는 이미지는 오해에서 비롯된 것이다.

이런 내용을 제대로 이해하려면 사람들을 이주하게 만드는 미시적 수준의 **동기**와 거시적 수준의 **구조적 원인**을 구분하는 것이 중요하다. 해외에서 (훨씬) 더 많은 임금을 받을 수 있다는 전망이 분명히 강력한 이주 동기가 될 수 있지만, 사실 대부분 사람은 일자리와 학업 등 여러 가지 개인적 발전이 가능한 구체적 기회가 보일 때만 이동한다. 이주 희망자 대부분은 실제로 목적국에서 얻을 기회와 전망도 모른 채 빚을 얻어 이주하거나 저축한 돈을 도박하듯 탕진하길 원치 않는다. 이것이 사실이다. 이들은 해외에서 돈을 벌 수 있다는 기회가 보일 때 이주한다.

따라서 직관적으로 이해되진 않겠지만, 불평등 자체는 이주로 이어지지 않는다. 나는 옥스퍼드대학교 동료였던 경제학자 마티아스 차이카Mathias Czaika와 함께 글로벌 소득 불평등이 이주에 미치는 영향을 연구해 2012년 그 결과를 발표했다.[4] 놀라운 것은 글로벌 소득 계층의 국가별 위치가 이출 수준에 의미심장한 영향을 미치지 않는다는 사실이다. 두 나라씩 짝을 지어 소득 불평등과 이주의 관계를 살펴보니 일부 영향을 미치는 것으로 확인되었지만, 그 효과는 우리가 기대했던 것보다 훨씬 더 작았다. 결국 우리는 국제적 불평등을 감소시키면 국제 이주가 대폭 감소할 것이라는 생각은 비현실적인 기대라고 결론지었다. 더 일반적으로 이야기하면, 경제적 불평등은 대대적인 국제 이주 발생의 필요조건도 아니고 충분조건도 아니다.[5]

"사람들이 왜 이주할까?"라는 질문을 바꾸면 우리의 결론이 더 쉽게 이해될 것이다. 국제 이주자가 전 세계 인구의 겨우 3%에 불과한 이유가 무엇일까? 왜 전 세계 인구 중 97%는 엄청난 경제적 불평등이 지속되어도 이주하지 않고 그저 태어난 나라에 머물까? 가난한 사람은 비용이 워낙 많이 들어 국제 이주는 꿈도 꾸지 못한다는 사실은 차치하고, 또 한 가지 중요한 이유는 '고향 선호'라는 단순한 사실 때문이다. 대부분 사람이 강한 애착을 지닌 가족과 친구, 공동체, 사회와 가까이 머물길 선호한다.

사람들은 국제적 불평등 때문에 자발적으로 삶의 터전을 떠나지 않는다. 일반적으로 이주자는 부엌 식탁에 앉아 전 세계 1인당 GDP나 평균 임금 격차 등의 통계를 분석하지 않는다. 구할 수 있는 구체적 일자리와 그 일을 해서 받을 구체적 임금에 주목한다. 임금 격차가 이주 동기로 작용할 수는 있지만, 일자리를 구할 수 없다면 대부분 고향에 머무른다. 이주 노동자들은 구체적인 노동 기회가 없으면 움직이지 않을 것이다. 즉, 노동력 수요가 이주를 주도하는 핵심 역할을 하는 것이다.

이 모든 내용에서 드러나는 것은 정치적 수사와 언론의 묘사, 인도적 비정부기구와 국제기구가 유포하는 '근본 원인' 이야기가 놀랄 만큼 우리 인식을 지배하고 국제 이주를 주도하는 힘에 대한 우리의 이해를 흐렸다는 사실이다. 빈곤과 국제적 불평등이 이주로 이어진다는 주장은 이주의 가장 중요한 근본 원인, 대규모 이주의 필요불가결한 요소를 무시하고 조직적으로 은폐한다. 바로 지속적 노동력 수요다.

인도적 이주도 어느 정도는 노동력 수요의 영향을 받는다. 2023년 1월 보스턴대학교 사회복지대학원의 조교수 알레한드로 올라요-멘데즈 Alejandro Olayo-Méndez와 함께 엘파소와 시우다드후아레스 사이에 있는 미국-멕시코 국경을 찾았을 때였다. 중앙아메리카와 베네수엘라 출신 이주자와 망명 신청자, 멕시코의 실향민들이 고향에 조직 폭력과 갈취가 만연하고 전반적으로 전망이 어둡다는 이야기를 많이 했지만, 굳이 미국에 가려는 이유를 물으면 일자리가 많은 미국에서 열심히 일해 번 돈을 가족에게 송금해 새로운 삶을 시작하고 싶다는 욕구 때문이라고 대답했다. 출신국과 출신 지역에 아무리 폭력이 난무해도 미국의 노동력 수요가 크게 늘지 않았다면 국경을 넘는 사람이 그 정도로 증가하지 않았을 것이다.[6]

이주를 주도하는 노동력 수요의 결정적 역할은 여러모로 이주 논의에서 금기시하는 내용이다. 2022년과 2023년 수많은 이주자와 망명 신청자가 미국-멕시코 국경을 넘으려고 시도하던 당시에도 분명히 드러났지만, 정치인과 언론, 전문가들은 미국의 역사적인 노동력 부족과 팬데믹 이후 경제 부흥에 따른 사상 최저의 실업률을 이주와 연관시키지 않았다. 그렇게 부족해진 노동력을 메운 주인공이 흔히 미등록 신분의 이주자들이다.

이입-문제는 경제야, 이 바보야!

불법 이주에 아주 큰 관심을 쏟지만, 대다수 이주자가 **합법적**으로 이동하며 목적국의 노동력 수요가 합법 이주를 주도한다는 사실을 강조하는 것이 중요하다. 많은 이주자가 앞으로 어떻게 할지 아무 생각도 없이 국경에 도착한다는 것은 오해다. 예외도 있기 마련이니 아무 생각 없이 무작정 모험에 나선 젊은이도 있겠지만, 대부분은 취업이 되거나 해외에 사는 가족이나 친구에게 결원이나 다른 일자리가 있다는 소식을 듣는 등 구체적인 일자리 제의를 받을 때만 이동한다.

정치인들의 주장과 달리, 이주자 대부분은 일자리를 **확보**한 상태로 이동한다. 그리고 우리가 흔히 믿는 것과 달리, 노동력 수요가 많은 대상은 고숙련 이주 노동자가 아니라 반숙련과 저숙련 이주 노동자다. 기

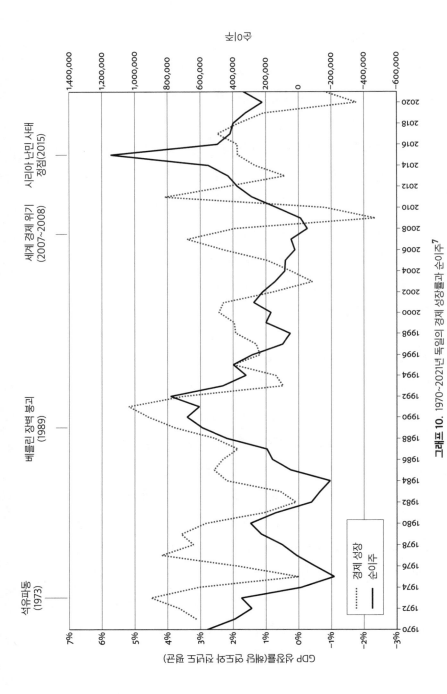

그래프 10. 1970~2021년 독일의 경제 성장률과 순이주[7]

술자나 의사, 관리자처럼 전형적인 '국외 거주' 요건을 갖춘 이입민은 극히 소수다. 농업과 공장, 가사, 식품 가공, 청소, 조경 같은 분야에서 육체노동에 종사하는 이입민이 여전히 많고, 배관공이나 목수, 건설 노동자, 요리사, 간호사, 간병인처럼 반숙련 일자리에 종사하는 이주 노동자가 증가하고 있다. 이런 일자리는 대체로 고등 교육 졸업장이 필요한 공식적인 '고숙련' 직종으로 분류되지는 않지만, 그래도 상당한 기술을 요구한다.

국제 이주를 주도하는 동기는 목적국의 노동력 수요다. 이를 가장 잘 보여주는 증거가 경기 순환과 이입 수준의 밀접한 관계일 것이다. 독일을 예로 들어 경제 성장과 이주 수준의 연관성을 파악한 자료가 그래프 10이다. 그래프에서 점선은 GDP를 기준으로 파악한 연간 경제 성장률이다. 연간 성장률을 모두 표기하면 변동 폭이 워낙 커서 해당 연도와 전년도 GDP 성장률의 평균값을 반영했다. 그래프에서 직선은 같은 기간 독일에 들어온 인구에서 독일을 떠난 인구를 뺀 순이주 숫자다. 마이너스 순이주는 이주로 감소한 순인구를, 플러스 순이주는 이주로 증가한 순인구를 의미한다.

그래프를 보면 대략 6개월에서 1년의 시차를 두고 이입이 경기를 따라가는 일관된 흐름이 확인된다. 경제가 호황이면 이입이 증가하고, 경제가 침체하면 이입도 감소한다. 물론 이런 상관관계가 인과 관계를 증명하는 것은 아니다. 다른 요인들도 실제로 이입을 유발할 수 있기 때문이다. 더 나아가 인과 관계가 반대로 작용해 이입이 경제 성장 증가로 이어질 수도 있기 때문이다. 하지만 이런 효과를 차단한 계량 경제 분석에서는 경제 성장 수준의 변화가 이입 수준에 강력한 영향을 미치는 것으로 확인된다.[8] 불법 이주도 마찬가지다. 예를 들어, 지브롤터해협을 건너 스페인에 들어오는 모로코인의 불법 이주 수준과 스페인의 일자리 기회 사이에서 상당히 분명한 상관관계가 확인된다. 2008년 세계 금융 위기가 발생하자 멕시코에서 미국으로 들어가는 불법 이주가 급격히 감소한 것도 노동력 수요가 감소했기 때문이다.[9]

경제 성장률이 높고 실업률이 낮으면 노동력 부족 문제가 커지고, 이주자들이 일자리에 지원해 채용되고 필요한 취업 비자를 발급받을 가능성이 커진다. 현대 이민 제도에는 합법적으로 수용된 이주자 수가 경제 상황에 따라 자동으로 변동하는 유연성이 내재한다. 노동력 부족은 고용주가 정부 주도 채용 프로그램이나 민간 채용 프로그램을 통해 해외에서 노동자를 구하는 동기로도 작용한다.

경기 침체기에는 정반대다. 노동력 수요가 감소하고 실업률이 증가하면 이주자들이 일자리를 잃고 고향으로 돌아갈 가능성이 커지고 이주 희망자들도 이출 계획을 미룰 가능성이 커진다.

물론 모든 사람이 일자리 때문에 이주하는 것은 아니다. 이주자의 가족은 사랑하는 사람과 재회하는 것이 주요 이주 동기다. 학생은 해외에서 학위를 취득하는 것이 주요 동기이고, 난민은 안전을 확보하는 것이 주요 동기다. 하지만 노동과 상관없이 이주할 때도 경제적 차원이 중요한 경우가 많다. 상당수 가족 이주는 노동 이주의 간접적 결과 혹은 부산물이다. 배우자와 자녀들이 이주 근로자를 뒤따라 이주한다. 난민들도 재원과 인맥만 있다면 일자리를 구하거나 사업을 할 수 있는 나라로 이주하거나 경제 환경에 맞춰 이주 시기를 조정할 가능성이 크다. 경제가 역동적으로 돌아가면 해외에서 유학생도 몰려든다. 공부하면서 일할 가능성이 있고, 졸업 후 취업 기회도 제공되기 때문이다.

당연히 이런 증거는 정치인들이 아닌 척하지만 실제로 이입 통제력이 크게 떨어진다는 것을 증명한다. 또한 이입이 미시적 수준에서 해결할 수 있는 현상이라는 생각도 환상임을 입증한다. 정치인들은 확실히 결정권을 쥐고 있는 것처럼 보이고 싶겠지만, 사실 이입은 수도꼭지를 돌리듯 마음대로 조절할 수 있는 것이 아니다. 이입은 대체로 목적국의 경제 추세를 뒤따르는 자율적 과정이다. 경제가 호황이고 노동력 수요가 높아지면 합법적이건 불법적이건 사람들이 들어오는 것을 막기 어렵다. 경기가 침체하면 들어오는 사람도 줄어든다. 당연히 정치인들은 자신들이 추진한 정책 덕분에 발생한 변화라고 생색을 내겠지만, 앞으로 이입이 감소하면 실업률 증가가 더 유력한 이입 감소 원인임을 잊지 마시라.

증가하는 이주 노동력 수요

경기 순환에 따라 변동하긴 했지만 **구조적**이고 장기적으로 보면 지난 수십 년간 서구 국가를 향한 노동 이주는 증가했다. 외국인 노동자를 찾는 만성적인 수요 때문이다. "이주 노동자는 필요 없다"라는 정치적 주문과 반대로, 서구 여러 나라에 합법적으로 도착하는 이주 노동자 수는 꾸준히 증가하는 추세를 보였다.

그래프 11을 보면 영국도 1990년대 초반 이후 순이출 국가에서 순이입 국가로 변모한 것을 알 수 있다. 서유럽 대부분 국가와 달리 영국은 1980년대까지 순이출 국가였다. (미국과 캐나다, 오스트레일리아, 뉴질랜드로 이출하는 전통이 강한) 제국주의 유산과 부진한 경제 실적, 높은 실업률 때문이다. 그러다가 경제가 회복되고 기술 부족 문제가 커진 결과 영국으로 들어가는 이입이 꾸준히 증가하는 추세가 나타났다. 동

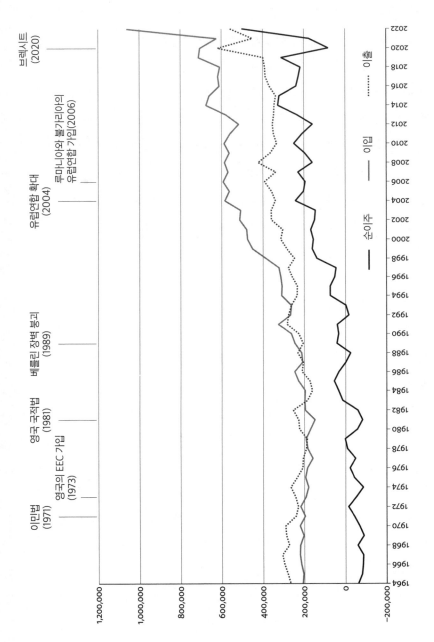

그래프 11. 1964~2022년 영국의 이입과 이출

이민법 (1971)

영국의 EEC 가입 (1973)

영국 국적법 (1981)

베를린 장벽 붕괴 (1989)

유럽연합 확대 (2004)

루마니아와 불가리아의 유럽연합 가입(2006)

브렉시트 (2020)

순이주   이입   이출

유럽뿐 아니라 유럽 밖에서도 이주자들이 들어오며, 연간 합법적으로 유입되는 수가 1980년대 말 20만여 명 수준에서 2000년대와 2010년대 60만여 명으로 3배 정도 증가했다. 영국인들은 대부분 2004년 유럽연합이 동방으로 확장하고 토니 블레어Tony Blair 총리가 폴란드와 리투아니아 등 동유럽의 유럽연합 회원국 노동자들에게 국경을 개방한 결정 때문에 이주가 증가했다고 생각한다. 하지만 이런 생각은 대체로 오해다. 노동력 수요 증가에 따라 이미 1990년대부터 영국으로 들어가는 이입이 구조적으로 증가하는 추세였기 때문이다.

미국과 유럽연합에서도 비슷한 추세가 확인된다. 미국은 특히 2000년대 이후 H1B 전문직 비자와 H2 범주의 계절 근로 비자를 받은 멕시코와 라틴아메리카의 계절 근로자와 투자자, 무역업자, 학자, 학생을 포함해 미국에 입국하는 온갖 기술 수준의 임시 이주자 수가 구조적으로 증가했다. 1998년부터 2019년까지 (명목상) 임시 입국자로 미국에 합법적으로 입국한 사람이 200만여 명에서 650만여 명으로 증가했다. 같은 기간 (불법 이주 수준을 판단할 지표인) 국경 체포자 수도 연평균 100만여 명에 달했다. 주로 가족 재결합과 관련해 (영주권을 받은) 영구 입국자 수는 임시 입국자 수보다 훨씬 더 낮은 수준에서 연평균 100만여 명을 유지했다.

유럽연합 이외 국가에서 유럽연합으로 이동한 등록 이주자도 구조적으로 증가하는 추세를 보였다. 1980년대 말 연간 100만여 명이던 합법 이주자가 2000년대와 2010년대를 거치며 200만여 명으로 늘었다. 최근 연평균 65,000명으로 추산되는 (망명 신청자와 불법 이주자를 합쳐) 불청객 국경 도착자에 비하면 엄청나게 많은 숫자다. 가족 이주자와 유학생, 망명 신청자 외에도 노동자의 유입 비중이 계속 증가하고 있

다. 유럽연합 이외 국가에서 유럽연합에 합법적으로 입국한 노동자 수
는 2010년 375,000명에서 2019년 120만 명으로 3배 증가했다.[10]

노동 이주가 계속된 이유

중요한 질문이 있다. 산업이 쇠퇴해도 저숙련 노동자 이입이 계속되
었을 뿐 아니라 더 증가한 이유가 무엇일까? 답은 간단하다. 정말 노동
력이 부족해 이주 노동자를 찾는 수요가 끊이지 않았기 때문이다. 최
근에도 이주 노동자 수요가 감소하기는커녕 증가했다. 달라진 점은 시
급하게 필요한 노동자의 유형이다. 1970년대까지 이주 노동자를 끌어
들이던 산업과 광산, 농업의 많은 일자리가 자동화되거나 해외 저소득
국가의 저임금 노동자들에게 이전되었다. 대표적 아웃소싱 사례는 (현
재 미얀마와 라오스, 캄보디아 등 더 가난한 나라에서 이주자들이 몰리는) 중국
과 타이완, 태국, 말레이시아로 이전한 의류 및 신발 산업[11]과 멕시코
로 이전한 미국의 자동차 산업, 인도와 필리핀으로 이전한 영국과 미
국의 콜센터, 전 세계로 이전한 회계 산업과 소프트웨어 산업이다.

하지만 모든 업무를 기계와 컴퓨터로 대체하거나 해외로 이전할 수
있는 것은 아니다. 특히 저숙련 인력의 서비스 업무는 실제 노동자의
물리적 존재가 필요하다. 지금도 많은 이입민이 과일 수확이나 채소
수확, 건설, 육류 가공과 어류 가공 등 자동화하기 어려운 산업과 농
업의 일자리에 종사하지만, 전체적으로 이주 노동자를 찾는 수요는 서
비스 분야로 옮겨 갔다. 가사와 보건, 청소, 접객, 조경, 원예, 세탁, 다
림질, 미용, 손톱 관리 등 서비스 분야에서 이주 노동력 수요가 급증했
다. 육류와 채소를 가공, 포장, 보관, 전시, 판매, 조리, 제공, 배달하는

업무에서 이주 노동자의 역할이 점점 더 중요해지고 있다. 택시 운전과 운송, 배송 분야에서도 이주 노동력에 의존하는 정도가 갈수록 커지고 있다.

대체로 이주자들이 맡는 일은 토박이 노동자들이 더는 할 수 없거나 원치 않는 일이다. 이처럼 지위가 낮은 일자리가 (더럽고, 위험하고, 비천한) '3D' 업무다. 이런 일을 하려는 토박이 노동자의 공급이 감소한 이유는 서로 밀접하게 연결되어 서구 사회와 경제를 바꾼 세 가지 변화 때문이다. 1) 교육 수준 향상, 2) 여성 해방, 3) 출산율 급감이다.

청소년과 청년들이 더 오랜 기간 교육받고 고등 교육 학위까지 취득하려는 사람이 늘며 저숙련 노동자의 국내 공급이 급감했다.

저숙련 노동자의 국내 공급이 감소한 두 번째 이유는 여성 해방이다. 1960년대 페미니스트 혁명이 일기 전까지 여성은 결혼하면 으레 집에서 허드렛일을 하며 자녀들을 양육했다. 여성도 청소년기와 청년기에는 밖에 나가서 일한 사람이 많았지만, 결혼한 후에는 일반적으로 집에 머물러야 한다고 생각했다. 그럴 여유가 있다면 말이다. 실제로는 노동자 계층의 여성들이 부유한 가정의 집안일을 거들거나 농업과 가내 수공업 분야에서 비공식적으로 일하며 가계 수입을 보충하곤 했지만, 대체로 사람들은 결혼한 여성의 상시 고용에 눈살을 찌푸렸다.

1960년대 이후 여성들이 공식적인 노동 시장에 대거 입성하고 교육 수준이 극적으로 향상되며 상황이 완전히 바뀌었다. 대부분 서구 국가에서 고등 교육에 등록하고 이수하는 측면에서 여성이 갈수록 남성을 앞지르기 시작했다.[12] 1950년 미국에서 유급 노동을 하는 여성은 29%였지만, 2016년에는 그 비율이 57%로 2배 가까이 증가했다. 서구 다른 나라의 사정도 이와 비슷하다.[13]

교육 수준에 맞는 일자리를 찾는 여성이 증가하며 농장 일꾼이나 유모, 가사 노동자, 청소부 등으로 일하길 원하는 여성의 국내 공급원이 빠르게 고갈되었다.

끝으로 중요한 변화는 출산율 저하다. 해방된 여성이 점점 더 공식적인 노동 시장에 진입하고 자녀들의 교육 기간과 비용이 증가하며 1950년대부터 출산율이 급격히 감소했다. 출산율이 급감하자 육체노동이나 신체적으로 힘든 일을 할 수 있는 현지 노동력의 부족 사태가 더 악화했다. 앞으로도 인구 노령화에 따라 의료 서비스와 노인 돌봄 분야에서 노동자 수요가 계속 증가할 것이다.

새로운 하인

교육 수준 향상과 여성 해방, 출산율 감소가 복합적으로 작용한 결과 토박이 노동자의 공급이 감소하고 서비스 분야에서 이주 노동자를 찾는 수요가 증가했다. 특히 여성 이주 노동자에 대한 수요가 증가했다. 서구의 가정이 남자는 밖에 나가 일하고 여자는 집을 지키는 전통적 가장 모델에서 점차 멀어지며 맞벌이가 현대적 표준이 되었다. 그결과 여성이 청소와 요리, 세탁, 육아 등 전통적으로 '여성의 일'로 여겨지던 집안일을 할 시간이 줄어들었다. 이것이 가사 노동과 돌봄 서비스에 종사할 여성 노동자의 이주 증가를 부채질했다. 필리핀과 인도네시아, 브라질, 콜롬비아, 에콰도르 출신의 이주 여성 노동자들이 전 세계 가사 노동과 보육, 노인 돌봄 분야에서 비공식적으로 담당하는 역할이 점점 더 중요해졌다.[14] 여성 해방과 맞벌이 가구 증가로 가사 노동과 보육, 노인 돌봄 같은 집안일을 아웃소싱하는 부부가 늘며 청소부와 가사 노동자, 육아 도우미를 찾는 수요가 치솟았다. 중산층이 집에서 직접 요리하는 대신 외식하는 횟수가 늘며 식당과 음식 배달 분야에서도 수요가 급증했다. 그리고 맞벌이 가구 증가로 가족이 주말과 휴일에 쓸 돈이 늘어나며 레저·접객 산업의 노동력 수요도 더욱 증가했다.

이처럼 공식적 분야와 비공식적 분야에서 산업 일자리가 서비스 일자리로 바뀌며 이주 여성 노동자의 수요가 증가했다. 개인 사업체에서 공식적 혹은 비공식적으로 일하는 외에도 특히 미국과 영국, 스페인, 이탈리아, 독일처럼 정부 지원 돌봄 시설이 부족한 나라에서 이주 노동자가 비공식적인 육아(유모)와 노인 돌봄 서비스 분야에서 점점 더 중요한 역할을 하고 있다.

이탈리아 사회학자 마우리치오 암브로시니Maurizio Ambrosini는 2013년 이탈리아에서만 이주자 150만 명이 개인 가정에서 일했으며 이탈리아 가정의 10%가 아이나 노인을 돌보기 위한 **바단테**badante(도우미)로 이주 가사 노동자를 고용한다고 추산했다. 독일도 2010년 이주자 150,000~200,000명이 노인 돌봄 도우미로 일한 것으로 추산되고, 이후에도 그 수가 계속 증가한 것으로 보인다. 정부는 이주 노동자의 불법 고용을 외면했다. 독일 사회학자 헬마 루츠Helma Lutz와 에바 팔렌가–묄렌벡Ewa Palenga-Möllenbeck은 이런 상황을 '공공연한 비밀'로 평가했다.[15]

가사 노동과 돌봄 서비스를 담당할 여성 노동자를 찾는 수요는 서구뿐 아니라 중동과 동아시아, 동남아시아에서도 급증했다. 전 세계 대부분 지역의 중소득 국가에서 부유한 가정이 늘어나며 수요는 점점 더 증가했다.

공식적으로는 '원치 않는' 노동자 모집

정치인들이 이입에 반대한다는 수사와 모순되게 행동할 때가 종종 있다. 고용주들의 로비에 굴복해 이주 노동자의 이입을 늘리거나 미등록 이주자의 고용을 용인할 때가 많다. 공식적으로는 '원치 않는' 외국인 노동자 모집이 이제껏 새로운 노동력 공급원 개발과 이주를 촉진하는 중요한 역할을 했고, 여기서 노동자의 이입이 보기보다 절실하다는 사실이 더욱 두드러진다.

제2차 세계대전 이후 수십 년간 정부와 기업들이 합심해 노동자를 모집함으로써 멕시코에서 미국으로, 지중해 국가에서 서유럽으로, 카리브해와 남아시아에서 영국으로 향하는 대규모 이주를 촉발했지만, 그 이후에는 정부가 직접적인 개입을 줄이며 노동자 모집 과정에서 점차 모습을 감추었다. 경제 자유화와 규제 완화라는 일반적 변화에 따른 결과이기도 하지만, '유연 근무제'가 확산하며 민간사업자가 토박이 노동자와 이주 노동자를 똑같이 자유롭게 모집하고 채용할 여지가 커졌기 때문이기도 하다.

요즘은 랜드스태드Randstad나 맨파워Manpower, 아데코Adecco 같은 인재 파견 회사가 외국인 노동자 모집에 관여한다. 네덜란드에는 원예와 물류 보관, 유통 분야에서 일할 동유럽 노동자를 공식적으로 모집하는 직업소개소가 2021년 기준으로 무려 4,830곳이다. 미국은 2022년 기준으로 등록된 인재 채용 및 파견 기관이 25,000여 곳이고, 영국도 등록된 직업소개소가 20,096곳이다.[16] 사설 기관이 실제 모집 업무 대부분을 담당하고, 정부는 합법적 노동 이주를 허용하고 이주 노동자의 불법 고용을 눈감아주며 고용주의 요구에 부응한다. 일반적으로 언론에 보도되지는 않지만, 모든 서구 국가가 임시 노동자와 계절노동자 제도를 운영하고, 특정 분야의 이주 노동자 모집을 촉진하는 프로그램을 운영하고 있다.

이런 프로그램에 따른 노동자 모집은 대부분 대중의 눈에 띄지 않게 은밀히 진행된다. 2014년 네덜란드 정부와 아시아 식당주 협회가 **아시아 식당업 협정**Convenant Aziatische Horeca을 체결했다. 아시아 출신 요리사가 합법적으로 이주할 때 특정 고용주와 직무에 한정한 비자를 발급한다는 이 협정은 심각한 노동력 착취가 발생할 여건을 조성하는 협정이었다.[17]

이주는 정치적으로 민감한 사안이므로 대체로 이런 프로그램에는 이주라는 단어도 붙이지 않는다. 흔히 이주 노동자를 완곡하게 표현하는 말이 '오페어Au Pair(외국 가정에 입주해 육아 등 집안일을 하고 약간의 보수를 받으며 언어를 배우는 젊은 여성-옮긴이)'와 '수습'이다. 서구의 많은 국가가 오페어 프로그램으로 가정에서 가사와 돌봄 서비스를 제공할 노동자를 모집한다. 이들이 대체로 비자 기한을 넘겨 체류하지만 그 노동력이 경제 사회적으로 필요불가결하다는 사실을 알기에 각국 정부는 이들의 불법 체류를 용인한다. 오랫동안 외국인 노동자 수용에 반대한 한국과 일본도 베트남과 인도네시아, 네팔 등 외국의 노동자를 받아들여야 한다는 압력을 버티지 못했다. 동아시아 국가들이 운영하는 수습 프로그램 혹은 인턴 프로그램은 사실 산업 분야와 서비스 분야의 이주 노동자를 모집하는 방법이다.

저숙련 노동자들이 필요불가결한 일을 담당한다

이주 노동자는 부유한 경제의 수레바퀴가 잘 돌아가도록 기름을 칠하는 존재다. 눈에 잘 띄지 않지만, 이주 노동자는 우리 주변 곳곳에 존재한다. 서구 국가 대도시의 가정에서 청소 등 가사 노동에 종사하는 (불법 이주자와) 합법 이주자가 증가했다. 대부분 이주 여성 노동자들이다. 사무실이나 대학의 청소와 관리 업무도 마찬가지다. 내가 학생들에게 자주 이야기하듯, 새벽에 일찍 일어나 7시까지 등교하면 어떤 사람들이 먼저 출근해 복도와 강의실, 대강당, 식당을 깨끗이 청소하는지 알 수 있다.

농업과 식품 가공, 정육, 물류 보관, 운송, 호텔, 식당, 건설, 유지 보수, 조경, 원예 분야에서 필요불가결하지만 잘 보이지 않는 일이나 택시 운전과 배송, 미용, 접객 분야처럼 눈에 더 잘 띄는 일도 마찬가지다. 성매매 업소에도 이주자가 많다.

'이주자 일자리'는 육체적으로 힘든 경우가 많다. 정말 힘든 환경에서 일하려면 엄청난 체력과 끈기, 강력한 동기가 필요하다. 유럽이나 아메리카에서 많은 이주 노동자가 개인 간병인이나 운전사, 운송 및 보관 노동자, 도축과 정육 등 식품 가공 노동자로 일하고 있다.[18] 이런 일을 할 기술과 결심, 동기가 충분하기 때문이다. 토박이 노동자는 너무 비천해서 기피하는 '3D' 업종에 이주 노동자들이 기꺼이 종사하는 이유는 고향에서 벌 수 있는 것보다 훨씬 더 많은 임금을 받기 때문이다. 이주 노동자들이 사회적 지위가 낮은 일을 거리낌 없이 할 수 있는 이유는 그렇게 번 돈을 송금해 가족의 생활 수준을 높이고 자녀들을 학교에 보낼 수 있기 때문이다.

코로나19 팬데믹으로 '이주자 일자리' 대부분이 우리 경제에 '필요 불가결한' 일자리가 되었다는 사실이 여실히 드러났다. 아이러니하게 도 정치인들이 흔히 '원치 않는' 존재로 묘사하는 이주 노동자가 정치 인들이 '바람직한' 이주자로 묘사하는 고숙련 노동자에 못지않은 혹은 그보다 훨씬 더 필요불가결한 일을 하고 있다는 사실이 드러났다. 코 로나19 팬데믹 기간에 많은 사무직 노동자가 집에서 일할 수 있었지 만, 육체노동자나 돌봄 서비스 노동자는 현장에 출근해 일할 수밖에 없었기 때문이다. 그리고 이들은 다른 사람과 물리적으로 가까운 거리 에서 일해야 했기 때문에 코로나바이러스에 감염될 위험도 감수해야 했다.

불편한 진실

이주의 현실은 "저숙련 노동자는 필요 없다"라고 주장하는 정치적 이야기와 배치된다. 저숙련 이주 노동자에 대한 수요는 일관적이고 실 질적이다. 사실 모든 기술 수준의 이주 노동자가 필요하다. 이주 노동 자는 정치인들의 주장처럼 '원치 않는' 존재가 아니다. 그리고 이들은 일반적으로 부유한 서구에 도착하려는 자포자기식의 불합리한 결정 으로 쏟아져 들어오는 것이 아니다. 실제로 이입을 주도하는 것은 노 동력 수요다.

고용주와 기관들이 외국인 노동자를 적극적으로 모집하는 이유는 이주자들이 필수 분야의 중요한 노동력을 채우기 때문이다. 이것이 우 리가 당면한 현실이다. 하지만 이런 현실은 서구 사회가 한사코 숨기는 공공연한 비밀 중 하나이며, 정치인 대부분이 이런 현실을 인정하길 두려워한다. 이주를 주도하는 노동력 수요의 중요한 역할을 인정하지 않는 한, 이입 제한 정책으로는 이입을 막지 못할 것이다. 사실 이입 제한 정책은 이주 노동자들이 비자 기한을 넘겨 체류하거나 불법적으로 국경을 넘도록 자극할 뿐이다.

정치인들이 이 기본적인 진실을 선뜻 인정하지 못하는 이유는 이주 노동자들에게 돌아갈 일자리가 없다는 주장의 요지와 어긋나기 때문이다. 이주 노동자들에게 마땅한 일자리가 없다는 주장은 거짓말이다. 정치인들도 잘 알고 있다. 진실은 교육 수준이 높고 인구가 노령화하고 부유한 우리 사회에 내재적이고 구조적인 이주 노동자 수요가 존재하며 그 수요는 경제가 계속 성장하는 한 제거할 수 없다는 것이다. 이런 관점에서 보면, 이입을 줄이는 가장 효과적인 방법은 경제를 파탄 내는 것이다.

2부

이입: 위협인가, 해결책인가

이입민들이 일자리를 훔치고 임금을 낮춘다

지난 반세기 동안 이입이 증가했다. 한편, 안정된 일자리는 점점 더 구하기 어려워졌고 많은 노동자가 받는 실질 임금은 제자리걸음을 하거나 심지어 더 줄어들었다.

이 두 가지 상황을 연결해 서로 인과 관계가 있다고 주장하기 쉽다. 특히 정치인들은 아주 솔깃할 것이다. 이주자들이 더 낮은 임금을 받으며 더 오랜 시간을 열심히 일하기에 이입이 임금 하락을 부채질하고 고용 불안을 증가시킨다고 주장하고 싶을 것이다. 이입 때문에 불공정한 경쟁에 나선 토박이 노동자들이 보수가 높고 안정된 일자리에서 밀려나 기준 이하의 근로 조건을 받아들일 수밖에 없다고 말이다.

상당히 타당한 주장처럼 들린다. 1980년부터 2020년까지 서구 경제는 기술 혁신과 교육 수준 향상, 전문화 덕분에 생산성이 크게 증가했다. 하지만 대부분 노동자는 경제 성장의 혜택을 거의 누리지 못했고, 심지어 손해를 보기도 했다. 많은 나라에서 중소득 노동자와 특히 저소득 노동자가 받는 실질 임금은 실구매력 측면에서 제자리걸음을 면치 못했다. 명목 임금 상승이 생활비 상승으로 상쇄되거나 생활비 상승 폭을 따라잡지 못했기 때문이다.[1] 이와 더불어 저임금 임시직을 전전하거나 '긱경제gig economy(산업현장에서 필요에 따라 사람을 구해 임시로 계약하고 일을 맡기는 형태의 경제 방식-옮긴이)'가 빠르게 확산하며 반자영업자로 일하는 노동자가 늘어 고용 불안이 가중되었다.

미국은 1973년부터 2017년까지 (노동 시간당 상품과 서비스의 산출량 값인) 노동 생산성이 무려 75%나 증가했다. 하지만 같은 기간 일반 노동자가 받는 (인플레이션을 반영한) 중위 실질 임금은 10% 증가에 그쳤다.[2] 사실 하위 80% 노동자는 증가한 생산성과 부의 혜택을 거의 누리지 못했고, 최저 소득자는 실질 임금이 하락했다. 그 반면, 상위 1% 소득자의 실질 임금은 160% 증가했고, 상위 0.1%는 소득이 무려 345%나 증가했다.[3]

유럽도 미국만큼은 아니지만 소득 불평등이 증가했다. 2007~2008년 세계 금융 위기 이후 특히 영국처럼 자유 경제 체제에서 중위 실질 임금이 정체하거나 심지어 하락했다.[4] 결국 고소득자들이 경제 성장의 혜택을 거의 독차지했다. 프랑스 경제학자 토마 피케티Thomas Piketty가 방대한 자료를 정리한 책 《21세기 자본》에 따르면, 노동보다 자본이 소득원에서 차지하는 비중이 커지며 서구 대부분 국가에서 부가 상위 10%, 특히 상위 1%에 점점 더 집중되었다.[5]

같은 기간 서구 여러 국가를 향한 이입은 끊이지 않았다. 그래서 한편으로는 이주 노동자들과 경쟁이 심화하는 상황과 다른 한편으로는 불평등과 고용 불안이 증가하고 임금이 정체되는 상황을 인과 관계로 연결하고 싶은 유혹이 커졌다.

전통적으로 좌익이 이런 상황을 문제시했다. 흔히 미국 진보 운동의 지도자로 평가받는 버니 샌더스Bernie Sanders 상원의원이 2007년 이렇게 주장했다. "빈곤이 증가하고 임금이 하락한다면, 미국 노동자보다 더 낮은 임금을 받고 일하며 임금을 현재 수준보다 더 떨어뜨릴 손님 노동자를 이 나라에 무수히 데려와야 하는 이유를 모르겠다…. 한편에서 다국적 대기업들은 미국에 있는 공장을 폐쇄해 중국으로 이전하려 하고, 다른 한편에서 서비스 산업은 해외에서 저임금 노동자를 데려온다. 결과는 같다. 중산층이 무너지고 임금이 하락한다."[6]

영국에서 두 번째로 큰 유나이트 노조Unite the Union 사무총장을 지낸 렌 맥클러스키Len McCluskey도 2016년 비슷한 의견을 냈다. "이 나라에 들어오는 이입을 상류층이 이용하는 동기는 다양성에 대한 사랑이나 다문화주의에 대한 헌신이 아니다. 이입은 모두 유연한 노동시장 모델의 일부이며, 다른 곳으로 수출할 수 없는 일자리에 종사할 값싼 노동력을 여기에서 충분히 제공하는 것이다."[7]

노조는 이주 노동자 모집을 늘 의심의 눈초리로 바라보았다. 값싼 노동력을 수입해 노조의 힘을 꺾으려는 기업의 분할 통치 음모로 여겼기 때문이다. 하지만 1990년대 이후 노조와 좌익 정당들이 이입을 대하는 태도가 모호해졌다. 이주자들이 노동자 계층에서 차지하는 비중이 증가하고 따라서 이들이 새로운 지지층이라는 사실을 인식하기 시작했기 때문이다. 노조와 좌익 정당들이 노동 이입에 격렬히 반대하는 태도를 버리자, 보수층과 극우 정치인들이 좌익의 전통적인 반이민 주장을 이어받았다. 불만을 품은 토박이 노동자들에게 호소하려는 의도가 분명했다. 토박이 노동자들은 자신들의 이익을 대변하던 좌익 정치인들이 노동자의 일상적인 관심사에서 멀어졌다고 생각했고, 우익의 포퓰리즘 정치인들이 그 빈틈을 파고들었다. 이들은 고용 불안 확산과 임금 정체의 책임이 '대량 이입'을 부추기는 진보 자유 정치인과 이입민들에게 있다고 비난했다. 이렇게 해서 노동자 계층 문제가 민족주의적 문제로 변하게 되었다.

실상

이입민은 일자리를 훔치지 않고 빈자리를 메운다

부자들이 더 부유해진 지난 40여 년간 저소득자들은 경제 성장의 혜택을 거의 누리지 못했으며 고용 안정성과 노동 기준이 하락한 것은 사실이다. 하지만 이입은 이런 상황과 거의 아무런 관련이 없다. 이입이 실업과 임금 정체의 주요 원인이라는 생각은 증거에 기반한 생각이 아니다. 언뜻 인과 관계처럼 보이지만 사실은 허구적 상관관계이기 때문이다.

첫째, 이입 수준과 실업 수준 사이에 실제 상관관계가 있지만, 이 상관관계는 **음의 상관관계**다. 즉, 고도성장으로 실업이 낮은 기간에는 이입이 증가하고, 실업이 증가하면 이입이 감소하는 것이다. 만일 이입민들이 일자리를 빼앗는다면 양의 상관관계가 나타났을 것이다.

둘째, 이주자가 토박이 노동자의 일자리를 훔친다는 주장은 중요한 관계의 인과성을 완전히 거꾸로 뒤집은 것이다. 이입은 실업과 임금 정체의 원인이 아니라 주로 노동력 부족에 따른 반응이기 때문이다. 경기 순환과 이입 수준의 시차를 살펴보아도 알 수 있다. 이입은 대체로 6~12개월의 시차를 두고 경제 성장과 실업률을 따라간다. 노동력 부족이 이입 증가로 이어지기까지 시간이 걸리기 때문이다. 일자리가 났다는 소식이 알려져 이주 노동자를 모집해 채용하려면 시간이 걸린다. 앞 장에서 설명했듯, 이입민은 일자리를 훔치는 것이 아니라 빈자리를 메운다. 이입은 주로 농업과 건설, 청소, 가사, 각종 서비스 분야에서 기꺼이 일할 수 있는 토박이 노동자 공급이 줄며 야기된 노동력 부족에 대한 반응이다. 정확히 실업률이 **하락**하는 기간에 서구 경제권으로 이입이 급증하는 까닭이 바로 이 때문이다.

이런 사실에 따르면 이입이 임금 정체와 실업의 주요 원인이라는 주장에 의문을 제기할 수밖에 없다. 그렇다고 이입이 그 자체로 임금과 고용에 어느 정도 영향을 미치는 '역인과성'이 있을 수 없다는 의미는 분명히 아니다. 아무튼 표준적인 '신고전주의' 경제 이론에 따르면 임금이 노동력의 수요와 공급을 반영하기 때문이다. 이입은 노동력 공급을 늘린다. 따라서 저숙련 노동자의 대규모 유입이 최소한 어느 정도 임금 하락 압력으로 작용하고 이주 노동자들이 빈자리를 메우기 때문에 토박이 노동자의 실업률이 어느 정도 증가할 것으로 믿는 것이 타당해 보인다.

마이애미로 탈출하는 쿠바인: 마리엘 보트 탈출

확인된 증거에 따를 때 이입이 임금과 고용에 어떤 영향을 미칠까? 통상적으로는 여러 가지 영향을 확실히 분리해 측정하기가 쉽지 않다. 무엇보다 이입 자체가 대체로 노동력 수요에 대한 반응이기 때문이다.

따라서 여러 가지 영향을 분리하는 작업은 까다롭기로 악명이 높다. 원인과 결과를 분리하는 것도 쉽지 않다.[8] 하지만 일부 예외적으로 이입이 노동력 수요에 따른 반응이 아니라 외부 요인에 따른 결과일 때가 있다. 그 증거가 가장 분명히 제시되는 것이 경제학자들이 일컫는 노동력 공급에 대한 '외생적(외적)' 충격의 영향을 살피는 연구다. 갑작스럽게 대규모로 유입된 난민이 가장 좋은 사례일 것이다. 난민 이입은 노동력 수요 등 경제적 요인이 아닌 정치적 위기로 유발되기 때문에 난민 이입에 따른 노동력 공급 충격은 대체로 외생적인 충격으로 볼 수 있다. 그래서 경제학자들은 난민 위기를 '준자연 실험'으로 이용해 이입이 노동 시장에 미치는 영향을 연구했다.

지금까지 가장 훌륭하게 연구된 외생적 이입 충격 사례는 '마리엘 보트 탈출'이다. 수십 년간 사람들의 이출을 막던 쿠바의 카스트로 정부가 1980년 4월 미국으로 가길 원하는 쿠바인은 누구나 자유롭게 아바나 서쪽 마리엘항에서 보트에 탈 수 있다고 발표했다. 그러자 이미 미국에 살던 쿠바 망명자들이 마이애미와 키웨스트로 달려가 보트를 임대한 뒤 마리엘에서 140km가 넘는 마이애미까지 난민들을 실어 날랐다. 피델 카스트로 Fidel Castro의 목적은 미국이 실제로 언제까지 난민을 받아들일지 시험하는 것이었고, 쿠바 국경 수비대는 난민들이 되도록 보트에 많이 타도록 돕기까지 했다. 미국의 해안 국경 수비대는 대규모 난민 유입에 압도되었고, 지미 카터 Jimmy Carter 대통령도 당황했다. 1980년 10월 미국 정부는 쿠바 정부와 협상해 난민 이주를 중단시켰다. 이미 쿠바인 125,000여 명이 보트 1,700척을 타고 바다 건너 플로리다에 도착한 다음이었다. '마리엘리토스'라 불린 쿠바 난민 대다수는 마이애미와 그 인근에 정착했다.[9]

마리엘 보트 탈출의 결과 마이애미의 노동력이 갑자기 7% 정도 증가했고, 마리엘리토스 대부분이 교육 수준이 낮았기 때문에 저숙련 노동력은 20% 급증했다. 노동 경제학자로 2021년 노벨상을 받은 데이비드 카드David Card가 1990년 마리엘 보트 탈출을 연구한 논문을 발표했다. 카드는 마리엘 보트 탈출에 따른 갑작스러운 노동력 공급 증가가 토박이 노동자의 임금에 어떤 영향을 미치는지 측정했다. 이 노동력 공급 충격은 정치적 요인으로 발생한 것이기에 임금이나 고용에 미치는 영향은 대체로 오직 이입에 따른 결과로 볼 수 있었다. 카드는 마리엘 보트 탈출에 따른 노동력 공급 충격이 저숙련 노동자는 물론이고 앞서 이주한 쿠바인의 임금이나 실업률에도 사실상 아무런 영향을 미치지 않았다는 사실을 확인했다.[10] 노동력 공급 충격이 임금을 낮춘다는 경제학의 정설에 반하는 결과인 것이다.

경제학자 조지 보르하스George Borjas가 카드의 결과에 이의를 제기했다. 보르하스는 2017년 발표한 논문에서 이입이 임금에 미치는 영향을 정확히 측정하려면 이주자가 토박이 노동자와 일자리를 두고 경쟁하는 특정 분야에 집중해야 한다고 주장했다. 보르하스의 연구에서는 마리엘 보트 탈출로 기술 수준이 가장 낮은 마이애미 노동자의 평균 임금이 10~30% 하락한 것으로 나타났다.[11] 그러자 이번에는 경제학자 마이클 클레멘스Michael Clemens와 제니퍼 헌트Jennifer Hunt가 보르하스의 주장에 이의를 제기하며, 임금 하락은 노동력 설문 조사 데이터를 집계하는 방법이 달라서 나타난 결과라고 주장했다.[12] 최근에도 또 다른 방법을 적용해 마리엘 보트 탈출을 연구했지만 임금에 부정적으로 큰 영향을 미친 증거는 발견되지 않았다.[13]

여기서 방법을 둘러싼 논란에 매몰되면 거의 모든 연구에 존재하는 공통분모를 간과하기 쉽다. 대규모 이입 충격도 노동 시장에 미치는 영향은 양적으로 적고 대수롭지 않을 때가 많다는 것이다. 또 다른 '이입 충격'이 노동 시장에 미친 영향을 측정한 연구 결과도 비슷하다. 1962년 알제리가 독립한 뒤 100만 명 넘는 (프랑스 및 기타 유럽 정착민의 후손인) 콜롱과 (프랑스군에 협력한 알제리인인) 아르키가 프랑스로 이주했지만 노동 시장에 미친 영향은 무시해도 좋을 정도였다.[14] 1989년 이후 러시아에서 100만 명에 이르는 유대인이 이스라엘로 대거 이주한 경우도 마찬가지다. 러시아 유대인의 이입으로 1990년대 전반 이스라엘 인구가 12% 증가했지만, 토박이 노동자의 임금과 고용에 부정적 영향은 거의 미치지 않았다.[15] 베를린 장벽 붕괴도 대대적인 노동력 공급 충격을 촉발했다. 15년에 걸쳐 280만 명이 동독에서 서독으로 이주했다. 이 대대적인 노동력 공급 충격이 고용에는 (대체로 일시적으로) 부정적 영향을 미쳤으나 임금에는 전혀 영향을 미치지 않았다.[16]

대규모로 도착한 시리아 난민이 튀르키예에 미친 경제적 영향을 연구한 결과도 비슷하다. 시리아 내전이 발발한 2011년 3월부터 2021년까지 시리아인 660만여 명이 다른 나라로 피신했다. 그중 가장 많은 360만여 명이 2021년 현재 튀르키예에 살고 있다. 튀르키예 인구 8,200만 명의 4.4% 정도에 해당한다. 한 연구자가 (시리아 접경) 튀르키예 남동부의 난민 수가 많은 지역과 난민 수가 적은 지역을 비교함으로써 이입의 경제적 영향을 측정했다.[17] 그 결과 대규모 난민 유입이 임금에 미친 영향은 무시할 만한 수준이었고, 현지 비공식 분야 노동자의 실업률이 조금 상승했지만 공식적 분야의 고용은 증가한 것으로 확인되었다.[18] 긍정적 영향과 부정적 영향이 서로 상당 부분을 상쇄한 결과, 고용에 미친 부정적 영향은 평균 1.8%에 불과했다. 일부 지역에서 전체 인구의 10%를 차지할 만큼 시리아 난민이 대규모로 이입된 상황을 고려하면, 그 영향은 상당히 작은 수준이다.

이입이 노동 시장에 미치는 영향은 무시할 만한 수준이다

그동안 취합된 증거에 따르면, 이입 충격이 대단히 큰 경우에도 임금과 고용에 미치는 영향은 미미한 것으로 확인된다. 따라서 평소 소규모 이입의 경제적 영향을 측정하는 연구에서 대체로 그 영향이 아주 미미한 것으로 확인되는 것은 당연한 일이다. 이입이 임금에 미치는 영향을 측정하는 몇 가지 방법이 있다. 흔히 사용하는 방법은 이입의 증감이 평균 임금과 소득에 미치는 영향을 측정하는 것이다. 이보다 더 정교한 방법은 이입이 다양한 기술 및 소득 계층이나 다양한 지역에 미치는 영향을 측정하는 것이다. 측정 결과는 사용하는 방법과 데이터에 따라 그리고 표본 조사한 국가와 이주자 집단, 기간에 따라 달라진다. 약간 긍정적 영향이 확인될 때도 있고, 약간 부정적 영향이 확인될 때도 있지만, 유의미한 영향이 전혀 확인되지 않을 때가 많다.[19]

미국 국립과학원NAS이 2017년 중요한 보고서를 발표했다. 이입이 미국 경제에 미친 영향을 연구한 저명한 이주 연구자들의 자료를 취합해 방대한 증거를 정리한 보고서였다.[20] 보고서에 따르면, 이입은 사실상 고용에 아무 영향을 미치지 않는다. 하지만 증거에 따르면, 저숙련 노동자의 이주로 선배 이입민을 비롯해 10대들의 근로 시간은 줄어들 수 있다. 이들이 새로 들어온 이주자들과 같은 분야에서 일할 때가 많기 때문이다. 고숙련 노동자의 이입은 사실상 모든 소득 계층에 걸쳐 토박이 노동자의 임금에 긍정적 영향을 미치고, 이입으로 노동력 공급이 확대된 탓에 육아와 요리, 건설, 청소, 수리 등 일부 상품과 서비스의 가격은 하락한다.

이입이 임금에 미치는 영향과 관련해 미국 국립과학원 보고서의 가장 중요한 결론은 그 영향이 아주 작다는 것이다. 부정적 영향이 나타나도 그 역시 미미한 수준이고, 고등학교를 중퇴한 토박이 노동자는 이주자들과 같은 일을 할 때가 많아서 다소 영향을 받지만, 부정적 영향을 가장 크게 받는 대상은 대부분 선배 이입민들이었다. 결국 더 많은 이주 노동자가 도착하는 상황을 염려할 이유가 가장 큰 사람은 역설적으로 이입민들이다. 예를 들어, 미국 네브래스카와 아이오와, 캔자스, 미네소타 같은 주의 정육 공장에서 소말리아 난민이 라틴계 노동자들의 자리를 대체하고 있다.[21]

유럽 상황을 연구한 결과도 대체로 비슷하다. 유니버시티 칼리지 런던의 경제학과 교수 크리스티안 더스트만Christian Dustmann이 여러 차례 진행한 연구에 따르면, 최근 영국에 유입된 이입이 소득 계층에 따라 서로 다른 영향을 미쳤지만 평균 임금에 미친 영향은 긍정적이었다.[22] 미국과 마찬가지로 부정적 영향이 나타나도 그 영향은 최저 소득 계층, 특히 이주 노동자들에게 집중되었다. 더스트만이 진행한 한 연구에서는 이입 때문에 최저 소득 계층의 임금은 하락했지만 고소득자의 임금은 약간 상승한 것으로 확인되었다.[23] 하지만 이 연구에서 확인된 가장 중요한 통찰도 긍정적이건 부정적이건 이입이 임금에 미치는 영향의 크기가 실제로는 아주 미미하다는 것이다. 더스트만은 (현지 생산 연령인구 대비) 이입민 인구가 1% 증가할 때마다 하위 10% 소득자의 임금은 0.5% 하락하고 중위 소득자의 임금은 0.6% 상승하며 상위 10% 소득자의 임금은 0.4% 상승한 것으로 추산했다. 구체적으로 설명하면, 1995~2005년 이입으로 하위 10% 소득자의 시간당 임금은 0.007 파운드(0.7펜스) 줄고 중위 소득자의 시간당 임금은 0.015파운드(1.5펜스) 증가했으며 상위 10% 소득자의 시간당 임금은 0.02파운드(2펜스) 조금 넘게 증가했다. 더스트만이 추산한 결과를 종합하면, 외국 태생 인구의 규모가 1% 증가할 때마다 **평균** 임금은 0.1~0.3% 상승한다. 실제로 1997년부터 2005년까지 이주 노동자가 유입된 덕분에 연간 실질 임금이 1.2~3.5% 증가했다.

결국 우리가 누적된 증거에 기초해 내릴 수 있는 중요한 결론은 이입이 긍정적이건 부정적이건 임금에 미치는 영향은 무시해도 좋을 만큼 미미하다는 것이다. 따라서 이입의 경제적 혜택 혹은 손해를 거창하게 강조하는 주장에 이의를 제기하는 것이 타당하다.

이주가 더 많은 일자리를 창출하는 과정

증거는 명확하다. 대체로 이주자는 토박이 노동자의 일자리를 훔치지 않으며, 이주는 임금 정체의 주범이 아니다. 어떻게 이럴 수 있을까? 이입으로 노동자와 노동력의 공급이 늘어나는데 왜 임금은 하락하지 않고 실업은 증가하지 않을까? 공급과 수요의 경제 법칙에 익숙한 사람들에게는 반직관적 상황처럼 보일 것이다. 표준적 경제 이론에 어긋나기 때문이다. 표준적 경제 이론에서는 일자리 경쟁이 치열해지면 토박이 노동자의 임금은 하락하고 실업은 증가해야 한다.

문제는 표준적 이론이 다음과 같은 두 가지 잘못된 추정에 기초한다는 것이다. 1) 이주자는 토박이 노동자와 같은 일자리를 두고 경쟁한다. 2) 노동력 수요는 고정적이며 이주와 관련이 없다. 우선 첫 번째 추정과 관련해, 이주는 특정 분야의 기술 부족에 따른 반응이기에 대체로 이주자들은 토박이 노동자와 같은 일자리를 두고 경쟁하지 않는다. 이 내용을 제대로 이해하려면 노동 시장이 절대 균질하지 않다는 사실을 인식하는 것이 중요하다. 노동 시장은 무수히 많은 분야와 기술 수준, 직무 유형에 따라 확실히 **분할**되어 있다.

이주 노동자는 특정 분야에 집중될 때가 많기에 이주가 주로 영향을 미치는 대상은 같은 일을 하는 노동자의 고용과 임금이다. 농장 일꾼이나 가사 노동자, 식당 종업원의 이입이 현지 교사나 회계사, 공무원의 임금과 고용에 직접 영향을 주지 않을 것이다.

사실 기술이 상호보완적이라면 이입은 모든 노동자의 임금을 상승시키고 이주 노동자는 토박이 노동자의 생산성 향상에 도움을 줄 수 있다. 이주 노동자가 설거지나 조리, 서빙, 배달을 담당하면 식당은 더 많은 손님을 받을 수 있고 자연히 관리직의 일자리와 주인의 소득이 증가한다. 고객들도 적당한 가격으로 외식을 즐기거나 음식을 배달시키면 더 많은 시간을 일에 투입하고 생산성을 더 높일 수 있다. 경비원이나 청소부, 각종 사무직 등 보조 인력이 충분히 공급되면 (이주자와 토박이) 고숙련 노동자는 수작업에 매달리는 대신 자신이 가장 잘하는 일에 집중할 수 있다. 이렇게 모든 노동자가 이주에서 상호 이익을 얻을 수 있다.

두 번째 추정에서 잘못된 점은 경제에 일자리 수가 일정하게 고정되어 있다는 것이다. 바로 경제학자들이 이야기하는 '노동 총량의 오류'다. 사실 (출생률이 사망률을 앞지르는) 자연 증가나 이주 혹은 이 두 가지가 동시에 작용해 인구가 증가할수록 경제와 노동 시장은 **확장**한다. 이주는 전체 일자리 수는 물론 생산성이라는 측면에서 전체 경제

규모도 증가시킨다.

이주자는 임금을 받는 고용인일 뿐 아니라 월급을 지출해 상품과 서비스를 구매하는 소비자다. 이 덕분에 상품과 서비스를 배달하는 사업체들이 수익과 규모를 키우고, 임금을 받는 노동자를 더 많이 고용하게 된다. 그리고 추가로 고용된 노동자가 월급을 지출해 또 다른 상품과 서비스를 구매함으로써 이 사업체들이 수익과 규모를 더 키우고 더 많은 일자리를 창출한다. 이처럼 상품과 서비스의 소비와 지출이 더 많은 일자리를 창출하는 선순환이 경제학자들이 이야기하는 '승수 효과multiplier effec'다. 이 승수 효과 때문에 이주자들이 전체적인 경제 파이의 크기를 키우고 일자리 총량을 증가시킨다.

이입은 일자리 수가 증가하는 것과 거의 같은 속도로 경제와 노동력의 전체 크기를 키운다. 대규모 이주자가 유입되어도 국가 경제가 임금과 실업률에 지속적인 큰 영향을 받지 않고 이들을 흡수하는 놀라운 역량을 발휘하는 것이 바로 이런 메커니즘 덕분이다. 하지만 이입이 GDP 측면에서 전체적인 경제 규모를 확장해도 **1인당** 소득과 평균 임금에 미치는 영향은 미미하다. 인구가 증가할수록 경제 파이는 더 커지지만 평균적인 파이 조각은 크기가 변하지 않는다.

이입민은 예외적인 사람들이다

이입은 수익을 증대하고 혁신과 기업 활동, 투자를 독려하는 경향이 있다. 이것이 경제 성장을 더욱 촉진한다. 2011년 발표한 책《예외적인 사람들》에서 이언 골딘Ian Goldin과 제프리 캐머런Geoffrey Cameron, 미라 발라라잔Meera Balarajan이 주장한 대로, 역사를 통틀어 이주자가 인간 진보의 엔진에 연료를 공급한 적이 많다.[24] 이입민은 중요한 경제 분야의 시급한 노동력 부족을 메울 뿐 아니라 혁신과 생산성을 촉진할 새로운 아이디어와 지식도 제공한다.

특히 아메리카 대륙과 뉴질랜드, 오스트레일리아가 그렇지만, 모든 민족은 새로운 삶을 시작하려고 모든 것을 두고 떠나온 정착민의 추진력과 결단력에 기초해 형성되었다. 하지만 이주가 노예무역을 비롯해 원주민들의 대량 학살과 폭력적인 억압으로 이어진 사실도 잊지 말아야 한다. 현대에도 이주자와 난민이 경제 혁신과 과학 혁신에 중요하게 기여했다. 1933년 히틀러가 정권을 잡은 뒤 나치가 유대인을 박해하기 시작하자, 독일계 유대인, 독일계 오스트리아인 지식인과 과학자들이 대거 탈출해 영국과 특히 미국의 지적인 삶과 연구, 혁신을 촉진했다. 알베르트 아인슈타인Albert Einstein은 나치 독일을 피해 미국에 정착했고, 현대 정신분석학의 시조인 지그문트 프로이트Sigmund Freud는 영국으로 탈출했다. 철학자 한나 아렌트Hannah Arendt도 나치 독일에서 탈출한 뒤 프랑스와 포르투갈을 거쳐 미국에 정착했고, 미국에서 세계적 명성을 얻었다.

연합군이 나치 독일을 이기고 뒤이어 미국이 초강대국으로 부상한 것도 난민 과학자들이 무기 기술 개발에 공헌한 덕분이었다. 망명 유대인들이 미국의 과학과 기술을 혁신했기 때문이다. 1933년 이후 유대인 과학자들이 많이 참여한 분야에서 출원된 특허 건수가 31% 증가했다. 이 과학자들이 해외에서 더 많은 연구자와 과학자를 불러 모으고, 이들이 미국에 새로 온 이주자들을 다시 훈련하며 이입의 혁신적 영향이 대를 이어 퍼져나갔다.[25]

이입 덕분에 미국이 초강대국으로 부상하는 과정에서 더 놀라운 반전은 미국이 모집한 나치 출신 기술자와 과학자들이다. 1950년대와 1960년대 수많은 유대계 미국 과학자와 함께 NASA의 우주 개발 계획에서 핵심 역할을 수행한 베르너 폰 브라운Wernher von Braun도 아돌프 히틀러를 위해 V-2 로켓이라는 탄도 미사일을 세계 최초로 개발한 나치 최고의 과학자였다.[26] 유럽에서 빠져나온 '두뇌 유출'이 미국이 세계 패권국으로 부상하도록 큰 도움을 준 것이다.

미국은 제2차 세계대전 이후 수십 년간 전 세계 많은 나라에서 과학자와 연구자, 기술자들이 몰려간 주요 목적국이었다. 재능 있는 이주자들의 두뇌와 혁신이 경제 성장을 촉진하고 미국의 경제적·정치적·문화적·학문적·군사적 힘을 키웠다. 출신국에서 더 재능 있고 야심찬 집단에서 활동한 사람이 많았기에 이주자들은 혁신과 연구, 개발에도 균형에 맞지 않을 만큼 크게 공헌했다. 지금도 미국의 노벨상 수상자와 특허권자 중에는 이주자가 훨씬 더 많다.[27]

이입이 기업 부문의 성공과 혁신, 수익성에 긍정적으로 기여하는 것은 논란의 여지가 없는 사실이다. 이주자 중에는 직원을 고용하고 자금을 투자하는 기업가가 많다. 이주 기업가들은 IT처럼 가장 역동적인 분야에서 활동할 때가 많다. 인재가 가장 부족하고 혁신이 가장 큰 보상을 받는 분야이기 때문이다. 그래서 이입민이 설립하거나 소유하거나 경영하는 선두 기업이 많다.

이제껏 이입민이 과학과 기술, 기업에서 혁신과 성장을 이끄는 역할을 한 경우가 많다. 영국의 대학과 금융 서비스 산업도 같은 맥락에서 유럽연합 회원국 지위의 혜택을 크게 받았다. 자유로운 이동 덕분에 유럽 내 다른 국가에서 인재들을 끌어들이는 역량이 향상되었기 때문이다. 영국에서는 이입민이 영국에서 나고 자란 사람보다 기업가가 될 가능성이 1.5배 큰 것으로 밝혀졌다.[28] 이입에 따른 다양성은 기업에 대단히 큰 도움을 준다. 문화적으로 다양한 팀이 다양한 각도에서 아이디어를 논의하며 더 창의적일 때가 많기 때문이다. 이 다양성이 혁신을 촉진하고 탁월한 사업과 마케팅 전략으로 이어진다.[29]

토박이 노동자는 이주자 일자리에 맞지 않는다

대규모 난민 유입에 따라 노동력이 예외적으로 크게 확대되는 경우도 장기적으로 임금과 고용에 미치는 영향은 미미하다. 여기서 우리는 노동 시장이 이입을 흡수하는 능력이 경제학자들이 예상하는 정도보다 훨씬 더 크다는 것을 알 수 있다. 하지만 여전히 많은 의문이 남는다. 실업률이 상당히 높을 때도 이입이 계속 이어지는 이유가 무엇일까? 고용주들이 외국인 노동자를 수입하기보다 현지 실업 노동자에게 일자리를 주도록 정부가 강제 조치를 취해야 하지 않을까? 이런 의문이 '미국의 일자리를 미국인 노동자들에게 주자'는 정치적 주장의 토대가 된다.

하지만 실제로 노동 시장은 이렇게 돌아가지 않는다. 첫째, 앞서 언급한 대로, 노동 시장은 균질하지 않고 확실히 분할되어 있다. 업무별로 필요한 기술과 동기에 따라 일자리 시장이 고도로 전문화되었다는 의미다. 농장 일꾼들이 경쟁하는 일자리는 출납원이나 요리사가 경쟁하는 일자리와 다르고, 한 분야에서 다른 분야로 기술을 이전하기도 어렵다. 노동력 수요와 공급이 분야별로 전문화되었기 때문에 한 분야에서 노동력이 부족하고 실업률이 제로일 때 다른 분야에서는 실업률이 높을 수 있다. 이제껏 교육 수준이 높아지고 인구가 노령화하고 여성의 노동 참여가 증가한 탓에 현지에서 공급하는 저숙련 노동자는 급감했고, 온갖 저숙련 노동자를 찾는 수요는 증가했다.

둘째, 실업 상태인 현지 저숙련 노동자를 재교육해 다른 일을 하도록 동기를 부여하는 것도 한계가 있다. 따라서 재교육 프로그램의 효과를 과장하지 말아야 한다. 실업자 중에는 너무 나이가 많거나 허약하거나 의욕이 떨어져 이주자들이 하는 일에 종사할 수 없는 사람이 많다. 이주자들은 대체로 힘든 육체노동을 하고 근무 시간도 불규칙한 상태에서 장시간 교대로 일한다. 이런 일을 하려면 뛰어난 체력과 강한 의욕이 필요하다. 들판이나 공장, 식당, 호텔 등에서 허리가 부러질 만큼 힘든 일을 기꺼이 할 토박이 노동자의 공급이 급감한 것이 사실이다. 교육 수준이 더 높은 젊은 세대는 보수도 많고 지위도 높은 일자리를 노리며 품위가 떨어지거나 이력에 흠이 간다고 생각되는 일에 선뜻 나서지 않기 때문이다.

MIT대학의 경제학자 마이클 피오레Michael Piore는 1979년 발표한 중요한 책 《철새: 이주 노동과 산업 사회Birds of Passage: Migrant Labor and Industrial Societies》에서 불안정하고 힘든 조건에서 낮은 임금을 받으며 열심히 일하는 노동자를 찾는 산업 사회의 내재적 수요에 따른 필연적 결과가 이주 노동이라고 주장했다.[30] 피오레는 이주 노동자에 대한 의존이 증가하는 것은 현지 노동력의 교육 수준 향상과 여성 해방, 출산율 감소에 따른 토박이 노동자 공급 감소만으로 설명할 수 없다고 강조했다. 피오레의 주장에 따르면, 동기 부여 요인도 중요한 역할을 한다. 토박이 노동자들은 특히 '이주자 일자리'로 낙인이 찍힌 밑바닥 일을 하려 들지 않는다. 피오레는 이주자들이 유연하고 '순응적인' 노동력을 손쉽게 구할 수 있는 공급원이기 때문에 이주 노동자를 찾는 수요가 산업 경제의 '만성적' 특징이 되었다고 주장했다. 특히 이주자 일자리는 사회적 지위가 낮아서 그런 일을 하려는 사람이 적고 그런 일을 하느니 차라리 수입을 포기하는 사람이 많다는 것이다.

하지만 이주자 일자리는 사회적 지위는 낮아도 육아나 노인 돌봄처럼 경제 위기 시기에도 수요가 끊이지 않는 중요한 일들이다. 정치인들이 끝없이 되뇌는 "외국인 노동자는 필요 없다"라는 주문과 현장의 이주 현실 사이에 존재하는 엄청난 틈은 모든 산업 국가에서 발견된다. 그 대표 사례가 농업 분야에서 지속적으로 발생하는 노동력 부족이다. 미국의 (특히 캘리포니아의) 원예나 네덜란드 웨스트랜드의 온실, 스페인과 이탈리아의 농식품 분야처럼 서양에서 가장 큰 농업 분야는 모두 꾸준한 이주 노동자 공급에 크게 의존한다.

영국 노동자들이 '영국을 위한 수확'에 동참하지 않는 이유

무엇보다 노동력이 부족한 것이 엄연한 현실이다. 그런 일을 기꺼이 할 수 있는 토박이 노동자가 부족하다. '토박이 노동자 최우선'이라는 생각을 실행에 옮기려는 제도가 성공하지 못하는 것이 그 증거다. 미국(영국, 프랑스, 독일 등)의 일자리를 미국인(영국인, 프랑스인, 독일인 등) 노동자에게 주자는 주장에 따라 정부는 이입민 대신 자국 실업자에게 일자리를 주는 정책을 시행하려 노력했다. 하지만 실업자를 일자리로 인도하려는 정책은 늘 실패했다. 그런 일을 기꺼이 할 토박이 노동자를 충분히 확보하기가 불가능하기 때문이다. 그나마 일을 시작한 토박이 노동자도 일은 너무 힘들고 보수는 너무 적어서 다음 날 일터로 돌아가지 않는다. 토박이 노동자들은 그런 일을 더는 하려 들지 않는다.

2013년 영국 정부가 1945년부터 시행한 계절농업근로자제도SAWS 를 폐지한다고 발표했다. 영국에 거주하는 실업 노동자들이 원예 작업을 하도록 돕는 것이 영국 정부가 공식적으로 내세운 목표였다. 농민 단체들은 '터무니없는' 발상이라며 기꺼이 원예 작업을 할 노동자가 절대 부족하다고 주장했다. 한 농장주는 토박이 노동자의 공급 부족이 '영국이 점차 서비스 기반 경제로 이전한 효과'이며 "생활 방식이 바뀐 탓에… 농장의 중노동에 맞지 않는 영국인이 많다"라고 주장했다.[31] 영국에서 일하는 계절농업근로자 90%가 유럽연합 이입민이라는 사실이 이런 주장을 뒷받침한다.[32]

농민 단체들은 정책 변화로는 시급한 노동력 부족 문제를 해결할 수 없으며 선거에서 실망스러운 결과를 받은 정부가 대중에 영합하려는 것이 정책을 변화시킨 주요 동기라고 주장했다. 결국 계절농업근로자제도 폐지는 농업 분야가 외국인 농장 근로자에게 의존하는 구조를 바꾸지 못했다. 그 결과 영국 정부는 브렉시트를 눈앞에 둔 2019년 계절농업근로자제도를 부활했다. '계절근로자 시범사업'으로 명칭을 바꾸고 동유럽, 특히 우크라이나 노동자의 연간 이민 쿼터를 확대했다.[33]

코로나19 팬데믹을 겪으며 각종 경제 분야가 이주 노동자에게 의존하는 구조가 여실히 드러났다. 2020년 봄 코로나 봉쇄로 유럽의 국경이 닫혔다. 하지만 농민들은 들판에서 자라는 딸기와 토마토, 상추를 썩기 전에 수확할 일꾼이 필요했다. 상황이 다급해지자 유럽의 몇몇 정부가 토박이 노동자를 모집하는 캠페인을 시작했지만, 별다른 성과를 얻지 못했다. 결국 영국과 독일, 네덜란드 등 유럽 국가들은 외국인 근로자 모집을 허락했고, 농민들은 팬데믹이 한창 기승을 부릴 때도 외국인 근로자 수만 명을 버스나 비행기로 실어 날랐다.

이주 노동자를 토박이 노동자로 대체하려는 유럽의 시도가 실패한 대표적 사례가 '영국을 위한 수확pick for Britain' 캠페인이다. 2020년 5월 영국 정부는 코로나 봉쇄에 따른 동유럽 계절근로자 유입 중단으로 발생한 노동력 부족을 해결하고자 영국인들에게 농장 일을 권하는 캠페인을 시작했다. 영국은 찰스 왕세자가 영국인들에게 국가 이익을 위해 농장에 나가 과일과 채소를 수확하고 포장하라고 권고하는 비디오까지 상영하며 영국을 위해 '각자의 몫을 하라'는 의무감과 민족적 자부심에 호소하는 캠페인을 벌였다. 하지만 실제로 농장에 나가 일한 토박이 노동자가 소수에 불과하자 영국 정부는 캠페인을 중단하고 동유럽에서 노동자를 공수했다.[34]

영국이 이주 노동자에 의존한다는 사실은 2021년 가을에 다시 한번 확인되었다. 브렉시트로 동유럽 노동자의 자유로운 유입이 제한된 결과 트럭 운전사 같은 필수 인력이 부족해진 것이다. 부족한 필수 인력이 채워지지 않아 중대한 '공급망 위기'가 발생했다. 슈퍼마켓 진열대는 텅텅 비고 주유소에는 석유가 부족했다. 그러자 영국 정부가 다시 외국인 노동자를 모집했다.[35] 영국은 브렉시트로 노동자의 자유로운 유입을 줄이는 데 성공했지만, 노동력 부족을 해결하지 못한 것이 분명하다.

저임금 경제는 이입민이 아니라 정부의 책임이다

결국 이입민이 일자리를 빼앗거나 임금을 급락시킨다고 단정 짓는 것은 증거에 바탕한 주장이 아니다. 물론 이입이 어떤 경우에도 저숙련 노동자의 임금이나 고용에 부정적 영향을 미치지 않는다는 의미는 아니다. 하지만 이입이 평균 임금과 고용에 미치는 전체적 영향은 크지 않다. 노동 시장이 대규모 이주자 유입을 흡수해 적응하는 능력은 흔히 정치인들이 주장하는 것보다 훨씬 더 크다. 증거에 따르면, 이입민과 난민은 대체로 일할 기회가 주어지면 놀랄 만큼 빠른 속도로 현지 노동 시장에 동화된다.

사실 이제껏 축적된 증거에서 확인되는 가장 중요한 통찰은 긍정적이건 부정적이건 중립적이건 이입이 임금과 고용에 미치는 영향이 아주 **적다**는 것이다. 데이비드 카드는 "경제적 변수는 부차적이다…. 거의 무관하다"[36]라고 주장했다. 이입에 찬성하는 진영이나 반대하는 진영이나 모두 경제적 변수를 지나치게 과장하는 경향을 지양하라는 것이다. 이입은 우리가 흔히 생각하는 것보다 중요하지 않은 요인이니, 경제적 고려만이 아닌 다른 여러 근거에 바탕해 이주 정책을 수립해야 한다는 주장이다.

지금 우리 사회는 그 어느 때보다 부유하지만 불평등은 커졌고, 임금은 정체하거나 심지어 하락했다. 젊은 세대의 삶은 학자금 융자나 안정된 일자리와 적당한 주거 공간을 확보할 능력 같은 문제 때문에 부모 세대보다 경제적으로 더 불안하다. 고용 안정성은 떨어졌고, 긱경제에서 불안정한 임시직에 내몰리는 청년이 갈수록 늘고 있다. 하지만 이런 문제들이 발생한 진짜 이유는 이입이 아니라 의도적으로 선택한 정책 때문이다. 정치인들이 노동 시장의 규제를 완화하고 고용 안정성을 떨어트리고 노조를 약화하고 노동자의 권리를 잠식하고 임금을 하락시키고 소득 불평등을 확대하는 정책을 의도적으로 선택했기 때문이다. 이런 정책 때문에 저소득자와 젊은 세대의 경제적 여건은 더 나빠졌고, 중산층은 미래에도 생활 수준을 유지할 능력에 대한 자신감을 점점 더 잃었다.

따라서 정치인들은 저임금 경제가 이입민이 아니라 자신들의 책임이라는 사실에서 주의를 돌리려고 이입을 이런 문제들의 원인으로 지목하고 싶은 유혹을 느끼게 되었다.

이입은 복지 국가의 토대를 침식한다

대규모 이입은 복지 국가와 양립할 수 없다. 정치인과 전문가들이 흔히 하는 이 말은 상당히 타당한 주장처럼 들린다. 아무튼 이입을 통제하지 못하면 공공 보건과 교육 체계의 부담이 증가하고 저렴한 주거 공간이 점점 더 부족해지기 때문이다. 그리고 평균 이상의 실업 상태로 복지에 의존하는 저숙련 이주자와 난민은 납세자의 순부담으로 작용하기 때문이다.

정치인과 언론은 이입민과 망명 신청자를 '복지 편취자'나 '복지 관광객'으로 묘사하며 이입을 과밀 학급과 집값 상승, 보건 수준 저하, 공공 주택 대기 장기화의 주범으로 지목할 때가 많다. 이에 따라 이주자와 소수 집단은 복지 급여나 공공 의료, 공공 주택 등 공공 서비스에서 우선권을 받는 '새치기꾼'이고 토박이 근로자가 세금으로 그 비용을 부담한다는 대중의 인식이 굳어졌다.[1]

하지만 문제는 포퓰리즘 정치인이나 선정적인 언론만이 아니다. 복지 지원이 후한 나라에 이주자가 불균형적으로 쏠린다고 주장하는 여론 주도자와 경제학자가 많다. 이런 '복지 자석welfare magnet' 효과 때문에 이입이 사회보장과 복지 제도의 실행 가능성을 해친다는 것이다. 사실 1980년대 이후 모든 서구 국가에서 공교육의 질과 보건 서비스 접근권이 압력을 받았고, 부동산 가격이 상승하며 중산층도 적당한 주거 공간을 마련하기가 어려워졌다. 젊은 세대는 주택 담보 대출금을 갚을 여유도 없고, 비싼 임대료와 엄청난 학자금 대출에 시달릴 때가 많다. 같은 기간 이입이 증가하며 복지와 보건, 교육, 공공 주택에 주는 압력이 훨씬 더 증가한 것처럼 보인다.

따라서 저숙련 노동자의 이입을 막고 토박이에게 충분한 사회보장과 보건, 주택을 제공해야 한다는 의견이 좌익 정치인과 우익 정치인 모두에게 유행했다. 영국 노동당의 유명 정치인인 존 레이드John Reid 내무장관이 2007년 '위법하게 이 나라에 들어와 우리의 혜택을 훔치는 외국인'에 대한 단속을 실시했다.[2] 보수당의 데이비드 캐머런 총리도 2015년 영국에 오는 유럽연합 이입민을 위한 '복지와 혜택에 관한 규정의 대대적인 수정'을 요구했다.[3] 결국 이입민은 복지 국가, 특히 국민보건서비스NHS에 부담을 준다는 인식이 2016년 브렉시트 투표에서 중요한 역할을 했다.

유럽 대륙에서도 이입이 복지 국가에 대한 잠재적 위협이라는 견해가 정치권 전반에 팽배했다. 독일 기민당의 유력 정치인인 호르스트 제호퍼Horst Seehofer는 2010년 독일이 너무 많은 이주 노동자를 받아들여 '전 세계의 사회복지사무소'가 되는 일은 절대 피해야 한다고 경고했다.[4] 미국에서는 이주자가 복지에 미치는 영향과 관련해 불법 이주 문제가 전면에 등장했다. 불법 이주자들이 세금도 내지 않고 교육 등 공공 서비스를 이용한다는 것이다. 도널드 트럼프의 주장을 빌리면 "교육 수준이 낮은 저숙련 노동자인 불법 이주자들이 스스로 되갚을 수 있는 것보다 훨씬 더 많은 것을 복지 제도에서 얻고 있다"라는 것이다.[5]

이런 주장은 저숙련 노동자와 난민, 그 가족의 이입을 규제하지 않으면 복지 제도가 무너질 수 있다는 정치권의 폭넓은 공감대를 반영한다. 결론은 분명해 보인다. 복지 국가를 지키고 토박이 노동자에게 충분한 사회보장과 보건, 주거를 제공하려면 저숙련 노동자의 이입을 막아야 한다는 것이다.

실상

이입의 재정적 영향은 무시할 만한 정도다

이입민들이 복지와 공공 서비스를 균형에 맞지 않게 이용하고 있을까? 따라서 이들이 토박이 납세자들의 재정적 부담을 가중할까? 그렇게 믿는 사람이 많지만, 사실 이입민이 정부 재정에 큰 손실을 준다거나 이입이 복지 제도의 실행 가능성을 크게 위협한다는 증거는 없다.

이 문제를 조사하고자 경제학자들이 이입의 순재정 영향을 측정하려 노력했다. 이주자들이 세금 납부 등 공공 재정에 공헌하는 기여도와 이주자들이 연간 받는 사회 복지, 공공 서비스 비용의 차이를 측정하는 것이다. 그 차이를 측정하는 두 가지 대표적 방법이 있다. 첫째, 이주자의 기여도와 이주자가 특정 연도에 받은 서비스와 혜택을 비교하는 **정태적 접근법**static approach, 둘째, 이주자와 어떤 경우에는 그 자녀의 평생에 걸친 기여도와 비용의 순가치를 추산하는 **동태적 접근법** dynamic approach이다. 동태적 접근법이 더 나은 방법처럼 보이긴 하지만, 통계적 추산은 미래의 노동 참여나 역이주, 세율 등 여러 가지 요인을 어떻게 추정하느냐에 따라 그 결과가 크게 달라진다.[6]

이입이 재정에 전체적으로 긍정적 영향을 미친다는 결과도 있고, 부정적 영향을 미친다는 결과도 있다. 데이터를 분석하는 방법에 따라, 단기적 영향을 고려하느냐 아니면 장기적 영향을 고려하느냐에 따라, 이입민의 자녀들까지 포함해 추산하느냐에 따라 결과가 달라질 때가 많다. 그래서 싱크 탱크나 이익 집단들이 자신들의 (반이민 혹은 친이민) 정치적 주장을 뒷받침하는 방향으로 데이터를 분석하고 싶은 유혹을 느끼게 된다. 재정적 영향은 국가 차원이나 지역 차원, 지방 차원에 따라서도 달라진다. 예를 들어, 미국은 이주의 재정적 **혜택**은 대부분 연방 정부의 몫이고 특히 교육비를 비롯해 대부분 비용은 주와 지방이 부담한다.[7]

하지만 이 문제와 관련해 방법론적 논란에 빠지면 간과하기 쉬운 것이 있다. 긍정적이건 부정적이건 재정적 영향의 **크기**가 실제로 아주 미미하다는 사실이다. 케임브리지대학교 경제학자 로버트 로손Robert Rowthorn은 2008년 미국과 영국, 유럽 대륙을 연구한 방대한 자료를 검토한 뒤 이입의 순재정 기여도가 일반적으로 그 나라 GDP의 ±1% 이내라고 결론지었다.[8] 미국에 거주하는 **모든** 이입민이 4년간 정부 재정에 기여한 정도를 분석한 결과, 이입의 연간 순재정 기여도는 각각 −160억 달러, -400억 달러, +270억 달러, +235억 달러였다.[9] 아주 큰 금액처럼 보이지만, 미국의 총 GDP에 대비하면 각각 −0.2%, -0.6%,

+0.4%, +0.35%에 불과하다.

영국도 이입의 순재정 기여도를 한 차례 연구한 결과 +4억 파운드로 추산되었지만, 총 GDP 대비 0.04%로 그 영향은 사실상 '제로에 가까웠다.' 나중에 다시 몇 차례 연구한 결과는 서로 엇갈렸지만 대체로 그 영향은 모두 크지 않았다.[10] 로버트 로손의 표현처럼 "절대적 측면에서 보면 큰 수치로 보일 수 있지만, 경제 전체와 관련해 보면 작은 수치다." 로손은 재정적 고려가 아닌 '다른 근거에 따라' 대규모 이입이 바람직한지 아닌지 결정해야 한다고 결론지었다.[11]

최근 시행된 비교 연구에서도 비슷한 결과가 확인되었다. 2021년 경제학자 아나 다마스 데 마토스Ana Damas de Matos가 경제협력개발기구OECD의 의뢰를 받아 2006년부터 2018년까지 서구 25개국에서 나타난 이입의 재정적 영향을 비교 연구했다. 그리고 로손과 마찬가지로 이입의 재정적 영향은 GDP의 ±1% 이내의 미미한 수준이라고 결론지었다.[12]

그래프 12는 다마스 데 마토스가 비교 연구한, 주요 국가에서 나타난 이주자의 순재정 기여도를 표시한 것이다. (아일랜드와 그리스, 포르투갈을 비롯해) 영국과 스페인, 이탈리아에서는 이입의 재정적 영향이 긍정적이며 토박이 인구보다 높다. (네덜란드와 오스트리아, 덴마크를 비롯해) 미국과 독일, 프랑스에서는 이입민과 토박이 사이에 큰 차이가 발견되지 않았다. (스웨덴과 벨기에를 비롯해) 캐나다 등 일부 국가에서는 이입민의 재정 수지가 토박이 주민에 비해 부정적이었다. 하지만 두 집단 사이의 차이는 0.1~0.2%포인트 정도로 아주 미미하다.[13] 다마스 데 마토스도 로손과 마찬가지로 이런 증거에 따르면 "이주 정책의 효과를 평가하는 재정적 렌즈의 적절성에 의문이 제기된다"라고 주장했다.[14]

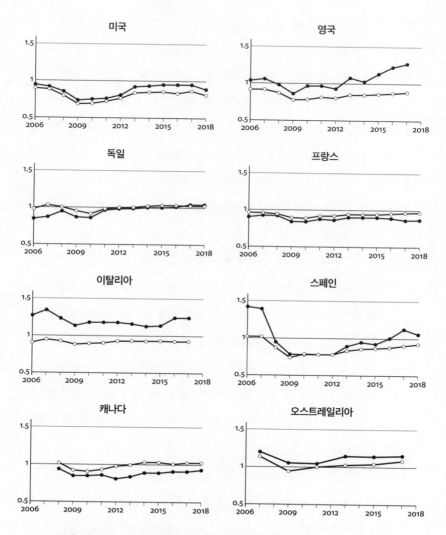

그래프 12. 2006~2018년 서구 주요 국가의 외국 태생 인구와 국내 태생 인구의
(재정 기여도를 재정 비용으로 나눈) 총재정 비율[15]

재정적 영향은 이주자가 정착하고 통합됨에 따라 변한다

재정적 영향은 이입민의 평생에 걸쳐 변화한다. 대체로 처음에는 긍정적이다가 부정적으로 바뀌고 이주자가 더 나이를 먹으면 다시 긍정적으로 바뀌는 U자형 패턴을 그린다. 최근에는 이입민들이 공공 재정에 순기여하는 경우가 많다. 대체로 젊고 일자리가 있고 건강하고 자녀가 없기 때문이다. 하지만 이주자가 정착해서 결혼해 자녀를 낳고 나이가 들면, 교육과 보건 등 공공 서비스 이용이 증가하며 이것이 공공 재정의 순비용으로 작용할 수 있다. 그리고 이입민의 자녀가 학교를 마치고 노동 시장에 진입하면 재정적 영향이 다시 긍정적으로 바뀔 것이다. 하지만 이주자들이 노인이 되면 노동 참여가 감소하며 보건과 노인 돌봄 시설을 이용할 가능성이 커질 것이다.

삶의 주기에 따라 재정 비용이 U자형으로 변하는 패턴은 특별히 이주자에게만 나타나는 특징이 아니다. 토박이 노동자에게도 똑같은 패턴이 적용된다. 이입민은 '복지 새치기꾼'이라는 생각과 반대로 이입의 재정 비용 중 장기적이고 비중도 큰 것은 복지나 실업, 보건이 아니라 자녀 교육이다.[16] 그런데 교육에 투자된 비용은 대체로 청년들이 일자리를 구해 세금을 내며 스스로 갚아 나간다. 국가가 공교육에 자금을 지원하는 주된 이유 중 하나가 바로 이것이다. 다음 세대를 생산성이 높은 근로자로 키우기 때문이다.

현대 모든 민주주의 국가는 연대 원칙에 따라 고소득자가 저소득자보다 더 높은 세율로 소득세를 내는 누진세 제도를 시행한다. 이런 관점에서 보면, 저숙련 이주 노동자가 복지 제도에 기여하는 정도가 평균적인 고숙련 이주 노동자보다 낮은 것은 당연한 일이다. 저숙련 노동자 **대부분**이 누진세 제도로 혜택을 보기 때문이다. 그런데 일방적으로 이주의 **재정** 기여도에만 집중하면 오해로 이어질 수도 있다. 이주 노동자가 수익과 경제적 생산성, 그에 따른 부유층의 소득에 크게 공헌한다는 사실을 간과할 수 있기 때문이다.

이입의 재정적 영향은 이주자 집단의 기술 수준과 노동 참여, 가족 생활주기에 따라 크게 달라진다. 최근 이주자들은 일반적으로 이전 세대보다 기술 수준이 높기 때문에 이주의 재정적 영향이 더 긍정적일 때가 많다. 경제학자 크리스티안 더스트만과 토마소 프라티니Tommaso Frattini가 영국에 미친 이주의 재정적 영향을 연구한 결과에 따르면, 2000년 이후 도착한 이입민이 저숙련 노동자와 고숙련 노동자 모두에게 재정적으로 미친 영향은 긍정적이었다. 동유럽과 중유럽 국가의 이입민이 복지 및 공공 서비스로 혜택받은 비용보다 더 많은 돈을 세금으로 납부했기 때문이다.[17]

새로운 세대가 성장할수록 상황은 더 나아진다. 저숙련 이주자와 그 자녀들이 교육과 경제의 사다리를 더 높이 오르기 때문에 새로운 세대가 성장할수록 이입이 평균적으로 재정에 기여하는 정도도 증가한다.[18] 미국의 상황을 조사한 중요한 연구에 따르면, 2011년부터 2013년까지 미국의 주와 지방의 예산 중 (부양 자녀를 비롯해) 1세대 성인 이주자에게 쓰인 순비용은 1인당 평균 1,600달러였다. 그 반면, 이주자 2세대 성인이 긍정적으로 창출한 순재정 영향은 1,700달러 정도였다. 그리고 이주자 3세대 성인의 경제적 성과는 다른 주민의 성과와 차이가 없었다. 아시아계나 라틴계, 유럽계 이주자가 모두 마찬가지였다.[19]

복지 자석이라는 오해

'복지 자석'은 후한 복지 국가에 불균형적으로 많은 저숙련 이주자가 몰린다는 가설이다. 미국 경제학자 조지 보하스George Borjas[20]가 처음 소개한 복지 자석 가설을 둘러싸고 지금까지 경제학자들이 열띤 논쟁을 펼쳤다. 여기서 경제학자들의 논쟁을 자세히 소개할 수는 없지만, 핵심은 상당한 복지 자석 효과를 입증하는 확실한 증거가 없다는 것이다. 복지에 이끌린 국가 간 이주가 널리 퍼진 현상이라는 생각을 입증하는 증거를 찾으려고 미국의 **국내** 이주를 여러 차례 연구했지만, 서로 엇갈리고 대체로 불충분한 증거뿐이었다.[21] 국제 이주를 대상으로 복지 자석 가설을 검증한 결과도 역시 서로 엇갈렸다. 후한 복지가 이입 수준에 영향을 미친다는 결과도 있고, 영향을 미치지 않는다는 결과도 확인되었다. 하지만 전체적인 영향은 대체로 아주 적었다. 이입이 복지 서비스의 재정 건전성을 해친다는 가설을 뒷받침하기에는 너무 미미한 수준이었다. 따라서 이입민이 복지 제도를 남용한다는 우려는 '근거가 없거나 최소한 과장된' 것이다.[22]

이입 증가와 더불어 복지 압력이 증가했기 때문에 이런 결과가 반직관적이라고 생각될 수 있다. 하지만 이주와 관련해 흔히 그렇듯, 인과 관계로 보이지만 사실은 허구적 상관관계다. 복지 자석 가설은 1) 복지 혜택에 기대어 살려고 이주하는 사람이 많다, 2) 즉각적으로 복지에 접근한다, 3) 이입이 자유롭다는 추정에 기초하지만, 이 세 가지 추정에 모두 문제가 있다.

첫째, 이입민 대다수는 복지 혜택을 누리기 위해서가 아니라 일하고 공부하고 가족을 만나기 위해 이주한다는 증거가 차고 넘친다. 미국의 라틴계 노동자나 영국의 남아시아 및 카리브해, 유럽연합 출신 노동자, 북서유럽의 지중해 국가 출신 노동자는 일하기 위해 이주한 사람들이다. 1970년대와 1980년대 대부분 이주자가 일하던 공장과 광산이 문을 닫으며 실업과 복지의존이 문제로 부상했다. 하지만 이는 산업이 쇠퇴하던 당시 모든 서구 국가가 일반적으로 고심한 대량 실업 문제를 반영한 것이며, 그 여파는 백인 노동자 계층보다 이주자 및 소수 집단 노동자들에게 훨씬 더 가혹했다.

복지 제도는 이주자들의 선택에 미미한 영향을 미치는 요인에 불과하다. 복지 제도를 남용하는 이주자와 망명 신청자들이 으레 있겠지만, 이들은 전체를 대표하지 않는다. 대체로 이입민은 복지 혜택에 기대어 살려고 이주하는 것이 아니다. 노동력 수요와 이입의 밀접한 상관관계에서 드러나듯, 일하기 위해 이주한다. 만일 복지가 이주 결정에 아주 큰 영향을 미치는 요인이라면, 전 세계에서 가장 큰 이주 자석인 미국이 서구에서 복지 제도가 가장 취약한 국가라는 사실은 어떻게 설명될 수 있을까?

둘째, 일반적으로 이주자들은 복지 서비스에 즉각적으로 접근하지 않는다. 이입민이 도착과 동시에 복지 혜택을 요구한다는 이미지는 오해다. 일반적으로 이주자는 도착하자마자 완전한 사회 복지를 요구할 수 없기 때문이다. 이 규정에서 자유로운 대상은 난민뿐이다. 실제로 외국인 노동자가 복지 제도에 편입되려면 몇 년간 세금과 보험료를 납부해야 한다. 그 나라에 살며 일한 기간에 따라 실업 급여와 복지 혜택에 대한 접근권이 결정된다. 이주자는 이처럼 정부가 규정한 경로를 따라가야 복지 혜택과 영주권, 시민권을 취득할 수 있다.

이주를 완전히 자유롭게 허용한 경우에도 이주가 복지 국가에 심각한 위협이 되었다는 증거는 없다. 2000년대 셍겐조약(유럽연합 회원국 간 무비자 통행을 규정한 국경 개방 조약-옮긴이)과 마스트리히트조약(유럽의 정치통합과 경제 및 통화 통합을 위한 유럽연합조약-옮긴이), 회원국 확대로 시민 5억여 명이 참여한 세계에서 가장 큰 이주 자유 지대로 탄생한 유럽연합이 실제 실험에 가장 가까운 사례다. 국가별로 생활 수준과 복지 서비스 수준이 서로 사뭇 다른 지역에서 이주 제한이 철폐되면 어떤 상황이 펼쳐지는지 유럽연합 사례로 확인할 수 있다. 혹자는 유럽연합의 이주 자유화로 남유럽과 동유럽의 사람들이 후한 복지 국가의 꿀단지를 노리고 북유럽과 서유럽으로 몰려들며 임금뿐 아니라 노동 기준에서도 '바닥치기 경쟁'이 펼쳐질 것이라고 두려워했다.

과연 어떻게 되었을까? 두려워하던 일은 벌어지지 않았다. 유럽연합의 이주 자유화로 바닥치기 경쟁이 펼쳐질 것이라는 두려움은 근거가 없는 것으로 드러났다. 유럽연합 내부 이주자들이 유럽에서 가장 후한 복지 국가를 향해 불균형적으로 많이 몰렸다는 증거가 없다. 폴란드인들이 독일과 영국으로, 루마니아인들이 이탈리와 스페인으로 이주하는 등 이주자 대부분이 외국인 노동자 수요가 높은 국가로 이동했다. 여기서 가장 중요한 것은 이들이 복지 혜택에 기대어 살기 위해서가 아니라 일하기 위해서 이주했다는 사실이다. 최근 유럽연합을 오가는 이주의 재정적 영향이 대체로 긍정적인 이유도 이주자들이 젊고 고용률이 높고 경제 침체기에는 출신국으로 돌아가는 경향이 있기 때문이다. 이 모든 것이 이입은 복지 국가를 위협한다는 생각과 배치되는 증거다.

복지 제도에 가장 크게 기여하는 사람은 불법 이주자들이다

저숙련 이주자에 비해 고숙련 이주자가 공공 재정에 평균적으로 더 긍정적 영향을 미친다는 것이 거의 모든 연구에서 확인된 결과다. 이는 새삼 놀라운 결과가 아니다. 일반 시민의 경우에도 사실로 확인되기 때문이다. 앞서 설명한 대로, 현대 모든 복지 국가의 토대는 부자의 자원을 가난한 사람에게 재분배하는 것이다. 고숙련 이주자는 평균 소득이 더 높기 때문에 더 많은 세금을 내고 복지 서비스에 덜 의존한다.

그렇다고 저숙련 이주자가 복지 재정을 고갈시킨다는 의미는 아니다. 고숙련 이주자에 비해 저숙련 이주자의 순재정 영향이 대체로 덜 긍정적이긴 하지만 반드시 부정적인 것은 아니다. 미국과 영국, 남유럽에서는 저숙련 이주자의 순재정 영향이 긍정적인 경우가 많다. 이주자의 불법 취업을 크게 관용하고 따라서 이들이 복지 혜택을 받지 않고 세금을 내는 국가에서는 이입의 재정적 영향이 더 긍정적이다. 관광객과 방문자들이 일자리를 구하고, 유학생들이 허용된 시간 이상으로 일하고, 이주 노동자들이 추가 일자리를 구하는 경우다.

사실 아이러니한 것은 누구보다 가장 큰 비난을 받는 범주에 드는 불법 이주자들이 국가에 가장 큰 도움을 주는 순기여자일 때가 많다는 사실이다. 미국의 무수한 미등록 이주자가 세금을 내지만 사회보장 혜택을 누리지 못한다. 많은 미등록 이주자가 다른 사람의 사회보장번호와 신분증을 빌려 일한다. 미국 국세청IRS은 사회보장번호가 없는 미등록 이주자도 세금을 신고하도록 허용한다. 연방소득세와 급여세는 물론 지방세와 주세도 납부한다. 2016년 연구에 따르면, 미국의 미등록 이주자가 매년 납부하는 주세와 지방세는 117억 달러로 추산된다.

이는 미등록 이주자 소득 총액의 8%에 해당한다.[23]

　하지만 미등록자라는 신분 때문에 응급 의료 서비스와 (미국에서 태어난 자녀들에 대한) 자녀세액공제 외에는 연방 공공 서비스와 사회보장 혜택을 누리지 못한다. 이들이 해고되어도 고용주나 정부는 실업에 따른 재정적 비용을 감당하지 않는다. 따라서 불법 노동자는 납세자들에게 가장 적은 부담으로 작용한다. 불법 이주 기간이 길어지면 특히 그 자녀들을 교육하는 비용 때문에 재정적 비용이 증가하지만, 이입이 경기를 부양한 효과가 그 비용을 상쇄하고도 남는다.[24]

　노동 규제가 대체로 상징적이어서 미등록 이주 노동자도 가족이나 친구의 신분증을 빌려 공식적인 일자리를 구하기가 (따라서 세금을 납부하기가) 더 쉬운 나라에서는 이주의 재정 기여도가 특히 높다. 미국을 비롯해 남유럽 국가들이 이런 경우다.[25] 그 반면 북유럽과 서유럽에서는 정부 규제로 불법 이주자가 공식적인 일자리를 구하기가 점점 더 어려워졌다. 불법 이주자들은 지하 경제로 내몰렸다. 정부가 근로소득세 수입을 놓친 것이다.

공공 주택 위기를 초래한 것은 이입이 아니라 긴축이다

　이입에 반대하며 가장 흔하게 제기하는 불만 중 하나가 공공 주택 위기다. 이입이 공공 주택 위기를 초래했다는 것이다. 이와 관련해 특히 비난을 받는 대상이 난민이다. 일부 국가에서는 난민이 공공 주택을 우선 공급받기 때문이다. 대기 기간이 갈수록 길어지고 임대료가 계속 올라가자 정치인들은 흔히 '대규모'로 도착한 난민과 이주자들 때문에 저렴한 주택이 갈수록 부족해진다고 비난했다. 하지만 현실적으로 이주자와 난민이 공공 주택을 공급받는 비율은 과장된 경우가 많다. 영국에서 국내 태생 주민과 외국 태생 주민이 공공 주택에 사는 비율은 각각 16%와 17%로 비슷한 수준이다.[26] 하지만 대기 기간이 계속 늘어나니 실제 이입이 어떤 역할을 하는지 궁금해진다.

서구 전역에서 저렴한 주택이 갈수록 부족해지는 근본 원인은 이입이 아니다. 주택 정책 변화에 따라 임대료 인상을 제한한 공공 주택의 공급이 급격히 감소했기 때문이다. 이런 사실이 명백히 드러나는 사례가 네덜란드다. 네덜란드의 공공 주택 비율은 1992년 44%에서 2012년 31%로 감소했다.[27] 《폐허Uitgewoond》라는 책에서 네덜란드의 도시지리학자 코디 호흐슈텐바흐Cody Hochstenbach는 네덜란드의 주택 위기가 정부 정책에 따른 결과임을 입증했다. 네덜란드 정부는 수년간 계획적으로 공공 주택을 민영화하고 공공 주택을 건설하는 기업에 지원하는 보조금을 삭감하고 세입자 보호와 임대료 인상 통제를 폐지하는 등 주택 소유에 집중한 정책을 펼쳤다. 그 결과 주택 가격이 상승하고 개인 임대료가 급등했다. 현재 네덜란드의 노숙자는 10만 명이며, 주택 소유자가 임차인보다 평균적으로 90배 더 부유하다.[28]

공공 주택 위기를 초래한 것은 이입이 아니라 긴축 기조의 주택 정책이라는 사실이 호흐슈텐바흐의 연구에서 명백히 드러났다. 2013년부터 2020년까지 네덜란드의 총주택 재고는 5.9% 증가했다. 공공 주택도 같은 비율로 증가했다면 245,000채가 늘었어야 한다. 하지만 임대료 인상을 제한한 공공 주택은 같은 기간에 증가하기는커녕 오히려 115,000채가 **감소했다**. 5.3%가 감소한 것이다.

네덜란드의 공공 주택 재고가 급감한 것은 공공 주택을 판매하고 철거하고 규제를 완화하고 민영화한 결과다. 이와 더불어 새로운 공공 주택을 건설하는 속도가 엄청나게 느려지고 공공 주택 건축 보조금이 삭감된 결과다. 네덜란드에서 공공 주택을 건설하는 기업들은 1980년 대 초 연평균 60,000~70,000채의 주택을 신축했다. 호호슈텐바흐의 연구에 따르면, 공공 주택을 신축하는 속도가 2009년부터 2013년까지 연평균 27,000채 정도로 둔화하고, 2014년부터 2019년까지 연평균 15,000채로 계속 둔화했다. 만일 공공 주택 건설업체들이 2009~2013 년의 '예전' 속도로 주택을 계속 건설했다면 2014년부터 2019년까지 주택이 82,000채 늘었을 것이다.[29]

수요는 늘었지만 신축하거나 공실 상태가 되어 신규 세입자에게 공급할 수 있는 공공 주택 수도 마찬가지로 계속 감소했다. 공실 상태의 공공 주택은 2015년 224,000채에서 2020년 163,000채로 5년 사이에 27%가 감소했다. 매년 난민에게 배정된 공공 주택은 대략 15,000채였다. 공실 상태가 된 주택의 9%에 불과하다. 따라서 공공 주택에 사는 난민의 비율이 증가했지만, 이는 난민들이 네덜란드 출생 세입자를 밀어내서가 아니라 공공 주택의 재고가 급감했기 때문이다.[30]

영국에서 펼쳐진 상황은 더 극적이다. 1980년부터 대처 정부는 '주택 소유 민주주의'를 위해 제정한 구매권Right to Buy 법안에 따라 많은 보조금을 지원하며 세입자들에게 임대주택 구매를 독려했다. 블레어 정부가 이 정책을 계승해 '임대 목적 구매' 정책을 추가했다. '임대 목적 구매' 정책 때문에 다주택 소유가 늘고 주택 가격이 급등했다. 동시에 영국 정부는 공공 주택 건축 보조금을 삭감했다. 제2차 세계대전이후 수십 년간 영국은 매년 공공 주택을 169,000~245,000채 신축했다. 하지만 대처가 총리로 당선된 1979년에 이미 그 수가 86,000채로 떨어진 상태였다. 그 이후에도 계속 급감해 블레어 정부 시절에는 사실상 건축이 중단된 상태였다. 사상 최저를 기록한 2004년에는 신축 임대주택이 고작 130채였다.[31] 결국 1979년 총 650만 채이던 공공 주택 재고가 2017년 대략 200만 채로 대폭 감소하며, 총주택 대비 공공 주택 비율이 31%에서 17%로 떨어졌다.[32]

대대적인 공공 주택 매각은 자금 여유가 있는 세입자에게는 저렴한 가격에 주택을 소유할 기회였지만, 이 때문에 저렴한 주택의 공급 부족 문제가 더 커지고 세입자가 개인 임대자에게 지급하는 임대료가 치솟았다. 그러자 주택 수당으로 지급하는 공공 지출이 늘며, 사실상 납세자들이 주택 시장 호황으로 혜택을 보는 집주인에게 보조금을 지원하는 상황이 되었다.[33] 공공 주택 매각과 주택 신축 급감에 부동산 가격 급등까지 겹치며 무주택자들이 어려운 처지에 빠졌다.[34] 2000년 영국의 평균 주택 가격은 평균 연봉의 4배였지만, 2021년에는 8배로 증가했다. 비싼 가격 때문에 집을 구매하지 못하고 공공 주택에도 입주하지 못한 젊은 세대들은 민간 임대 시장에서 비싼 임대료를 지급할 수밖에 없었고, 이것이 과밀화와 노숙자 증가로 이어졌다. 임대료가 워낙 높은 탓에 주택 융자금을 받는 데 필요한 한도만큼 저축하기가 믿을 수 없을 정도로 어려워졌고, 악순환이 빚어지며 밀레니엄 세대 중 여유가 없는 주택 구매 희망자들에게 저렴한 주택은 머나먼 신기루가 되었다.[35]

공공 주택을 훨씬 더 등한시하는 미국의 추세도 비슷했다. 1968년 의회에서 공정주택법Fair Housing Act을 통과시킨 미국은 저소득 가구 공급용 60만 채를 포함해 매년 공공 주택을 260만 채 공급한다는 계획을 세웠다.[36] 그런데 로널드 레이건 대통령이 임기 첫해(1981~1982) 공공 주택에 배정된 연방 예산을 절반으로 줄이고 빈곤층에게 지원할 주거 보조금을 삭감했다. 결국 공공 주택 부족 문제가 더 심각해졌다. 공공 주택 부족 물량이 1979년 30만 채에서 1985년 330만 채로 증가하며, 노숙자가 급증했다. 노숙자는 대부분 베트남전 참전 용사와 실업자, 청소년들이었다.[37]

레이건 이후 미국 행정부가 이 문제를 해결하려고 노력했지만, 저소득층에게 주택을 공급할 지원금의 규모는 이전 수준 근처에도 미치지 못했다. 2020년 말 기준으로 미국이 추산한 주택 공급 부족 물량은 380만 채였다. 가장 큰 이유는 공공 주택과 보조금을 받는 개인 소유 주택의 멸실이었다. 밀레니얼 세대가 생애 최초로 주택을 구매할 나이가 되자 주택 가격과 임대료가 치솟았다. 집을 구하는 일이 갈수록 어려워졌다. 특히 저소득층이 어려움을 겪었지만, 중산층도 갈수록 집을 구하기가 어려워졌다.[38]

다른 나라의 상황도 비슷하다. 독일 전국 평균에 비해 공공 주택 비중이 높은 베를린의 경우, 1990년 공공 주택 비중이 전체 주택 대비 30%였지만 민영화 정책을 시행한 결과 2007년에는 그 비중이 15%로 반감했다.[39]

국가마다 주택 정책은 사뭇 다르지만, 전체적 추세는 다르지 않다. 공공 주택이 민영화되고 지원금이 삭감되는 한편 주택 시장의 규제가 완화됨에 따라 수요는 증가하고 저렴한 주택의 총량은 감소하는 추세다. 이런 추세에 따라 특히 젠트리피케이션 현상(낙후된 구도심 지역이 활성화되어 중산층 이상의 계층이 유입됨으로써 기존의 저소득층 원주민을 대체하는 현상-옮긴이)이 발생한 지역에서는 토박이나 이주자나 모두 집을 구하기가 점점 더 어려워졌다. 이입으로 주택 시장의 압력이 **가중**되는 것은 분명하지만, 이입을 문제의 주요 요인으로 지목하는 것은 분명히 오해할 소지가 있다. 사실 큰 피해를 볼 사람 중 하나가 이주 노동자다. 공공 주택이나 정부 지원에 접근할 수 없는 사람이 많고, 비좁은 아파트에 여럿이 살며 민간 임대주에게 과도한 임대료를 지급할 사람이 많기 때문이다.

이주 노동자들이 복지 국가를 떠받친다

일부 이주자와 난민 집단의 높은 실업률과 복지 의존성을 우려하는 이유는 타당하지만, 이입이 복지 국가의 존립을 위협한다고 결론짓는 것은 논리적 오류다. 일부 저숙련 이주 노동자와 난민 집단의 복지 의존성이 비교적 높긴 하지만, 다른 집단들은 복지 국가에 이바지하는 순기여자이며, 기여도와 비용을 상쇄하면 전체적으로 이입이 복지 국가를 위협한다는 결론을 뒷받침하기에는 이입의 재정적 영향이 너무 작다. 요컨대, 이입이 임금과 실업률에 미치는 영향과 놀랄 만큼 비슷하게 이입의 재정적 영향도 무시할 만한 수준이며 거의 무관하다.

전체 재정 적자 규모에 비하면 이입이 재정 균형에 미치는 영향은 지극히 미미하다. 따라서 이입을 재정 적자의 주요 요인이나 재정 적자를 해소할 잠재적 해결책으로 볼 수 없다.[40] 많은 나라에서 복지 서비스와 양질의 공공 의료 서비스, 교육, 저렴한 주택에 접근하기가 더 어려워진 것은 사실이다. 하지만 그 주요 원인은 이입이 아니다. 복지 국가를 후퇴시키고 교육과 의료 서비스, 공공 주택 등 공공 서비스를 민영화하거나 보조금을 삭감하는 정치적 결정이 주요 원인이다. 공공 주택 대기 시간이 길어진 가장 큰 이유는 보조금이 삭감되었기 때문이다. 복지 서비스를 약화한 것은 이입이 아니라 긴축이다.

우리가 이 문제를 논의할 때 까맣게 잊고 있는 것이 있다. 적절한 복지 서비스를 지탱하는 데 이주 노동자들이 필요불가결한 기능을 한다는 사실이다. 이주 노동자들은 세금을 내는 간접적 방식뿐 아니라 관련 업무에 종사하는 직접적 방식으로 기여하고 있다. 서구 전역에서 필요불가결한 서비스를 제공하는 이주자의 역할이 점점 더 중요해졌다. 교육받은 현지 인력의 만성적 부족에 시달리는 보건 체계를 떠받치는 이주자들이 점점 더 늘었다. 외국인 의사와 간호사들의 이입이 없었다면 영국의 국민보건서비스NHS 체계는 벌써 무너졌을 것이다.

NHS에 종사하는 의사 중 외국 출신이 2012년에는 26%였으나 2022년 33%로 증가했고, NHS에 종사하는 간호사 중 이입민도 2012년 14%에서 2022년 24%로 증가했다. 런던 등 대도시에서는 그 비중이 훨씬 더 높게 나타난다. 해외에서 의료 종사자를 새롭게 모집하는 비율도 빠르게 증가했다. 2017년부터 2022년까지 영국 국적이 아닌 NHS 간호사를 신규 모집하는 비율이 20%에서 45%로 증가했고, 대다수를 유럽연합 밖에서 모집했다. 외국 출신 NHS 간호사 중 절반이 인도나 파키스탄 출신이며, 외국 출신 의사는 3분의 2가 인도나 파키스탄 출신이다. 나이지리아와 가나, 이집트 등 아프리카 국가 출신 의료 전문가의 숫자도 빠르게 늘고 있다. 잉글랜드에서 개원한 일반의 중 29%가 해외에서 학위를 취득했고, 그중 54%가 아시아에서, 28%가 아프리카에서, 18%는 유럽연합에서 의사 면허를 취득했다.[41]

육아와 노인 돌봄 분야도 마찬가지다. 7장에서 이야기했듯, 특히 정부 보조 돌봄 시설이 거의 없는 나라에서 중산층과 상류층 가정이 이주 도우미에게 의존하는 비율이 늘고 있다. 동유럽을 비롯해 필리핀이나 콜롬비아, 브라질 같은 나라 출신 (대부분 여성인) 도우미가 아니라면 이탈리아와 스페인, 독일의 많은 노인을 돌볼 사람이 없을 것이다. 서구와 걸프 지역을 비롯해 동아시아와 동남아시아의 점점 더 많은 부유한 가정이 유모와 가사 노동자에게 의존해 필요불가결한 가사와 돌봄 서비스를 처리하고 있다.

돌봄 서비스에 종사할 노동자의 현지 공급이 거의 고갈된 상태에서 여전히 저렴한 가격에 돌봄 서비스를 이용하는 것이나 돌봄 서비스가 필요한 사람의 가족들이 자유롭게 밖에 나가 적극적으로 일하고 돈을 버는 것이 모두 이주자들 덕분이다. 보건 체계를 지탱하는 이입의 중요성은 앞으로도 줄어들지 않을 것이다. 인구 노령화에 따라 돌봄이 필요한 노인의 숫자가 늘고 있고, 여성들이 대거 고숙련 노동에 종사하므로 이주 돌봄 노동자의 수요가 계속 유지되거나 증가할 것이다.

결국 이입이 복지 국가의 실행 가능성을 해친다는 증거가 없다. 오히려 정반대로 주장하는 것이 타당하다. 외국인 노동자의 이입은 복지 국가를 위협하는 것이 아니라 보건 체계를 지탱하고 아이와 노인들에게 돌봄 서비스를 제공하는 데 필수적이다. 특히 영국과 미국처럼 경제가 고도로 자유화된 국가나 스페인과 이탈리아처럼 복지가 취약한 국가에서는 이주 노동력이 필수적이다. 정치인들의 주장과 반대로 현실에서는 이주 노동자가 납세자들에게 부담을 주는 존재가 아니라 점점 더 복지 국가를 떠받치는 존재다.

이주자 통합은 실패했다

비유럽계 이입민이 유럽과 영국, 북아메리카에 대규모로 들어와 정착하자 이입민의 통합 부족을 우려하는 인식이 확산되었다. 상당수 이입민과 소수 집단은 장기 실업으로 복지에 의존하며 분리된 상태에서 빠져나오지 못한다는 인식이 흔했다. 이런 인식 때문에 이주자 2세대도 공부하고 일자리를 구해 불이익받는 상황에서 벗어나기가 쉽지 않았다. 이렇게 불이익이 세대를 건너 이어지곤 했다. 특히 유럽에서는 이주자 집단이 자신들의 문화를 지키도록 독려하는 '다문화' 정책이 통합을 방해했다는 정치적 공감대가 새롭게 형성되었다.

그런 공감대를 반영하듯 독일 총리 앙겔라 메르켈이 2010년 이렇게 연설했다. "우리 독일은 1960년대 초부터 손님 노동자를 받아들인 나라다. 지금 그들이 우리와 함께 살고 있다. 우리는 한동안 착각했다. '그들은 머물지 않을 거야. 결국에는 사라질 거야'라고 이야기했다. 하지만 현실은 그렇지 않다. '이제 여기서 다문화를 추구해 서로 나란히 행복하게 살자'고 이야기하는 접근법, 이 접근법은 당연히 실패했다. 완전 실패다!"[1] 메르켈 총리의 발언에 뒤이어 데이비드 캐머런과 니콜라 사르코지 등 유럽의 다른 정상들도 앞다투어 다문화주의의 '실패'를 선언했다.[2]

이주자 통합이 실패했거나 적어도 심각하게 지체되었다는 믿음은 점차 이입과 관련한 공론을 지배하는 신념으로 자리 잡았다. 그러면서 이입과 관련해 중요한 것은 경제적 영향이 아니라 사회적·문화적 영향이라는 공감대가 형성되었다. 시간이 지나며 문화적 차이가 이주자 집단마다 통합의 실패나 성공을 가름하는 핵심이 되었다.[3] 이와 더불어 최근 들어오는 이입민의 문화가 서구의 세속적 가치관이나 민주주의 사회와 양립할 수 없거나 사뭇 다르다는 생각이 확산되었다. 더 나아가 통합을 장려하는 정부의 노력이 출신국에서 들어오는 저숙련 노동자 가족의 '연쇄 이주'에 막혀 번번이 좌절된다는 생각도 확산했다. 요컨대 현재의 이입 수준이 도착국 사회의 흡수 능력을 초과하고 '지나치게 많은 다양성'이 사회적 응집성을 압박하며 인종 갈등이 악화한다는 것이다.

서유럽에서는 흔히 무슬림 이입민과 그 후손들이 특히 통합이 어려운 집단으로 여겨진다. 보수적 이슬람교의 규범과 가치관이 서구의 세속적 혹은 '유대교·크리스트교'의 주류 가치관과 기본적으로 양립하지 않는다고 보기 때문이다. 특히 영국과 네덜란드에 많은 아프리카계 카리브해 이입민들의 교육 수준이 낮고 실업률과 범죄율이 높다는 인식도 대체로 문화적 측면과 연결된다.

미국에서도 예전에는 독일인과 아일랜드인, 이탈리아인, 폴란드인,

유대인, 중국인, 일본인 이입민이 미국 민족을 위태롭게 하리라고 염려했지만, 나중에는 대규모로 정착하는 멕시코와 라틴아메리카계 이입민을 두려워했다. 이런 두려움을 반영하듯 2004년 정치학자 새뮤얼 헌팅턴Samuel P. Huntington은 "히스패닉 이입민의 유입이 지속되면 미국이 두 국민과 두 문화, 두 언어로 나뉠 위험이 있다"라고 경고했다. 그러면서 과거 이입민 집단과 달리 멕시코인 등 라틴아메리카인들은 "미국의 주류 문화에 동화되지 않고… 아메리칸드림의 바탕인 앵글로색슨 프로테스탄트 가치관을 거부하지만 미국은 위험하게도 이 문제를 외면하고 있다"라고 덧붙였다.⁴ 일부 백인 다수 집단은 라틴아메리카계 이입과 관련해 이주자들이 마약과 범죄, 성추행 등 사회적 문제를 일으키고 공공장소에서 스페인어 사용이 증가할 수 있다고 염려했다. 9·11테러 이후에는 무슬림 이입민을 향한 의심의 눈초리도 커졌다.

비유럽계 혈통의 노동자 계층 이주자들이 유럽과 미국에서 통합이 어려운 '문제 집단'으로 지목된 반면, 다른 이주자들, 특히 중국과 한국, 인도 등 아시아계 혈통 이주자들은 '모범 이주자'로 간주되었다. 절약과 근면, 교육을 중시하는 문화 때문인 듯하다. 그래도 아시아인에 대한 인종 차별은 완전히 사라지지 않았고, 코로나19 팬데믹으로 중국인 등 아시아계 이주자들에 대한 인종 차별이 부활했다.

소외된 노동자 계층의 이주 공동체에서 실업과 빈곤, 고교 중퇴 같은 문제가 쌓이자, 인종 차별적 이야기를 거부하며 이입에 대해 더 긍정적인 사람들도 새로운 민족적 하층계급이 형성될 가능성을 염려하기 시작했다. 이주자 통합 문제에 대한 우려가 커지자, 다문화에 반대하는 정치적 반발이 일며 수용국 사회에 적응해 언어를 배우고 주류 문화에 동화될 이주자들의 책임이 강조되었다.

실상

길게 보면 이주자 통합은 대단히 성공적이다

통합은 실패했을까? 특정 집단의 문화나 종교가 통합의 걸림돌일까? 한마디로 대답하면 그렇지 않다. 많은 이주자 집단이 정착 후 처음 몇십 년 동안은 통합과 차별, 적응 등에서 문제에 봉착하기가 쉽다. 하지만 길게 보면 이런 문제는 대체로 일시적 문제다. 증거에 따르면, 문화적 배경이 불리하거나 완전히 다른 이입민을 비롯해 대다수 이입민은 교육과 근면을 바탕으로 한 세대나 두 세대 만에 대단히 성공적으로 '자립'했다. 이주자의 자녀와 손자들이 언어와 교육, 취업, 소득에서 거둔 성취를 살펴보면, 발전 과정이 대단히 인상적이다.[5] 그리고 그 성공은 거의 전적으로 이주자들이 불이익과 차별을 극복하려고 스스로 노력한 결과다. 또한 양립할 수 없는 문화적 차이가 이른바 비서구 이입민의 통합을 일반적으로 방해한다는 증거도 없다.

언어와 교육

이입민의 성공 패턴이 가장 분명히 드러나는 분야가 언어 능력과 교육이다. 이주자의 자녀들은 자라면서 거의 자동으로 언어, 지역 방언과 억양을 습득한다. '1세대' 이주자들은 집과 공동체에서 여전히 모국어를 사용할 때가 많다. 이들이 새로운 언어를 배우기는 쉽지 않을 것이다. 출신국에서 학교를 거의 다니지 못한 이주자는 새로운 언어를 배우기가 특히 어려울 것이다. 하지만 이주자 2세대는 부분적으로나 전체적으로 이중언어를 구사하더라도 거의 예외 없이 도착국 언어에 능통하다. 그리고 이주자 3세대에 이르면 출신국 언어에 대한 지식이 기껏해야 아주 초보 수준을 벗어나지 못한다. 미국의 연구에 따르면, 현재 언어 통합 속도가 주로 유럽계 이입민이 몰려들던 20세기 초만큼 빠르거나 혹은 더 빠르다. 다시 말해, 미국의 라틴계 자녀와 아시아계 자녀들이 영어를 습득하는 속도가 한 세기 전 독일계 자녀나 이탈리아계 자녀들보다 더 빠를 때가 많다는 것이다.[6]

다수 집단 인구의 수준을 완전히 따라잡으려면 두 세대나 세 세대의 시간이 걸리긴 하지만 저숙련 이주자의 자녀들은 부모보다 훨씬 더 수준 높은 교육을 받는다. 미국에 거주하는 멕시코계 미국인들을 살펴보면, 1세대에 평균 9.5년이던 교육 수준이 2세대에는 12.7년으로 높아진다. 토박이 백인 미국인의 평균 교육 수준인 13.9년에 육박한다.[7] 유럽도 마찬가지다. 독일과 프랑스, 네덜란드, 벨기에 등에 거주하는 튀르키예와 모로코 출신 손님 노동자의 자녀들은 부모에 비해 교육 수준이 훨씬 더 높다. 토박이 백인 집단의 교육 수준에 점점 더 가까이 접근하고 있다. 여전히 메워야 할 틈이 크지만, 이런 증거를 보면 이주자들이 세대를 거듭하며 대단히 성공적으로 토박이들의 교육 수준을 따라잡는다는 사실을 알 수 있다.[8]

제2차 세계대전 이후 수십 년간 공장과 광산, 농장, 가정에서 일하도록 모집된 저숙련 이주 노동자들은 심각한 불이익을 당할 때가 많았다. 모집인들은 불평하거나 노조에 가입하지 않고 열심히 일할 사람을 선호해서 흔히 교육 수준이 낮은 노동자를 모집했다. 1세대 이주 노동자 중 문맹자나 반문맹자가 많았다는 사실을 고려하면, 2세대의 발전이 더욱더 두드러진다.

출신 집단별로 학업 성취도에서 상당한 차이를 보이지만, 이는 대체로 문화적 차이보다는 계급이 반영된 것이다. 가령, 미국과 영국에서는 중국계 이입민 자녀와 인도계 이입민 자녀들이, 네덜란드에서는 이란 난민의 자녀들이 특히 학업 성적이 우수하다. 실제로 토박이 백인 자녀들을 앞지를 때가 많다. 하지만 이는 주로 부모들의 높은 교육 수준이 반영된 것이다. 특정 문화나 종교가 교육을 아주 중요시한다고 추정하는 문헌이 많지만, 민족 전통이나 문화가 학업 성취에 미치는 독립적 영향을 확인한 연구는 없다. 영국에서 아프리카계 흑인 이입민 자녀들이 백인 자녀나 인도 등 남아시아계 혈통의 자녀들보다 학업 성취도가 높지만, 이 역시 전반적으로 부모의 더 높은 교육 수준이 반영된 것이다.[9] 이는 무슬림이나 라틴계의 특수한 요인이나 기타 '문화적' 요인 때문에 일부 이주자 출신 집단의 학업 성취도가 평균 이하라는 생각과 배치되는 증거다. 부모의 교육과 소득 같은 요인을 통제한 연구에서도 일반적으로 불이익과 차별에 따른 영향 외에는 문화적·종교적·민족적 배경과 학업 성과 사이의 일관되고 중요한 관계가 확인되지 않았다. 계급이 다른 무엇보다 중요한 요인인 듯하다.[10]

예를 들어, 영국에서는 인도계 소수 집단의 2세대가 파키스탄이나 방글라데시 혈통의 자녀는 물론 백인 영국인 자녀들보다 학업 성적이 더 우수하다. 그 이유는 이들이 인도인이거나 힌두교도이거나 시크교도여서가 아니라 계급적 배경 때문이다. 영국에 거주하는 인도 혈통 인구의 상당수는 케냐와 탄자니아, 우간다, 모리셔스 등 예전 대영제국에 속했던 나라에서 사업을 하거나 전문직에 종사한 중산층 집안 출신이다. 이들의 조상인 기한부 계약 노동자나 구자라트와 펀자브 출신 이주자는 19세기 영국 식민지로 이주해 관리직으로 일하거나 사업을 하며 아프리카 현지인과 영국 지배층 사이의 중산층으로 번성했다.

그리고 1960년대 이디 아민의 반아시아 인종 차별 정책으로 우간 다에서 쫓겨난 인도 혈통 인구가 영국에 난민으로 도착했다.[11] 이들은 파키스탄의 미르푸르나 방글라데시의 실렛 같은 지역에서 모집되어 영국의 공장과 광산에서 일한 저숙련 노동자들에 비해 계급적으로 상당히 유리했다. 유럽에서 일하는 튀르키예와 모로코, 알제리, 튀니지 출신 이주 노동자와 미국에서 일하는 멕시코 등 라틴계 이주자들도 시골에서 변변한 교육도 받지 못하고 살다 이주한 사람이 많다.

인도계 기술자와 중국계 기술자의 자녀들이 멕시코인이나 모로코 인 농장 일꾼의 자녀들보다 평균 성적이 높은 것은 어쩌면 당연한 일이다. 영국에서 일하는 이집트와 가나, 나이지리아 출신 고숙련 노동자의 자녀들이 백인 영국인 자녀들보다 성적이 우수한 것도 같은 이유 때문이다. 저숙련 이주자들은 아직 갈 길이 멀지만 이 집단에서도 인상적인 발전이 나타났다. 최근 영국에서 확인된 증거에 따르면, 방글라데시와 파키스탄 출신 이주자의 3세대들이 백인 영국인 자녀들과 비슷한 교육 수준에 도달하기 시작했다. 이 또한 세대 간 교육 발전 과정을 보여주는 놀라운 증거다.[12]

이슬람교도 전 세계 다른 주요 종교만큼 다양하지만, 대부분 무슬림이 아들과 딸을 가리지 않고 자녀 교육을 대단히 중요시한다. 실제로 유럽에서 무슬림 이주자의 2세대와 3세대 딸들이 중등 교육과 고등 교육 과정에서 남학생을 앞지르는 경우가 많다.[13] 여학생이 학교에서 점점 더 남학생을 앞지르는 것은 서구 세계의 일반적 추세이지만, 특히 보수적인 공동체에서 학업은 여성이 더 많은 독립성을 확보하도록 사회적으로 용인된 방법이기도 하다. 그래서 보수적이고 가부장적인 이주자 공동체에서는 교육이 여학생들에게 강력한 해방 수단으로 작용할 때가 많다.

고용 차별은 현실이다

언어와 교육 분야에서 나타난 발전 과정은 인상적이지만, 안정적인 일자리를 얻고 전문직으로 경력을 쌓는 것은 이보다 더 어려운 것으로 드러났다. 세대를 거듭하며 일자리와 소득이 크게 향상되었지만, 이주자와 그 자녀들은 여전히 심각한 불이익을 겪고 있다. 편견과 차별 때문에 수습공 일자리를 구하지 못하거나 면접에 참여하지 못하는 경우가 많다. 이 때문에 특히 2세대들이 흔히 좌절하고, 때로는 환멸과 분노, 소외감을 느낀다.

지금도 여전히 인종 차별이 커다란 장애물로 남아 노동 시장의 통합을 가로막고 있다. 스위스의 사회학자 에파 취른트Eva Zschirnt와 디디에 루에딘Didier Ruedin이 1990년부터 2015년까지 서구 18개국 20개 이주자 출신 집단을 대상으로 진행된 과학적 연구 43건을 검토한 결과, 북아메리카와 유럽에서 여전히 고용 차별이 만연한 것으로 드러났다. 동등한 자격을 갖춘 경우에도 소수 집단 출신 지원자는 백인 다수 집단 출신 지원자보다 평균적으로 50% 정도 더 많은 지원서를 제출해야 면접 기회를 얻을 수 있었다. 가장 큰 차별을 당한 대상은 아랍이나 중동 출신 지원자들이었다. 이들은 면접 기회를 얻기까지 2배나 더 많은 지원서를 제출해야 했다. 그다음으로 차별을 당한 대상이 남아시아와 중국 출신 지원자들이었다.[14]

네덜란드의 사회학자 브람 란세이Bram Lancee는 중요한 국제 연구 프로젝트에서 미국과 영국, 독일, 스페인, 네덜란드, 노르웨이의 53개 이주자 출신 집단 구성원들의 취업 경험을 분석했다. 란세이 연구팀은 온라인으로 구인 정보를 검색해 가상의 지원서 19,181통을 발송했다. 지원서에 기재하는 출신지와 언어 능력, 종교, (지원서에 사진을 부착하는 나라에서는) 외모를 임의로 바꿔가며 얼마나 많은 고용주가 지원서에 관심을 보이고 반응하는지 평가했다. 연구 결과 명백한 차별 증거가 확인되었다. 이주자 출신 집단이 고용주의 연락을 받기까지 다수 집단 구성원에 비해 평균 40% 정도 더 많은 지원서를 제출해야 했다.[15]

이주자 출신 집단의 사회적·문화적 배경이 '다를수록' 차별도 그만큼 커졌다. 특히 아프리카나 중동 출신 지원자들이 차별받았고, 무슬림이 가장 큰 차별을 받았다. 그런데 란세이의 연구팀은 나라마다 큰 차이가 있다는 것을 확인했다. 비슷한 집단이라도 다른 나라에서는 다른 대접을 받는 것이다. 예를 들어, 모로코나 튀르키예 출신 소수 집단은 독일과 스페인보다 네덜란드와 노르웨이, 영국에서 더 심한 차별을 받았다.[16] 미국 노동 시장에서는 라틴아메리카인이 상당히 큰 차별을 받았지만, 스페인에서는 라틴아메리카인에 대한 차별이 비교적 심하지 않았다. 스페인에서는 라틴아메리카인 이입민들이 언어적·종교적·문화적으로 가깝게 느껴지기 때문일 것이다. 그런데 라틴아메리카 남성과 여성은 미국과 스페인에서 사뭇 다른 취급을 받았다. 미국에서 라틴아메리카 남성은 심각한 차별 대우를 받지만, 라틴아메리카 여성은 심각한 차별을 받지 않았다. 미국에서는 라틴아메리카 남성들에게 찍힌 낙인이 지워지지 않은 듯하다. 스페인에서는 정반대의 패턴이 나타났다. 라틴아메리카 여성들이 주요한 차별 대상이었고, 라틴아메리카 남성들에 대한 편견은 거의 없었다.[17]

란세이 연구팀은 차별의 차이가 발생하는 주요 원인은 이주자 집단의 문화적 혹은 종교적 특성 때문이 아니라 나라마다 고정관념과 편견이 다르기 때문이라고 결론지었다. 연구팀은 또 나라마다 전반적인 차별 수준이 다르다는 사실도 확인했다. 독일과 특히 스페인이 노동시장의 차별 수준이 비교적 낮았다. 마찬가지로 유럽과 북아메리카 9개국 고용 차별을 분석한 연구에서도 나라마다 차별 수준에서 상당히 큰 차이가 발견되었다. 차별하는 비율이 가장 높은 나라는 프랑스였고, 스웨덴이 그 뒤를 이었다. 프랑스와 스웨덴에서는 자격 조건이 비슷해도 백인 지원자가 고용주의 연락을 받는 비율이 유색인 지원자보다 거의 두 배나 높았다. 영국과 미국, 캐나다, 벨기에, 네덜란드, 노르웨이, 독일은 차별하는 비율이 조금 더 낮아서 백인 지원자가 고용주의 연락을 받는 경우가 25% 정도 더 높았다.[18]

이주자들은 자립한다

특정 이주자 집단과 소수 집단이 편견과 차별에 시달린다는 증거는 명백하지만, 전체적으로 길게 보면 놀라운 성공이 드러난다. 이주자 통합에 관한 여러 연구와 보고에서 확인된 증거는 암울하고 비관적인 이야기와 배치되며, 시간이 걸리긴 하지만 가장 불리한 이주자 집단도 근면과 사업, 공동체의 결속으로 성공할 수 있다는 사실을 입증한다.

미국 국립과학원NAS이 이주자 통합에 관한 연구 증거를 검토한 결과, 멕시코나 중앙아메리카, 아시아 등 출신국과 상관없이 이주자 집단이 미국에 머무는 기간이 길어질수록 경제적으로 통합되는 정도가 커지는 것으로 드러났다.[19] 갓 도착한 이주자는 일반적으로 기술 수준이 비슷한 토박이 근로자보다 적은 임금을 받지만, 토박이 근로자의 소득 수준을 완전히 따라잡지는 못해도 거주 기간이 늘어나며 임금이 큰 폭으로 상승한다. 저숙련 이주자인 부모들은 주로 육체노동에 종사했지만, 이주자의 2세대와 3세대는 대체로 그보다 더 수준 높은 일에 종사한다. 이처럼 세대 간 상향 이동 패턴은 특히 여성들에게서 가파르게 나타난다.[20]

미국진보센터Center for American Progress가 미국 내 이주자 통합을 연구한 결과, 최근 미국에 도착한 이입민들이 대체로 과거 유럽계 이입민의 행보를 따라가는 것으로 확인되었다.[21] 전체적으로 보면 라틴아메리카인처럼 '실패'할 위험이 가장 크다고 여겨진 집단도 마찬가지였다. 미국에 갓 도착한 라틴아메리카인이 주택을 소유하는 비율이 1990년 불과 9.3%에서 2008년 58%로 급증했다. 마찬가지로 시민권을 취득하는 비율도 1990년 10% 미만에서 2008년 56%로 빠르게 증가했다. 라틴아메리카인 이주자 2세대는 학사 학위를 취득하고(21%) 고소득 직종에 종사하고(32%) 빈곤선을 넘는 가정을 꾸리고(92%) 주택을 소유하는(71%) 비율이 모두 부모 세대보다 더 높았다. 이처럼 전체적으로 성공한 패턴이 확인되지만, 상당히 많은 라틴아메리카인 집단에서 상대적 빈곤율이 높게 나타난다. 미국인 사회학자들이 이야기하는 '분절적 동화' 패턴, 즉 전체적으로는 성공이지만 차별받는 소수 집단은 지속적으로 배제되고 소외되는 증거로 볼 수 있다. 멕시코계 미국인 2세대와 3세대의 고등 교육 중퇴율에서도 같은 패턴이 확인된다.[22]

대서양 건너 서유럽 전역의 이주자 통합 과정을 살핀 연구에서도 장기적인 발전과 놀라운 세대 간 사회 이동 패턴이 확인된다. 이입민 2세대는 한결같이 취업률과 소득 수준이 부모보다 더 높다. 영국을 예로 들면, 아일랜드나 인도, 중국 배경의 이주자 집단은 취업률이 백인 영국인 집단에 버금가거나 더 높다.[23] 카리브해 출신 흑인이나 파키스탄인, 방글라데시인처럼 계층 서열이 낮은 집단은 취업률과 소득 수준이 떨어지지만,[24] 장기적으로 세대를 거듭하며 성공하는 패턴이 분명히 드러난다.

2019년 영국 통계청이 분석한 자료를 보면, 30세 이상 인구와 달리 16~29세 인구에서는 민족 간 임금 격차가 줄어든다. 실제로 백인 영국인 집단의 평균 임금 수준을 따라잡을 뿐 아니라 능가하는 이입민 출신 집단이 많다. 아프리카계 흑인과 인도·아랍 출신 집단의 16~29세 인구가 받는 평균 시급은 13파운드로 백인 영국인이 받는 평균 시급보다 15~23%가 높다. 불이익을 받는 이주자 집단도 놀랄 만큼 빠른 속도로 백인 영국인의 평균 시급을 따라잡았다. 파키스탄인과 방글라데시인 집단의 30세 이상 인구는 같은 나이의 백인 영국인보다 16~23%가 적은 평균 시급을 받지만, 16~29세 인구는 같은 나이의 백인 영국인과 거의 동일한 평균 시급을 받는다.[25]

1960년대와 1970년대 세네갈과 말리에서 프랑스로 이주한 노동자를 비롯해 튀르키예와 모로코, 알제리, 튀니지에서 서유럽에 도착한 이주 노동자의 자녀와 손자들도 소득과 일자리, 주거 환경에서 비약적 발전을 이루었다. 1970년대와 1980년대 경제 위기를 맞아 몰아친 대량 실업 사태로 부모들이 상당히 큰 불이익을 당하는 가운데 이룬 성과였다.[26] 하지만 미국과 마찬가지로 서유럽에서도 상대적인 규모는 작지만 상당히 많은 소수 집단이 경제적 배제와 고질적 빈곤, 분리 문제에 집중적으로 시달리며 '하향 동화(11장 참조)'를 경험했다는 증거가 확인된다.

증거에 따르면 이주자 집단의 노동 시장 통합 과정이 영국과 북아메리카에 비해 북유럽과 서유럽 국가에서 더디게 진행되는 듯하다.[27] 영국과 북아메리카의 노동 시장이 더 유연하고 개방적인 것과 연관이 있을 것이다. 스웨덴과 노르웨이, 오스트리아, 벨기에, 네덜란드, 덴마크, 독일 등의 외국인과 토박이의 실업률 격차가 큰 것을 보면 노동 시장 통합 과정이 더디다는 것을 알 수 있다.[28] 하지만 이런 문제에 매몰되면 간과하기 쉬운 사실이 있다. 가장 불리한 집단이라도 대체로 2세대는 훨씬 더 높아진 교육 수준에 맞춰 노동 시장에서 위치가 극적으로 향상되었다는 사실이다.[29]

결국 이주 노동자와 난민 1세대가 고생하는 모습을 보면 '동화하기 어려울 듯한' 우려가 일지만, 2세대와 3세대에 이르면 대체로 그림이 완전히 달라진다. 이처럼 장기적으로 통합되는 일반 패턴은 이민족의 혼인이 증가하고 가족 규모와 자녀 수와 관련해 도착국의 규범을 빠르게 수용하는 등 여러 가지 사회문화적 통합 징후에서도 나타난다(15장 참조). (OECD 회원국과) 유럽연합의 모든 국가에서 이입민의 80% 이상이 수용국을 가깝게 혹은 아주 친밀하게 느끼는 것으로 보고된다.[30]

통합을 보여주는 또 다른 지표는 이입민 부모가 자녀에게 지어주는 이름이다. 프랑스에서는 모로코와 알제리, 튀니지 출신 이입민의 손자가 전형적인 '무슬림' 이름을 사용하는 비율이 23%에 불과하다. 1세대는 90%가 전형적인 무슬림 이름을 사용했다. 1세대 이입민들 사이에서 남성은 모하메드와 아흐메드, 여성은 파티마와 파티하라는 이름이 가장 많았지만, 3세대에서는 남성은 야니스와 니콜라, 여성은 사라와 이네스 등 문화적으로 더 모호한 이름으로 바뀌었다.[31]

일자리와 사업이 성공의 관건이다

동화와 통합은 대체로 정부가 고수하는 공식적 통합 이념과 상관없이 독립적으로 '발생'하는 과정이다. 미국과 캐나다, 오스트레일리아, 뉴질랜드처럼 전통적 이민 국가들은 공식적 통합 정책을 시행한 적이 별로 없다. 이입민이 교육과 일을 바탕으로 계층 사다리를 오르길 기대하며 늘 다소 자유방임적 접근법을 채택했다. 서유럽의 국가들도 1970년대까지 공식적인 통합 정책을 시행한 적이 없지만, (영국의 아일랜드인이나 독일의 폴란드인, 프랑스의 이탈리아인, 네덜란드의 네덜란드계 인도네시아인처럼) 과거 유럽 국가에 들어온 이주자들도 처음에 직면한 적개심과 편견을 극복하고 대단히 성공적으로 정착했다.

이런 과거 경험과 현재 경험에 비추어 보면, 장기적 통합을 상당히 낙관적으로 전망하는 것이 타당하다. 이주자들이 대체로 자신과 자녀들의 삶을 개선하겠다는 의지와 결단으로 열심히 일하며 스스로 통합되기 때문이다. 그런데 다음 장에서 자세히 이야기하겠지만, 조직적 차별과 세대 간 불이익, 문제를 방치하는 정부 때문에 (이주자건 토박이건) 소수 집단이 교육과 취업 등 여러 가지 기회를 빼앗겨 따로 분리된 학교에 다니고 분리된 지역에 살며 빈곤의 덫에 빠지는 일이 발생하면서 상황이 악화하는 듯하다.

그래서 공식적 통합 정책이 그만큼 더 중요하지 않냐는 회의적 의문이 제기될 수 있다. 학자와 전문가들이 통합 정책을 연구한 자료도 아주 많고, 특히 유럽을 중심으로 다문화주의의 실패를 추정하며 통합을 둘러싼 논쟁이 치열하게 벌어지지만, 통합 정책의 실질적 효과를 측정한 연구는 놀랄 만큼 적다. 그나마 적절한 방법론을 적용한 몇 안

되는 연구에서도 대체로 통합 정책의 실질적 효과가 미미한 것으로 확인되었다.[32]

공식적 이념보다 실제로 통합에 훨씬 더 큰 영향을 미치는 것은 교육과 일자리, 주거 공간처럼 이주자에게 가장 기본적 문제인 듯하다. 고용을 촉진하고 차별에 반대하며 교육을 장려하는 정책이 긍정적 효과를 거둘 수 있다.[33] 특히 교육 수준이 낮은 실업 이주자나 트라우마에 시달리는 난민에게 언어를 배우고 교육받을 시설과 재원을 제공하면 긍정적 효과를 거둘 것이다.[34]

여러모로 따져볼 때, 가장 좋은 통합 정책은 이주자들이 일자리를 얻거나 사업하기 쉬운 환경을 조성하는 것이다. 이주자가 해방되고 언어를 습득하고 통합되는 가장 중요하고 유일한 방법이 일자리이기 때문이다. 이주자가 교육과 일자리를 확보하는 권리는 구체적인 통합 정책과 상관없이 일반적인 정책에 따라 결정된다. 튀르키예계 독일인의 취업률이 튀르키예계 네덜란드인보다 높은 것도 직업 교육을 받은 사람을 수습 직원으로 채용하는 독일의 제도가 효과를 발휘한 덕분인 듯하다.[35]

이주자들이 일자리를 얻고 사업을 운영하며 경제적 통합에 참여하도록 정부가 인종 차별과 싸우고 장애물을 제거할 때 자유방임적 접근법이 대단히 잘 작동하는 듯하다. 미국과 영국 등 대체로 '앵글로색슨' 국가에서 이입민들이 성공적으로 통합되는 이유도 노동 시장이 더 개방적이고 이입민이 창업하기 쉬운 법규 때문일 것이다. 1990년대와 2000년대에 네덜란드에서 실업자로 복지 혜택에 의존해 살던 소말리아 난민들이 대거 영국으로 이주한 이유도 식료품점 등 작은 사업체를 창업하기가 더 수월했기 때문이다.[36] 네덜란드 정부는 이 사건에서 교훈을 얻어 1990년대 창업 요건을 완화했고, 이후 튀르키예인과 모로코인이 운영하는 식료품점과 정육점, 빵집, 케밥집, 샌드위치 가게가 우후죽순처럼 늘어났다.[37]

최악의 정책은 이주자와 난민의 노동을 방해하거나 금지하는 정책이다. 이주자와 난민의 행복과 경제적 기여에 무엇보다 큰 해를 미치는 것은 행정 업무 처리 지연과 항소 절차 때문에 이주자와 난민이 수년간 법률적으로 불확실한 상태에서 벗어나지 못하는 상황이다. 일을 할 수 없는 상태에서 트라우마와 고립감이 커지며 복지에 의존하도록 내몰리곤 한다.

암스테르담 자유대학교 교수인 할레 고라시Halleh Ghorashi는 이란계 네덜란드인이다. 사회학자인 고라시는 네덜란드와 미국의 이란 난민 여성의 상황을 비교 연구했다. 네덜란드에서는 난민을 임시 체류자로 여기는 정치적 담론이 우세하고 제한적 난민 정책 때문에 난민들이 진취적이지 못하고 복지에 의존하도록 내몰린다. 그 결과 네덜란드 사회에서 난민은 '문제 집단'이라는 일반적 이미지가 굳었다. 반면, 미국에 사는 이란 난민 여성은 영주권자로 받아들여졌다고 느끼고, 일자리나 행복감, 정신 건강 등 전반적 상황이 네덜란드보다 더 좋았다.[38]

시민권이 최고의 통합 정책이다

이런 증거에 따르면, 공식적 '통합 정책'은 큰 효과를 발휘하지 못한다. 하지만 아주 중요한 예외가 하나 있다. 시민권 정책이다. 네덜란드 정치학자 마르턴 핑크Maarten Vink가 시민권 규정이 통합에 미치는 영향을 광범위하게 연구해 확실한 증거를 확인했다. 이입민과 난민이 영주권과 완전한 시민권을 획득하는 시간이 빠를수록 안전하게 머물 수 있다는 느낌이 커지며 더 나은 미래에 투자할 의욕도 커지는 것으로 확인되었다. 이주자가 새로운 민족에게 느끼는 동질감이 커질수록 통합의 성과도 커지는 것이다.[39] 핑크의 분석에 따르면, 시민권이 이입민의 경제적 통합에도 유익하다. 노동 시장 접근성 증가와 소득 증대로 이어지기 때문이다.

핑크는 또 1999년부터 2011년까지 네덜란드에 거주하는 이주자 74,500명의 고용과 소득을 추적했다. 그 결과 귀화가 소득을 증대하는 중요한 요인으로 확인되었다. 특히 실업 상태이거나 저소득 국가 출신 이주자가 귀화하면 소득이 크게 증대되었다. 흥미로운 점은 귀화하기 **이전** 몇 년간 평균 소득 증가 폭이 가장 컸다는 사실이다. 즉, 시민권을 취득할 수 있다는 전망만으로도 이주자들이 교육과 기술에 투자할 의욕을 느끼는 것이다.[40] 이주자들은 어느 날 갑자기 추방되지 않고 안전하게 머물 수 있다는 확신이 들면 안심하고 새로운 조국에서 새로운 인생에 투자한다.

정부가 이주자와 난민을 도착국 사회의 동등하고 완전한 구성원으로 받아들일 진정한 의지가 있다는 것을 가장 확실하게 보여주는 방법이 시민권을 취득하는 길을 분명히 제시하는 것이다. 이것이 정부가 통합을 촉진하는 가장 좋은 방법이다.[41] 다시 말해, 정부가 이주자들에게 일자리를 제공하고 권리를 보호하고 영주권과 시민권을 취득할 길을 제시하면, 이주자들이 스스로 통합에 최선을 다한다. 이 모든 사실은 지난 100여 년간 이주자 통합을 다룬 연구에서 도출된 중요한 통찰과 궤를 같이한다. 이주와 통합은 상당 부분 정치적 수사나 정치인들의 행위(혹은 무위)와 무관하게 발생하기 마련인 **자율적 사회 과정**이라는 통찰이다.

이런 증거에서 주목할 것이 하나 더 있다. 이주자를 너무 오랫동안 무등록 신분이나 법률적으로 불확실한 상태로 방치하면 위험하다는 사실이다. 그래서 (미국 등 여러 국가의) 정치 기구가 대규모 무등록 이주자 인구에게 합법적 신분을 취득할 길을 제시하지 못하면 구조적으로 불이익을 받는 최하층 계급이 형성될 엄청난 위험이 따른다.

'아파르트헤이트의 아류'

그렇다면 통합과 다문화주의를 둘러싼 온갖 '분란'을 어떻게 해야 할까? 서유럽, 특히 영국과 독일, 네덜란드, 벨기에, 스칸디나비아의 정치인들은 지난 수십 년간 통합 정책에 집착했다. 1980년대 이후 통합을 둘러싼 열띤 논쟁이 펼쳐졌고, 다문화주의 정책을 옹호하며 소수 집단이 자신들의 정체성과 문화를 발전시키도록 독려하는 정치인들과 이입민의 '융합'과 적응 책임 및 필요성을 강조하는 정치인들이 충돌했다.

중요한 점은 논쟁이 늘 이념 논쟁에 치우쳤다는 사실이다.[42] '그들'보다 '우리'를 더 중시했고, 우리 사회가 스스로 바라보고 정의하는 방식에 대한 이입의 도전을 해소할 방법에 치중했다. 이제껏 이입은 언제나 감정적인 주제였다. 여러모로 이입이 사회와 세계가 변화하는 방식을 가장 구체적으로 드러내기 때문이다. 이입민이 바로 그 변화의 화신이다. 그런 변화가 급속히 일어나면, 적어도 처음에는 토박이 집단이 저항하는 것은 거의 불가피하다. 이런 이유에서 이입이 기성 생활양식뿐 아니라 도착국 사회의 정체성에 도전한다고 생각한 것이다.

앞서 4장에서 설명했지만, 미국과 캐나다, 오스트레일리아, 뉴질랜드처럼 이민이 민족 DNA에 새겨진 국가도 마찬가지다. 이런 국가들도 처음에는 자신들의 민족성을 1) 백인, 2) 프로테스탄트, 3) 북유럽인과 서유럽인, 그리고 되도록 4) 영어 사용자로 상상했다. 따라서 가톨릭교도와 유대인, 라틴아메리카인, 카리브해 집단의 이입을 민족에 대한 도전이자 위협으로 간주했다. 미국의 아메리카 원주민과 캐나다의 캐나다 원주민, 오스트레일리아의 오스트레일리아 원주민, 뉴질랜드의 마오리족이 그 땅에서 훨씬 더 오래 살았지만, 오랫동안 완전한 시민 혹은 완전한 민족 구성원으로 인정받지 못했다. 사실 이들은 침략자들이 규정한 민족에 포함되길 거부할 것이다.

아프리카계 미국인도 대부분 백인 이입민보다 더 오랫동안 미국에 살았지만, 1963년에 겨우 완전하고 동등한 시민권을 획득했다. 수백 년에 걸친 이들의 해방 투쟁에 대해 '진정한' 미국인은 백인뿐이라고 상상하는 사람들은 폭력으로 대응했다. 유럽의 집시나 전 세계 수많은 인종적·문화적·언어적 소수 집단도 상황이 다르지 않다. 이들은 지배적인 '주류' 문화에 완전히 동화하지 않은 채, 민족의 일부라는 정체성 혹은 완전히 다른 정체성을 인정받으려고 애쓰고 있다.

결국 통합에서 중요한 것은 이입 자체가 아니라 '타인'을 완전한 민족 구성원으로 받아들이는 진정성이다. 지금까지는 늘 인종 차별적 이념을 이용해 소수 집단의 동등한 지위를 부인하고 그런 부인을 도덕적으로 정당화했다. 이런 관점에서 보면, (의도는 선해도 부적절한) 다문화주의가 사실상 이입 국가가 된 새로운 현실을 부인할 아주 좋은 방법으로 보일 수 있다. 이입민을 '소수자'의 지위로 격하함으로써 완전하고 동등한 민족 구성원으로 인정하길 부인하는 효과적 방법으로 생각될 수 있다.

다문화주의는 이주자 집단이 자신들의 언어와 종교, 문화를 지키는 것이 좋다는 이념 혹은 믿음으로 요약할 수 있고, 특히 유럽이 다문화주의에 집착했다. 유럽 각국의 정부는 이주자들이 언젠가 출신국으로 돌아갈 것이라는 헛된 희망을 품은 채 이주자들이 영구 정착하는 현실을 아주 오랫동안 부인했다. 그래서 1980년대와 1990년대에 점점 더 시급한 현실이 된 이주자의 장기 실업과 소외, 분리 등 실질적 문제를 해결하는 데 실패했다. 한마디로 유럽 각국 정부는 엉뚱한 곳만 바라보다가 어느 날 아침에 일어나 이입민들이 '그대로 머물고' 있다는 사실을 깨닫는 격이었다.

독일과 네덜란드의 주요 정치인들은 현장의 현실을 노골적으로 외면하며 1980년대까지 '우리는 이입 국가가 아니다'라는 주문을 끊임없이 되뇌었다. 독일은 1991년에 비로소 독일 민족이 아닌 이주자가 독일 시민권을 더 쉽게 취득하도록 법규를 개정했다. 유색인은 '진정한' 독일인이나 오스트리아인, 네덜란드인, 벨기에인, 스위스인, 스웨덴인, 덴마크인, 프랑스인, 영국인이 될 수 없다고 생각하는 북서 유럽인이 여전히 많은 것도 바로 그 때문이다. 그래서 유럽 각국의 유색인 소수 집단은 아주 우울한 경험을 할 때가 많다. 현지에서 태어나 현지 언어를 능통하게 구사해도 "그런데 너 **정말** 어디 출신이야?"라는 질문을 받는 것이다.

다문화주의와 관련해 대부분 사람이 간과하는 사실이 있다. 일반적으로 '다문화주의'로 알려진 정책 대부분은 손님 노동자가 자녀들까지 데리고 결국 고국으로 돌아가도록 준비시키려는 정부 노력에 뿌리를 두었다는 사실이다. 손님 노동자들이 동화해 정착하지 못하게 하려면 자신들의 정체성과 문화, 언어, 종교를 지키도록 독려해야 한다고 생각한 것이다. 튀르키예와 모로코 출신 이입민 자녀들이 모국의 언어와 문화를 배우도록 보조금을 지원한 것도 본래 이들의 완전한 통합을 막고 '모국'으로 돌아갈 준비를 시키려는 의도였다. 각국 정부가 출신국에 집중한 문화 단체와 종교 단체에 보조금을 지원한 것도 마찬가지다. 이런 지원이 1990년대와 2000년대까지 이어졌지만, 이때는 이미 이주가 영구적이라는 사실이 아주 확실해진 다음이었다.

내가 학교를 졸업하고 네덜란드 마스트리히트의 싱크 탱크에서 첫 연구 작업을 시작한 것은 1997년이었다. 나는 유럽연합의 지원을 받는 네트워크에 참여해 서유럽 전역의 지방 정부에서 통합 정책을 담당하는 공무원들을 하나로 연결했다. 이런저런 회의를 기획하고 "지방 정부 내 이주자와 소수민족의 자기조직화 역할"[43]처럼 '다문화적인' 제목의 배경 조사 보고서들을 작성하다 문득 이런 생각이 들었다. 영국 버밍엄의 파키스탄 출신 공무원 한 사람을 제외하면 네트워크에 참여한 공무원이 모두 백인 토박이이며, 전체적인 토론의 기조나 내가 맡은 연구 유형이 그들을 (현재 혹은 미래의) 완전한 유럽 국가 구성원으로 여기지 않고 따로 집단을 구분한다는 생각이 들었다. 당시 나는 지방 정부에서 이주자와 소수 집단이 (완전하지는 않아도) 자문으로 정치에 참여하는 내용에 관한 보고서도 작성했다.[44] 의심할 여지 없이 선한 의도로 작성했고 정치적으로도 올바른 관용과 평등, 인종 차별 반대의 원칙을 담았지만, 지금 돌아보면 완전히 잘못된 보고서였다. 본질적으로 이주자들을 여전히 임시 체류자로 취급하는 내용이었기 때문이다.

아이러니한 것은 '통합에 유익하다'고 선전한 정책들이 실제로는 통합을 막으려고 기획되었다는 사실이다. 이렇게 보면 '관용'이라는 용어도 전과 달리 부정적으로 느껴진다. 잘난 척하며 따로 집단을 구분하

는 태도가 느껴진다. 예를 들어 네덜란드인들은 '소수 집단'에 관용을
베푼 역사를 자랑스러워할 때가 많다. 하지만 그런 태도는 "우리가 너
희의 존재를 받아들였으니, 우리를 방해하지 않는 한 너희의 길을 갈
수 있다. 하지만 너희는 결코 우리의 일원이 되지 못할 것이다"라고 읽
힐 수도 있다. 이런 관점에서 볼 때, 다문화주의는 일종의 억압적 관용
혹은 '아파르트헤이트(인종 분리 차별 정책-옮긴이)의 아류'이다.

사실 서유럽 각국 정부가 지지한 다문화 정책은 따로 집단을 구분
할 때가 많았다. 손님 노동자가 임시 체류한다는 환상에 너무 오랫동
안 집착해 영구 정착의 현실을 부정했다.[45] 스위스 작가 막스 프리슈
Max Frisch는 1967년 "우리는 노동자를 원했지만, 그 대신 우리가 얻은
것은 사람이다"라는 말로 손님 노동자라는 난제를 요약했다.[46] 그사이
임시 체류에 대한 환상의 피해는 커져만 갔다. 이런 환상을 품은 각국
정부가 장기간 경기 불황과 대량 실업으로 얼룩진 1970년대와 1980년
대 불균형적으로 큰 피해를 본 이주자 공동체의 장기 실업과 복지의
존, 분리 등 실질적인 문제를 효과적으로 해결하지 못했기 때문이다.

결국 다문화 정책은 관용의 허울을 쓴 채 분리를 조장했고, 이주자
집단의 통합을 촉진하기는커녕 오히려 더 지체시켰다. 2000년대 들어
서 비로소 이런 추세가 바뀌기 시작했다. 더는 현실과 실질적 문제를
부인할 수 없었기 때문이다. 유럽 각국 정부는 사실상 이입 국가가 되
었다는 새로운 현실을 인정하기 시작했다. 이런 맥락에서 "다문화주의
는 실패했다"라는 2010년 메르켈 총리의 선언은 마침내 새로운 현실
과 마주하게 되었다는 신호로 볼 수 있다.

단기적 도전, 장기적 성공

통합이 '실패'했다는 생각은 오해다. 장기적 성공의 일관된 패턴을 보지 못하고 1세대와 2세대를 넘어서까지 문제를 겪는 특정 집단에 일방적으로 주목했기 때문에 비롯한 오해다. 종교와 관습, 습관이 다른 새로운 집단이 대규모로 정착하면 그에 따라 흔히 발생하는 사회적 문제와 인종 갈등에만 주목하기가 쉽다. 하지만 길게 살펴보면 대부분 집단이 놀랄 만큼 훌륭하게 자리 잡았다.

시골 출신 저숙련 이주자는 대체로 낯선 나라의 현대적 도시 생활에 적응하기가 쉽지 않았다. 지금 돌이켜보면, 미국에서 일한 멕시코 출신과 영국에서 일한 파키스탄과 방글라데시 출신, 유럽에서 일한 튀르키예와 북아프리카 출신 반문맹 저숙련 노동자들에게 통합은 도전일 수밖에 없었다. 우선 그들은 잠시 머물 손님 노동자로 취급받았을 뿐 아니라 전통적 농업 공동체에서 곧장 현대적 서구의 도시 생활로 던져졌기 때문이다.

이들에게 이주는 국경을 넘는 행위일 뿐 아니라 시골 생활에서 도시 생활로 이전하는 급진적이고 사회적으로 파괴적이며 정서적으로 불안한 변화였다. 파키스탄 시골 미르푸르에서 맨체스터나 버밍엄, 브래드퍼드로, 모로코와 알제리의 리프 산악 지대와 아틀라스 산악 지대에서 파리나 브뤼셀, 암스테르담으로, 튀르키예의 중앙 아나톨리아 지역에서 베를린과 프랑크푸르트로, 멕시코 오악사카에서 로스앤젤레스로 이주하는 것은 정서적으로 엄청난 긴장을 유발한다. 시간 여행을 하는 기분과 흡사했을 것이다. 고향을 떠나 장시간 일하다 휴식 시간이 되면 이주 노동자들은 제대로 알지 못하는 낯설고 혼란스럽고 때론 적대적인 세상에서 친숙한 공동체로 몸을 피해 마음을 달래고 안전과 자존감을 찾았을 것이다. 그 세상은 이주 노동자들에게 별 관심도 없고 본국으로 돌아가기만 바라는 듯했을 것이다.

하지만 시간이 흘러 아이들이 성장하면서 이주자 공동체는 도착국 사회에 뿌리를 내릴 수밖에 없었다. 흔히 분쟁에 휘말리고 소외와 갈등에 시달리지만, 결국 대부분 이주자 공동체가 새로운 고향에 맞춰 적응하는 데 성공한다. 눈에 잘 띄진 않지만, 몇 세대만 내려가면 '그들'이 '우리'가 되어 새로운 조국의 언어와 습관, 관습을 채택한다. 이주자들이 정착해 아이를 낳고 그 아이가 또 아이를 낳으며 그들이 우리가 된다.

상황은 빠르게 변할 수 있다. 어제는 상상도 못 했던 일이 오늘은 당연하게 여겨질 수 있다. 영국에서는 2019년부터 보리스 존슨 정부와 리즈 트러스 정부가 아시아와 아프리카 혈통의 인사를 대대적으로 내각에 기용했다. 불과 10년 전 내각이 거의 백인 일색이던 시절을 생각하면 상전벽해나 다름없다. 그리고 마침내 2022년 리시 수낵Rishi Sunak이 총리로 선출되었다. 이보다 더 의미심장한 사건이 있다. 유로 2020 축구 경기가 한창일 때 펼쳐진 광경이다. 제2차 세계대전 이후 수십 년간 유입된 카리브해와 남아시아 출신 이주 노동자의 자손들이 크고 작은 영국 도시의 거리를 누비며 영국 국기를 휘날렸다. 불과 수십 년 전에는 상상도 하지 못한 광경이었다. 수십 년 전에는 인종 폭동으로 거리가 소란스러웠다.

물론 인종 차별이 완전히 사라진 것은 아니다. 특정한 계급 배경 덕분에 특권을 누린 일부 선택된 이주자 집단의 성공담은 대다수 이주자와 소수 집단의 경험을 대변하지 못하고 실제로 인종주의, 차별, 분리 등 커다란 문제를 가리는 작디작은 무화과잎에 불과하다고 주장하는 사람도 있을 것이다. 하지만 진정한 발전이 이루어졌다는 사실을 부인하는 것도 너무 야박한 일일 것이다.

도착국마다 경험에 차이가 있는 것은 분명하다. 대체로 이입민들은 이입의 영구성을 인정하고 시민권 규정을 완화하고 일자리와 사업을 막는 장애물을 제거한 국가에서 더 잘 적응했다. 그에 비해 이입을 꺼린 국가는 정착의 영구성을 부인하고 이주자와 난민의 근로 의욕을 꺾고 복지에 의존하도록 내몰았다. 그런 나라는 이주자들을 정착시킨 책임을 지지 않고 엉뚱한 곳만 바라보며 장기 실업과 사회적 고립을 외면한 것에 대해 오랫동안 변명만 늘어놓았다.

우리가 그들을 닮기보다 그들이 우리를 더 닮는다

이입이 단기적으로는 도전이 분명하지만 장기적으로는 발전하는 패턴임을 부인할 수 없다. 다수 집단 인구가 새로운 이입 집단에 익숙해지면 두려움도 사라지고 일부 관습을 채택할 수도 있다. 진정한 통합으로 가는 첫걸음은 다수 집단 인구가 이주자 음식의 진가를 인정하고 채택할 뿐 아니라 그 음식을 자신들의 음식으로 여기는 것이다. 치킨 티카 마살라는 (실제 영국에서 처음 개발되었다고 주장하는 사람도 있지만) 피시앤칩스 못지않게 영국의 대표 음식이 되었고, 부리토와 타코도 애플파이와 코울슬로만큼 미국을 대표하는 음식이 되었다. 독일인들도 부라트부르스트와 사워크라우트만큼 케밥과 되네르를 즐겨 먹는다. 이것이 이입민 경험을 상징한다. 불과 얼마 전까지도 동화될 수 없는 이방인으로 여겨지던 사람이 도착국 사회의 중요한 일부가 된 것이다.

하지만 멀리서 바라보면 이런 변화는 다소 피상적이다. 도착국 사회가 음식과 음악, 옷차림 등 이주자들이 들여온 새로운 문화의 특정 요소를 채택할 수 있지만, 그 영향은 우리가 생각하는 만큼 크지 않다. 이런 맥락에서 프린스턴대학교 사회학자 알레한드로 포르테스 Alejandro Portes는 미국과 서유럽의 대규모 이입이 도시의 '풍경과 냄새'를 완전히 뒤바꾼 것처럼 보일 수 있지만, 실질적으로 '거리 수준'의 변화에 불과하다고 주장했다. 사실 이입은 도착국 사회의 심오한 문화적·정치적·경제적 구조를 거의 변화시키지 못했다.

포르테스는 미국과 관련해 정치 체계와 법률 체계, 교육 체계, 영어의 주도적 위치, 사회적 상호작용을 이끄는 기본 가치관 등 "미국 사회의 기본 축은 변하지 않았다"라고 주장했다.[47] 이주자 출신 집단의 유색인이 정치권 고위직에 진출하는 경우가 점점 늘지만, 정치 체제는 기본적으로 변하지 않았다. 따라서 포르테스는 이입이 미국의 주류를 완전히 변화시켰다는 일반적 생각에 의문을 제기한다. 마찬가지로 유럽의 대규모 이입도 유럽 각국의 기본 축을 변화시키지 못했다.

흔히 통합은 쌍방의 노력이 필요한 과정이라고 이야기하지만, 이는 융합하고 적응하는 과정에서 그 누구보다 이입민이 큰 노력을 기울여야 한다는 사실을 무시한 상투적인 말이다. 다시 말해, 우리가 이입민을 닮기보다 이입민이 우리를 더 닮는 것이다.

독일인과 이탈리아인, 아일랜드인, 유대인 등 한때 동화될 수 없다고 간주된 집단이 현재 미국 사회에서 '주류'의 일부로 완전히 인정받고 있다. 증거에 따르면, 미국의 라틴아메리카 및 아시아 출신 이입민, 유럽의 무슬림과 카리브해 및 아프리카 출신 이입민 대부분도 마찬가지로 도착국 사회의 완전한 구성원이 되었다. 실제로 최근에 이주하는 이입민 집단은 그 문화와 종교가 통합에 걸림돌이라는 일반적 주장과 달리 언어나 교육, 고용 측면에서 이전 세대와 비슷하거나 훨씬 더 빠른 속도로 동화되고 있다. 오늘 '문제 집단'이라고 인식된 사람들이 내일 새롭게 도착한 사람들에게 그 자리를 내주고, 오늘의 이입민들이 새롭게 도착하는 이입민들을 탐탁지 않게 생각할 가능성이 크다. 일반적으로 통합의 성공을 나타내는 가장 좋은 징조는 '그들'이 '우리'가 되었다는 것이다.

대규모 이주가
대규모 분리를 불러왔다

"게토 영국: 전 구역 분리", "시카고와 흡사한 영국 도시의 게토", "교외의 화약고", "미국식 도시 폭동."[1] 유럽 전역에 등장하는 이런 신문 기사 제목은 유럽이 대규모 이입과 더불어 의도치 않게 미국식 '게토'를 유럽 땅에 수입했다는 두려움을 퍼트린다. 대부분 이입민이 아주 성공적으로 통합되었지만, 일부 집단의 경험은 조금 부정적인 것으로 드러났다. '소수 집단 내 소수 집단'에 한정된 문제이지만, 그래도 중요한 문제다. 북유럽과 서유럽 전역에서 정치인과 언론, 여론 주도자들은 전에 없던 인종적·민족적 분리가 유럽에 등장했다는 우려를 표명했다.

2001년 영국의 올덤과 브래드퍼드, 리즈, 번리에서 현지 백인과 남아시아계 공동체 사이의 갈등이 폭동으로 비화하며 북부 공업 도시의 빈곤과 사회적 고립, 분리를 우려하는 목소리가 커졌다. 프랑스에서도 2005년과 2007년 이주자 청년들의 대규모 폭동이 발생하며 이입의 장기적 영향에 대한 대중의 관심이 쏠리고, 게토화에 대한 두려움이 커졌다. 이 사건들로 제2차 세계대전 이후 주거지로 개발된 교외 **방리유** 지역의 허름한 아파트에 사는 북아프리카와 서아프리카 출신 이주자 청년들이 장기 실업 상태의 궁핍한 범죄자라는 이미지를 얻었다.

2017년 스웨덴의 스톡홀름 외곽 린케비에서 발생한 이입민 청년들과 경찰의 집단 폭력 충돌 사태도 국제 언론의 주목을 받았다. 2018년 덴마크 정부는 '2030년까지 게토를 철폐'하겠다는 목표를 세우고 새로운 법률을 채택했다. 논란이 분분한 이 법률에는 이주자 가정이 자기 고립과 '평행 사회'의 삶에서 벗어나도록 열악한 지역의 공공 주택 단지에서 이들을 퇴거시키는 조치가 포함되어 있었다.[2] 스웨덴도 덴마크의 선례를 좇아 2022년 이른바 '우범지역'에 거주하는 이입민 출신 인구의 밀도를 50%로 제한한다고 발표했다.[3]

2001년 뉴욕 세계무역센터 빌딩과 워싱턴D.C. 국방부를 공격한 9·11테러 사건이 발생하자 미국과 유럽에서는 무슬림 이입민 가정에서 태어난 테러리스트가 내부에서 국가 안보를 위협할 수 있다는 두려움이 일었다. 영국에서는 2005년 7월 7일 런던 지하철을 폭파한 77테러 사건이 발생하며 분리에 대한 우려가 고조되었다. 그리고 2015년과 2016년 파리와 브뤼셀, 베를린, 맨체스터, 런던에서 또다시 테러가 발생했다. 이입민들이 모여 사는 브뤼셀 몰렌베크 지역의 청년들이 파리의 바타클랑Bataclan 콘서트홀과 〈샤를리 에브도Charlie Hebdo〉 주간지 사무실을 공격한 것으로 드러나자 이주자 거주 지역이 종교적 극단주의자들의 온상이라는 우려가 고조되었다.

이런 사건들에 대해 '백인 대체' 음모론(유색인종이 백인들을 몰아낸다는 음모론—옮긴이)을 신봉하는 세력과 이민에 반대하는 극우세력은 이입이 유럽을 이슬람화하고 백인 유권자들을 쫓아내려는 자유주의적 음모임을 입증하는 증거라고 주장했다. 대부분 사람은 그처럼 극단적인 청년들은 이주자 출신 집단 중 극히 소수라는 사실을 알고 있었다. 하지만 영국 인종평등위원회의 트레버 필립스Trevor Phillips 위원장이 77테러 사건 직후 발표한 것처럼, 이런 사건들로 영국이 너무 오랫동안 문제를 외면하며 "몽유병자처럼 분리를 향해 걸어왔다"라는 인식이 확산되었다.[4]

미국에서는 역사적으로 수 세기에 걸친 노예제도와 인종 차별에 뿌리를 둔 흑백 구분을 둘러싸고 분리에 대한 우려가 끊이지 않았다. 지금도 미국 대도시에서는 흑백 분리 문제가 심각하다. 그런데 라틴아메리카 노동자들이 대규모로 이입하며 분리 지역에 사회적 문제와 실업, 폭력이 집중된다는 우려가 새롭게 등장했다.

언론 보도와 정치인들의 발언은 대규모 이입과 더불어 분리 지역에서 높은 실업률과 빈곤에 시달리며 복지에 의존한 채 영구히 평행선 같은 삶을 사는 민족적 하층계급이 형성되었다는 인상을 확산했다. 이입민들이 자신들의 문화와 언어, 종교를 고수하면 점점 더 스스로 분리되어 통합이 지체되고, 결국 폐쇄적인 이입민 공동체가 사회적 역기능과 범죄, 종교적 근본주의의 온상이 된다는 대중의 인식이 커졌다.

실상

일부 예외가 있지만 분리 수준은 우려할 만큼 높지 않다

앞에서 살펴본 대로, 비서구 출신 이주자를 포함해 대다수 이주자는 대단히 성공적으로 통합되었다. 장기적 통합이 성공한다는 평균치는 낙관적이지만, 그 이면에 가려진 사실이 있다. 학교 중퇴율과 실업률이 높고 복지에 의존해 어렵게 살아가는 이주자 출신 소수 집단이 상당히 많다는 사실이다. 유럽과 미국의 일부 이주자 거주 지역이 빈곤과 불이익의 온상이 되었다는 것도 부인할 수 없다. 그런데 이런 문제가 대규모 이입과 더불어 분리가 증가한다는 주장을 정당화할까?

실제로 드러난 사실은 이런 주장과 배치된다. 첫째, 최근 이입민 집단의 분리 수준은 우리가 흔히 생각하는 만큼 높지 않다. 현실적으로 여러 가지 문제가 있긴 하지만, 미국의 역사적인 흑백 분리 수준에 비할 바가 아니다. 둘째, 이입이 계속 이어지지만 민족적·인종적 분리가 증가한다는 증거가 없다.

지리학자들이 거주지 분리 현상을 측정하려고 여러 가지 방법을 개발했지만, 가장 많이 이용하는 지표는 분리 지수segregation index다. 상이 지수dissimilarity index로도 불리는 분리 지수는 인구 집단들의 도시 내 거주 지역 분포를 측정한다.[5] 인구 집단들이 완전히 분리되어 살면 분리 지수의 값이 100이고, 모든 지역에서 똑같이 여러 민족과 인종이 뒤섞여 살면 분리 지수의 값이 0이다. 연구자들은 그 값이 60을 넘으면 분리 수준 '높음', 30 미만이면 분리 수준 '낮음', 30~60이면 분리 수준 '보통'으로 판단한다.[6]

민족 분리를 측정한 연구마다 구체적으로 이용한 데이터와 방법에 따라 결과가 조금씩 다르지만 일관된 패턴이 드러난다. 첫째, 서유럽의 분리 수준이 대체로 미국보다 낮고, 흑백 분리 수준에 비하면 특히 더 낮다.[7] 1980년대 미국 주요 도시에서 (백인과 떨어져 사는) 아시아인의 분리 지수는 41, 라틴아메리카인의 분리 지수는 52였다. 아프리카계 미국인의 분리 지수는 75로 아주 높았다. 2010년 아프리카계 미국인의 분리 지수는 60으로 떨어졌지만, 아시아인과 라틴아메리카인의 분리 지수는 각각 39와 51로 1980년대와 별 차이가 없었다.[8]

도시 계획과 주택 정책에 따른 영향도 있겠지만, 유럽의 분리 지수는 국가와 도시, 이주자 집단에 따라 큰 차이를 보인다. **방리유** 지역에서 비롯한 고정관념과 달리, 프랑스 도시들의 평균 분리 지수는 유럽에서 가장 낮은 수준이다. 예컨대, 파리에 사는 알제리인과 포르투갈인의 분리 지수는 각각 23과 12다. 이런 결과는 방리유 지역의 문제가 실재하지 않는다는 의미가 아니라 일부 '우범지역'의 문제가 프랑스 전체의 이입민 경험을 대변하지 않는다는 의미다. 독일도 민족 분리 수준이 비교적 낮아서 뒤셀도르프와 프랑크푸르트에 사는 튀르키예인의 분리 지수가 각각 30과 18이다.[9] 네덜란드 대부분 도시의 분리 수준은 보통이다. 로테르담과 암스테르담에 사는 모로코인과 헤이그에 사는 튀르키예인의 분리 지수가 40 정도다. 브뤼셀의 모로코인과 앤트워프의 북아프리카인, 스톡홀름의 이란인 등 일부 유럽 도시의 일부 집단에서만 '미국'과 비슷하게 분리 지수가 50~60 정도로 높게 나타난다.[10]

유럽 대륙에 비하면 영국은 특히 남아시아계 집단을 중심으로 민족적·인종적 분리 수준이 높다. 영국의 계급 분리 수준이 대체로 더 높은 것도 일부 영향을 미쳤을 것이다. 남아시아계 이입민 집단이 저소득층 집단에서 차지하는 비율이 늘며, 계급 분리와 동시에 인종적·민족적 분리 수준도 높아진다.[11] 따라서 버밍엄과 브래드퍼드, 올덤 같은 도시에서 방글라데시 공동체와 파키스탄 공동체의 분리 지수가 가장 높게 나타나는 것도 당연한 일이다. 1990년대 런던의 분리 지수는 훨씬 더 낮았지만, 버밍엄과 브래드퍼드, 올덤의 분리 지수는 60~80에 달했다. 영국 내 아프리카계 카리브해 인구와 인도 출신 집단의 분리 수준은 유럽 대륙 내 다른 이입민 집단의 수준과 비슷하다.[12] 이들이 영국에 더 빨리 이주하고 규모가 더 작으며 소득 수준이 더 높고, 공동체 중심의 파키스탄 집단과 방글라데시 집단에 비해 처음부터 넓게 흩어져 정착했기 때문이다.[13]

유럽은 대체로 분리 수준이 우려할 만큼 높지 않을 뿐 아니라, 증거에 따르면 1990년대 이후 유럽 대부분 국가에서 실제로 인종적 분리 수준이 떨어졌다.[14] 이는 이주자들과 소수 집단이 경제 사다리와 주거 사다리를 오르며 통합되고 상향 이동한 추세가 반영된 결과다. 1950년대와 1960년대부터 서유럽 전역에 도착한 이주 노동자와 가족들이 처음에는 이주자 집단 밀집 현상과 더불어 소수민족 집단 거주지로 향했다. 저렴한 주거 공간을 구하고 동포들의 도움도 받을 수 있었기 때문이다.

하지만 최근 수십 년 사이 추세가 변해 유럽의 전체적인 민족 분리 수준이 떨어졌다. 이입민과 그 자녀들이 경제 사다리를 오르며 중산층 지역에 집을 구매하거나 임대할 여유가 생긴 덕분에 인종이 섞여 사는 비중이 증가했다. 예컨대, 영국은 1991년부터 2001년까지 대도시 지역에 사는 방글라데시인의 평균 분리 지수가 69에서 61로 떨어졌다. 같은 시기 파키스탄인의 평균 분리 지수는 56에서 51로, 인도 출신 집단은 42에서 40으로, 아프리카계 카리브해 인구는 43에서 37로 낮아졌다. 2001년 이후에도 백인 영국인과 다른 민족 집단이 섞여 사는 추세가 계속 이어졌다.[15] 미국의 역사적 패턴도 다르지 않다. 처음에는 이입민들이 전형적인 이주자 거주 지역에 몰려 살았으나 점차 널리 퍼져나갔다. 그래서 아시아인과 라틴아메리카인의 이입이 이어졌지만 이들의 주거지 분리 수준이 별 차이 없이 비교적 안정적 수준을 유지한 것이다.[16]

공동체 삶을 통한 권리 보호

인종적·민족적 분리 수준이 높아지지 않고 낮아졌다는 사실로 입증되지만, 민족 집단이 특정 지역에 밀집해 살면 반드시 나쁜 일이 생긴다는 추정에 의문을 제기해야 한다. 먼저 도시 지리학자들이 구분한 '게토'와 '소수민족 집단 거주지'의 차이를 살펴볼 필요가 있다.[17] 게토는 특정한 인종적·민족적·종교적 집단 하나가 거의 배타적으로 거주하는 지역이다. 소수 집단과 함께 살기를 거부하는 다수 집단의 명백한 차별과 배제에 따른 산물인 게토는 빈곤이 대를 물려 이어지는 장소가 되었다. 중세 유럽의 유대인 게토와 20세기 아프리카계 미국인의 도시 분리, 유럽에서 변함없이 이어지는 집시의 상황이 전형적인 게토화 사례다.[18]

유럽과 북아메리카, 오스트레일리아, 뉴질랜드에서 대표적인 이주자 거주 지역은 소수민족 집단 거주지다. 이곳은 여러 인종 집단이 거의 자발적으로 모여 사는 지역으로, 군집 현상은 대체로 일시적·임시적이다. 차별과 배제가 아닌 자유로운 선택에 따라 여러 민족이 군집해 살기에 실제로 아주 긍정적인 결과가 나올 수 있다.

먼저 함께 살려는 욕망은 같은 언어를 쓰고 생활양식과 관습, 습관이 비슷한 사람들 틈에 있고 싶은 인간의 기본 욕망에서 나온다. 둘째, 그런 군집은 여러모로 통합을 촉진할 수 있다. 불이익을 받는 소수 집단이 공동체 생활로 권리를 보호받을 수 있기 때문이다. 좋은 교육과 일자리, 서비스에 접근할 때 차별과 배제로 불이익을 받는 경우가 많은 이주자와 소수 집단에 이주자 공동체 생활은 강력한 '해방 장치'였다. 그 덕분에 이주자와 소수 집단이 불이익과 편견을 극복하고 연대와 자조, 사업을 바탕으로 사회적·경제적 이동성을 획득할 수 있었다. 출신지가 같은 사람이 많으면 이주자가 기본 고객을 확보한 상태에서 사업을 시작할 수 있고, 공동체가 학교와 예배 장소, 스포츠 클럽, 노조, 신문사 등 각종 기관을 설립할 수 있다.

사업은 구조적 실업과 차별, 노동 시장 접근권 제한에 시달리는 이주자와 소수 집단이 경제적·사회적 이동성을 확보하는 중요한 길로 판명되었다. 이주자가 창업하는 대표 업종이 식료품점과 빵집, 코셔 정육점, 할랄 정육점, 이용실, 세탁소, 양복점, 미용실, 커피숍, 술집, 식당 등이다.

이런 '소수민족 사업'은 처음에는 주로 자기 공동체의 수요에 의존하지만, 나중에는 식료품과 이색적인 식품을 저렴하게 구매할 선택지가 증가했다는 것을 파악한 다수 집단 인구까지 고객으로 흡수할 수 있다. 이주 사업가는 가족 구성원의 노동력을 이용할 수 있다는 장점도 있다. 가족 구성원은 가족 사업에 헌신해야 한다는 의무감을 느낄 때가 많고, '함께 이겨내자'는 연대 의식에서 의욕적으로 일하기 때문이다. 새로운 이입민 공동체가 처음 정착하는 단계에서 사업을 시작한 이입민 가족은 자산을 취득해 돈을 모으고 자녀들에게 양질의 교육 기회를 제공하고 결국 중산층으로 진입할 수 있다. 이주자가 사업을 하면 토박이 노동자에게 새로운 일자리를 제공할 수도 있고, 같은 출신국에서 새로운 이주자를 불러들이는 주요 요인으로 작용해 이주자

공동체의 성장을 촉진하고 고객층을 훨씬 더 확장할 수 있다.[19]

이들이 중산층으로 진입하고 새로운 세대가 성장하면, 대체로 이주자 거주 지역을 벗어나 중산층 거주 지역에서 집을 구매하거나 임대한다. 전 세계 이입민 공동체의 역사를 살펴보면 이처럼 상위 계층 지역으로 이동하는 것이 아주 전형적 패턴으로 확인된다. 결국 처음에 이주자들이 특정 지역에 군집하는 것이 언론과 정치인이 흔히 주장하듯 '게토화'로 이어진다는 증거가 없다.

소수민족 집단 거주지는 해방 장치다

소수민족 집단 거주지는 진정한 해방 장치가 될 수 있다. 전 세계 수많은 도시의 노동자 계층 지역은 앞선 이입민 집단이 나가고 새로운 이입민 집단이 계속 들어오며 형성되었다. 뉴욕 맨해튼의 로어 이스트 사이드 지역은 새로운 이입민의 물결이 끊이지 않았다. 처음에는 독일인이 들어왔고, 이탈리아인과 동유럽 유대인을 비롯해 그리스인과 헝가리인, 폴란드인, 루마니아인, 러시아인, 슬로바키아인, 우크라이나인이 그 뒤를 이었다. 런던의 이스트 엔드 지역에도 17세기부터 이입민이 끊임없이 밀려들었다. 1670년부터 1710년까지 프랑스 왕의 박해를 피해 도망친 위그노(프로테스탄트) 난민을 시작으로 19세기 초에는 아일랜드 직공들이, 1875년부터 1914년에는 러시아에서 대학살을 피해 도망친 유대인들이, 1950년대와 1960년대에는 방글라데시와 파키스탄의 노동자들이 이스트 엔드에 들어왔다.[20]

영국으로 이주해 사회적 이동에 성공한 대표적 사례가 유대인들이다. 유대인 난민 1세대는 '피복업계(의류 제조)'나 소매업종의 소규모 장사를 시작하며 박봉에 불안정한 공장 일과 차별에서 간신히 벗어났다. 자녀 교육을 특별히 강조한 덕분에 2세대 중 많은 사람이 사업체를 차리거나 사무직으로 진출하며 3세대가 전문직으로 경력을 쌓을 길을 닦았다.[21] 방글라데시인들은 지금도 이스트 엔드의 같은 지역에 살며 예전처럼 임금이 낮은 공장에서 일하고 똑같은 건물에서 예배를 드린다. 브릭 레인 모스크Brick Lane Mosque는 본래 프랑스에서 이주한 위그노 난민들이 1743년에 지은 프로테스탄트 예배당이었다. 이후 러시아와 중유럽 출신 유대인 난민들을 위해 1891년 유대교 회당으로 바뀌었고, 방글라데시 실렛 출신 이주 노동자들이 스피탈필즈와 브릭 레인 지역에 도착한 뒤 1976년에 이슬람교 모스크로 바뀌었다.[22]

우리의 과거는 생각보다 훨씬 더 분리된 상태였다. 예전에 소수민족 집단 거주지에 살다 밖으로 나가 아주 매끄럽게 섞인 집단을 우리가 기억하지 못할 뿐이다. 예전 이주자 집단이 계속해서 밖으로 나간 것은 교육과 소득 수준의 향상을 포함해 더 폭넓은 통합 과정의 성공을 나타낸다. 다시 말해, 새롭게 도착한 이주자들보다 밖으로 나가 장기적으로 정착한 사람이 더 많았다는 것이다.[23] 이입이 이어져도 인종적·민족적 분리 수준이 높아지지 않은 것도 이 때문이다.

미국은 선정적인 인종 분리를 암시한다

미국 내 인종 분리 경험은 여러모로 유럽과 북아메리카 내 이입민 집단 거주지의 경험과 견줄 수 없다. 미국의 인종 분리는 그 수준과 성격이 완전히 다르다. 미국의 흑백 분리는 명백한 인종 차별 정책에서 기인했다. 미국은 흑인과 백인이 섞여 살 수 없다는 인종 차별적 신념에 기초해 흑인 인구에게 별도로 아주 열악한 주택과 교육, 서비스를 제공했다.

1993년 《미국의 아파르트헤이트: 분리와 하층계급 만들기American Apartheid: Segregation and the Making of the Underclass》라는 중요한 연구 결과를 발표한 사회학자 더글러스 매시Douglas Massey와 낸시 덴튼 Nancy Denton은 흑백 분리가 자발적으로 발생한 것도 아니고, 아프리카계 미국인이 백인과 섞여 살길 원하지 않았거나 어쩌다 보니 가난한 지역에 밀집해 살게 되었기 때문에 발생한 것도 아니라고 주장했다.[24] 20세기 전반 백인들이 의도적으로 아프리카계 미국인 분리 지역을 만들었다는 것이다. 미국은 흑인 대이동 시기에 남부 시골에서 이동한 600만 명 정도의 흑인을 북동부와 중서부, 서부의 도시에 격리 수용했다. 해방을 기대한 흑인들의 희망은 이내 무너졌다. 흑인 노동자는 미국노동총동맹 노조에 가입할 수 없었고,[25] 시의회는 백인과 흑인의 거주 지역을 분리하는 법률을 통과시켜 사실상 '공식적인 아파르트헤이트 제도'를 만들었다.[26]

백인 거주 지역에 사는 흑인을 공격하는 폭력 외에도 분리를 완성한 가장 중요한 제도적 장치가 (부동산과 은행 거래의) 차별이었다. 특히 악랄한 것이 인종 차별적인 레드라이닝(은행과 보험회사가 특정한 지역에 붉은 선을 그어 경계를 정하고, 그 지역에 대해 대출과 보험 등 금융 서비스 제공을 거부하는 행위-옮긴이)이었다. 흑인 거주 지역이나 다인종 거주 지역에 사는 사람은 은행에서 대출도 받을 수 없었고, 교외에 있는 흑인의 주택과 분리 구역 내 공영 주택 건물은 주택 보험도 가입할 수 없었다. 이런 조치들이 1933년부터 1939년까지 뉴딜 정책을 추진하던 시기에 공식적인 연방 정책에 포함되었다.[27] 연방 대출 프로그램의 혜택을 받은 백인 미국인들은 흑인의 거주를 금지하고 백인 전용으로 조성된 교외에 새집을 마련했고, 남부 시골 출신 흑인 이주자들은 시내 낡은 집으로 이사했다. 이렇게 해서 제2차 세계대전 이후 수십 년 만에 분리 수준이 엄청나게 높아졌다.[28]

하지만 1960년대 이후 문제가 더 심각해졌다. 공장이 연이어 폐업하거나 도심 밖으로 이전하며 남부 출신 흑인 노동자들의 일자리가 사라지기 시작한 것이다. 시카고대학교 사회학자 윌리엄 줄리어스 윌슨William Julius Wilson이 《진정 불리한 사람들: 도심과 최하층, 공공 정책The Truly Disadvantaged: The Inner City, the Underclass, and Public Policy》에서 정리한 대로 결국 대량 실업과 빈곤 증가 사태가 발생했다. 게다가 신흥 흑인 중산층이 더 부유한 지역으로 이탈하며 도심 지역에서 공동체 지도자와 조직이 계속 이탈하자 역기능 가정family dysfunction(각종 중독과 폭력 등으로 가족의 기능이 정상적으로 작동하지 않는 가족—옮긴이)과 고등학교 중퇴자, 약물 중독자, 범죄자가 급증했다.[29]

유럽은 이처럼 비교적 최근에 정부가 인종 차별적 분리를 공식적으로 승인한 역사가 없다. 이 한 가지 이유만으로도 미국을 비롯해 유럽의 이입민 집단 거주지와 미국의 흑인 분리를 견줄 수 없다. 미국의 흑인 분리는 거의 전적으로 정부가 명백히 승인한 것이다. 프랑스의 사회학자 로익 바캉Loïc Wacquant은 미국의 분리 지역, 특히 시카고의 사우스 사이드 지역을 폭넓게 연구했다. 프랑스와 북아메리카의 분리 상황을 모두 알고 있던 바캉은 프랑스 노동자 계층이 사는 **방리유**나 더 나아가 유럽의 이주자 거주지와 미국의 흑백 분리 지역을 비교하는 것은 선정적일 뿐 큰 의미가 없다며 그 이유를 이렇게 설명했다.[30]

첫째, 대체로 미국의 분리 지역은 유럽의 전형적인 이주자 거주 지역보다 훨씬 더 넓다. 시카고와 뉴욕, 로스앤젤레스 같은 도시의 분리 지역은 면적이 수백 제곱킬로미터를 넘고 주민 수십만 명이 거주한다. 프랑스에서 가장 큰 **시테**cité(집단 주택 단지-옮긴이)도 미국 분리 지역에 비하면 그 규모가 10분의 1에도 못 미친다.

둘째, **방리유**는 주로 주거 지역이다. 많은 사람이 매일 다른 지역으로 일하러 가거나 쇼핑하러 나간다. 도로 몇 개만 건너면 주거 지역을 벗어난다. 반면, 미국식 '게토'는 대체로 자족적 공간이다. 바캉의 표현대로 '도시 안에 있는 흑인 도시'다. 이곳에서는 인종이나 계급이 다른 사람과 마주칠 일이 거의 없다.[31]

셋째, 미국의 분리 지역은 단일 인종 지역이다. 아프리카계 미국인이 절대다수를 차지한다. (유럽과 북아메리카의) 전형적인 이주자 거주 지역은 절대 단일 인종 지역이 아니다. 특정 민족이 다수를 차지할 수는 있지만, 백인과 중산층을 비롯해 다양한 인종과 민족, 종교 집단, 소득층이 함께 어울려 산다. 예외가 없다.

넷째, 미국의 분리 지역 문제는 규모와 심각성이 유럽과 완전히 다르다. 유럽에서 가장 험악한 이주자 거주 지역에서 발생하는 폭력과 범죄는 기껏해야 절도와 빈집털이, 기물 파괴, 소규모 마약 거래 정도이고, 무장 강도나 총격 사건은 아주 드물다.

하지만 미국 '게토'는 대중 언론과 인종 차별적 정치인, 편견에 사로잡힌 전문가들이 강화한 위험한 고정관념에 기초해 스스로 선정적 이미지를 구축했다.[32] 미국 지리학자 존 애그뉴John Agnew가 강조한 대로, 일반적으로 시카고 등 일부 험악한 사례에 집중하면 미국 내 인종 분리의 (대체로 여러 가지 패턴이 뒤섞인) 전체 경험을 대변하지 못하는 '초게토화'의 이미지가 굳는다.[33] 미국의 추악한 분리 역사는 '게토'의 의미까지 변화시켰다. 게토는 본래 유럽과 훗날 미국에도 있던 시내 유대인 거주 지역을 가리켰지만, 1950년대에 황폐하고 범죄에 찌든 아프리카계 미국인 분리 지역의 정형화된 이미지를 뜻하는 단어로 의미가 변했다. 인종 차별적 암시가 쌓이며 '게토'라는 용어를 둘러싼 논란이 분분하다. 비방적이고 인종 차별적인 용어라며 사용을 꺼리는 사람이 많다.[34]

끝으로 유럽 대부분 도시는 저소득층 지역의 사회기반시설과 도로, 주택이 미국과 비교할 수 없을 만큼 전체적인 여건이 우수하다. 공공 주택과 사회기반시설에 더 많은 공공 재원을 투자했기 때문이다. 미국은 공공 주택에 투자하는 연방 자금이 급격히 감소하며 시내 노동자 계층 거주 지역이 더욱 쇠락했다. 제2차 세계대전 이후 정부 보조 공공 주택 '사업'은 품질과 관리가 워낙 열악하고 자금도 부족해서 이내 '궁여지책' 같은 빈곤의 덫이 되었다.

9장에서 이야기했듯, 유럽의 공공 주택은 일부 민영화되었지만, 전체적인 공공 주택 재고가 미국보다 훨씬 더 많고 품질도 아직은 '괜찮은' 수준이다. 외관도 보기 좋고, 가족이 살기에 안전하며, 놀이터와 공원, 학교, 상업 지구, 공공 도서관, 대중교통 등의 시설도 완비되어 있다. 하지만 유럽에서도 불평등이 커지는 동시에 공공 주택에 쏟는 관심과 투자가 줄며 특정 지역에서 분리가 장기화하는 우려스러운 상황이 나타났다.

공공 주택에서 공공 쓰레기장으로

2017년 6월 14일 런던 노스켄싱턴의 24층 아파트 그렌펠 타워에서 불이 났다. 이 사고로 72명이 사망하고 70명이 부상을 입고 수백 명이 집을 잃었다. 세입자는 대부분 저소득 노동자였고, 사망자 85%가 소수민족 출신이었다. 화재 발생 원인을 조사한 결과, 2015년에 설치한 가연성 외장재와 단열재에 불이 붙어 급속히 번진 것으로 밝혀졌다. 시의회는 외장재가 규정에 맞지 않고 건물 외벽에 설치하면 위험하다는 사실을 알았지만, 비용을 절감하고자 사용을 승인했다. 지금도 영국에는 가연성 외장재를 설치하거나 여러 가지로 안전하지 않은 공공주택이 많다.[35]

이 사건은 정부가 공공 주택에 관심을 쏟지 않을 때 발생하는 결과를 똑똑히 보여준다. 20세기 중반 유럽과 아메리카에서 대규모로 진행된 공공 주택 사업은 가난하고 궁핍한 사람들에게 주택을 공급할 목적이 아니었다. 일정한 일자리와 소득이 있는 노동자 계층에게 적절한 주택을 공급하려는 사업이었다. 미국은 뉴딜 정책의 일부로 공공 주택 사업을 추진했지만, 영국과 유럽은 제2차 세계대전 이후 복구 노력에 따라 정치권 전반의 지지를 얻어 공공 주택에 엄청난 정부 재원을 쏟아부었다. 하지만 1960년대부터 공공 주택 지원금을 삭감하고 중산층이 교외로 빠져나가며 이런 지역들이 가장 가난하고 소외된 사람들이나 사는 '공공 쓰레기장'이 되었다.

영국의 일부 정치인은 편의시설과 사회기반시설, 공공장소에 대한 투자 부족으로 황폐해진 시영 주택 단지를 가리켜 '시궁창 단지'라는 경멸적 용어를 사용했다.[36] 결국 공공 주택은 갈수록 '시민권의 상징에서 분리의 상징'으로 추락했다.[37] 공공 주택의 방치와 자금 지원 중단, 위상 추락으로 그 누구보다 큰 영향을 받은 사람이 이주자와 소수 집단이었다. 열악하고 건강에 해롭고 위험한 공공 주택에 살아야 하는 사람이 너무 많았다.

　도시 계획과 공공 주택 정책은 주거지 분리의 수준과 심각성에 큰 영향을 미친다. 프랑스는 제2차 세계대전 이후 수십 년간 주택 부족 문제가 심각했다. 프랑스 정부는 도심 슬럼화 문제를 해결하고자 대도시 외곽인 **방리유** 지역에 저렴한 주택(공공 주택HLM)을 보급하는 야심 찬 사업에 착수했다. 하지만 토박이 노동자 계층은 도시 외곽의 특색도 없고 칙칙한 고층 아파트 단지에서 살길 원하는 사람이 별로 없어서 이입민 가족들이 그곳에 정착했다.

　영국의 공공 주택은 일반적으로 시영 주택 단지로 조성되고, 개인 소유 주택이 대부분인 부유한 지역과 지리적으로 떨어져 있다. 전후 수십 년간 대대적인 주택 사업에 따라 시영 주택 단지가 조성되고 연립주택과 고층 아파트가 건설되었다.[38] 1970년대부터 백인 영국인 가정이 시영 주택 단지에서 빠져나가고 이주자와 소수민족이 그 자리를 채웠다. 전통적으로 영국인 중산층이 살던 도심 지역도 마찬가지다. 그래서 본질적으로 계급 분리였던 것이 현재 민족 분리처럼 보인다.

　물론 적당한 수준의 민족 분리는 문제가 되지 않는다. 공동체의 연대 의식이 교육과 일, 사업을 통해 이주자와 소수 집단의 권리를 보호할 때가 많기 때문이다. 하지만 일부 지역에서는 분리가 장기화하는 심각한 문제가 발생했다. 유럽에서 나타난 극단적 분리는 대체로 그 누구도 예상하지 못한 특별한 역사적 상황과 잘못된 도시 계획이 어울려 의도치 않게 발생한 결과다.

　예를 들어, 스웨덴에서 주거지 분리를 우려하는 목소리가 커지고 있다. 스톡홀름과 예테보리, 말뫼 같은 도시의 주거지 분리가 유럽에서 가장 극단적 수준에 이르렀다. 스톡홀름 교외 린케비 지역은 인구의 80% 이상이 외국 출신이다. 소말리아인과 이라크인, 시리아인이 가장 많지만, 린케비에는 국적이 아주 다양한 이주자들이 살고 있다. 토박이 스웨덴인과 이입민 인구가 분리된 뿌리는 스웨덴의 주택 정책이다. 스웨덴은 시내와 멀리 떨어져 고용 기회와 공동체 활동 공간이 없는 외진 곳에 공공 주택 단지를 건설했다.[39] 사민당 올로프 팔메Olof Palme 정부는 린케비 같은 지역에 공공 주택 단지를 조성하고 1965년부터 1974년까지 스웨덴 노동자 계층을 위해 100만 채에 달하는 주택을 건설했다.

하지만 스웨덴의 노동자 계층은 콘크리트로 칙칙하게 지은 조악한 아파트에서 살길 원치 않았고, 공공 주택은 '궁여지책'으로 대부분 복지에 의존해 사는 사회적 소외 계층에게 돌아갔다. 스웨덴 정부는 1980년대부터 공공 주택 단지에 이주자와 난민을 정착시키기 시작했다. 시기적으로도 불행한 시절이었다. 스웨덴으로 유입되는 망명 신청자가 1992년 절정에 달했고, 스웨덴 경제가 수십 년 만에 최악의 위기를 겪으며 새로 도착한 난민 가족들이 실업 상태로 복지에 의존해 살았다.[40] 1990년대부터 주택 사유화 흐름에 따라 가난한 사람들이 젠트리피케이션 현상이 발생한 도심에서 공공 주택 단지로 내몰렸다.[41] 결국 린케비에 빈곤과 사회적 문제가 축적되며 청소년 범죄 조직 간 폭력이 급증했다.

'거리의 눈들'과 잘못된 도시 계획

정부가 토박이 노동자들이 원치 않는 곳에 특색도 없고 품질도 조악한 공공 주택 단지를 대규모로 조성할 때마다 가장 극단적이고 눈길을 끄는 분리 문제가 발생한 듯하다. 과거의 실수에서 교훈을 얻으면 이런 문제를 어렵지 않게 피할 수 있다. 중요한 것은 통합 정책 자체가 아니라 공동체 생활과 사회적 안전, 인종과 계급의 혼합 수준을 높이는 합리적인 도시 계획이다. 서구 전역에서 전후 수십 년간 현대적 '청사진'인 도시 계획과 관련해 진행한 잘못된 실험이 공동체 상실과 사회적 역기능과 범죄의 증가라는 비참한 결과를 빚었다.

'현대적' 도시 계획의 중심은 생활과 쇼핑, 일, 여가, 교통 등 여러 가지 기능을 지리적으로 분리하는 것이었다. 도시 재생과 빈민가 철거, 현대화라는 명분을 내세워 서구의 많은 도시가 오랫동안 고속도로와 고층 건물을 건설하는 도시 계획에 집중했다. 미국계 캐나다 언론인이자 도시 이론가인 제인 제이콥스Jane Jacobs가 1961년 《미국 대도시의 죽음과 삶The Death and Life of Great American Cities》에서 주장한 대로[42] 이런 도시 계획은 비극적 실수로 밝혀졌다. 공동체 삶을 파괴하고 사회적 통제를 가로막으며 사람이 많고 활기가 넘치는 지역을 아무도 가려 하지 않고 살려 하지 않는 위험하고 으스스한 곳으로 바꾸었기 때문이다. 이런 도시 계획은 도시민들이 그 지역에서 계속 살아가도록 돕기는커녕 ('빈민가'로 오명을 붙인) 그런 지역을 그야말로 파괴하며 시내 공동체에서 심장을 도려냈다.

사람들은 대부분 그처럼 특색 없는 곳에서 살길 원하지 않는다. 커다란 녹지 공간이 가로지르는 고층 빌딩들은 공동체 생활과 사회적 통제가 불가능하고 안전장치가 부족하다. 제이콥스의 비판에 영감을 얻은 도시 계획자들은 생활과 일, 쇼핑, 오락 등 중요한 사회적 기능과 상업적 기능을 지리적으로 혼합할 때 범죄가 줄어들고 안전에 대한 대중의 인식이 제고된다는 사실을 깨닫기 시작했다. 끊임없는 사람들의 존재와 제이콥스가 적절하게 표현한 대로 '거리의 눈들'이 사회적 통제를 강화하기 때문이다. 이렇게 되면 쇼핑센터와 도심 지역이 약간 지저분해도 밤마다 황량하고 으스스해서 사람들이 감히 걸어 다닐 수 없는 '유령 도시'가 되는 일은 막을 수 있다. 주거 지역에 들어서는 작은 가게와 식당, 카페도 지역의 활기와 사회적 연결성을 강화한다.

대도시 외곽에 쇼핑센터와 큰 슈퍼마켓이 들어서면 도심 지역의 사회적 응집성에 부정적 영향을 미치는 것이 바로 그 때문이다. 가족끼리 운영하는 작은 가게와 동네 빵집, 철물점이 문을 닫으면 지역과 마을이 사회적으로 중요한 구심점을 잃게 된다. **겉으로 보면** 쇠락한 구시가지와 도심 빈민가가 역설적으로 여러 기능을 혼합해 민족 집단 거주지에서 전형적으로 나타나는 공동체 삶과 소규모 사업의 온상이 될 때가 많다.

소득 분리가 점점 더 현실적인 문제가 되고 있다

비서구 이주자 집단의 이입이 도시 게토에서 영구히 '평행선 같은 삶'을 사는 민족적 최하층 계급의 형성으로 이어진다고 생각하지만, 확인된 증거는 이런 생각과 배치된다. 물론 분리가 장기화하며 분리 지역이 소외된 소수 집단의 빈곤이 대물림되는 함정이 될 때도 있다. 하지만 이는 해당 집단의 특정한 문화나 종교 때문에 발생한 결과가 아니다. 경제적 소외와 더불어 잘못된 도시 계획 정책이 분리 지역을 빈곤의 덫으로 만드는 것이다.

많은 정부가 이런 현실적 문제를 아주 오랫동안 도외시하고 외면했다. 분명한 것은 문제를 부인하거나 대수롭지 않게 다루면 문제가 해결되기는커녕 더 악화한다는 것이다. 이런 문제를 효과적으로 해결하려면 분리의 구조적 원인을 이해해야 한다. 일반적으로 분리는 장기 실업과 빈곤, 잘못된 도시 계획, 소외 집단의 사회적 이동 기회 박탈 등이 복합적으로 작용해 나타난다.

이와 관련해 아주 의미심장하고 또 우려스러운 현상이 서구 전역에서 점점 확산하는 계급 분리다. 부자와 가난한 사람의 삶이 갈수록 분리되고 있다. 북유럽과 남유럽을 연구한 방대한 자료에 따르면, 경제 자유화와 불평등 증가, 공공 주택의 민영화와 자금 지원 중단으로 계급별 주거지 분리 수준이 높아졌고, (가장 분리된 집단인) 상류층과 중산층, 인종이 뒤섞인 지역과 빈민층이 거주하는 교외의 거리가 점점 더 멀어졌다. 이처럼 인종적 배제와 주거지 분리가 교차할 때 최악의 빈곤 사례가 나타난다. 소득 분리가 일부 소외된 백인 집단을 비롯해 아주 불리한 이주자 공동체에 가장 큰 타격을 주는 것이다.[43]

미국에서도 거주지 분리 패턴을 설명할 때 계급 불평등의 중요성을 지적하는 목소리가 커졌다. 더글러스 매시의 연구팀이 증명했듯, 1977년 인종 차별적 레드라이닝과 각종 차별 조치를 법으로 금지하자 평균적 흑인 분리 수준이 떨어졌다. 하지만 역설적으로 계급 분리가 커지며 규모가 아주 큰 '게토'에 문제가 집중되는 현상이 발생했다. 신흥 흑인 중산층이 떠나며 게토에 남은 가난한 흑인 가정에 갈수록 문제가 집중된 것이다. 1980년대부터 라틴아메리카인의 수가 늘며 이들의 인종적 소외도 커졌고, 부유한 (주로 아시아계) 이주자 집단은 더 부유한 지역으로 빠져나갔다. 소득 집단별 분리가 점점 더 커진 결과 '도시 지리 양극화' 현상이 나타났다. 부유한 백인과 아시아인들은 점점 더 부유한 해안 지역으로 밀집했고, 중서부와 남부의 낡고 쇠락한 공업 지

역에 사는 가난한 흑인과 라틴아메리카인, 백인, 아시아인들에게 빈곤이 고도로 집중되었다.[44]

계급 분리는 이주자와 소수 집단이 자신들의 문화와 언어, 종교를 고수하며 통합을 거부하는 것과 상관이 없다. 민족이나 인종을 떠나 가난한 집단이 빈곤한 처지에서 벗어날 수 없는 상태와 연관이 있다. 이처럼 계급 분리가 장기화하는 원인은 **구조적**이며 소득 불평등 증가와 주택 구매 및 임대 시장의 자유화와 연관이 있다. 선배 이주자들이 경제 사다리를 오르며 현재 민족 분리 수준은 떨어지고 있고, 최근 이주자들은 계급적 배경이 더 다양하다. 하지만 여전히 저소득층을 벗어나지 못한 이주자와 소수 집단이 워낙 많고, 이들이 계급 분리의 영향을 과도하게 받고 있다. 결국 인종 분리처럼 보이는 것이 본질적으로는 계급 분리다. 그리고 갈수록 계급 분리 수준이 높아지고 있다. 이 새로운 패턴의 분리 때문에 불리한 공동체가 계속해서 양질의 교육과 직업에 접근할 수 없다.

결론적으로, 분리 문제를 논의할 때는 더 광범위하게 불평등 문제를 논의해야 한다.

오해 12
이입 때문에 범죄가 급증한다

"저들이 마약을 반입하고 범죄를 들여오고 있다. 저들은 강간범이다. 착한 사람은 일부라고 생각한다." 2016년 대선에 출마한 도널드 트럼프가 유세 중 멕시코계 이주자들을 지칭한 말이다. 트럼프는 또 대통령 임기 첫해에 이주자 조직 폭력단을 이렇게 매도했다. "그들은 총을 사용하지 않는다. 너무 순식간에 고통 없이 죽이기 때문이다. 그래서 그들은 15세, 16세 등의 젊고 예쁜 소녀들을 납치해 칼로 포를 뜨고 저민다. 소녀들이 극심한 고통을 받다 죽길 바라기 때문이다. 우리는 이런 짐승들을 너무 오랫동안 보호해왔다."[1] 영국에서도 2016년 브렉시트 투표를 앞두고 이입에 관한 논란이 뜨거워지자 영국 독립당 대표 나이절 패라지Nigel Farage가 "유럽에서 사람들의 자유로운 이동은 범죄자의 자유로운 이동, 칼라시니코프 자동 소총의 자유로운 이동, 테러리스트의 자유로운 이동이 되었다"라고 주장했다.[2]

정치인과 언론은 흔히 이주자와 소수 집단을 범죄자, 강간범, 잠재적 테러리스트로 묘사했다. 실제로 여론 조사 결과에 따르면, 사람들이 이입에 대해 느끼는 가장 큰 두려움은 이주자들이 일자리를 뺏고 임금을 떨어트리고 복지를 해치는 것이 아니다. 이입 때문에 범죄가 증가할 것을 가장 두려워한다. 2010년 대대적인 여론 조사 결과, 서구 주요 이입 국가의 국민 중 3분의 1에서 2분의 1은 이입 때문에 범죄가 증가한다고 생각하고, 2분의 1에서 4분의 3은 불법 이입민들 때문에 범죄가 증가한다고 생각했다.[3] 이런 여론과 더불어 황폐한 이주자 거주 지역과 도시 '게토'에서 조직 폭력 문화가 번성한다는 두려움도 깊어졌다.

이입과 관련해 아주 오래되고 뿌리 깊은 두려움 중 하나가 이입으로 범죄가 유입돼 우리 사회와 거리의 안전이 위협받는다는 것이다. 미국의 아프리카계 미국인과 라틴아메리카인 '갱단', 서유럽의 알바니아인과 불가리아인, 모로코인 같은 이입민과 소수 집단이 조직 폭력과 마피아식 범죄 행위에 연루된 경우가 많았다. 그래서 일반적으로 이런 집단이 마약 거래나 강도, 사채, 갈취, 인신매매 같은 불법 행위에 가담한다고 생각한다. 그리고 범죄 집단이 다음 세대를 방탕한 생활로 꾀어 들이고 교육과 일을 통해 불이익에서 벗어나려는 공동체 구성원의 의욕을 꺾는 탓에 이런 문제가 이어진다고 생각한다.

특히 미국은 불법 이입민을 흔히 예비 범죄자로 간주한다. 당국의 눈을 피해 빠듯한 생활을 하는 이들이 살아남으려고 범죄 행위에 가담할 가능성이 아주 크다는 것이다. 유럽은 이주자 출신 무슬림 소수 집단이 테러리스트이거나 테러를 지원한다고 두려워한다. 또 '서양 여자는 방탕하다'는 잘못된 고정관념에 사로잡힌 무슬림 청년들이 길거리에서 비이슬람 여성을 도발하고 괴롭히거나 성폭행해도 좋다는 '도덕적 허가증'을 마음에 품고 있다고 두려워한다.

대부분 사람이 이입민 집단 전체를 범죄자나 강간범, 테러리스트로 묘사하는 것은 인종 차별적 편견이라고 거부하겠지만, 일부 이입민과 소수 집단이 연루된 범죄 행위가 너무 많이 발생하는 듯한 상황은 모두의 걱정거리다. 이런 관점에서 보면, 합법 이입과 불법 이입을 모두 줄이는 것이 범죄 퇴치에 필요불가결한 요소로 보일 것이다.[4]

실상

일반적으로 이입은 강력 범죄율을 낮춘다

일부 이주자와 소수 집단이 통계적으로 범죄에 가담하는 비율이 높은 것은 사실이다. 유색인 재소자 비율이 평균 이상으로 높은 것도 사실이다. 그리고 일부 소수 집단의 청년들이 길거리에서 (이주자나 토착민) 여성의 안전을 위협하는 것도 사실이다. 그렇다면 이입이 범죄 증가로 이어진다는 것은 타당한 의견일까? 아니면 인종 차별적 편견일까? 이 문제는 상당히 복잡하기에 증거를 세심히 살피는 것이 중요하다.

이입과 범죄의 관계는 파악하기가 쉽지 않다. 무엇보다 실업과 소득, 교육을 비롯해 사회적 통제, 사회적 응집성, 공동체에 대한 믿음 등 범죄에 영향을 미치는 요인이 아주 많기 때문이다.[5] 예컨대, 이입민이 정착한 도시 지역이 이미 범죄율이 높은 지역이라면 이입과 범죄의 상관관계를 거론하는 것은 논리에 맞지 않는다. 그리고 범죄자는 대부분 젊은 사람이므로 범죄 통계에 잡힌 이주자가 아주 많다는 것은 그저 이주자 중 젊은이가 많기 때문인지도 모른다. 따라서 이입이 범죄에 미치는 영향을 제대로 평가하려면 이런 편견을 배제해야 한다.

이입이 범죄에 미치는 영향을 가장 확실히 평가하는 방법은 (특정 지역이나 지방, 주, 국가 등) 일정한 지리적 단위 내에서 **시간 경과에 따른** 이입률 변화와 범죄율 변화의 관계를 분석하는 것이다. 다행히 최근에 사회학자와 범죄학자들이 이 문제를 연구해 상당히 신빙성 있는 결과들을 발표했다. 연구 방법과 연구 집단에 따라 확인된 결과가 조금씩 다르긴 하지만, 이입이 범죄율을 높인다는 증거는 확인되지 않았다. 실제로는 다양한 형태의 이입이 범죄율을 **떨어뜨린다.** 특히 **폭력** 범죄 발생 비율이 크게 떨어진다. 이입이 역설적으로 해당 지역을 더 안전하게 만드는 것이다.

이런 사실을 가장 분명히 확인할 수 있는 것이 미국의 상황을 연구한 자료다. 이 연구 자료에 따르면, 이입민들이 토착민 인구에 비해 평균적으로 교육 수준과 임금 수준은 낮지만 대체로 범죄를 저지를 확률이 토착민보다 낮다. 이입민이 밀집한 지역이 토착민이 사는 지역보다 평균적인 범죄율과 폭력 사건 발생 비율이 낮다.[6] 연구에서 확인된 또 다른 패턴은 이입민이 범죄에 연루되는 경우도 대부분 실업자나 가난한 이입민이 저지르는 차량 절도나 빈집털이 같은 비폭력 범죄라는 사실이다. 이입민이 가중 폭행이나 강간, 살인 등 폭력 범죄를 저지르는 비율은 아주 낮다.[7] 미국에서 이입민은 교도소에 수감되는 기간도 토착민보다 짧다. 18~39세 남성을 대상으로 연구한 결과에 따르면, 외국 출신의 수감률이 토착민의 4분의 1에 불과하다.[8]

이 모든 증거는 '외국인 체류자는 범죄자'라는 고정관념이 근거가 희박할 뿐 아니라 오히려 정반대라는 사실을 가리킨다. 노스이스턴대학교 범죄학자 라미로 마르티네즈Ramiro Martinez 연구팀은 아이티와 자메이카, 쿠바 출신 이입민의 살인율이 전체 인구의 살인율보다 **낮으며**, 이들 이입민 집단의 규모가 더 커지고 확실히 자리를 잡은 1980년대 이후 살인율이 감소한 사실을 확인했다.[9]

하버드대학교 범죄학자 로버트 샘슨Robert Sampson은 지역 공동체가 공유된 가치관에 기초해 사회적 통제를 하는 역량에 따라 범죄율이 크게 달라진다는 사실을 확인했다. 그리고 이입이 일반적으로 공동체의 사회적 통제 역량에 긍정적 영향을 미치며 범죄를 줄인다는 사실을 확인했다. 샘슨 연구팀이 확인한 결과에 따르면, 시카고 지역에 사는 멕시코계 미국인이 폭력 범죄를 저지르는 비율은 토박이 미국인 3세대가 폭력 범죄를 저지르는 비율보다 45%가 **낮았다**. 샘슨은 로스앤젤레스나 새너제이, 댈러스, 피닉스 같은 도시의 범죄율이 이입이 한창이던 시기에 **떨어진** 이유를 이입의 범죄 감소 효과로 설명한다. 그리고 뉴욕, 멕시코 국경 인근의 엘파소와 샌디에이고 등 이입이 집중된 도시가 실제로 미국에서 가장 안전한 도시인 이유도 이입의 범죄 감소 효과 때문이라고 설명한다.[10]

미국에 비해 유럽은 확인된 증거가 많진 않지만, 마찬가지로 이입이 폭력 범죄를 증가시킨다는 생각과 배치된다. 유럽 21개국의 전국 데이터를 분석한 결과, 강간·성폭행, 살인 사건과 이입 수준 사이의 관계가 확인되지 않았다.[11] 1971년부터 2002년까지 영국 전역의 이입 추세와 범죄를 분석한 연구에서도 미국의 연구 결과와 마찬가지로 이입민이 유입될수록 해당 지역이 실제로 더 안전해진 것으로 밝혀졌다. 또한 이입민이 전체 인구의 최소한 20~30%를 차지하는 소수민족 집단 거주지의 범죄율이 크게 떨어진다는 사실도 확인되었다.[12]

특히 같은 민족 출신의 이입민이 모여 사는 소수민족 집단 거주지에서 범죄 감소 효과가 크게 나타난다. 이런 공동체가 일반적으로 제공하는 사회적 통제 덕분인 것으로 추정된다. 앞 장에서 살펴본 증거도 이런 사실과 일맥상통한다. '게토'에 대한 고정관념과 반대로, 새로운 이입민이 군집하는 소수민족 집단 거주지가 비공식적인 사회적 통제와 연대감, 사업을 촉진하는 공동체 생활을 제공한다는 증거다.

근면하고 보수적이며 공동체 지향적이다

이처럼 확인된 증거는 이입이 범죄율을 높인다는 주장을 뒷받침하지 않는다. 증거에 따르면 오히려 정반대다. 대체로 이입민은 범죄율이 더 낮다. 이처럼 놀라운 패턴이 나타나는 이유를 설명하는 것은 그리 어렵지 않다. 무엇보다 이주자는 대체로 범죄를 저지를 목적이 아니라 일하거나 공부하거나 가족과 재회할 목적으로 이주하기 때문이다. 이주하려면 돈도 많이 들고 위험해서 상당히 큰 의지와 계획이 필요하기 때문에 이주자들은 출신국에서 부정적인 하위 계층이 아니다. 오히려 8장에서 설명한 대로, 이주자들은 선택된 집단이다. 성공할 가능성이 큰 특정한 태도와 정신을 소유한 '예외적인 사람들'이다.[13] 이런 태도와 정신을 지닌 사람은 대체로 범죄 행위에 관련되지 않는다.

이입이 범죄를 증가시킨다고 생각한 것은 20세기 초부터다. 당시 미국의 사회학자들은 아일랜드와 이탈리아 등 가톨릭 국가 출신 외국인 노동자가 정착하면 해당 지역에서 '사회 해체'와 비행이 발생한다는 가설을 주장했다. 하지만 과거와 현재의 연구에서 이 가설은 대체로 오류임이 판명되었다.[14] 가설과 정반대로 이주 노동자들은 사회적으로 보수적이며 공동체 지향적이고 종교적 배경을 지닌 사람이 많다. 이들은 연대와 존중, 근면 등 전통적 가치를 확고히 지킨다.

불법 이입민의 범죄율이 가장 낮다

이입민은 영주권이나 시민권을 취득해 도착국에 머물길 간절히 바라므로 대체로 법을 가장 잘 준수하는 사회 구성원이다. 불법 이주자는 두말할 필요도 없다. 경찰의 눈에 띄지 않는 것을 가장 큰 목표로 삼는 불법 이주자는 체포되면 이주에 투자한 돈과 가진 것을 모두 잃고 추방되기 때문이다. 이들은 체포와 추방이라는 이중 처벌이 두려워 특히 남의 눈에 띄지 않게 조용히 지내며 열심히 일하고 그 어떤 범죄에도 연루되지 않도록 조심한다.

따라서 정치인들의 주장과 달리, 미국 연방 정부가 이입민을 구금하고 추방하는 비중을 크게 늘려도 범죄율에 큰 영향을 미치지 못한다는 연구 결과는 당연하다고 할 수 있다.[15] 아이러니한 것은 범죄자로 가장 큰 의심을 받는 불법 이입민이 범죄 행위, 특히 폭력 범죄에 가담하는 비율이 가장 낮다는 사실이다. 위스콘신 매디슨대학교 사회학자 마이클 라이트Michael Light는 불법 이주가 범죄 증가로 이어진다는 일반적 주장이 근거가 희박하다는 사실을 여러 연구에서 밝혀냈다. 라이트는 1990년부터 2014년까지 미국 모든 주의 데이터를 분석한 결과, 미등록 이주자 인구가 늘어도 그 주의 범죄가 증가하지 않는다는 사실을 확인하고, 미등록 이주자 인구가 늘면 오히려 범죄가 약간 감소하는 효과가 나타날 수 있다고 주장했다.[16]

라이트 연구팀은 텍사스주 공안국에서 2012년부터 2018년까지 체포된 사람의 개인 정보를 받아 불법 이주자와 합법 이주자, 토박이 미국 시민의 범죄율을 비교 분석했다. 그 결과 놀라운 사실이 드러났다. 불법 이주자의 범죄율이 가장 낮았고, 합법 이주자의 범죄율은 중간 정도였다. 반면 토박이 미국 시민은 미등록 이주자에 비해 폭력 범죄로 체포되는 비율이 2배나 높았고, 중대한 재산 범죄로 체포되는 비율은 4배, 마약 범죄로 체포되는 비율은 2.5배가 높았다. 살인과 폭행, 강도, 성폭행, 빈집털이, 절도, 방화 등 다양한 유형의 범죄에서도 미등록 이주자의 범죄율이 토박이 미국 시민의 범죄율보다 낮은 일관된 결과가 확인되었다.[17] 2015년 텍사스에서 유죄 판결을 받은 범죄자를 모두 분석하니 토박이 미국 시민의 유죄 판결률이 불법 이입민의 유죄 판결률보다 2배가 높았다.[18]

(하향) 동화의 어두운 이면

증거가 가리키는 것은 아주 분명하다. 이입민은 범죄율이 낮다는 사실이다. 하지만 1세대 이주자가 대체로 폭력 범죄에 가담할 가능성은 크지 않지만, 2세대는 상황이 다르다. 이는 상당 부분 동화적 통합이 반영된 결과다. 우선 토착민이 이입민보다 범죄율이 높기 때문이다. 아이러니한 것은 이런 통합의 단점 중 하나가 이주자 집단이 더 오래 머물수록 이들의 범죄 패턴이 토착민의 범죄 패턴을 닮아간다는 것이다.

대표적으로 저숙련 이주자의 자녀들이 사회학자 민 저우Min Zhou와 알레한드로 포르테스가 이야기한 '하향 동화downward assimilation'를 경험한다. 저우와 포르테스는 '분절 동화segmented assimilation'를 크게 세 가지 패턴으로 구분했다.[19] 세 가지 패턴으로 구분할 때 중요한 문제는 이입민 자녀들의 동화 (혹은 통합) 여부가 아니다. 이입민의 자녀 거의 모두가 동화(혹은 통합)되기 때문이다. 중요한 것은 이들이 사회의 어떤 부분과 동화하느냐는 것이다.

첫 번째 패턴은 고숙련 이주자의 자녀들이 동화되는 궤적이다. 이들은 대체로 토착민 아이들보다 학업 성적도 우수하고 전문직으로 성공한다. 두 번째 패턴은 교육 수준이 낮은 이주 노동자의 자녀들이 동화되는 궤적이다. 이들도 (흔히 소수민족 집단 거주지에서) 가족의 긴밀한 유대와 공동체의 지원을 받으면 교육과 일, 사업을 통해 발전을 꾀하고 마침내 중산층에 진입할 수 있다.

문제가 큰 것은 세 번째 패턴인 하향 동화다. 이 세 번째 동화 궤적에서는 저숙련 이주 노동자의 자녀들이 '주류' 중산층에 진입하는 데 실패한다. 차별과 실업, 빈곤, 분리, 취약한 공동체 구조 등의 요인이 뒤섞여 이들의 성공을 가로막고 불이익을 영구화할 때가 많기 때문이다. 불이익을 당해 사회적·경제적 사다리를 오르는 데 실패하고 가난한 동네에 갇힌 청년들은 인종 차별과 배제를 경험하며 적대적인 하위 문화를 구축할 수 있다.[20] 이런 여러 가지 요인이 뒤섞인 결과, 도심 분리 지역이나 쇠락한 공공 주택 단지, 유럽의 방리유에 사는 소외된 이주자와 소수 집단 청년들이 그 대안으로 범죄 세계에서 직업을 구하거나 종교적 근본주의에 의존하는 듯하다.

포르테스 연구팀이 남부 캘리포니아와 플로리다 남부에 사는 2세대 청년들을 대상으로 설문 조사한 결과, 고등학교 중퇴율이나 조기 임신 같은 문제 외에도 더 높은 체포율과 수감률이 하향 동화의 지표로 드러났다. 교도소에 수감될 확률이 가장 높은 대상은 멕시코와 카리브해 출신 이주자 2세대 청년들이었다.[21] 중국인과 한국인, 필리핀계 미국인, 쿠바계 미국인 2세대 청년들의 수감률이 더 낮은 것은 부모의 교육 수준이 더 높고 공동체의 응집성이 더 크기 때문인 듯하다.

중요한 것은 일부 2세대 집단의 범죄율이 특히 높게 나타나는 이유가 인종이나 민족, 종교 때문이 아니라 사회적 지위와 경제적 지위 등 계급과 연관된 요인 때문이라는 사실이다. 범죄율이 가장 높게 나타나는 대상은 대체로 교육 수준과 소득 수준이 낮은 18~35세 남성들이다. 역기능 가정과 사회적 통제 결여를 비롯해 특히 장기 실업이 범죄 행위를 유발하는 강력한 변수이다.[22]

특정 2세대 집단의 범죄율이 특히 높은 이유는 서구 여러 국가에서 불이익을 받는 노동자 계층 인구의 비중이 늘고 있기 때문이다. 이런 상황을 빚은 가장 큰 요인도 계급이다. 범죄는 특정한 민족적·인종적·문화적 배경을 지닌 사람들에게 내재한 특징이 아니라 하향 동화를 경험하는 이입민 집단의 경제적 소외에 따른 결과물이다. 따라서 소외된 이주자 출신 특정 집단에 씌워진 범죄자라는 오명은 이들이 (만일) 경제 사다리를 올라 마침내 중산층의 지위를 획득하는 즉시 사라진다. 노동자 계층 이입민 집단 중 범죄자라는 오명을 벗은 대표적인 사례가 미국의 아일랜드인과 이탈리아인이다.

인종 프로파일링과 편견의 악순환

1999년 4월 30일 밤이었다. 네덜란드 프리슬란트주의 작은 마을에 사는 16세 소녀 마리안느 파트스트라Marianne Vaatstra가 친구들과 파티에 놀러 갔다 돌아오지 않았다. 마리안느는 다음 날 아침 풀밭에서 싸늘한 주검으로 발견되었다. 검시관은 마리안느가 강간당한 뒤 칼에 목이 베이어 사망했다고 언론에 발표하고, 목을 베어 죽이는 것은 전형적인 '네덜란드식' 살인 방법이 아니라고 덧붙였다. 주민들은 그 즉시 인근 망명 신청자 센터에 사는 사람들을 의심했다. 결국 그 지역에 사는 난민들을 향한 위협과 폭력이 쇄도하고, 망명 신청자 한 명이 칼에 찔려 사망했다.[23] 프리슬란트에서 자란 덕분에 나는 주민들이 모두 '저' 망명 신청자들이 '범인이 틀림없다'며 수군대던 모습을 생생히 기억한다.

극우 정치인 핌 포르튀인Pim Fortuyn이 "프리슬란트 사람은 목을 베는 짓 따위는 하지 않는다"라고 발언하자 부정적 정서가 네덜란드 전역으로 확산했다.[24] 언론은 망명 신청자 센터를 '범죄 행위의 온상'으로 묘사하고, 황금시간대에 방영되는 범죄 관련 텔레비전 프로그램은 유력한 용의자로 의심되는 '중동인(이라크인과 아프가니스탄인)' 남성들의 사진을 내보냈다. 이후 이들은 DNA 감식 결과 용의선상에서 제외되었지만, 망명 신청자들이 범죄를 저지른 것이 틀림없다는 대중의 의심은 가라앉지 않았다. 이 사건은 수년간 미제 사건으로 남았지만, 2012년 새로운 DNA 감식 결과, 범죄 현장에서 3킬로미터 떨어진 곳에 사는 그 지역 농부가 범인이라는 반박할 수 없는 증거가 확인되었다. 지역 주민들은 경악했고, 가정적이고 좋은 아빠이자 친절한 이웃인 그 농부가 그처럼 끔찍한 범죄를 저질렀다는 사실을 믿을 수 없었다.[25]

이런 사례가 드물지 않다. 확인된 증거에 따르면, 일부 소수 집단과 이주자 출신 집단의 범죄율이 특히 높게 나타나는 또 다른 중요한 이유는 편견과 인종 차별적 프로파일링 때문이다. 한마디로 이들이 체포되어 형을 선고받을 확률이 더 높기 때문이다. 이것이 악순환을 일으키기 쉽다. 유색인이 의심받고 체포되어 형을 선고받을 확률이 더 높고 언론이 이들에게 주목하며 소수 집단, 특히 젊은이에 대한 편견이 더 굳는다. 그리고 그런 편견에 따라 경찰에 고발될 확률이 커지며 특정 집단의 구성원들은 체포되어 유죄 판결을 받고 같은 범죄를 저질러도 더 중한 처벌을 받는다.

가령, 교외 부촌에 사는 중산층 청년이 마약을 복용하거나 기업 경영진이 코카인을 흡입하다 체포될 확률은 이주자 거주 지역에 사는 소수 집단 청년이 마약에 취해 길거리에서 체포될 확률보다 낮다. 최근 수십 년간 격차가 줄어들었지만, 미국에서는 오래전부터 흑인과 라틴 아메리카인 후손들이 백인보다 징역형을 선고받는 확률이 더 높았고, 징역형을 선고받아도 수감 기간이 백인보다 더 길었다.[26]

모든 사회에서 젊은이, 특히 젊은 남성들은 경계를 뛰어넘으려고 시도한다. 하지만 이런 젊은이들에 대한 공동체와 사법 기관의 대응은 사뭇 다르다. 사회적 응집성이 강한 지역에서는 청년들이 저지르는 경범죄가 흔히 경찰의 공식적인 개입 없이 부모와 공동체의 사회적 통제와 교정으로 해결된다. 경찰이 개입해도 경범죄를 저지른 청년이나 그 부모를 엄중히 질책하고 끝날 때가 많다.

하지만 이보다 가난한 지역에서는 문제가 이런 식으로 해결되지 않을 확률이 높다. 상황이 심각해져 경찰이 개입하면, 경범죄를 저지른 청년을 체포할 확률이 높다. 교외 부촌에 사는 백인 중산층의 10대 딸이 가게에서 물건을 훔치다 잡히면 정식으로 기소되지 않고 풀려날 가능성이 크다. 저소득층 지역에 사는 흑인 소녀는 다르다. 흑인 소녀의 부모는 신고하지 말라고 가게 주인을 설득하거나 기소하지 않도록 경찰을 설득할 힘이나 연줄이 없다.

인종 차별적 프로파일링과 편견은 유색인이 부를 과시하면 경찰의 의심을 받기 쉽다는 의미이기도 하다. 흑인이 값비싼 자동차를 타고 다니면 경찰의 검문을 받는 일이 아주 흔하다. 인종 차별적 편견은 백인은 상상도 하지 못하는 다양한 방식으로 소수 집단의 일상생활에 영향을 미친다.[27]

인종과 민족을 차별하는 편견은 언론이 범죄를 보도하는 방식에도 영향을 미친다. 흑인 남성이 다른 흑인 남성을 살해하면 언론에 '조폭 간 폭력'이나 '마약 관련 살인'으로 보도될 확률이 높고, 경찰이 사건을 진지하게 수사할 가능성이 아주 낮다. 백인 남성이 학생 수십 명을 살해하거나 쇼핑몰에서 사람들을 죽이면, 정신 질환으로 규정될 때가 많다. 만일 무슬림 남성이 비슷한 범죄를 저지르면, 언론과 전문가들이 그 즉시 테러 공격이라는 프레임을 씌울 가능성이 크다. 혹시 정신 질환에서 비롯된 자살 폭탄 테러가 아닌지 고민하지 않는다. 만일 백인 남성이 배우자를 살해하면, 언론은 이 사건을 정신 질환에서 비롯된 범죄나 **격정 범죄**(순간적인 감정 폭발로 행해지는 범죄-옮긴이)로 해석할 가능성이 크다. 하지만 무슬림 남성이 똑같은 범죄를 저지르면, 언론은 흔히 그 사건을 광적인 신앙과 연결하거나 명예 살인처럼 '후진적' 문화 관습과 연결한다.

이런 고정관념이 영화 산업에도 스며들었다. 흑인 배우나 유색인 배우는 범죄자나 조폭, 마약상 같은 악역만 주어진다고 불평할 때가 많다. 알바니아인 등 동유럽 사람들은 흔히 인신매매범으로 등장하고, 무슬림은 광신도나 테러리스트로 등장할 때가 많다. 이입이 범죄를 증가시킨다는 두려움은 다수 집단의 문화에 깊이 스며들어 '외국인' 남성에 대한 뿌리 깊은 편견을 조장한다. 외국인 남성은 더 공격적이고 범죄 성향이 짙은 여성 혐오자이며, 특히 백인 여성을 노리는 성범죄자 혹은 인신매매범이라는 고정관념을 조장한다. 이런 고정관념은 '저들'이 '우리' 여성을 잡아간다는 다수 집단의 두려움을 반영한다.

과잉 기소, 과소 보호

인종 차별적 프로파일링은 현실이다. 구체적 증거로 확인되는 현실이다. 최근까지는 인종 차별적 프로파일링과 편견이 '외국인 체류자는 범죄자'라는 고정관념에 미치는 영향을 완전히 평가할 수 있는 데이터가 없었다. 하지만 일부 연구에서 신빙성 있는 추정치를 확인할 수 있다. 2022년 네덜란드 사회학자 빌레메인 베제머르Willemijn Bezemer와 아리언 레이르커스Arjen Leerkes가 범죄 행위 수준이 비슷한 이주자 청년과 토착민 청년을 대상으로 범죄 혐의자로 의심받는 비율을 비교했다.[28] 연구 결과, 네덜란드에서 모로코나 카리브해 출신 이주자 청년이 범죄 혐의자로 의심받는 비율이 토착민 출신 청년보다 6~7배가 높았다. 수리남이나 튀르키예 출신 이주자 청년이 의심받는 비율도 4배가 높았다.

하지만 '범죄자 오명'을 쓴 집단의 과잉 대표된 범죄 혐의율 중 실제로 범죄 행위가 의심된 비율은 13%에 불과했다. 베제머르와 레이르커스는 과잉 대표된 범죄 혐의율 중 범죄 행위나 사회경제적 지위, 개인적 수준과 지역적 수준의 요인으로 설명될 수 없는 부분이 거의 절반(46%)을 차지한다고 추산했다. 따라서 범죄 피해자와 목격자를 비롯해 경찰의 인종 차별적 프로파일링과 편견이 과잉 대표된 범죄 혐의율의 큰 부분을 차지한다고 할 수 있다. 범죄 가담 수준이 비슷한 집단들을 비교하면, 비슷한 범죄를 저지른 청년 중 중등학교 수준의 직업 교육을 받은 사람이 고등학교 수준의 교육을 받은 사람보다 범죄 혐의를 받는 비율이 4~5배가 높았다. 한마디로 대부분 교육 수준이 높은 백인 청년은 경찰과 문제가 생기지 않을 가능성이 더 크다. 이주자와 소수 집단은 체포될 확률이 높을 뿐 아니라 범죄자로 기소되어 더 혹독한 처벌을 받을 확률도 높다.

소수 집단 구성원은 가정 폭력이나 폭행, 강간, 살인 등 범죄 피해를 보아도 경찰의 보호를 받기가 쉽지 않다.[29] 경찰을 불신하고 두려워하기 때문에 법적 보호를 구하거나 받지 않는다. 특히 미등록 상태의 이주자는 추방이 두려워 범죄 피해 사실을 경찰에 신고하지 않는다.[30] 소수 집단은 경찰과 사법 체계를 설득해 폭력적인 가해자로부터 보호받기도 쉽지 않다. 반면 중산층 집단은 복잡한 행정 체계를 거쳐 경찰의 보호를 받기가 수월하다. 경찰 재원이 풍부한 백인 부촌에 사는 사람은 가정 폭력을 당할 때 가해자를 체포해 접근 금지 명령을 받거나 보호소를 찾기가 어렵지 않다. 이에 비해 사회 복지와 경찰 재원이 부족한 쇠락 지역에 사는 소수 집단 구성원은 이런 보호를 받기가 쉽지 않다.

인종 차별적 편견은 소수 집단 유색인이 경찰 폭력의 **희생물**이 될 가능성도 크다는 것을 의미한다. 2020년 5월 미국 미네소타주 미니애폴리스에서 46세 아프리카계 미국인 조지 플로이드가 경찰에게 살해되었다. 전 세계적으로 '흑인의 목숨도 중요하다'는 운동을 촉발한 조지 플로이드 사건도 제도적 인종 차별이 사라지지 않았고 많은 다수 집단이 제도적 인종 차별의 존재를 쉽사리 인정하지 않는다는 것을 분명히 보여준다. 분명한 것은 이런 경험들이 유색인 소수 집단을 보호하려는 경찰의 능력과 의지, 실질적인 소수 집단 보호 조치를 취하려는 정치인의 능력과 의지에 대한 불신을 키운다는 사실이다.

이입이 증가하며 범죄율이 떨어졌다

이입이 범죄율을 높였다고 생각하지만, 증거는 이런 생각이 근거가 희박한 오해임을 보여준다. 사실 이 오해는 두 부분으로 이루어졌다. 첫 번째 부분은 이입이 범죄를 증가시킨다는 것이고, 두 번째 부분은 범죄율이 예전보다 높아졌다는 것이다. 하지만 사실은 정반대다. 구체적 증거에 따르면, 이입이 범죄를 감소시킬 뿐 아니라 실제로 범죄율도 예전보다 떨어졌기 때문이다. 1988년부터 2004년까지 서구 26개국의 범죄 데이터 추세를 연구한 결과, 차량털이는 77.1%, 소매치기는 60.3%, 빈집털이는 26%, 폭행은 20.6%, 차량 절도는 16.8%가 줄었다.[31] 미국은 1990년부터 2013년까지 폭력 범죄와 재산 범죄가 각각 50%와 46% 감소했다.[32]

살인 사건 발생률도 서구의 거의 모든 국가에서 감소했다. 1991년부터 2019년까지 영국은 고의 살인 사건 연간 발생률이 주민 10만 명당 1.0건에서 0.5건으로 떨어졌다. 독일도 1.4건에서 0.7건으로, 프랑스도 1.7건에서 0.8건으로 떨어졌다. 미국은 살인 사건 발생률이 훨씬 더 높지만, 1991년부터 2019년까지 살인 사건 연간 발생률은 10만 명당 10.2건에서 5.4건으로 크게 줄었다.[33]

사실 우리 사회는 이입 인구가 증가하는 동안 더 안전해졌다. 하지만 이는 대체로 허위 상관관계다. 범죄 감소는 주로 소득 증가와 교육 수준 향상, 실업 감소, 인구 노령화 같은 요인으로 설명되기 때문이다. 미국은 30여 년간 수감률이 높아졌지만 범죄 예방 효과는 떨어졌다.

1990년 이후 효과가 제한적이었고, 2000년부터는 사실상 아무 효과도 발휘하지 못했다.[34] 그러나 정치인이 주장하는 내용과 달리, 이입은 서구 여러 국가의 범죄 감소 속도를 늦추기는커녕 가속화했다. 이입민이 대체로 토착민보다 범죄를 저지르는 비율이 낮기 때문이다. 범죄에 취약한 적대적인 도시 하위문화로 하향 동화한 일부 이주자 2세대에서는 범죄율이 조금 더 높게 나타난다. 하지만 특정한 민족적·인종적·종교적 배경을 지닌 사람이 본질적으로 범죄 행위에 더 취약하다는 증거는 없다. 일부 이입민 출신 집단과 소수 집단은 빈곤층과 실업자 통계에서 과잉 대표되기 때문에 범죄 통계에서도 과잉 대표될 때가 많다.

하지만 편견과 인종 차별적 프로파일링에 따라 소수 집단이 과도하게 체포되어 형을 선고받고 수감되며 편견과 분리, 불이익의 악순환이 이어진다. 이 문제가 심각한 이유는 차별받는 집단이 2등 시민으로 취급된다는 느낌을 받고, 경찰과 정치인의 보호 의지에 대한 신뢰가 무너지기 때문이다. 더 나아가 경찰과 사법부, 정부를 불신해 저항하고 적대적 문화를 조장할 수 있기 때문이다. 영향력 있는 정치인과 언론이 이주자를 극악무도한 범죄자로 의심하는 정치 풍토는 특히 위험하다.

실제로 존재하는 문제를 부정하거나 사소하고 심각하지 않은 문제로 취급하면 안 된다. 소외된 일부 소수 집단의 청년들이 범죄 행동이나 위협적 행동에 과도하게 가담하는 것은 심각한 문제다. 해당 지역이 살기 불안하고 불쾌한 곳으로 변할 뿐 아니라 해당 집단이 계속 불이익을 당하게 되기 때문이다. 이런 문제를 효과적으로 해결하고 방지하려면 그 원인을 정확히 파악하는 것이 중요하다. 인종 차별적 프로파일링도 문제이지만, 범죄는 경제적 소외와 밀접한 관련이 있다. 특히 인종 차별과 장기 실업에 따른 사회적·도덕적·정신적 피해와 밀접한 관계가 있다.

이런 문제를 정말로 해결하려면 효과적인 법 집행과 더불어 다음과 같은 정책이 필요하다. 인종 차별적 프로파일링과 노동 시장의 차별을 적극적으로 퇴치하고, 불이익을 받는 청년들에게 인종이나 민족적 배경에 상관없이 교육과 일을 통해 사회적 이동을 할 기회를 제공하는 정책이 필요하다.

이출은 두뇌 유출로 이어진다

2007년 유엔개발계획에서 "두뇌 유출이 사실상 최빈국들의 미래를 강탈할 수 있다"라고 주장했다. 그러자 이출이 개발도상국의 '최고로 우수한 인재'를 빼앗는다는 우려가 확산했다. 이출이 두뇌 유출로 이어진다는 것은 정치인과 전문가, 국제 개발 기구들이 이주와 관련해 공통으로 크게 염려하는 문제 중 하나다. 기술자와 과학자, 관리자의 지속적 유출이 혁신과 기업 활동, 경제 성장을 촉진하려는 출신국의 노력을 방해하고, 의사와 간호사, 교사, 학자가 빠져나가며 보건과 교육을 향상하고 좋은 통치를 하려는 노력을 좌절시킬 수 있다는 주장이다.

'두뇌 유출' 문제는 우리가 흔히 간과한 이주의 '다른 측면'을 돌아보게 만든다. 좋은 현상이다. 다른 내용은 거의 모두 배제한 채 **이입**이 도착국에 미치는 영향에만 집중하면 **이출**이 발생하는 원인과 이출이 출신국에 미치는 영향을 무시하는 부작용이 발생하기 때문이다. 알제리

사회학자 압델말렉 사야드Abdelmalek Sayad가 주장한 대로, "모든 이입민은 동시에 이출민이다." 하지만 우리는 대체로 이입민이 동시에 이출민이라는 사실을 간과한다.[1] 이주 논의는 아주 오랫동안 서구 중심의 수용국 편견에 사로잡혔다. 출신국 관점에서 이주의 원인과 영향을 무시한 채 그림의 절반을 보지 못하면 이주를 제대로 이해할 수 있을까?

이주가 출신국에 미치는 영향을 평가한 결과는 대체로 부정적이다. 출신국 정치인들은 흔히 부자 나라가 가난한 나라에서 최고로 우수한 인재를 빼간다고 비난한다. 가난한 나라가 빠듯한 자원을 투자해 지도자로 교육하고 훈련한 신세대를 부유한 국가의 기업들이 졸업도 하기 전에 몰래 빼가는 행위가 대단히 부당해 보이는 것은 사실이다. '당신에게 이익일 수 있지만 우리에게는 손해다'라는 것이 가난한 국가가 부유한 국가에 호소하는 메시지다. 사실 어떻게 생각하면, 부유한 국가가 가난한 국가에서 가장 귀중한 인적 자원을 빼가는 것은 식민지 시대의 관행이 이어진 것이다.

가령 영국의 국민보건서비스는 갈수록 심각해지는 노동력 부족을 해결하고자 아프리카의 간호사와 의사들을 '훔친다'고 비난받았다. 상당히 듣기 거북하지만 사실이다. 아프리카인들이 부유한 나라에서 가장 앞장서 환자와 노인들을 보살피지만, 정작 아프리카에는 가난하고 굶주린 사람들에게 가장 기초적인 의료 서비스를 제공할 의사와 간호사가 부족한 실정이다. 국제이주위원회GCIM는 2005년 발표한 보고서에서 "현재 잉글랜드 북부의 도시 맨체스터에서 활동하는 말라위 출신 의사가 말라위 전국에 있는 말라위인 의사보다 많은 것으로 추산된다"라고 주장했지만, 서구의 의료체계는 점점 더 외국인 의사나 간호사에 의존하며 2005년 이후 상황이 더 악화한 듯하다.[2]

공인 졸업장과 자격증을 취득할 수 없는 이주자들이 자신들의 기술 수준보다 낮은 일을 하는 '두뇌 낭비'가 상황을 훨씬 더 악화한다. 기술자가 택시를 몰고, 교사가 수산물 가공 공장에서 일하고, 간호사가 청소부로 일하는 등 상당히 많은 이주자가 자기 기술 수준보다 낮은 일을 하는 것이 현실이다. 메시지는 분명하다. 부유한 나라가 가난한 나라에서 아주 우수한 인재만 '골라' 데려가는 '비윤리적' 채용 관행을 중단하거나 가난한 나라가 교육에 투자한 손실 비용을 보상해야 한다는 것이다.

두뇌 유출 논란 때문에 목적국의 좌익과 지식인, 인도적 단체들은 이주에 대해 상반된 감정을 느낀다. 이들은 이입이 다양성을 높인다며 환영하지만, 가난한 나라의 곤경을 헤아려 이입이 가난한 나라를 더 어렵게 만든다고 죄책감을 느낀다. 두뇌 유출은 아주 인도적인 상황에서 이입을 반대하는 논거가 된다. 고향에 남아 조국의 발전에 힘을 보태는 것이 이주자 본인은 물론 출신국 전체에도 더 유익하다는 것이다. 따라서 가난한 출신국에 '연민'을 느낀다면 이입을 제한해 부족한 인재의 유출을 막아야 한다고 주장한다.[3]

실상

숙련된 노동자의 이출 규모는 그리 크지 않다

출신국 정부가 숙련된 노동자의 대규모 유출을 비난하는 것은 이해할 만하지만, 이들이 떠날 수밖에 없는 구조적 문제를 놔두고 '두뇌 유출'만 비난하는 것은 부당하다. 가난한 나라가 경기 침체와 열악한 보건 서비스, 열악한 교육 환경, 높은 실업률, 심한 불평등, 만연한 부패 등 여러 가지 개발 문제에 시달리는 경우가 많지만, 이런 문제는 이출이 유발한 것이 아니다. 재능 있는 젊은이들이 조국에서 미래를 보지 못하고 해외에서 경력을 쌓으려고 결심하는 이유가 바로 이런 문제들 때문이다. 다시 말해, 조국에 실망해서 떠나는 것이다. 그렇다면 우리가 이제껏 논의한 인과 관계를 완전히 뒤집어야 한다. 즉, 두뇌 유출은 개발 실패의 원인이 아니라 개발 실패에 따라 나타나는 징후다.

국내에서 발생한 개발 문제 책임을 이출에 묻는 것이 부당한 몇 가지 이유가 있다. 첫째, 숙련된 노동자의 이출 규모는 두뇌 유출 가설이 시사하는 만큼 크지 않다. 대다수 국제 이주자는 저숙련 노동자와 그 가족들이며, 고숙련 노동자의 이출 비중이 높은 것은 규모가 작은 몇 나라에만 해당하는 내용이다. 멕시코와 모로코, 튀르키예, 필리핀처럼 주요 이출 국가는 해외에 거주하는 사람이 대체로 전체 인구의 5~10%이며, 그중 고숙련 노동자는 소수에 불과하다.

대체로 국제 이주자 중 고학력자가 차지하는 비중은 그리 크지 않다. 주요 이출 국가들을 연구한 자료에 따르면, 그중 3분의 2 국가에서 고학력 인구 중 국제 이주한 사람이 10% 미만이었다.[4] 또 다른 연구에서는 저소득 국가의 고학력 인구 중 평균 6%가 서구 국가로 이주한 것으로 확인되었다.[5] 전 세계에서 가장 가난한 지역인 사하라사막 이남 아프리카의 두뇌 유출 비율은 13%이고, 중앙아메리카는 17%이다. 두뇌 유출이 심각한 문제로 대두되는 나라는 자메이카나 앤티가 바부다, 피지처럼 주로 작은 (섬) 나라다. 이런 국가에서는 고숙련 인구 중 이주하는 비율이 40~50%다.

대부분 국가는 고숙련 인구 대부분을 비교적 안정적으로 보유한다. 따라서 인재가 대규모로 빠져나간다는 이미지는 대체로 잘못된 것이다. 이제껏 두뇌 유출 비율은 증가하지 않고 감소했다. 개발도상국을 떠나는 숙련 이주자의 수는 늘었지만, 개발도상국에서 학교 교육이 대대적으로 보급된 덕분에 고등 교육을 받는 사람의 수가 훨씬 더 빠르게 증가했기 때문이다. 1990년부터 2020년까지 개발도상국에서 고등 교육을 받는 젊은이의 비율은 8%에서 35%로 급증했다. 그 바탕이 되는 중등 교육 입학률도 같은 기간 45%에서 73%로 증가했다.[6]

아프리카 전역에서 모인 연구자들이 동아프리카와 중앙아프리카, 남아프리카의 8개국 에티오피아와 케냐, 말라위, 르완다, 탄자니아, 우간다, 잠비아, 짐바브웨를 대상으로 1974년부터 2013년까지 대학 교육 과정을 마친 외과 전문의의 잔류율을 평가해 2017년 결과를 발표했다. 외과 졸업생 1,038명을 분석한 결과, 무려 85%가 대학 교육을 받은 국가에 남았고, 93%가 아프리카에 머물렀다. 즉, 대학 교육을 받은 국가를 떠난 15% 외과 졸업생 중 절반이 아프리카 대륙 내 다른 나라로 이주한 것이다.[7]

잔류율이 가장 낮은 나라는 외과 졸업생 3분의 2가 남은 짐바브웨였고, 잔류율이 가장 높은 국가는 졸업생 100%가 본국에 머문 말라위였다. 이 결과가 흥미로운 이유는 맨체스터에서 활동하는 말라위 출신 의사가 말라위 전국에 있는 말라위인 의사보다 많은 것이 '사실'이라며 두뇌 유출을 보여주는 사례로 흔히 거론되기 때문이다. 정치인과 언론인, 활동가들이 말라위 사례를 거듭 언급하며 잘못된 통계가 널리 알려진 것이다. 인상적인 주장이지만 오해에서 비롯한 잘못된 주장이다.[8]

1970년대와 1980년대 일부 말라위 의대생들이 맨체스터대학교 의과대학에서 교육받으며, 그레이터맨체스터주에서 말라위 의대생과 의사의 소규모 집단이 형성되었다. 당시 말라위는 의료진 채용 비율이 지극히 낮았다. 1985년 무렵 말라위에서 활동한 의사 중 토착민은 21명이고, 영국에서 활동하는 말라위인 의사는 19명이었다. 말라위에서 활동한 의사 중 상당수가 이입민이었다. 1991년 말라위 의대가 설립되며 말라위에서 교육받은 의사도 증가하고 잔류율도 높아졌다. 2012년 말라위 의료 위원회에 등록된 의사 618명 중 영국에서 활동하는 말라위인 의사는 약 34명이고, 그중 7명이 그레이터맨체스터주에서 활동했다.[9]

연구 결과에 따르면, 아프리카 전역에서 외과 졸업생의 잔류율이 높은 것은 외과 인력 부족 문제를 해결하려고 추진한 국가 교육 확대 사업이 성공했다는 것을 의미한다.[10] 따라서 높은 잔류율은 의료 두뇌 유출이 '오해'임을 증명한다. 과거에는 아프리카의 의료 두뇌가 유출되었다 해도, 아프리카는 의료 두뇌 이출을 효과적으로 감소시켰다. 전 세계 의료 인력 이출은 대부분 다른 지역에서 발생했기 때문이다. 전 세계 데이터에 따르면 카리브해 지역의 의료 인력 이출 비율이 가장 높아서 2014년 기준 카리브해 지역의 전체 의사 중 28.4%가 해외에 거주한다. 사하라사막 이남 아프리카는 2004년부터 2014년까지 의사의 해외 거주 비율이 18.2%에서 14.5%로 줄었다.[11]

그렇다고 고숙련 노동자의 유출이 문제가 되지 않는다는 의미는 아니다. 특히 규모가 작고 소득 수준이 낮은 국가에서는 고숙련 노동자의 유출이 실제로 일부 분야의 노동력 부족으로 이어지기도 한다. 하지만 실제 확인된 데이터에 따르면, 고숙련 노동자의 이출 규모는 두뇌 유출 가설을 주장하는 사람들이 우려하는 만큼 크지 않다.

이주자들 때문에 문제가 발생한 것이 아니다

두뇌 유출 가설의 또 다른 문제는 이출민이 만일 고국에 머물렀다면 자신의 야망과 자격에 맞는 일을 할 수 있었다고 추정하는 것이다. 이런 추정은 많은 개발도상국에서 특히 고숙련 노동자의 실업률이 높다는 사실을 무시한 것이다. 나는 2015년에 개발도상국 25개국 청년들의 교육과 취업 상황을 분석하는 작업에 참여한 적이 있다. 당시 우리 연구팀이 확인한 바에 따르면, 라틴아메리카와 중동, 북아프리카의 청년 실업률은 대체로 20% 이상이었다. 도시에 거주하는 고학력 청년의 실업률이 아주 높았고, 특히 중동과 북아프리카 지역에 거주하는 젊은 여성의 실업률은 무려 44%에 달했다.[12]

2021년 기준으로 모로코와 이집트, 튀르키예, 자메이카의 청년 실업률은 25%, 튀니지와 아이티의 청년 실업률은 대략 33%였다. 이런 나라에 비해 낮긴 하지만, 온두라스와 과테말라 등 중앙아메리카 국가와 파키스탄과 방글라데시, 네팔 등 남아시아 국가에서도 청년 실업률이 급증했다.[13]

개발도상국, 특히 중소득 국가에서 교육을 대대적으로 확대한 덕분에 대학을 졸업한 청년이 급증했다. 하지만 경기가 침체한 국가에서 일자리가 부족해 대학을 졸업한 청년들의 실업이 증가했다. 부유한 나라는 저숙련 노동자의 실업률이 높지만, 개발도상국은 대체로 고학력자의 실업률이 아주 높다. 개발도상국에서는 교육 체계가 길러낸 대학 졸업생 수와 이들이 취업할 고숙련 일자리 수의 격차가 크기 때문이다.

출신국의 높은 실업률을 고려하면 이출이 으레 두뇌 손실로 이어진다는 추정에 심각한 의문을 제기할 수밖에 없다. 만일 이주자들이 고국에 머물렀다면 실업자가 되거나 저임금 노동자가 되었을 것이다. 순전히 경제적 관점에서도 이출은 긍정적일 수 있다. 이주자의 노동력이 부유한 나라에서 더 큰 생산성을 발휘하기 때문이다. 더 중요한 것은 이주자들이 해외에서 훨씬 더 많은 소득을 얻어 본국에 송금할 수 있기 때문이다. 이주자 본인은 물론 이출국과 도착국 모두에 이익이다. 결국 처음에는 손실로 보이지만 다시 보면 이익이 될 수 있다.

하지만 기본적으로 더 중요한 사항이 있다. 애초에 사람들을 떠나게 만든 구조적 문제가 이주 때문에 발생한 문제가 아니라는 것이다. 이해하기 쉽도록, 이출이 아프리카 여러 국가의 의료 위기를 초래한다는 주장을 다시 살펴보자. 일부 아프리카 국가에서 높은 수준의 의료 두뇌 이출이 발생한 것은 사실이다. 하지만 경제학자 마이클 클레멘스 Michael Clemens가 통계 자료를 자세히 분석한 결과, 의료 두뇌 이출은 영아 사망과 예방 접종, 영유아 급성 호흡기 감염증 유행 등 공공 보건에 현저한 영향을 미치지 않는 것으로 확인되었다.[14] 공공 보건 분야의 의료진이 부족해진 가장 큰 이유는 근무 환경이 열악하고 보수가 낮으며 교육 시설이 부족하고 직업 전망이 없었기 때문이다. 실제로 아프리카를 떠난 의사 중에는 시내 병원이나 개인 의원에서 근무하거나 비의료직에 종사하던 의사가 많다. 공공 병원의 의료진이 부족한 원인은 이출 때문이 아니라 개인 병원이 더 큰 보수를 제시해 갓 졸업한 의대생들을 선점하기 때문인 듯하다.[15]

문제는 의사 부족이 아니다. 정부가 빈민가와 농촌 지역에 기초 보건 서비스를 제공하지 못하는 것이 문제다. 예방 접종과 설사로 인한 탈수증 치료, 말라리아 예방, 급성 호흡기 감염증의 1차 치료 같은 기초 보건 서비스에는 고도로 숙련된 의사나 간호사가 필요치 않다. 요컨대, 이출한 의사와 간호사 대부분은 고국에 머물렀다 해도 이런 기초 보건 서비스를 담당하지 않았을 것이다.

두뇌 유출에 따른 두뇌 획득

고숙련 전문직의 유출은 사소한 문제가 아니다. 하지만 애초에 사람들을 떠나게 만든 문제의 책임을 이출에 묻는 것은 옳지 않다. 고숙련 전문직의 유출은 '제3세계'만의 문제가 아니다. '두뇌 유출'이라는 용어는 1963년 영국 학술원이 영국 과학자들의 북아메리카 이주를 우려하는 보고서를 발표한 후에 등장했다. 이 보고서가 발표되자 영국 과학부 장관은 미국이 영국의 두뇌에 '기생'한다고 비난했고, 일간지 〈이브닝 스탠더드〉에 '두뇌 유출'이라는 용어가 처음 등장했다.[16] 영국의 두뇌 유출에 대한 우려는 1970년대와 1980년대까지 이어졌다. 그런데 이 기간에 그토록 많은 인재가 영국을 떠난 가장 큰 이유는 경기가 침체해 전문직 청년들이 경력을 쌓을 기회가 없었기 때문이다. 결국 이출은 문제의 원인이 아니라 문제에 따라 나타나는 징후였다.

두뇌 유출 가설에 의문을 제기할 또 다른 이유는 저숙련 노동자와 고숙련 노동자의 이출이 결국에는 큰 혜택으로 돌아오기 때문이다. 처음에는 손실처럼 보이지만 시간이 지나면 순이익으로 돌아오는 것이다. 무엇보다 이주자들이 송금하는 엄청난 자금은 출신국의 수많은 가정과 전체 공동체가 생활 수준을 향상하고 자녀들을 학교에 보낼 수 있는 생명줄이다. 6장에서 살펴보았듯, 대부분 이출국에서 이주자가 송금하는 자금은 개발 원조금보다 몇 배나 규모가 크고 더욱이 도움이 절실한 사람들에게 직접 전달된다. 2017년 미국에 사는 멕시코 출신 이입민들을 연구한 결과, 가족이 미국으로 이출한 가정의 가계 소득이 그 즉시 5배나 증가했다.[17]

이주에 따른 또 다른 긍정적 영향은 두뇌 획득이다. '두뇌 획득'은 경제학자 오뎃 스타크Oded Stark 연구팀이 이출 전망이 출신국 국민에게 계속 교육받을 동기를 제공하는 긍정적인 영향을 가리켜 사용한 용어다.[18] 두뇌 획득 과정은 이렇게 진행된다. 젊은이들이 이주자의 성공 소식을 접하면, 학위와 기술을 습득해야 해외에서 매력적인 일자리를 구할 가능성이 커지고 해외에서 일하고 공부할 수 있는 비자를 취득하는 가장 확실한 길이 교육이라고 인식하게 된다. 따라서 이출 전망이 젊은이들에게 계속 교육받을 동기를 제공할 수 있다. 고학력자 중 일부는 결국 해외로 이주하겠지만, 대다수는 본국에 머물 것이다. 즉, 이출 전망이 출신국 교육 수준에 두뇌 획득이라는 긍정적인 **순영향**을 미칠 수 있다.[19]

연구에 따르면, 필리핀 간호사들의 미국 이주가 증가하며 필리핀에서 간호학교에 입학하고 졸업하는 비율이 실제 이출하는 비율보다 훨씬 더 빠르게 증가해 필리핀의 전체 교육 수준이 높아졌다.[20] 또 다른 연구에 따르면, 1990년대 영국군이 구르카 부대에 입대하려는 네팔인의 선발 기준으로 일정한 교육 수준을 요구하자 네팔의 가정들이 자녀가 구르카 부대에 입대할 수 있도록 학교와 교사에 투자하기 시작했다. 결국 네팔 청년들의 평균 교육 기간이 1년 이상 늘었고, 구르카 부대에 입대하지 못한 청년도 더 좋은 일자리를 구하고 소득이 증가했다.[21]

이런 동기 부여 효과 외에도 이주자들이 송금한 자금은 네팔 가정이 자녀 교육에 투자할 재원이 되었다. 수많은 연구에서 확인된 바에 따르면, 이주자가 가장 우선시하는 것은 자녀에게 더 나은 교육 기회를 제공하는 것이다. 이출 및 이주자가 송금한 돈이 출신국의 학교 잔류율과 교육 수준에 미치는 긍정적 효과는 모든 연구에서 확인된다.[22] 가령 엘살바도르에서는 이주자가 송금한 돈이 학교 잔류율에 큰 영향을 미쳤다. 도시 지역에서는 이주자가 송금한 돈이 다른 소득보다 최소한 10배나 큰 영향을 학교 잔류율에 미쳤고, 농촌 지역에서는 다른 소득보다 대략 2.6배 큰 영향을 미쳤다.[23]

　　나도 현장 연구를 진행하며 이런 효과를 직접 목격했다. 모로코 남부 토드가 협곡 지대의 500가구를 조사한 결과, 이주자가 송금한 자금 덕분에 여자아이들까지 학교에 다닐 수 있었다. 우리 연구팀의 학생이 남편이 해외로 이주하고 '고향에 남은' 여성들을 인터뷰하니 이들은 교육을 딸이 더 독립적 지위를 획득할 가장 효과적이고 사회적으로 용인된 방법으로 꼽았다.[24] 이처럼 이출은 전시 효과를 발휘하고 돈을 송금하는 동시에 사람들에게 더 수준 높은 교육을 받을 열망과 능력을 제공할 수 있다.[25]

　　이출은 잠재적으로 출신국의 교육과 기술 수준 향상에 도움이 된다. 이주자가 송금한 돈으로 부모들이 자녀를 학교에 보내기 때문이다. 이주자들이 여분의 자금을 송금하는 덕분에 부모가 자녀의 수업료를 내고 교과서와 학용품을 구입할 뿐 아니라, 아이도 가족을 먹여 살리려고 학교를 일찍 중퇴할 필요가 없다. 가난한 나라에서는 학교를 중퇴하고 돈벌이에 나서는 아이들이 많다.

　　일자리가 있는 고숙련 노동자가 굳이 해외로 이주해 육체노동을 하는 것도 충분히 납득할 수 있다. 훨씬 더 많은 돈을 벌어 자녀들에게 더 나은 미래를 제공할 수 있기 때문이다. 이런 경우를 '두뇌 낭비'라고 하는 것은 필요 이상으로 가혹하고 비인간적인 평가다. 이런 이주자는 자신의 두뇌를 더 잘 활용하는 것이다. 이들에게는 이주가 본인에게 주어진 환경에서 선택할 수 있는 최고 선택지이며, 대체로 대단히 **합리적** 결정이기 때문이다. 일시적이나마 '지위가 더 낮은' 일을 할 수 있지만 이출은 고향에 머무르는 것보다 더 매력적인 선택지일 때가 많다. 가족의 더 나은 미래를 기대할 최선의 길이기 때문이다.

이출이 출신국의 성장을 촉진할 수 있다

이출 전망은 교육 열망을 부추기고, 가족들은 해외에서 송금받는 자금 덕분에 교육 비용을 감당할 수 있다. 출신국이 고숙련 노동자의 이출에서 얻는 혜택은 더 있다. 앞서 이야기했듯, 대학 졸업자가 졸업 후 대규모로 조국을 등진다는 이미지는 상황을 단순화한 것이다. 첫째, 숙련된 노동자의 이출은 우리가 흔히 상상하듯 대규모가 아니다. 둘째, 많은 고숙련 노동자가 해외에서도 교육과 훈련을 받는다. 사실 최근 수십 년간 공부하려는 욕구 때문에 해외로 이주하는 유학생이 급속히 증가했다.

셋째, 두뇌 유출 가설은 은연중 한번 떠난 사람은 영원히 돌아오지 않는다고 추정하지만, 이는 잘못되었다. 사실은 해외에서 지식과 경험을 쌓고 돈을 모아 출신국으로 돌아가는 이주자가 많다. 이들이 출신국에 돈과 지식, 전문적인 경험을 투자해 식료품점과 커피숍, 운송업체, 건설회사, 공장, IT업체 등 각종 사업을 벌인다. 프랑스 경제학자 힐렐 라포포트Hillel Rapoport 연구팀은 이주자가 출신국에 지식과 기술을 확산하는 긍정적 역할을 한다는 확실한 계량 경제학적 증거를 확인했다. 더욱이 인터넷이 초국가적인 기업 활동의 범위를 크게 확장한 덕분에 출신국에 돌아가지 않는 이주자도 해외에 머물며 인터넷을 이용해 출신국에 투자하고 사업체를 운영할 수 있다. 이입이 구축한 인맥 덕분에 국가 간 무역이 증가하는 경우도 많다.[26]

두뇌 유출이 중요한 두뇌 획득으로 이어질 수 있다는 사실을 보여주는 또 하나의 사례가 출신국에서 사업체를 창업하는 것이다. 가령 한국 정부는 1960년대와 1970년대 미국으로 이출하는 고숙련 노동자가 증가하는 문제로 크게 고민했다. 하지만 한국의 첨단 기술 분야가 부상하고 민주화 개혁이 추진되자, 미국에서 경험을 쌓은 한국인들이 돌아오기 시작했다. 그리고 이들이 이후 수십 년간 사업 개발과 경제 성장에 중요한 역할을 했다.[27]

인도에서도 비슷한 상황이 벌어졌다. 1947년 영국의 통치에서 벗어나 독립한 인도는 1950년대 국가 발전을 뒷받침하고자 공과대학을 설립했다. 그런데 졸업생들이 미국 등 부유한 국가로 이출했다. 인도 정부는 난감했다. 하지만 해외로 이출했던 고숙련 이주자 상당수가 훗날 인도로 돌아와 경제 성장을 촉진했다. 실리콘밸리에서 일하던 인도 IT 전문가들의 투자가 인도의 IT산업을 오늘날 세계 2위의 규모로 성장시킨 중요한 요인이 되었다.[28]

강력한 변혁을 이끄는 사회적 송금

이출은 돈뿐만 아니라 새로운 아이디어와 규범, 가치관을 전달해 출신국의 사회적·문화적·정치적 변화도 이끌 수 있다. 사회학자 페기 레빗Peggy Levitt이 처음 사용한 '사회적 송금social remittance'이라는 용어는 이출과 그에 따라 도입된 새로운 아이디어가 사회적 관계, 문화적 규범과 열망을 근본적으로 변화시키는 현상을 가리킨다.[29] 이주자들이 반입한 아이디어나 이주자들의 '롤 모델' 기능, 이주에 따른 재정적 자율성이 이런 변화를 촉발한다. 예컨대, 이출은 여성의 자율성을 크게 향상할 수 있다. 여성이 직접 이주해 독립적 소득을 올린다면 자율성이 특히 크게 향상한다.

또 이출은 좋은 방향이건 나쁜 방향이건 강력한 정치적 변화를 이끌 힘이 있다. 이주자들은 민족적·이념적·계급적 배경이 워낙 다양해서 이주의 정치적 영향을 일반화하기는 힘들다. 이주하는 사람에 따라 다르지만, 정치적 송금은 출신국의 권력에 도전하거나 혹은 권력을 강화할 수 있다. 민주주의 국가에 유학한 학생들이 출신국의 민주화를 촉진할 수 있다는 것은 증거로 확인된 사실이다.[30] 하지만 정치적 변화가 반드시 평화적 개혁을 향하는 것은 아니다. 이주자들의 정치색이 워낙 다양하기 때문이다. 해외로 망명한 사람들이 출신국의 혁명을 도모할 수도 있다.

그래서 많은 독재 정부가 이출에 양면적 태도를 취하며, 해외 이주 주민들을 통제할지 아니면 그들에게 구애할지 갈피를 잡지 못한다.[31] 다른 한편에서는 이출이 현금 흐름을 창출하고 실업률을 낮춰 국내 불만을 잠재우는 정치적 '안전판'으로 유용하게 작용할 수 있기 때문이다. 필리핀의 마르코스 정권이 1970년대 대대적인 인력 수출 정책을 추진한 것도 국민에게 해외의 경제적 기회를 제공함으로써 잠재적인 불만을 해소할 목적이었다.[32] 그런가 하면 독재 정권은 이출민들이 해외에서 정치적 반대 세력을 형성하지 못하도록 다양한 방법으로 '원격 통제'했다. 첩보망을 조직하거나 정치적 망명자를 괴롭히고 살해하거나 고국에 남은 가족들을 위협했다.

사회적 송금은 출신국의 인구학적 변화에도 긍정적 영향을 미칠 수 있다. 프랑스 인구학자 필리페 파르그Philippe Fargues는 모로코인들이 수십 년간 서유럽으로 이주한 덕분에 모로코에서 새로운 결혼 패턴과 가족 규범이 채택되고 확산한 것을 확인했다. 그 결과 모로코인의 결혼 연령이 늦춰지고 피임이 보급되며 자녀 수가 줄어들었다. 1970년 여성 1명당 7명이던 모로코의 출산율이 2020년 2.3명으로 대폭 낮아졌다. 그 반면, 이집트처럼 대부분 이주자가 사우디아라비아 등 문화적으로 보수적인 걸프 지역 국가로 이동한 나라에서는 이출이 출신국의 출산율 저하 속도를 늦추었다.[33]

하지만 이출이 반드시 개혁을 이끄는 힘으로 작용하는 것은 아니다. 거꾸로 권력을 강화하는 역할을 할 수도 있다. 특히 고숙련 이주자들은 중산층이나 상류층 출신이 많기 때문에 반드시 가난하고 억압받는 사람들의 처지를 대변한다고 기대할 수 없다. 미국의 아이비리그 대학이나 영국의 옥스퍼드와 케임브리지대학교에 유학한 아프리카와 중동, 아시아 유학생들은 상류층 출신이 많다. 이들이 해외에서 취득한 지식과 기술이 반드시 출신국의 민주주의와 평등에 기여하는 것도 아니고, 오히려 출신국의 독재 정권을 '강화'하고 억압을 공고히 하는 데 쓰일 수도 있다. 리비아의 독재자 무아마르 카다피가 아들 사이프 알이슬람 카다피를 런던정치경제대학교에 보내 박사학위를 취득하게 한 것도 리비아의 국가 이미지를 포장하는 한편 아들을 영어가 유창하고 세계적 통치 방식에 밝은 후계자로 키워 권력을 이양할 목적이었다.[34]

이출은 개발 문제의 원인도 아니고 해결책도 아니다

빈곤과 불평등, 부패 등의 개발 문제는 이출 때문에 발생하는 것이 아니다. 사실 '두뇌 유출'은 유감스러운 용어다. 고숙련 노동자의 이출이 부정적으로 그려지기 때문이다. 두뇌 유출 가설은 고숙련 노동자의 이출 규모를 과대평가할 뿐 아니라 이출이 출신국에 미칠 장기적 혜택을 무시한 것이다. 해외로 이주한 사람은 본국에 재투자할 돈과 기술, 지식을 쌓을 수 있고, 이출과 송금은 출신국의 교육을 촉진한다. 이주로 수많은 젊고 야심 찬 사람과 그 가족이 꿈을 이루었다. 생활 수준과 주거 공간, 영양, 건강, 교육 등 전체적 미래 전망을 개선해 삶을 바꾸었다. 개발도상국에서 상류층이 아닌 집단이 이출에 희망을 거는 것은 당연한 일이다.

물론 이주만으로 경제적·인간적 발전을 촉발할 수 있는 것은 아니다. 이출과 송금이 출신 장소와 지역의 가족, 공동체에 엄청난 혜택을 줄 수 있지만, 계량 경제학적 연구에서는 이출과 송금이 출신국의 국가 경제 성장에 미치는 뚜렷한 효과가 확인되지 않았다.[35] 두뇌 유출 가설이 지나치게 부정적이긴 하지만, 이출이 개발의 '게임 체인저'가 될 것으로 큰 희망을 거는 것도 마찬가지로 비현실적이다. 왜냐하면 이출민이 출신국의 구조적 문제를 변화시킬 것이라고 기대할 수 없기 때문이다. 이출은 개발 문제의 원인도 아니고 해결책도 아니다.

30여 년 전 모로코에서 현장 연구에 착수한 이후 나는 튀르키예와 튀니지, 이집트, 필리핀, 멕시코 등 여러 국가에서 이주가 개발에 미치는 영향을 연구하며 방대한 연구 문헌을 검토했다.[36] 그 결과 나는 이주가 미시적 수준에서는 가족과 공동체에 상당한 혜택을 주지만, 거시적 수준에서 부패와 제도 실패, 정부에 대한 전체적 신뢰 부족 등 구조적 문제를 해결할 수 있다고 믿는 것은 환상이라는 결론에 도달했다.

두뇌 유출은 개발 실패의 원인이 아니라 개발 실패에 따라 나타나는 징후다. 이주가 개발 부족(두뇌 유출)의 원인이라고 비난할 수도 없고, 변변치 않은 투자 환경에서 이주가 경제 성장과 개발(두뇌 획득)을 촉진할 것으로 기대할 수도 없다. 이주를 자연스럽게 개발로 '연결'할 장치는 없다. 사실 우리는 선순환 아니면 악순환이라는 두 가지 시나리오를 상상할 수밖에 없다. 국가가 개혁을 실행하지 못하면, 이주도 국가 개발을 촉진하지 못할 가능성이 크다. 오히려 모로코와 이집트, 필리핀의 경우처럼 이주가 이주자와 그 가족, 공동체에는 분명한 혜택을 주지만 이 때문에 국가는 구조적으로 송금에 의존하고 저개발과 권위주의에서 벗어나지 못할 수 있다. 하지만 개발이 긍정적 방향으로 바뀌어 개혁이 시작되면, 한국과 타이완, 인도처럼 이주자들이 본국에 돌아가 투자함으로써 긍정적 추세를 강화할 가능성이 크다.

하지만 한국과 타이완, 인도의 경우에는 이주가 개혁을 촉발한 요소가 아니다. 오히려 정치와 경제의 구조적 개혁이 선행된 덕분에 이주자들이 본국에 돌아가 투자해도 안전하다는 믿음을 갖게 되었다. 인과 관계의 방향을 올바르게 파악하는 것이 아주 중요하다. 개발은 이주자들이 본국에 돌아가 투자할 수 있는 조건이지 이주에 따른 결과가 아니다. 이출민들 때문에 많은 사람이 떠날 수밖에 없는 환경이 조성되었다고 비난하거나 이출민들이 조국을 떠난 것에 죄책감을 느끼게 할 것이 아니라, 조국에서 젊은이들에게 진정한 기회를 제공하고 이출민들이 조국에 돌아와 투자하도록 정부에 구조적 개혁 추구를 촉구해야 한다.

이입이 모든 경제 문제를 해결한다

글로벌 경제시대에 경쟁력을 확보하려면 이입민이 필요하다. 이입민은 중요한 경제 분야의 시급한 노동력 부족을 메울 뿐 아니라 새로운 지식과 아이디어를 소개해 혁신과 생산성, 성장을 촉진한다.

이것이 기업 로비 단체와 진보 진영, 친이민 단체들이 전통적으로 이입에 찬성하며 주장한 내용이다. 이주를 다양한 경제 사회적 문제의 주요 원인으로 지적하는 '위협' 이야기와 완전히 반대되는 내용이다. 이런 '이주 예찬' 이야기에 따르면, 이입은 도착국에 순전히 경제적 이익만 가져다준다. 모두가 이입의 혜택을 보는 것이다.

미국과 캐나다, 오스트레일리아, 뉴질랜드 등 전통적 이민 국가에서도 '이주 예찬' 이야기가 오랫동안 지배했다. 이입민이 국가의 희망이라는 것이다. 1989년 로널드 레이건도 이입을 '미국의 위대함이 샘솟는 중요한 원천 중 하나'라고 예찬했다. 그러면서 "이 기회의 땅에 새롭게 밀려드는 물결들 덕분에 우리가 영원히 젊은 나라, 에너지와 새로운 아이디어가 영원히 솟구치는 나라, 늘 첨단에 서는 나라, 이 세상을 늘 다음 개척지로 이끄는 나라가 된다…. 우리가 새로운 미국인이 들어올 문을 닫는다면, 우리는 이내 세계 지도력을 상실할 것이다"라고 주장했다.[1]

이입이 성장과 혁신을 크게 촉진한다는 것은 기업과 국제기구도 공통으로 이야기하는 내용이다. 이주 예찬 이야기에 따르면, 이입은 수용국뿐만 아니라 출신국에도 이익이다. 이주자들이 송금하는 엄청난 자금과 이들이 취득한 기술이 출신국의 빈곤을 줄이고 성장과 혁신을 촉진할 수 있기 때문이다. 실제로 이입은 개발도상국의 수많은 사람에게 더 높은 임금을 받고 경력을 발전시키고 가족의 장기적인 행복을 증진해 인생을 바꿀 기회를 제공한다. 따라서 고숙련 노동자와 저숙련 노동자의 이동을 더 자유롭게 만들면 심각한 노동력 부족도 해결되고 출신국과 도착국의 성장도 촉진될 것이다.

이런 이유에서 많은 경제학자와 진보적 (그리고 자유주의적) 정치인들이 이입에 찬성하는 견해를 표방했다. 이들은 더 자유로운 이주가 '생산 요소의 더 적정한 배분'으로 이어진다고 믿는다. 노동자들이 실업률이 높고 임금이 낮은 곳에서 노동력이 부족하고 임금이 높은 곳으로 이동하는 것이 모두에게 이익이라고 믿는다. 국가가 더 부유해지는 동시에 이주자와 출신국에 남은 가족의 소득과 생활 수준도 높이기 때문이다.

세계은행도 같은 맥락에서 이렇게 주장했다. "부자는 많은 자산을 소유하지만, 가난한 사람의 자산은 노동력 하나뿐이다. 좋은 일자리는 가난한 사람에게 천천히 다가오기 때문에 가난한 사람은 생산적인 고용을 얻으려 움직여야 한다. 따라서 이주가 세계은행이 동시에 추구하는 두 가지 목표, 즉 빈곤 감소와 번영 공유를 달성하는 가장 효과적인 방법이다."[2]

경제학자들은 이주 정책을 조금만 자유화해도 무역 자유화나 원조, 성장을 촉진하려는 정부의 개입으로 얻을 수 있는 결과보다 훨씬 더 큰 혜택을 얻을 수 있다고 추산했다.[3] 따라서 세계 경제를 성장시킬 가장 큰 기회는 상품이나 자본의 이동성이 아니라 노동력의 이동성에 있다는 것이다. 이것이 전통적으로 이주에 적용된 자유방임적 주장이다.

이런 주장에 따르면, 이주가 모든 경제 문제를 해결한다. 이입이 노동력의 수요와 공급을 최적으로 일치시키고 고용과 생산성을 증대하는 동시에 엄청난 송금 흐름을 창출해 출신국의 빈곤을 줄이고 성장을 촉진하기 때문이다. 따라서 더 자유주의적인 이주 정책이 이주자와 출신국, 도착국에 3중으로 혜택을 주는 윈윈윈 전략이다. 이런 윈윈윈 효과를 증대하려면 전문직과 필수 저숙련 노동자, 잠재력이 큰 난민을 이입하도록 문을 활짝 열고 외국인 학생들이 졸업한 후에도 목적국에 머물며 일하도록 독려해야 한다.

실상

이입은 글로벌 불평등을 해결하지 못한다

지금까지 살펴본 대로, 이입이 임금 삭감이나 실업 증가에 중요한 역할을 한다는 증거는 없다. 이입은 교육 수준 저하나 의료 서비스 부담 증가, 복지 축소, 저렴한 주택 부족, 범죄 같은 문제를 발생시키는 주요 원인도 아니다. 하지만 이주 위협 이야기가 이주의 잠재적 피해를 과장하는 만큼 이주 예찬 이야기도 이주의 혜택을 과대평가할 때가 많다. 특히 이주 예찬 이야기는 이주의 경제적 혜택이 출신국과 도착국에서 부자와 가난한 사람에게 평등하게 분배되지 않는다는 사실을 무시하는 경향이 있다.

(더 자유로운) 이주가 개인과 국가의 번영 더 나아가 세계 번영에 상당히 크게 공헌할 수 있다는 것은 의심할 여지가 없지만, 중요한 문제는 그 혜택이 출신국과 도착국에 그리고 공동체 안에서 가난한 사람과 부자 사이에 **분배**되는 방식이다. 글로벌 불평등과 관련해, 목적국 사회가 이주의 경제적 혜택을 출신국 사회보다 더 많이 챙기는 것은 거의 확실하다. 이주자들의 노동력이 주로 목적국 사회의 경제적 생산성과 수익을 증진하기 때문이다. 이입은 목적국의 인구와 경제 규모를 확대하고 혁신과 투자를 촉진함으로써 목적국의 성장에 기여한다.

하지만 앞 장에서 살펴본 대로, 송금이 출신국의 국가 경제 성장에 긍정적 영향을 미친다는 연구 결과는 없다.[4] 이주자의 송금과 투자가 잠재적으로 출신국의 성장을 촉진할 수는 있지만, 이출은 동시에 노동자와 인적 자원의 손실을 의미한다. 이 두 가지 효과가 상쇄된 결과, 이출이 출신국의 성장에 미치는 경제적 효과의 평균값은 제로에 가깝다. 이주와 송금이 미시적 수준에서 이주자와 그 가족, 공동체에 엄청난 혜택을 주지만, 이출은 분명히 개발 만병통치약이 아니다.

더욱이 전 세계에서 이주자 송금으로 혜택을 보는 나라는 가장 가난한 국가가 아니라 주로 중소득 국가들이다. 2022년 이주자들이 개발도상국에 송금한 5,020억 달러 중 저소득 국가에 흘러간 돈은 110억 달러에 불과하다. 송금액의 대부분인 3,410억 달러는 중하위소득 국가로, 나머지 1,500억 달러는 중상위소득 국가로 흘러 들어갔다. 송금액을 1인당 금액으로 환산하면, 저소득 국가는 연간 1인당 16달러, 중하위소득 국가는 1인당 101달러, 중상위소득 국가는 1인당 60달러를 송금받았다.[5]

이는 이주의 '선택성'과 연관이 있다. 우리가 익히 알 듯, 해외로 이주하려면 상당한 재원이 필요하므로 국제 이주자 대부분은 지극히 가난한 국가 출신이거나 출신국에서 지극히 가난한 계층이 아니다. 재정적으로 가장 보상이 큰 이주, 즉 고숙련 노동자의 서구 국가 이주는 대체로 교육 수준과 형편이 더 나은 집단에나 가능한 일이다. 이주하려면 여권과 비자 발급 비용, 모집 수수료, 여행 경비, 밀입국 수수료 등 큰돈이 든다. '지극히 가난한 사람'은 대체로 국내에서 이동하거나 이웃 국가로 이주하므로 가장 수익성이 큰 원거리 이주의 혜택은 대부분 중소득 국가에 사는 중소득층의 몫이다.

더 넓게 보면, 긍정적이든 부정적이든 이주가 출신국에 미치는 변혁적 효과는 사실 우리 생각만큼 크지 않다. 그런 영향을 미치기에는 이주의 규모가 너무 작기 때문이다. 국제 이주자는 전 세계 인구의 3%에 불과하다. 더 구체적으로 설명하면, 2022년 이주자들이 저소득 국가와 중소득 국가에 송금한 총액은 이들 국가 GDP 총액의 0.7%에 불과하다.[6] 이런 증거만 보아도 우리는 이주와 송금이 강력한 글로벌 평등 장치가 될 수 있다는 생각이 환상임을 분명히 알 수 있다.

이입의 혜택은 주로 부유층 몫이다

확인된 증거에 따르면, 이입이 도착국의 모든 구성원에게 순혜택을 준다는 주장도 회의적으로 바라볼 수밖에 없다. 첫째, 8장에서 이야기했듯, 평균 소득자에게 실제로 돌아가는 혜택이 상당히 작기 때문이다. 이입이 도착국 인구와 경제의 **전체** 규모를 확장하지만, **평균** 소득이나 임금에 미치는 영향은 상대적으로 크지 않다. 이입은 총생산성과 총소비를 증가시킨다. 이입이 늘수록 생산자와 소비자가 늘고 경제 파이가 커진다. 하지만 이입에 따라 인구 규모도 커지기 때문에 개인에게 평균적으로 돌아가는 파이 조각의 크기는 변하지 않는다.

둘째, 확인된 증거는 부유층이 이입의 경제적 혜택을 대부분 차지한다는 것을 보여주기 때문이다. 그렇지 않아도 큰 부유층의 파이 조각이 훨씬 더 커지는 것이다. 이것이 아주 중요하다. 이입이 **평균** 임금에 미치는 영향과 관련해 경제학자들의 의견이 엇갈리지만, 이입의 경제적 혜택이 분배되는 과정을 검토한 경제학자들의 연구에서는 상당히 일관된 패턴이 확인된다. 이입이 저소득층보다 고소득층의 소득을 더 증가시키는 패턴이다. 이입 때문에 임금이 대폭 삭감된다는 증거는 없다. 일반적으로 이주자는 토박이 노동자들과 같은 일자리를 놓고 경쟁하지 않기 때문이다. 게다가 토박이 노동자들은 이입의 혜택도 크게 보지 못한다. 이입이 저소득층의 임금을 상승시키는 효과가 대체로 미미하기 때문이다.

이입의 혜택은 노동자가 아니라 주로 부유층의 몫이다. 학교 중퇴자처럼 목적국 사회에서 소득 수준이 가장 낮은 집단은 이주자들과 같은 일자리를 놓고 경쟁하기 때문에 손해를 볼 수도 있다. 새로운 이입민이 도착하면 임금에 부정적 영향을 받을 가능성이 가장 큰 집단은 선배 이주자들이다. 임금에 미치는 부정적 영향이 그리 크지는 않지만, 분명히 이입의 경제적 혜택은 대부분 목적국 사회의 부유한 구성원 몫이다. 다시 말해, 이입이 가난한 사람을 더 가난하게 만들지는 않지만, 부유한 사람을 조금 더 부유하게 만드는 것이다.

부유층이 이입의 경제적 혜택을 대부분 차지하는 이유는 간단하다. 부유층이 노동력과 기술의 유입으로 혜택을 보는 사업체를 소유하기 때문이다. 유모나 청소부, 요리사 등 민간 돌봄 도우미의 이입 덕분에 부유층 가정이 생활양식을 이어가기 때문이다. 이주 노동자의 유입으로 생산성과 수익에서 혜택을 보는 사업체를 소유한 사람은 대체로 그 사회의 부유층이다. 그리고 고소득층은 그런 기업의 주식을 보유하거나 그런 주식에 큰돈을 투자한 연기금의 지분을 소유하고 있을 가능성도 크다.

이 시대의 새로운 하인이라 할 수 있는 이주 노동자들이 가사 노동과 돌봄 서비스를 제공하는 덕분에 중상층과 최상층은 더 오래 쉬고 더 오래 일하고 생산성을 한층 높여 더 많은 돈을 벌고 더 큰 집과 더 좋은 차를 사고 휴가도 더 자주 간다. 이주 노동자들이 제공하는 각종 개인 서비스를 주로 이용하는 사람도 고소득층이다. 등록 상태건 미등록 상태건 이주 노동자들 덕분에 고소득층은 청소부터 요리, 세탁, 다림질, 정원 관리, 쇼핑, 배송, 개인 돌봄, 강아지 산책까지 다양한 가사 노동을 저렴한 비용으로 처리할 수 있다.

특히 남유럽과 영국, 미국처럼 국가가 지원하는 아동과 노인 돌봄 시설이 취약하거나 아예 그런 시설이 없는 나라에서는 중요한 돌봄 도우미 역할을 맡는 이주자가 갈수록 늘고 있다. 중산층도 이주 노동자들이 유입되는 덕분에 계속 저렴한 비용으로 외식이나 배달 음식을 즐길 수 있다. 고소득층은 저숙련 이주 노동자들이 지속해서 유입되는 덕분에 아낀 시간과 에너지를 일과 여가에 투입한다. 그리고 고소득층이 훨씬 더 큰 (정원, 수영장과) 집을 짓고 관리하고 지키려면 더 많은 이주 노동자가 필요하므로 이런 순환 과정이 계속 이어진다. 부유층이 일하거나 휴가를 즐길 때 이용하는 호텔과 식당에서 일하거나 택시를 모는 사람도 이주 노동자일 가능성이 크다.

일반 시민은 이입에 따른 사회적·문화적 변화에 직면해 어려움을 겪을 가능성이 아주 크다. 이주자들과 같은 장소에서 일하고, 이주자들과 이웃으로 살 때가 많기 때문이다. 부촌이나 '외부인 출입 제한 공동체'에 사는 부유층은 일상생활에서 이입에 따른 영향을 직접 체감하지 못한다. 문제는 저숙련 노동자의 이입만이 아니다. 고숙련 이주 노동자들이 들어와 젠트리피케이션 현상이 진행되는 도심 지역의 부유한 토착 주민들 옆에 정착하면 이주자건 토착민이건 그곳에서 오래전부터 거주하던 사람들이 점점 더 살기 힘들어지고 급기야 그곳을 떠날 수도 있다. 갈수록 오르는 집세를 감당하지 못해 떠나거나, 아파트나 쇼핑센터를 신축하는 공사 때문에 살던 곳에서 내쫓기는 것이다. 일반 시민들이 이입을 예찬하는 기업인들에게 회의적인 시선을 보내는 것도 당연한 일이다.

이입과 닭이 변화시킨 앨라배마주 앨버트빌

국제적 수준은 물론이고 국가적 수준에서도 이입이 우리가 흔히 생각하는 만큼 규모나 변혁적인 영향이 크지 않지만, 동네나 마을 등 지역적 수준에서는 삶이 바뀔 만큼 큰 영향을 미칠 수 있다. 이입이 지역 공동체를 바꾼 구체적 사례를 살펴보자. 공중파 라디오와 팟캐스트로 방송되는 〈디스 아메리칸 라이프This American Life〉[7]가 2017년 '우리 마을Our Town'이라는 다큐멘터리를 방송했다. 언론인 아이라 글래스Ira Glass와 미키 믹Miki Meek이 8개월간의 연구와 100건이 넘는 인터뷰를 진행해 제작한 다큐멘터리는 앨라배마주 북부 산악 도시 앨버트빌에 주로 멕시코 출신의 라틴아메리카 이주 노동자들이 대거 도착하며 벌어진 상황을 추적한 프로그램이었다. 앨버트빌은 1990년 기준으로 전체 인구가 15,000명이 조금 넘고 그중 98%가 백인이었다. 그런데 불과 20년 뒤 백인만 살던 앨버트빌에 전체 인구의 4분의 1에 해당하는 6,000여 명의 라틴아메리카 노동자가 터전을 잡았다. 다큐멘터리 '우리 마을'은 친이민·반이민의 단순한 틀에서 벗어나 이입이 지역 공동체를 심오하고 복합적으로 변화시키는 과정을 지극히 통찰력 있고 생생하게 포착했다. 앨버트빌에 도착한 라틴아메리카 노동자들은 대부분 닭 가공 공장에서 일했다. 앨라배마주는 소규모 농부들이 더는 목화와 옥수수 농장에서 충분한 돈을 벌 수 없다는 사실을 깨닫고 전후 수십 년간 지역 노동자들에게 일자리를 제공하고자 앨버트빌에 닭 가공 공장들을 세웠다. 앨버트빌 농부들은 들판을 떠나 공장에서 닭을 잡고 가공하기 시작했다. 닭 가공 공장은 앨버트빌에서 가장 큰 고용업체가 되었다. 고등학교 졸업장이 없는 청년들에게 괜찮은 일자리와 혜택, 연금을 제공했고, 집을 마련할 만큼 충분한 급여도 지급했다. 1980년대까지는 노동력이 많이 필요했기 때문에 일자리를 옮기기도 어렵지 않았다.

그런데 1990년대 중반부터 라틴아메리카 노동자가 들어오며 상황이 바뀌기 시작했다. 앨버트빌 주민들은 처음에는 가족도 없이 대부분 남자 혼자인 이주 노동자가 신기하기만 했다. 하지만 그 수가 점점 늘어나자 토박이 노동자들이 불안감을 느끼고, 불법 이주자가 아닌지 의심하기 시작했다. 제도의 허점을 노려 법규를 어기고 불법적으로 몰래 국경을 넘어왔다고 의심했다. 초기 이주자들은 미국에서 수년간 일하다 1986년 레이건 행정부의 이민 개혁 및 통제법IRCA으로 사면을 받은 사람이 대부분이었다. 이들이 미국 내 다른 지역의 농장이나 공사장에서 일하다 앨버트빌로 이동한 것이다. 닭 가공 공장이 더 매력적이고 안정적인 일자리였기 때문이다. 그 덕분에 이주 노동자들은 가족까지 앨버트빌로 데려올 수 있었다. 나중에는 멕시코에서 노동자와 가족이 곧장 앨버트빌로 이주했다.

이주 노동자들은 불평도 하지 않고 노조에도 가입하지 않은 채 맞교대로 일했다. 앨버트빌 토박이 노동자들은 고용주가 라틴아메리카인들의 불법 이주를 몰래 부추긴다고 의심하며 분노했다. 정치인들은 미국 남부의 가금류 공장과 카펫 공장, 호텔에서 일하는 미등록 노동자에 대해 강력한 조치를 취하겠다고 거듭 약속했지만, 엄중한 단속은 없었다. 미등록 노동자가 적발될 가능성도 적었고 혹시 적발되어도 벌금이 크지 않았다. 그나마 공장으로 단속이 나와도 고용주들이 미등록 노동자를 숨겨주었다. 공장에서 오랫동안 일한 토박이 노동자들은 이입민이 '남의 일자리를 빼앗는다'고 생각했다. 그리고 경영진이 충실히 일한 자신들을 저버린다는 느낌이 들었다.

다큐멘터리를 제작하려고 기초 내용을 연구한 경제학자 조반니 페리Giovanni Peri는 이입민이 토박이 노동자의 일자리를 뺏은 증거를 찾지 못했다.[8] 라틴아메리카 노동자의 이입은 노동력 수요 급증에 따른 결과였다. 1990년대 양계업이 호황기를 맞았지만, 토박이 노동자의 공급은 말라가고 있었다. 오랫동안 일한 노동자들은 은퇴하기 시작했고, 고등학교를 졸업한 청년들은 더 나은 일자리가 있었기에 더는 닭 가공 공장에서 일하려고 하지 않았다. 그렇게 노동력 수요는 증가하고 토착민 노동력 공급이 감소하자, 멕시코 등 라틴아메리카 출신 노동자들이 부족한 노동력을 메운 것이다.

하지만 아직 공장에서 일하던 장기 근속자들은 그런 현실을 받아들이기가 쉽지 않았다. 그 이전 수십 년간 토박이 노동자들의 임금 인상 폭은 아주 미미했다. 물가 상승으로 치솟는 생활비를 감당하기도 버거울 정도였다. 만일 1970년대 초 이후 토박이 노동자들의 임금이 물가 상승률에 맞춰 인상되었다면, 그때쯤 임금이 2배가 되어야 했지만, 현실은 그렇지 않았다. 1970년대 초 이후 미국에서 특히 고등학교 졸업장이 없는 저소득 노동자의 실질 임금이 감소한 것은 전국적 추세였다. 실질 임금의 감소는 자연스러운 현상이 아니라 정책 결정에 따른 결과였다. 노동자 보호 기준과 노동 기준을 낮추고, 노조를 약화하고, 물가 상승률을 밑도는 최저 인상률을 고수하고, 해외 경쟁을 늘린 정책 때문에 빚어진 결과였다.[9] 특히 정육업계는 노조의 거점인 시내 공장을 폐쇄하고 노조가 없는 시골로 공장을 이전하며 임금을 삭감했다.[10] 그러자 토박이 노동자들은 점점 더 정육업계 일자리를 기피했고, 정육업계는 그 일을 기꺼이 할 이주자를 점점 더 많이 불러들였다.

결국 주요 인과 관계를 바로잡으면, 다큐멘터리가 강조한 대로 '이입이 임금 정체를 유발한 것이 아니라' 임금 정체가 외국인 노동자 증가를 유발한 것이다. 그리고 다큐멘터리가 강조한 대로 앨버트빌의 닭 가공 공장에서 오랫동안 일한 노동자는 그 어떤 혜택도 보기 어려웠다. 페리의 연구에 따르면, 이입이 실업을 유발하지는 않았지만 고등학교 졸업장이 없는 토박이 노동자의 임금은 7%나 하락했다. 주급으로 따지면 23달러, 연봉으로 따지면 1,200달러에 달하는 금액이다. 페리의 연구 결과는 이입이 대부분 노동자의 임금을 떨어트리는 것이 아니라 하위 10% 소득자의 임금을 떨어트린다는 일반적 증거를 다시 한번 확인한 것이다.

이제 완벽하게 관리된 앞마당 잔디밭은 없다

따라서 이입의 경제적 혜택이 많아 보이지 않는다는 토박이 노동자들의 주장은 대체로 옳은 말이다. 하지만 '우리 마을' 다큐멘터리에서 분명히 이야기한 대로, 토박이 노동자들을 정말 화나게 만든 것은 경제적 영향이 아니었다. 실제로 이입민들 때문에 노동 수준이 떨어진다고 탓하는 사람은 별로 없었다. 개인적으로는 가족을 부양하려고 애쓰는 이주자들의 노력에 공감하는 사람이 많았다. 개인적으로 이입민을 미워하는 사람은 드물었다. 토박이 노동자들이 분노한 대상은 자신들의 존재를 잊은 듯한 회사였다. 토박이 노동자들은 자신들이 이입에 따른 경제적·사회적·문화적 대가를 치르고 양계업계만 막대한 이익을 챙긴다는 느낌이 들었다.

그런데 이들이 현실적으로 소외감과 불쾌감을 느끼기 시작했다. 닭가공 공장에서 오랫동안 일한 노동자들은 자신들이 일터에서 새로운 소수 집단이 되었다는 느낌이 들기 시작했다. 맨 처음 라틴아메리카 출신 노동자들이 도착하고 10년이 지난 2000년대 초, 라틴아메리카인들이 일터를 장악했다. 이들은 영어도 쓰지 않고 자기들끼리만 어울려 지냈다. 미국인 노동자들과 교류도 하지 않았고, 노조에도 가입하지 않았다. 불쾌한 일은 일터 밖에도 벌어졌다. 멕시코 출신 노동자 중에는 운전면허도 없이 자동차를 몰며 걸핏하면 교통 법규를 위반하는 사람이 많았다.

1990년대 말부터 라틴아메리카 노동자들이 캠핑카에서 벗어나 가족과 함께 임대주택으로 이사하며 이웃을 불쾌하게 만드는 일이 늘었다. 이주 노동자들은 앞마당에 함부로 차를 주차하고 쓰레기통과 각종 쓰레기를 잔디밭에 버려 잔디를 망치기 일쑤였다. 앨버트빌 주민들은 이주 노동자들이 임대주택과 잔디밭 관리에 전혀 신경 쓰지 않는 모습에 경악했다. 사실 이들은 앨버트빌에 돈을 벌려고 온 것이지 정착하러 온 것이 아니었다. 더욱이 '완벽히 관리된 앞마당 잔디밭이 없는' 멕시코 시골 출신들이었다.[11] 그리고 앨버트빌에서 빈집털이나 절도, 차량 절도 등 마약 관련 범죄가 급증했다. 당시 필로폰 중독이 번지며 범죄가 증가한 것인데, 공교롭게도 이입민들이 대거 도착한 시기와 겹쳤다. 앨버트빌의 이주 노동자가 범죄에 연루된 경우는 거의 없었지만, 언론과 정치인들은 재빨리 라틴아메리카 노동자들의 이입과 마약을 연결했다.

엉뚱한 사람들을 의심한 것이지만, 사회적·문화적 변화는 많은 토박이 노동자에게 현실이고 충격이었다. 그리고 2000년대 중반에 마침내 임계점에 도달했다. 2006년 부시 대통령이 미등록 이입민에게 시민권을 주는 계획을 발표하자 미국 전역에서 이를 지지하는 사람들이 거리를 행진했다. 앨버트빌에서도 토착민과 이주자 주민들이 부시의 계획을 지지하며 행진했다. 행진은 순조롭게 끝났지만, 세를 과시한 탓에 또 다른 토박이 주민들 사이에서 반이민 정서가 확산하는 부작용이 발생했다. 이들이 불법 이입민을 추방하라고 정부와 이민세관집행국ICE을 압박하기 시작했다. 그리고 2008년 앨버트빌에서 반이민 공약을 내건 후보자가 새로운 시장으로 선출되었다. 새로운 시장은 지역 건설업체의 미등록 이입민 고용을 금지하고 영어를 공용어로 사용하고 타코 푸드 트럭의 영업을 금지하는 등의 정책을 시행했다.

2011년에는 앨라배마주에서 HB 56이라는 새로운 이민법이 통과되었다. 앨라배마주 역사상 가장 극단적인 반이민 법률이었다. 이입민들이 '자발적으로 추방'되도록 앨라배마에서 살기 어렵게 만드는 것이 법률을 제정한 취지였다. 새로운 이민법은 시민이 미등록 이주자에게 숙소를 제공하거나 집을 임대하거나 교통편을 제공하는 행위를 범죄로 규정했다. 하지만 새로운 이민법은 이주자들을 본국으로 돌려보내지 못했다. 이주자들이 집에 숨어 밖으로 나가지 않는 결과만 초래했다. 라틴아메리카 이주자 자녀들은 감히 학교에 갈 엄두를 내지 못했다.

그리고 2012년에 상황이 역전되었다. HB 56 법률은 법원에서 위헌으로 판결받았고, 라틴아메리카계 주민의 공동체 통합이 중요하다고 강조한 후보자가 새로운 시장으로 선출되었다. 다큐멘터리가 보여주듯, 학교도 양극화에 강력히 대항했다. 이때부터 백인과 라틴아메리카인이 학교에서 교류하고 그 자녀들이 친구가 되기 시작하는 등 학교의 노력이 큰 성과를 거두었다. 2010년대 말, 백인 자녀들의 졸업률은 92%였고 라틴아메리카인 자녀들의 졸업률은 이보다 높은 98%였다. 결국 앨버트빌에서 백인과 라틴아메리카 출신 이입민들이 서로를 바라보는 시각이 바뀌었고, 이입민 가정은 지역에 더 안정적으로 정착해 백인 친구들을 사귀었다. 라틴아메리카인들은 마을 곳곳에서 사업체를 운영하며 지역 경제에도 활력을 불어넣었다.

GDP가 삶의 전부는 아니다

앨버트빌의 사례가 독특하긴 하지만 유일한 사례는 아니다. 짧은 기간 많은 이주 노동자와 난민이 유입된 수많은 지역과 마을에서도 비슷한 사례가 발견된다. 미국 러스트 벨트의 주나 잉글랜드와 스코틀랜드의 광업 도시와 공업 도시, 프랑스의 방리유 지역, 독일과 네덜란드, 벨기에, 스위스, 이탈리아, 오스트리아, 스칸디나비아의 공업 중심지 등에서 비슷한 사례가 많이 발견된다. 토박이 노동자들은 사회적·문화적 변화가 대단히 불쾌하고 때론 소외감을 느낄 수도 있다.

이입의 경제적 영향에만 일방적으로 초점을 맞추면 이입이 토착민의 기존 생활양식에 극적인 영향을 미치기 때문에 특히 불쾌할 수 있다는 사실을 간과하게 된다. 돌이켜보면, 앨버트빌처럼 작은 마을이 갑자기 들어온 외국인 6,000명 때문에 불쾌감과 소외감, 두려움을 느낀 것도 당연한 일이다. 그리고 이주 노동자들의 유입에 따라 토박이 노동자들을 제대로 살피지 않는 듯한 기업가와 정치 지도자들에게 분노하는 것도 당연한 일이다. 토박이 노동자들은 기업가와 정치 지도자들이 자신을 인간이나 동료 시민이 아니라 한번 쓰고 버리는 생산 단위쯤으로 취급한다고 느낄 수 있다. 버림받고 배신당했다는 느낌을 현실적으로 실감할 때가 많다.

분명히 GDP가 삶의 전부는 아니다. 미미하게나마 이입이 통계적으로 경제에 긍정적 영향을 미친다 해도, 지역적 차원에서 이입에 따른 사회적 변화에 과도하게 노출된 시민의 마음을 달래기는 쉽지 않다. 이민에 찬성하는 상류층이 저숙련 이주 노동자들과 같은 곳에서 일하거나 같은 동네에서 사는 경우가 거의 없기 때문에 더더욱 쉽지 않다.

경제적 '사실'이 이들의 마음을 달래지 못하는 이유는 이입에 따라 증가하는 소득이 대체로 아주 적고 대부분 혜택이 기존 부유층의 몫으로 돌아가기 때문만이 아니다. 이입의 경제적·재정적 영향을 학문적으로 시시콜콜 따지느라 지역적 차원에서 이입이 미치는 사회적·문화적 영향도 무시하기 때문이다. 이입이 GDP 성장에 일정 부분 기여한다는 주장은 NAFTA가 미국 시민에게 평균적으로 몇 달러의 혜택을 준다는 주장이나 유럽연합 회원국 가입이 영국 시민의 평균 소득을 몇 파운드 증가시킨다는 주장만큼이나 설득력이 없는 것이다. 실질임금이 하락하고 노동 기준이 저하되고 사회 보장 제도가 무너지면 이런 주장은 더욱더 설득력을 잃는다.

따라서 이주가 '모든 경제 문제를 해결한다'는 주장은 상류층의 견해와 기업의 의제를 반영한 것이다. 왜냐하면 이주의 혜택이 대부분 기존 부유층의 몫으로 돌아간다는 사실을 감추기 때문이다. 이입으로 아주 큰 혜택을 얻는 사람은 경제적 상류층이다. 이들이 소유한 사업체에 부족한 노동력과 기술을 이입이 채우고, 돌봄 분야와 서비스 분야에서 일하는 이주 노동자들 덕분에 부유층이 호사스러운 생활양식을 유지한다. 출신국에서도 이출의 혜택을 크게 얻는 사람은 비교적 부유한 집단이다. 왜냐하면 가난한 국가 출신이나 빈곤층은 일반적으로 이주할 수 없기 때문이다. 이런 사실들을 고려하면, 이입을 논의할 때 여러 가지 미묘한 의미를 자세히 따져볼 필요가 있다는 것을 알 수 있다. 다양한 사회적·문화적·경제적 영향을 검토하고 이런 영향이 소득 집단별로 어떻게 작용하는지 검토하며 이입의 장점과 단점을 신중하게 저울질해야 한다.

외국인 노동자들이 일자리를 훔친다거나 임금을 대폭 하락시킨다는 생각은 오해이지만, 토박이 노동자들이 이입에서 직접적인 경제적 혜택을 거의 얻지 못하는 것은 사실이다. 심지어 어떤 경우에는 손해를 입기도 한다. 토박이 노동자들은 대체로 이입에 따른 사회문화적 변화로 일상생활에서 어려움에 직면할 가능성이 크다. 이런 관점에서 보면, 이입을 예찬하는 기업가와 진보적인 정치 지도자들의 주장이 이입에 따른 실질적 불편이나 사회적 문제, 갈등과 동떨어진 것으로 보일 수 있다. 따라서 일반 시민들이 "우리에겐 뭐가 이익이지?"라고 묻는 것도 당연한 일이다.

고령화사회의 문제를 해결하려면 이입민이 필요하다

인구 노령화에 따른 여러 가지 문제에 대처하려면 더 많은 이입민이 절실히 필요하다. 이것이 여론 주도자들이 이입에 찬성하며 흔히 하는 주장이다. 좌익과 우익의 정치인들은 인구학적 논거를 들어 이입에 더 개방된 태도가 필요하다고 호소했다. 이는 언뜻 타당한 주장처럼 들린다. 어쨌든 산업화 국가에서는 그 어느 때보다 아이를 적게 낳고, 노동력 부족이 그 어느 때보다 심각하기 때문이다. 또 인구 노령화가 빠르게 진행되며 생산 연령 인구의 감소로 정부에서 교육과 아이 돌봄, 의료 서비스, 노인 퇴직 연금 등에 필요한 세수를 충분히 확보하기가 갈수록 어려워질 것이라는 우려도 커졌다. 특히 인구 노령화는 연금 제도의 실행 가능성을 위협하고 의료 서비스 비용을 점점 더 증가시키는 원인으로 지목되었다.

거의 모든 고소득 국가에서 여성 1명당 출산율은 인구학자들이 이야기하는 '인구 대체 출산율'인 2.1명 이하로 떨어졌다. (인구 대체 출산율은 장기적으로 인구 감소를 막는 데 필요한 출산율이다.) 2020년 기준으로 영국과 독일, 캐나다의 출산율은 각각 1.5명, 1.6명, 1.4명이다. 여성 1명당 자녀 2명으로 비교적 수준 높은 출산율을 유지하던 미국도 2008년부터 인구 대체 출산율 이하로 떨어져, 2020년에는 1.6명의 출산율을 기록했다. 남유럽과 동아시아의 출산율은 특히 가파르게 떨어졌다. 1960년 당시 이탈리아와 스페인의 출산율은 각각 여성 1명당 2.4명과 2.9명이었지만, 두 나라 모두 2020년에는 출산율이 1.2명으로 떨어졌다. 같은 기간 일본의 출산율도 2.0명에서 1.6명으로 떨어졌고, 한국은 6.1명에서 0.8명으로 급감했다. 현재 한국의 출산율은 세계 최저 수준이다.

서구에서 인구 노령화가 진행되며 베이비붐 세대가 일제히 은퇴하고 일부 국가에서는 사망률이 출산율을 이미 앞지르기 시작했다. 연간 출생자보다 연간 사망자가 더 많은 **자연** 감소가 시작된 것이다. 이입이 없었다면 독일과 이탈리아도 인구 감소 추세로 접어들었을 것이다. 실제로 중국과 일본, 그리스는 이미 인구가 절대적으로 감소하기 시작했다.

스웨덴과 덴마크, 아이슬란드, 프랑스는 여러 가지 출산 장려책으로 문제를 해결하려고 노력했다. 대가족에게 보조금을 지급하고, 임산부에게는 세금을 감면하고 생필품도 넉넉하게 지원하고, 육아 휴직 법안도 통과시키고, 정부 지원 보육 시설도 확충했다. 여러 가지 장려책을 시행한 덕분에 출산율 저하 속도가 조금 늦춰지긴 했지만, 출산율은 2010년 이후 인구 대체 출산율을 넘어서지 못했다. 2020년 기준으로 이들 국가의 출산율은 1.7명 수준이다. 이입에 반대하는 정치인들은 '이입민 대신 아기를'이라는 매력적인 구호를 거듭 외치지만, 출산을 독려하는 가족계획 정책의 장기적 효과는 미미한 것으로 드러났다.[1] 이런 인구 변천은 되돌릴 수 없을 듯하다. 인구 변천은 여성 해방과 교육 수준 향상 등 **구조적인** 사회·문화·경제적 변화의 근본적인 부분이며, 이런 변화는 되돌리기가 거의 불가능하기 때문이다.

멈출 수 없는 서구의 인구 감소에 따라 농업부터 건설, 돌봄, 접객, 배송 등 경제 전 분야에서 노동력 부족 문제가 더 악화할 것으로 예상된다. 이런 맥락에서 보면 아이와 노인, 환자를 돌볼 사람을 충분히 확보하려고 국경을 더 개방하는 것이 특히 중요해 보인다. 인구 노령화에 따라 수요가 급증할 돌봄 분야와 서비스 분야에서 일할 수 있고 일할 의지가 있는 젊은 토박이 노동자는 점점 더 줄고 있다. 노령 인구가 증가할수록 더 많은 간호사와 의사, 요리사, 청소부, 가사 노동자가 필요할 것이다.

그렇다면 당연한 결론은 이입을 억제하는 대신 노령화하는 우리 사회를 다시 젊게 만들려면 이입민을 늘릴 필요가 절실하다는 것이다. 낮은 출산율과 시급한 노동력 수요를 고려하면 정부가 사회·경제적으로 문제 해결 가능성을 확보해줄 이입민을 유치해야 한다. 난민을 짐으로 보는 대신 중요한 인적 자본의 원천으로 보아야 한다. 연금 제도와 복지 제도를 지탱할 세수를 충분히 확보할 수 있도록 생산연령인구의 규모를 유지하는 과정에서 이입이 갈수록 중요해질 것이다. 장차 아이와 노인, 환자를 제대로 돌보려면 노동자의 이입이 특히 중요하다. 이렇게 해야 계속 감소하는 출산율의 악순환을 깨뜨리고 우리 사회의 미래 활력을 북돋을 수 있다.

실상

노령화 문제를 해결하기에는 이입 규모가 너무 작다

이입이 노령화 문제를 해결할 수 있다. 이것이 이민에 찬성하는 논거로 가장 자주 언급되는 주장이다. 하지만 아주 비현실적인 주장이다. 이주는 고령화사회의 구조적인 인구 문제와 경제 문제를 해결할 수 없다. 경제 성장, 교육 수준 향상, 여성 해방과 맞물린 인구 노령화가 노동력 부족을 악화하고 심각한 노동력 부족이 이입 증가를 일으키는 것은 사실이다. 그렇지만 이입으로 이런 구조적 문제를 해결할 수는 없다. 무엇보다 노령화의 인구학적 영향을 상쇄하려면 정치적으로 수용할 수 없고 비현실적일 만큼 수준 높은 이입이 필요하기 때문이다.

노령화의 구조적 영향을 상쇄하기에는 전체 이입 규모가 너무 작다. 이주자는 고작해야 전 세계 인구의 3%에 불과하고, 이입이 가장 많은 목적국에서도 전체 인구의 10~15% 수준이다. 2000년 유엔 인구국이 〈대체 이주: 인구 감소와 인구 노령화에 대한 해결책일까?〉라는 제목의 연구 보고서를 발표했다. '노령화 문제를 해결하려면 더 많은 이입이 필요하다'는 주장을 반박하는 내용이었다.[2] 인구국의 연구는 미래 인구 노령화의 영향을 상쇄하는 데 필요한 연간 순이입의 수준을 산출하는 작업이었다. 이를 위해 인구국은 (15~64세의) 생산연령인구 대비 (65세 이상의) 노인인구의 비율인 '노인부양률'을 계산했다. 그런 다음 노인부양률을 안정적으로 유지하는 데 필요한 (유입되는 인구에서 유출되는 인구를 뺀) 순이입 수준을 계산했다.

독일은 2050년까지 인구를 일정하게 유지하려면 매년 324,000명 정도 순이입이 필요하다. 최근 수십 년간 독일에 실제로 이입된 수준의 범위를 크게 벗어나지 않는다. 그리고 생산연령인구를 안정적으로 유지하려면 매년 458,000명의 순이입이 필요하다. 이것도 현실적으로 가능한 수치다. 하지만 인구 노령화의 속도가 워낙 빨라서 현재의 노인부양률을 유지하려면 매년 순이입이 340만 명 필요하다. 노령화의 효과를 상쇄할 만큼 인구를 젊게 만들려면 이 정도 순이입이 필요하지만, 완전히 비현실적 수치다. 최근 독일에 유입되는 순이입 수준의 10배가 넘기 때문이다.

다른 나라들도 비슷한 패턴이 확인되었다. 영국은 노인부양률을 일정하게 유지하려면 매년 100만 명이 넘는 이입민이 필요하다. 2011년부터 2021년까지 연평균 200,000명인 순이입 수준의 5배가 넘는 수치다. 미국은 1995년부터 2050년까지 노인부양률을 안정적으로 유지하려면 이주자가 총 5억 9,300만 명 추가로 필요하다. 미국 전체 인구의 거의 2배에 해당하는 수치다. 연간으로 따지면 매년 평균적으로 순이입이 1,080만 명 필요하다. 최근 미국의 순이입 수준보다 10배가 넘는 규모다. 프랑스도 2050년까지 노인부양률을 안정적으로 유지하려면 매년 순이입이 240만 명 필요한데, 이는 통상적인 순이입 수준의 20~40배가 넘는 수치다. 일본은 1995년부터 2050년까지 노인부양률을 일정하게 유지하려면 이입민이 총 5억 5,300만 명 필요한데, 이는 현재 일본 전체 인구의 4배가 넘는 규모다.

국가별로 산출한 예상 수치가 모두 완전히 비현실적이다. 과연 이 나라들이 그처럼 엄청난 이입민을 실제로 유치할 수 있느냐는 문제는 차치하고 (유치할 수도 없을 테지만), 무엇보다 정치적으로 실현 불가능한 일이다. 확인된 증거에 따르면, 이입이 인구를 안정적으로 유지하고 일부 인력난을 해결할 수는 있겠지만 노령화로 전환하는 구조적 인구 변천을 뒤바꿀 수는 없다.

이입민들도 나이를 먹고 아이를 적게 낳는다

그렇다면 이런 의문이 든다. 이입이 출산율과 출생률에 거의 아무 영향도 미치지 않는 이유는 무엇일까? 이주자 대부분이 젊고 출산율이 더 높은 국가 출신인데 도착국의 출산율에 지속적으로 큰 영향을 미치지 못하는 이유가 무엇일까? 도착국의 출산율이 떨어지며 토착민 인구의 성장이 저하되었으므로 이입이 인구 성장에서 차지하는 비중이 역사상 그 어느 때보다 커졌고[3] 이입 인구도 증가했지만, 출산율은 왜 높아지지 않았을까? 최소한 출산율을 안정적으로 유지하는 효과는 발휘할 것으로 예상했는데 말이다.

첫 번째 질문에 대한 대답은 현실 세계의 이입 수준이 우리가 흔히 생각하는 만큼 높지 않고 인구학적 인구 구조에 실질적 '영향'을 주기에는 너무 수준이 낮다는 것이다.

두 번째 질문에 대한 대답은 도착할 당시 비교적 젊었던 이입민도 나이를 먹는다는 것이다. 결국 이입이 노인부양률을 보정하는 효과는 일시적으로 그친다. 나이가 들면 결국 이주 노동자와 그 가족도 돌봄 서비스를 받고 연금 제도에 의존할 것이다. 다시 말해, 이입은 구조적인 인구 노령화 문제를 일시적으로 완화할 뿐 해결하지 못한다.

세 번째 질문에 대한 대답은 이입민도 갈수록 자녀를 적게 낳는다는 것이다. 흔히 우리는 비서구 국가 출신의 이입민은 대가족을 꾸린다는 고정관념이 있지만, 사실 이런 고정관념은 인구학적으로 잘못 추정한 것이다. 그리고 그 바탕은 이입이 토박이 백인 인구보다 더 많은 자손을 낳아 이들을 대체할 음모의 일부라는 '대교체' 음모론이다.

음모론자들의 편집증은 차치하더라도, 이주자들의 높은 출생률이 노령화의 영향을 상쇄할 수 있다는 생각은 구체적인 사실과도 어긋난다. 실제로 대가족을 꾸리는 이입민 집단은 일부이며 그마저도 단기간에 그친다. 출산율이 높은 개발도상국 출신 이주 노동자는 대체로 대가족을 이끌고 도착한다. 그리고 도착국에 자리를 잡은 뒤에도 처음 몇 년 동안은 이들의 출산율이 높게 나타난다. 특히 갓 결혼한 젊은 여성이 이주하면 처음 몇 년간 출산율이 치솟기도 한다. 그동안 임신을 미룬 이입민들이 출산을 서두르기 때문인 듯하다.[4]

하지만 대부분은 일시적 현상으로 그친다. 이입민들도 두 세대나 세 세대 만에 목적국 사회의 가족계획 관습과 인구학적 규범에 적응한다는 것을 보여주는 증거가 아주 많다. 유럽 6개국을 대상으로 출산율이 높은 국가에서 이주한 저숙련 이주자 출신 집단들을 비교 연구한 결과, 2세대의 출산율이 부모 세대보다 훨씬 더 낮았고, 3세대의 출산율은 더 떨어질 것으로 예상되었다.[5]

영국에서 태어난 파키스탄과 방글라데시, 인도 출신 이주자 자녀들은 1970년대 1세대보다 출산율이 32~57% 낮다.[6] 이주자 2세대의 출산율이 떨어지는 속도는 출신국보다 더 빠르다.[7] 미국에서도 2000년부터 2017년까지 라틴아메리카 출신 이입민의 출생률이 25% 감소했고, 미국에서 태어난 라틴아메리카계 여성의 출산율은 토박이 백인 여성과 비슷한 수준으로 떨어졌다.[8]

일부 이주자 출신 집단의 출산율이 여전히 평균보다 높지만, 최근 교육 수준이 높아지고 출산율이 낮은 국가에서 이주하는 이입민이 증가하며 출산율이 계속 줄고 있다. 동아시아와 남아시아 출신 고숙련 이주자의 미국 이입이 증가하고, 중유럽과 동유럽 내 출산율이 낮은 국가에서 서유럽으로 이주하는 사람이 늘어난 결과다. 실제로 최근 이입민 중에는 평균 출산율이 다수 인구 집단보다 낮은 집단이 많다. 특히 고숙련 이주자의 출산율이 아주 낮다. 영국을 예로 들면, 1998년부터 2006년까지 백인 영국 여성의 출산율이 1.74명인 데 비해 인도 출신 공동체의 출산율은 1.67명이었다. 미국에서도 아시아계 이입민의 출산율이 토박이 백인보다 낮다.[9]

이입민의 출산율이 급격히 감소한 중요한 이유는 도착국의 전체 출산율도 떨어지고 예전처럼 남편을 따라오는 대신 일을 하거나 공부하려고 독립적으로 이주하는 여성이 증가했기 때문이다. 즉, 멕시코와 과테말라에서 미국으로 새롭게 들어가는 이주자나 튀르키예와 러시아에서 유럽으로 향하는 이주자, 나이지리아와 가나에서 영국으로 유입되는 이주자들은 설령 도착국에서 교육 수준보다 '낮은' 육체노동에 종사하더라도 이미 이전 세대보다 교육 수준이 더 높고 되도록 출산을 기피한다는 것이다. 이 모든 요인이 복합적으로 작용한 결과, 많은 나라에서 토착민 인구와 외국 출신 인구의 출산율이 거의 차이가 없고, 실질적으로 이주자의 출산율이 토착민보다 낮은 것이다. 이 또한 이입으로 노령화의 영향을 상쇄할 수 있다는 생각이 근거 없는 오해임을 보여주는 증거다.

인구학적 요인은 이주를 유발하지 않는다

이주로 인구학적 문제를 해결할 수 있다는 주장은 또한 이주가 전 세계 인구학적 불균형에 따른 자동적 반응이며 이주로 고출산 국가와 저출산 국가 사이의 인구학적 균형을 바로잡을 수 있다는 생각에 기초한다. 하지만 이는 아주 순진한 생각이다. 높은 출생률과 급속한 인구 증가와 빈곤이 결합해 '인구 압력'이 발생하면 가난한 나라의 사람들이 출산율이 감소하고 인구가 노령화하며 심지어 감소하는 나라로 대거 이주할 것이라는 통념과 이어지는 아주 순진한 생각이다. 인구학적 결정론으로도 알려진 이런 생각을 토대로 삼은 것이 인구학적 힘이 이주를 지배한다는 '푸시풀' 사고 모델이다. 이 사고 모델이 널리 알려지긴 했지만, 이주의 실상은 다르다.

실제로 인구학적 요인과 이출은 직접적 연관성이 없다. 몇 가지 사례만 살펴보면 알 수 있다. 우선, 이출 수준이 아주 높은 국가는 인구 증가율이 낮거나 급속히 떨어지는 국가들이다. 이런 현상은 인구학적 요인보다는 대체로 중소득 국가에서 경제 개발과 교육 수준 향상이 전체 이주 열망과 능력의 확대로 이어진다는 사실과 관련이 있다. 실제로 원거리 이출 수준이 가장 낮은 국가는 사하라사막 이남 아프리카 지역의 국가들처럼 인구 증가율이 높은 국가다. 이들 국가의 이출 수준이 아주 낮은 것은 인구 통계와 큰 관련이 없고, 대부분 사람이 너무 가난해서 이주할 수 없다는 사실과 관련이 있다.

인구 증가율이 높은 국가보다 인구 증가율이 낮거나 급속히 감소하는 국가의 이출률이 더 높다. 결국 인구 증가율이 높은 국가가 이출 압력을 아주 크게 받는다는 '푸시풀' 모델이 잘못된 것이다. '인구학적 결정론'이 예상하는 패턴과 정반대로 실제로 출생률이 지극히 낮고 인구가 빠르게 노령화하는 동유럽의 일부 국가에서 이출률이 아주 높게 나타난다.

목적국의 관점에서 보아도 인구학적 요인과 이입 사이에는 인과 관계가 없다. 동유럽 일부 국가처럼 출산율이 낮고 인구 노령화 속도가 빠른 나라에서 이출률이 높게 나타나는 가장 큰 이유는 경제적 요인 때문이다. 사우디아라비아와 카타르, 아랍에미리트는 최근 출생률이 급격히 감소하고 있지만, 아주 오랫동안 출생률이 높은 동시에 이입 수준이 높았다. 그런가 하면 출생률도 지극히 낮고 이입 수준도 비교적 낮은 부유한 국가가 있다. 대표적인 국가가 한국과 일본이다.

이 모든 사례에서 알 수 있는 것은 인구학적 추세와 이주 사이에 직접 관계가 없다는 사실이다. '인구 압력'이 이주를 유발한다는 주장과 배치되는 것이다. 정치인과 전문가, 권위자들은 사하라사막 이남 아프리카 지역의 인구 증가가 대량 이출로 이어진다는 주장을 널리 유포했다. 만일 이 주장이 옳다면 현재 아프리카에서 빠져나오는 이출이 최고 수준에 도달해야 하지만, 현실은 그렇지 않다.[10]

전 세계적으로 사람들을 밀고 당기는 것은 인구학적 힘이 아니다. 정치인과 언론, 전문가들이 끝없이 되뇐 탓에 인구학적 힘이 이주를 유발한다는 생각이 널리 퍼졌지만, 사실은 오해다. 사람들은 인구 압력 때문에 모국을 떠나는 것이 아니다. 이주자들은 부족한 인구를 메우려고 마법처럼 대규모로 국경에 등장하는 것이 아니다. 사람들은 모국의 과잉 출생 부담과 인구 압력을 줄이려 이주하는 것도 아니고, 목적국의 부족한 출생률을 채우는 인구학적 원조를 제공하려 이주하는 것도 아니다. 대부분 사람은 일자리를 잡고 교육받고 가족과 재회하려 이주하고, 아주 일부는 폭력과 압제를 피해 이주한다. 이 한 가지 사실만 따져보아도 이주가 노령화에 따른 문제들을 '해결'할 수 있다는 생각이 환상임을 알 수 있다.

노동력 공급이 무한하다는 오해

이주가 인구 노령화 문제를 해결할 수 있다는 주장에 깔린 또 다른 추정도 문제가 있다. 마음대로 쓸 수 있는 값싼 노동력이 '밖에서' 거의 무한히 공급된다고 추정하지만, 이는 순진한 믿음이다. '노동력 공급이 무한하다'는 추정이 과거에는 유효했을지 모르지만, 미래에도 유효할 것 같진 않다. 전 세계적으로 출산율이 급격히 하락하고 있다는 중요한 사실을 무시하기 때문이다. 도시화와 산업화, 현대화, 교육, 여성 해방 등 산업화 국가의 출산율을 하락시킨 요인들이 작용해 '개발도상국'의 출생률도 이미 급격히 떨어지고 있다. 두 자녀 혹은 한 자녀 가정이 국제적 규범이 될 가능성이 점점 더 커진다는 의미다.

대부분 이미 송출국의 출산율도 마찬가지로 급속히 하락했다. 많은 이입민이 빠져나오는 중소득 국가의 출산율은 이미 인구 대체 출산율에 가깝게 하락했다. 중소득 국가의 2020년 기준 출산율은 중국 1.3명, 브라질 1.6명, 멕시코와 튀르키예 1.9명, 인도 2.1명, 인도네시아 2.2명, 모로코 2.4명이다. 무슬림과 라틴아메리카인, 중국인이 아이를 많이 낳는다는 고정관념도 분명히 깨지고 있다. 종교적으로 보수적인 사우디아라비아와 이란도 역시 1960년 각각 7.6명과 7.3명이던 출산율이 2020년 2.5명과 1.7명으로 급감했다. 저소득 국가도 아직은 인구 대체 출산율을 상회하지만, 마찬가지로 출산율이 하락하기 시작했다. 에티오피아를 예로 들면, 1986년 7.4명이던 출산율이 2020년 4.2명으로 하락했고, 앞으로 얼마나 더 떨어질지 알 수 없다.

결과적으로 세계가 인구 증가의 힘을 잃고 있다. 그 누구도 미래의 출산율을 정확히 예측할 수 없지만, 유엔 인구국의 2020년 수정 세계 인구전망에 따르면 현재 80억 명인 세계 인구는 2050년 97억 명으로 증가하고 2080년대에 104억 명 정도에서 정점에 도달할 것이다. 최근 로마 클럽이 의뢰한 연구에 따르면, 2050년 이전에 세계 인구가 88억 명 정도에서 정점에 도달할 것으로 예측된다.[11] 과거 '인구 폭발' 운운 하던 최악의 시나리오와 상반되게 세계 인구 증가 속도는 예상보다 훨씬 더 빠르게 감소하고 있다. 가장 큰 이유는 여성의 교육 수준이 빠르게 높아지고 빈곤이 급속히 줄며 피임약 보급이 증가했기 때문이다.[12] 이런 모든 요인이 작용해 두 세기에 걸친 급속한 세계 인구 증가 시대가 끝나고, 그 이후에는 세계 인구가 급속히 감소할 것이다. 전 세계 많은 지역, 특히 유럽과 아시아에서 향후 수십 년간 인구가 상당히 감소할 것으로 예상된다. 21세기 내내 인구가 증가할 것으로 예상되는 주요 지역은 아프리카가 유일하지만, 아프리카 지역도 이미 인구 증가율이 하락하고 있다.

인구수보다 훨씬 더 중요한 것은 연령별 인구 구성의 근본적 변화와 이 변화가 국제 이주 패턴에 미칠 영향이다. 새로 태어나는 아이가 줄며 전 세계 대부분 국가에서 15세 이하 인구의 비중이 줄고 있다. 지난 수십 년간 많은 이출민을 배출한 중소득 국가에서도 모두 전체 인구 중 청소년이 차지하는 비중이 줄고 있다. 최근 수십 년 사이에 비로소 출산율이 떨어지기 시작한 사하라사막 이남 아프리카와 아시아의 저소득 국가가 장차 교육 수준과 소득이 증가하고 사회기반시설이 확충됨에 따라 미래 청소년 집단의 이주 열망과 능력이 커질 것으로 기대되는 나라들이다.

최근 수십 년간 국제 이주를 지배한 라틴아메리카와 북아프리카, 중동, 남아시아 등의 중소득 국가는 상황이 사뭇 다르다. 이들 국가도 인구 노령화가 시작되었으므로 앞으로는 이출 잠재력이 줄고 이입이 증가할 것이다. 만일 인구학적 변천에 경제 성장과 노동력 부족 증가가 겹치면 이주 변천을 촉발해 몇몇 국가는 이주 목적국과 순이입 국가로 변할 수도 있다. 과거에 이런 이주 변천이 발생한 나라가 스페인과 이탈리아, 아일랜드, 포르투갈, 그리스, 한국, 말레이시아, 태국이다. 일부 전형적인 '이출' 국가에서 이미 이주 변천이 진행되고 있는지도 모른다. 중국과 튀르키예, 멕시코, 모로코, 브라질, 폴란드 등이 상당히 많은 이입민을 끌어들이기 시작했으니 말이다.

미래에는 이주자가 어디에서 올까?

전 세계 대부분 지역에서 갈수록 아이들이 줄고 풍부한 노동력의 원천이 말라감에 따라 이주가 인구 노령화를 구조적으로 상쇄할 수 있다는 주장은 전보다 훨씬 더 비현실적으로 되었다. 인구학적 변화와 경제 개발이 결합한 덕분에 전 세계에서 가장 가난한 국가들은 여전히 미래 이출 잠재력이 아주 크다. 이런 국가는 대부분 사하라사막 이남 아프리카 지역에 있지만, 아이티와 아프가니스탄, 네팔, 파키스탄, 캄보디아, 미얀마 같은 국가에도 극빈층이 존재한다. 이들 국가는 출산율이 하락하고 있지만 여전히 인구 대체 출산율을 훨씬 상회하므로 앞으로도 한두 세대 동안은 신생아 감소 추세가 청년 구직자 감소 추세로 이어지지 않을 것이다.

그런데 저소득 국가의 이출 잠재력이 증가할 때, 현재 이출 수준이 높은 중소득 국가들의 이출 잠재력이 빠르게 떨어지며 오히려 이주자를 끌어들일 수 있다. 중소득 국가에서도 인구 노령화로 노동력이 부족해지며 노동력 공급 원천인 이촌향도가 시들해지고 있기 때문이다. 예를 들어, 중국은 급속한 경제 성장과 인구 노령화가 겹치며 노동력 부족 문제가 갈수록 심각해지고 있다. 이촌향도로 공급되던 노동력이 줄며 임금이 올라가면 중국 기업들이 외국인 노동자 모집을 늘릴 수 있다. 미래에 경제가 계속 성장하고 정치가 안정된다고 추정하면 중국이 주요한 이주 자석migration magnet으로 등장할 수밖에 없다. 그렇게 되면 국제 이주 패턴에 어떤 영향을 미칠지 예측하기 어렵다.

전 세계 수많은 중소득 국가에서 인구 노령화와 여성 해방, 교육 수준 향상이 맞물리며 저숙련 노동자의 국내 공급은 고갈되어 가고, 돌봄과 건설, 농업, 공업, 서비스 분야에서 노동력 수요는 증가하고 있다. 모로코와 멕시코, 필리핀 같은 나라에서도 이미 고용주들이 육체노동을 할 청년들이 없다고 불평하기 시작했다. 도시의 부유층은 집을 청소하고 요리하고 아이들을 돌볼 시골 출신의 교육받지 못한 젊은 여성을 찾기가 갈수록 어려워지고 있다. 농촌 지역의 빈곤이 줄며 그런 일을 할 필요성이 줄었고, 여자아이들이 학교에 다니는 시간도 점점 더 늘어났기 때문이다. 하지만 이런 문제는 전 세계로 확산할 것이다. 따라서 중요한 질문은 이것이다. 앞으로 이런 일을 할 노동자들이 어디에서 올까? 전 세계적으로 값싼 노동력을 풍부하게 공급하는 원천은 말라가지만, 전 세계적으로 이주 노동자를 찾는 수요는 더욱더 증가할 수 있다. 미래를 예측하기는 불가능하고 정치적·경제적 상황에 따라 많은 것이 달라지겠지만, 고용주와 부유한 나라는 이제 손가락만 까딱하면 언제든 달려올 값싼 노동력이 무한하다는 기대를 접어야 한다. 특히 중소득 국가들이 점점 더 많은 이주 노동자를 끌어들이기 시작하면 잠재적으로 노동력을 수출할 원천이 고갈되며 전 세계적으로 기술 수준과 상관없이 노동자를 확보하려는 경쟁이 심화할 것이다. 그리고 갈수록 공급이 줄며 전 세계적으로 이주 노동자를 찾는 수요가 증가할 것이다.

국제 이주 흐름의 지리적 방향도 바뀔 것이다. 나이지리아와 에티오피아, 인도네시아, 미얀마, 네팔, 파키스탄, 아프가니스탄 사람들이 점점 더 국제 이주 무대에 등장하지만, 이제 이들이 당연히 유럽과 북아메리카로 이주할 것으로 추정할 수 없다. 이런 추정은 빠르게 변화하는 이주 현실을 보지 못하는 유럽과 서구 중심의 세계관이다. 실제로 대부분 이주가 지역 내에서 이루어질 뿐 아니라 새로운 국제 이주 목적지가 지평선 위로 떠올랐다. 걸프와 중국, 인도, 심지어 라틴아메리카를 목적지로 삼는 아프리카 출신 이주자가 늘고 있다. (이스탄불, 두바이, 텔아비브 등) 중동과 (싱가포르, 홍콩, 쿠알라룸푸르, 뭄바이 등) 아시아, (상파울루, 멕시코시티 등) 라틴아메리카, (요하네스버그, 라고스, 카이로 등) 아프리카에서 새롭게 등장한 국제도시들이 먼 곳에서 점점 더 많은 이주자를 불러들였다.[13] 일본과 한국, 말레이시아, 태국, 싱가포르 등 아시아 내 국가로 이주하는 아시아인이 갈수록 늘고 있다. 이제 오스트레일리아와 뉴질랜드 정부도 문만 열면 언제든 아시아 출신 이주자들이 들어올 것이라는 기대를 접어야 한다.

장기적으로 전 세계의 노동력 공급이 감소하면 이입으로 인구 노령화 효과를 일부라도 상쇄할 가능성이 더 줄어들 것이다. 인구 노령화는 세계적 현상이 될 것이다. 2020년 기준 10억 명인 60세 이상 세계 인구가 2050년까지 두 배로 증가하지만 (15~59세) 생산 연령 인구는 같은 기간 40억 명에서 53억 명으로 증가할 것으로 예상된다. 이렇게 증가한 노인들은 모두 돌봐줄 사람이 필요할 것이다.

이입으로 문제를 해결할 수 없으므로 우리 사회는 각자 다른 방식으로 인구 노령화 문제의 결과를 감당해야 할 것이다. 일반적으로 인구학자들은 분명히 인구 노령화에 대응할 '해결책'이 없지만 이런 상황이 상당 부분 불가피해도 흔히 이야기하는 만큼 재앙적이진 않다는데 동의한다.[14]

이주와 관련한 많은 오해가 그렇듯, 이입이 노령화에 대응할 해결책이라는 생각도 그 바탕은 과장이다. (노령화) 문제의 심각성을 비롯해 이주의 실제 규모와 변화 잠재력을 엄청나게 과장한 것이다. 이입이 아주 시급한 인력난을 해소하는 데 어느 정도 도움이 될 수 있지만, 전 세계적으로 사람들이 아이를 덜 낳고 더 오래 사는 구조적 추세를 뒤집을 수는 없다. 전 세계 출산율의 급격한 하락을 고려하면 부유한 나라가 마음껏 쓸 노동력을 공급하는 거의 무한한 원천이 '밖에' 있다는 추정에 의문이 제기된다. 따라서 미래에는 이주자의 유입을 막을 방법이 아니라 외국인 노동자를 끌어올 방법이 정치적으로 중요한 문제가 될 것이다.

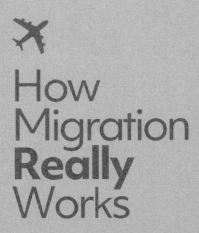

How
Migration
Really
Works

3부

이주에 관한 선동

국경이 닫히고 있다

이제껏 이주 정책은 점점 더 규제를 강화했다. 서구 여러 국가가 예전에는 노동자와 그 가족, 난민들을 환영했지만, 1980년대 이후에는 각국 정부가 모집 프로그램을 중단하고 비자 발급 요건을 도입하고 망명 규정을 강화하고 가족 재결합을 엄격히 제한하며 점점 더 문을 걸어 잠갔다. 또한 목적국 정부들은 출신국과 협력을 확대해 국경 통제를 강화함으로써 밀입국과 인신매매를 단속하고 망명 신청자들의 입국을 막고 미등록 이주자를 추방했다.

이것이 정치인들의 주장에 귀를 기울일 때 우리가 받는 인상이다. 정치인들은 이민에 반대하는 강경 발언을 좋아한다. 도널드 트럼프가 유권자들에게 약속한 "크고 두껍고 아름다운 벽이 될 것이다!"라는 발언이 대표적이다.[1] 버락 오바마도 "역사상 그 어느 때보다 많은 요원과 기술을 동원해 남부 국경을 보호하고 있다"라고 장담했다.[2] 영국의 정치인들도 이입을 '다시 통제'하거나 불법 이주에 '적대적 환경'을 조성하겠다는 결심을 누차 강조했다. 서구 전역에서 정치인들이 불법 이주자가 들어오지 못하도록 국경을 봉쇄하고 망명 신청자가 들어오지 못하도록 담을 치겠다고 맹세했다. 특히 선거철만 되면 대통령 후보들은 전임자가 남긴 혼란을 깨끗이 정리하겠다고 약속한다. '이입을 다시 통제'하거나 '망가진 이민 제도를 복구'하겠다고 약속한다.

정치인들의 이런 발언이 국경이 폐쇄되고 있다는 인상을 강화한다. 정치인들은 기회가 있을 때마다 호전적인 단어를 동원해 유권자들에게 불법 이주에 대한 '전쟁', '싸움', '강력 단속'을 약속했다. '단호하지만 공정한' 망명 정책을 도입해 '진짜' 난민을 가려내고 '가짜' 망명 신청자를 본국으로 돌려보내겠다고 약속했다. 동시에 저숙련 노동자와 그 가족의 합법적 입국도 축소하겠다고 약속했다. 이 모든 것이 각국 정부가 점점 더 이민 제도의 고삐를 조이고 있다는 인상을 강화한다.

실상

이제껏 대부분 이주 정책은 점점 더 규제를 완화했다

모든 사람이 국경 폐쇄를 사실로 받아들이는 듯하다. 2000년대 이주 정책에 관한 논의를 시작했을 때 나는 흥미로운 사실을 발견했다. 이주 정책을 다룬 논문과 책이 많지만 실제로 이주 정책이 얼마나 진화했는지 **측정**한 사람이 아무도 없다는 사실이었다. 내가 이 사실을 발견하고 놀란 이유는 우리가 정치인들의 주장을 비판하지도 않고 그

냥 믿어버린 이유를 알 수 없었기 때문이다. 정치인들의 말과 행동이 크게 다르다는 것을 알면서도 우리가 정치인들이 이주와 관련해 발언한 내용을 당연히 행동으로 옮기고 있겠거니 믿는 이유가 무엇일까? 정치인들이 우리를 호도할 가능성은 없을까? 하지만 정확히 어떻게 진행되는지 확인할 데이터가 없었다. 그래서 관련 데이터를 직접 모으기로 했다.

나는 2010년 유럽연구이사회ERC의 넉넉한 지원을 확보해 옥스퍼드대학교 국제이주연구소IMI에서 연구팀을 꾸렸다. 연구 목표는 지난 100년간 이주 정책의 진화 과정을 분석하고 이주 흐름에 영향을 미친 효과를 측정하는 것이었다. 국제 이주 결정자DEMIG로 이름을 붙인 연구 프로젝트는 2010년부터 2015년까지 이어졌다. 우리 연구팀은 2년간 수많은 보고서와 법률, 규정을 검토해 이주 정책에서 나타난 주요 변화를 정리했다. 그 결과물이 1900년부터 2014년까지 45개국 6,500여 개의 이입과 이출 정책에서 나타난 변화를 정리한 데이터베이스 국제 이주 결정자 정책DEMIG POLICY이다.[3]

우리는 정책이 이입 규정을 강화하는 방향으로 변하는지 완화하는 방향으로 변하는지 구분해 정책 변화마다 값을 매겼다. 그리고 그 값을 기초로 매년 이입제한지수IRI를 산출했다. IRI 점수가 0을 넘으면 이입을 제한하는 정책 조치가 이입을 자유화하는 정책 조치를 능가한다는 의미이다. IRI 점수가 0을 넘지 않으면 국제 이주 결정자 정책 데이터베이스에 포함된 모든 국가의 정책이 평균적으로 이입을 자유화하는 방향으로 변했다는 의미다. IRI 점수는 제한 정도나 자유화 정도도 나타낸다. 예를 들어 IRI 점수가 −0.5이면 특정 연도에 이입을 자유화하는 정책 조치가 이입을 제한하는 정책 조치보다 두 배 더 많았다는 것을 의미한다. 우리는 지난 100년간 IRI 점수를 비교 분석하며 전체적인 이입 제한 수준의 변화를 추적했다.

분석 결과를 정리한 그래프 13을 보면 놀라운 패턴이 드러난다. 제2차 세계대전 이후 이주 정책이 규제를 완화하는 방향으로 꾸준히 변화한 패턴이다. 그래프의 선이 계속 0 이하에 머물고 있다. 지역별로 나눠 더 구체적 분석을 수행했지만, 대부분 서구 국가에서 비슷한 패턴이 확인되었다.[4] 이런 분석 결과는 이주 정책이 점점 더 규제를 강화했다는 일반적 추정이나 정치인들의 거친 수사와 어긋난다. 오히려 정반대로 지난 70여 년간 대부분 이입 규정은 점점 더 **자유화**되었다.

법률 장벽이 무너지는 동안 국경 통제는 강화되었다

우리의 분석 결과는 이주 정책의 역사적 추세가 선형적이지 않았음을 보여준다. 그래프를 보면 제2차 세계대전 전후 시기에서 큰 차이가 드러난다. 20세기 전반기에는 이주 정책이 규제를 더 강화했다. 1920년대 이후 보호주의와 민족주의, 권위주의를 향한 일반적 추세가 반영된 것이다. 또한 20세기 전반기는 현대적 여권 제도가 도입되고, 그때까지 주로 이출 통제에 치중하던 각국 정부가 점점 더 이입 통제에 집중한 시기였다.[5]

이런 추세가 뒤바뀐 것은 제2차 세계대전 이후다. 미국과 그 동맹국들이 최소한 서구에서 자유롭고 민주적인 세계 질서를 복구할 결심을 세웠기 때문이다. 이런 흐름에 발맞춰 세계인권선언Universal Declaration of Human Rights이 채택되고, 유엔난민기구가 설치되고 국제적인 난민 협약도 제정되었다. 이 모든 조치는 자연스럽게 이주자와 난민의 권리 향상을 의미했고, 각국 의회도 인권 존중을 주장했다. 의회가 새로운 인권 원칙을 따르고 주장하자 각국 정부는 이입 관련 법률과 규정을 바꿀 수밖에 없었다.

결국 1945년부터 1980년대까지 서구의 자유롭고 민주적인 국가들이 이주 정책 자유화에 박차를 가해 이입 제도를 대대적으로 개편했다. 각국 정부는 점점 더 국제적 인권 원칙에 헌신했다. 가정생활의 권리를 인정해 정착 이주자들에게 가족과 재회할 권리를 보장하고, 난민들에게는 망명을 신청할 권리를 보장했다.

경제적 수요도 중요하게 작용했다. 앞에서 살펴보았듯, 합법적인 노동력 이입 통로가 확대된 것은 농업과 건설 등 각종 산업과 서비스 분야에서 외국인 노동자를 찾는 수요가 증가했기 때문이다. 1989년 이후에는 이입을 자유화하는 정책 변화보다 이입을 제한하는 정책 변화가 많았고, 그 결과 그래프의 선도 위쪽으로 이동했다. 이 시기에 각국 정부는 저숙련 노동자의 가족 이입을 제한하고 더 엄격한 망명 정책을 시행했다. 많은 비서구 국가 출신 이주자의 비자 발급을 제한하는 동시에 새로운 운송 규제 조항을 도입해 항공사가 탑승 전 승객들의 입국 자격을 확인하도록 규정했다. 난민들이 비행기를 타고 서구 국가에 도착해 망명을 신청하는 상황을 예방하려는 조치였다.

흔히 '달갑지 않은' 이주 집단으로 여기는 불법 이주자와 망명 신청자의 도착을 막으려는 조치들이 시행되었지만, 데이터는 1990년대 이후 이입 자유화 속도가 조금 늦춰졌을 뿐 규제 증가로 추세가 완전히 역전되지 않았음을 보여준다. 각국 정부는 1950년대와 1960년대에 도입된 일반적인 가족 재결합 권리를 약간 제한했을 뿐 관련 조항을 개정하거나 폐지하지는 않았다. 망명 신청자들을 '밀어내려' 시도했지만,

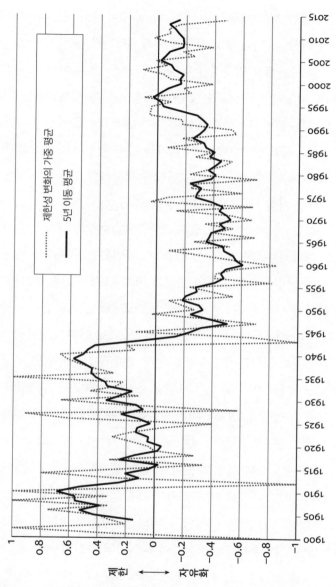

그래프 13. 1900년부터 2014년까지 45개국의 이주 정책 제한성의 연평균 변화

점수가 0 이하이면 그해에 평균적으로 이주를 제한하는 정책 변화보다 이주를 자유화하는 정책 변화가 더 많았음을 의미한다.

유엔난민협약을 탈퇴하지는 않았다. 유럽에서는 망명 거부율이 올라가기는커녕 더 떨어졌다. 서유럽과 북아메리카, 오스트레일리아, 뉴질랜드 등 자유롭고 민주적인 국가에서 전반적으로 이런 추세가 강하게 나타났고, 1989년 이후 수십 년간 계속 이입을 자유화하는 정책 변화가 이입을 제한하는 정책 변화를 능가했다. 공산주의가 무너지자 중유럽과 동유럽의 예전 사회주의 국가들도 이주 정책을 자유화했다. 그리고 1990년대와 2000년대 유럽연합이 확장하며 5억 명 이상을 아우르는 거대한 자유 이주 공간이 탄생했다.

"우리는 이주 노동자가 필요 없다"라는 주장과 달리 정치인들은 저숙련 일자리부터 고숙련 일자리까지 광범위한 범위에서 이주 노동자를 받아들이는 수많은 이입 제도의 개발을 지지했다. 더욱이 노동 시장 정책도 자유화되며 이주 노동자를 모집하는 고용주와 민간 기관의 재량이 더 커졌다. 정부가 주도해 공식적으로 이주 노동자를 모집하던 시절에 비해 정치인들의 실질적 현장 통제력이 줄어들었다. 정부는 외국인 노동자와 투자자, 상사 주재원, 오페어, 수습공, 유학생의 비자 발급 건수를 늘렸다. 1990년대 이후 불법 이주자와 망명 신청자를 막으려는 국경 통제에 치중한 제한 조치들이 증가했지만, 외국인 노동자와 그 가족, 유학생의 합법적 입국에 관한 법률과 규정은 전보다 속도는 조금 더디지만 대체로 더 자유화되었다.

그래프 14를 보면 미국에서 나타난 이입 자유화 추세가 확인된다.[6] 1990년대 특히 2000년대 이후 일반적으로 H1B(고숙련 노동자)와 H2A(계절 농업 노동자), H2B(계절 비농업 노동자) 비자를 발급받는 임시 노동자와 상사 주재원, 투자자, 유학생 그리고 그 가족들이 임시 거주 허가를 받아 입국하는 숫자가 증가했다. 1980년대 연간 100만 명 수

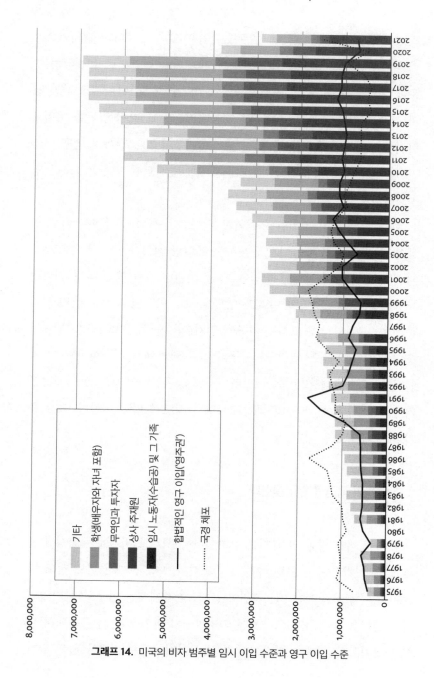

그래프 14. 미국의 비자 범주별 임시 이입 수준과 영구 이입 수준

범례 (legend):
- 기타
- 학생(배우자와 자녀 포함)
- 무역인과 투자자
- 상사 주재원
- 임시 노동자(수습공) 및 그 기족
- 합법적인 영구 이입('영주권') — 실선
- 국경 체포 — 점선

세로축(연도): 1975 ~ 2021

가로축: 0 / 1,000,000 / 2,000,000 / 3,000,000 / 4,000,000 / 5,000,000 / 6,000,000 / 7,000,000 / 8,000,000

준에서 1990년대 300만 명 수준으로 증가했고, 코로나19 팬데믹으로 이입이 급감하기 직전인 2019년에는 거의 700만 명으로 유례없는 수준에 도달했다. 임시 거주 허가증을 받아 입국한 사람이 합법적인 영구 거주 허가증(전통적인 미국 입국 방식인 영주권)을 받아 입국한 사람보다 훨씬 더 많았다. 영구 이입민은 1975년부터 2020년까지 연평균 85만 명 정도이며, 같은 기간 국경에서 체포된 사람은 연평균 110만 명 정도였다.[7]

이 수치를 보면 정치인들의 거친 반이민 수사와 현장에서 이주 정책을 수립하는 현실 사이에 존재하는 커다란 격차가 확연히 드러난다. 사실 미국에서 합법적인 이입이 가장 높은 수준까지 올라간 시기는 트럼프 대통령의 임기 중이었다. 영국도 브렉시트 이후 존슨 총리 임기 중에 이입이 사상 최고치를 기록해 임기 마지막 해인 2022년 6월에는 순이주가 50만 명을 넘었다.[8] 서구의 많은 국가에서 비슷한 추세가 확인된다. 오스트레일리아와 네덜란드처럼 정치인들이 이입을 억제하겠다는 목소리를 한껏 높인 국가에서도 실제로 합법적 이입이 크게 증가한 추세가 확인된다.

기업들이 국경을 열어젖힌다

이주 정책이 점점 더 규제를 강화했다는 생각도 과거에는 국경이 활짝 열려 있었다는 잘못된 추정에 기초한다. 1965년까지 어느 정도 자유롭게 미국을 왕래한 멕시코인이나 제2차 세계대전 이후부터 1962년까지 영국을 자유롭게 드나들던 카리브해와 파키스탄, 방글라데시 출신 노동자들처럼 특정 기간이나 특정 국적자에게는 국경을 활짝 열어젖힌 때도 있었지만, 이런 경우는 일반적 사례라기보다 예외에 가깝다. 사실은 (과거 식민지들의 문이 닫힌 경우처럼) 일부 문들이 닫혔기 때문에 각국 정부가 (유럽연합 내 이주 자유화처럼) 다른 문을 열고 (2017년 우크라이나인에게 무비자로 유럽연합에 입국할 권리를 준 것처럼) 비자 요건을 폐지한 것이다. 그와 동시에 각국 정부는 노동자 모집 업무를 민간 기관에 위탁하고 다양한 범주의 고숙련·저숙련 노동자의 이주 절차를 간소화했다.

즉, 우리의 과거는 우리가 흔히 생각하는 것보다 더 이입에 제한적이었다. 지난 수십 년간 서구 국가를 향한 이입이 증가한 것은 국경 통제에 실패했기 때문이 아니라, 각국 정부가 점점 더 많은 이주자의 입국과 체류를 허락했기 때문이다. 그렇다면 각국 정부가 왜 그랬을까? 정부가 합법적인 이주 정책을 더 자유화한 까닭은 무엇이며, 정반대 상황을 암시하는 정치적 수사를 구사한 이유는 무엇일까?

정치학자들은 몇 가지 이유를 들어 정치인들의 이입 관련 발언과 행동 사이에 나타나는 '엄청난 틈'을 설명했다. 그중 가장 중요한 이유가 이입 규정을 완화하고 미등록 노동자의 고용을 용납하도록 정부를 압박하는 기업의 로비다. 이런 경제적 이유를 처음 제시한 사람이 텍사스대학교 오스틴캠퍼스의 정치학자 게리 프리먼Gary Freeman이다. 프리먼은 이주 정책과 관련해 정치 지도층과 일반 대중의 선호도가 다르다고 주장했다.[9] 정치 지도층은 대체로 경제적 이유에서 진보적 이주 정책을 선호하지만, 일반 대중은 이입에 관해 더 온건하거나 회의적이거나 부정적 견해를 갖는다고 주장했다.

정치학자들은 수적으로 적은 이익 집단이 수적으로 더 많은 대중에게 손해를 끼치며 정치에 큰 불균형을 초래하는 이유를 '고객 정치'

라는 개념으로 설명한다. 프리먼은 이 고객 정치라는 개념을 적용해 기업의 로비가 이주 정책 결정을 지배하는 현상을 설명했다. 그러면서 이입이 특히 고용주와 투자자에게 '집중된 혜택'을 주고 이입의 비용은 일반 대중이 간접적으로 분산해서 부담한다고 주장했다.[10] 이렇게 혜택이 집중된 탓에 '특별한 경제적 이익단체'가 일반적으로 이주 정책 결정 과정을 주도하는 것이다. 고객 정치 덕분에 기업 지도층은 이입에 더 회의적인 일반 대중의 반대를 무릅쓰고 진보적인 이주 정책을 추진하도록 비밀리에 압력을 행사할 수 있다. 이 때문에 이주 정책을 자유화하는 정치인들은 자신들이 실제로는 정반대로 행동하는 것처럼 대중을 믿게 해야 할 강력한 동기가 생긴다. 이들은 대중을 호도하려고 선정적인 언론 보도를 동원하고 가장 취약한 이주자 집단인 망명 신청자와 불법 이주자들을 겨냥해 거친 말을 쏟아낸다. 망명 신청자와 불법 이주자는 이입민 중에서도 소수 집단을 대표하는 동시에 국경 장벽 같은 대단히 상징적 조치도 대변한다. 정치인들이 의도적으로 강경한 이미지를 만들어내는 것은 효과적인 연막탄을 피우는 것이다.

스모킹 건

강경한 정치적 수사와 훨씬 더 관대한 실행 사이의 엄청난 틈을 보여주는 가장 확실한 증거는 정치인들이 미등록 이주 노동자의 고용을 강력히 단속하는 법률을 시행하길 대체로 꺼린다는 것이다.[11] 지극히 낮은 사업장 단속 수준이 정부가 불법 이주 노동자 고용을 단속할 의지가 없다는 것을 명백히 입증하는 '스모킹 건smoking gun(결정적 증거-옮긴이)'이다. 정치인들은 불법 이주 노동자들이 '달갑지 않은' 존재이며 이들에게 '적대적 환경'을 조성하겠다고 끊임없이 주장하지만, 사실 이들은 대단히 필요한 존재이며 따라서 정치인들도 대체로 이들의 존재를 용인한다.

사실 서구 국가들은 불법 고용을 근절하려는 노력을 별로 하지 않았다. 특히 미국과 영국처럼 자유시장 경제가 고도로 발달한 나라나 비공식적인 경제 규모가 큰 남유럽의 국가는 불법 고용을 근절하려는 노력을 거의 하지 않았다. 실제로 미국에서는 얼마 전까지만 해도 미등록 노동자를 고용하는 것이 불법이 아니었다. 정식으로 고용 신고를 하고 세금도 냈다. 그러다가 레이건 행정부가 이민 개혁 및 통제법을 제정해 수많은 미등록 노동자를 사면하는 동시에 불법 이입민의 고용을 금지했다. 하지만 서류 위조가 어렵지 않았던 탓에 이 법률도 불법 고용을 근절하지 못했다.[12]

2004년 미국 이민세관집행국ICE이 새로운 전략을 발표하며 공격적인 사업장 단속을 예고했다. 하지만 겉치레에 지나지 않았다. 실제로 법을 집행할 정치적 의지도 재원도 없었다. 이민세관집행국은 국경 통제에 치중한다. 국내 수사를 담당하는 산하 국토안보수사부HSI에 투입하는 재원은 전체 예산의 8분의 1에 불과하다.[13] 2022년 기준 국토안보수사부 직원은 대략 10,000명이지만[14] 세관국경보호국CB 직원은 60,000명이 넘는다.[15] 국토안보수사부의 인력 중에서도 사업장 단속에 집중하는 인원은 일부에 불과하다. 이민세관집행국은 더는 사업장 단속에 투입된 정확한 금액을 발표하지 않지만, 2010년에 발표한 금액은 600만 달러였다. 이는 당시 60억 달러에 가까운 총예산의 0.1%에 지나지 않는다.[16]

이민세관집행국의 공식적인 사업장 단속 전략은 '알고도 법을 어기는 고용주의 형사 소추를 강조하지만, 실제 단속 수준은 터무니없이 낮다. 1986년 의회에서 불법 고용주의 형사 처벌 규정을 통과시킨 이후 실제로 형사 소추된 사람은 거의 없다. 조지 W. 부시 대통령이 재임한 2005년과 오바마 행정부가 출범한 첫해에 25명이 형사 소추된 경우를 제외하면, 연간 불법 고용으로 형사 소추된 고용주가 15~20명을 넘은 적이 거의 없다. 형사 소추되어도 실형을 선고받는 사람은 얼마 되지 않아 연간 5명을 넘지 않는다.[17]

몇 차례 세간을 떠들썩하게 만든 사업장 급습 사건을 제외하면 강력 단속은 늘 상징적 수준이다. 미국의 고용주가 1,100만 명으로 추산되는 점을 고려하면 체포될 확률은 사실상 0에 가깝다. 백인 고용주는 체포될 확률이 특히 낮다. 유죄 판결을 받은 전체 고용주 중 85%가 소수 집단의 성을 가진 사람들이다.[18]

벌금도 대체로 상징적이다. 2020년 기준 미등록 노동자를 알고도 채용하거나 계속 고용한 경우, 벌금은 583~4,667달러 수준이다.[19] 이민세관집행국 요원이 제시한 벌금도 기관 변호사와 고용주가 협상해 감액하는 것이 일반적이다. 최종적으로 납부하는 벌금이 워낙 적기 때문에 고용주들은 희박한 벌금 부과 가능성을 통상적인 영업 리스크와 사업 운영 경비쯤으로 여긴다.

미등록 이입민을 단속하는 수준은 조금 더 높지만, 이입민 전체 수를 고려하면 단속될 확률은 아주 낮다. 2009년부터 2018년까지 사업장에서 연간 체포된 미등록 이입민은 전체 1,100만 명 중 120~779명 수준이다.[20] 트럼프가 '강력 단속'을 장담한 기간에도 사업장에서 체포된 미등록 이입민이 92,000명 중 1명에서 14,000명 중 1명 수준이었다는 의미다. 실제로 불법적으로 일하다 체포된 사람의 연평균 인원수

나 번개에 맞는 미국인의 연평균 인원수나 큰 차이가 없다.[21]

묻지도 말고 말하지도 말라

영국에서도 정치인의 강경 발언과 확연히 낮은 사업장 단속 수준 사이에 커다란 틈이 존재한다. 영국은 미등록 이입민 고용을 불법화하는 고용주 규제 조항을 1996년에 최초로 도입했다. 그리고 2016년 영국 정부는 고용인을 겨냥해 불법 노동을 범죄로 규정한 법률을 통과시켰다. 이와 더불어 불법 이주에 '적대적 환경'을 조성하겠다는 전에 없이 강경한 정치적 수사를 쏟아냈다. 하지만 실제 데이터는 불법 노동을 근절하려는 노력이 부족했고 단속 수준이 실제로 올라가기는커녕 더 떨어졌음을 보여준다.

2016년 법률안을 시행하고 2년이 지난 뒤 영국 정부가 발표한 기록에 따르면 해당 법률로 유죄 판결을 받은 사람이 1명도 없었다.[22] 게다가 불법 노동에 부과하는 벌금 액수도 현저히 떨어지고, '강제 퇴거(추방)' 건수도 줄었다.[23] 영국에서 사업장 단속을 담당하는 부서는 내무부 산하의 일명 'ICE'로 불리는 이민단속국Immigration Compliance and Enforcement이다. 영국 내무부에서는 비자이민국과 국경통제국, 이민단속국 세 부서가 이입을 통제한다. 비자이민국은 직원이 8,000명, 예산이 8억 파운드이지만, 이민단속국은 예산이 비자이민국의 절반도 되지 않고 정직원도 1,208명에 불과하다. 그리고 지원 규모의 격차는 갈수록 커지고 있다. 2020년 이민단속국의 예산은 3억 9,200만 파운드로 2015년 대비 11%가 삭감되고, 인원도 5% 줄었다.[24]

정치적으로 강경한 수사와 달리 고용주에 대한 영국 이민단속국의 조치는 늘 상징적 수준에서 벗어나지 못했다. 영국 내무부는 체포되거나 기소된 고용주의 숫자를 발표하지 않지만, 간행물 〈피플 매니지먼트 People Management〉 발행사가 정보공개법에 근거해 자료를 요구하자 영국 내무부가 공개한 데이터는 정말 미미한 수준이었다. 2015~2016년에 기소된 고용주는 불과 12명이었고, 2016~2017년에는 겨우 3명이었다.[25] 체포된 불법 근로자 인원수도 줄었다. 2013년 7,253명에서 2018~2019년 1,634명으로 체포된 불법 근로자 숫자가 크게 줄었다.[26] 같은 기간 이민단속국이 (불시에) 실시한 불법 노동 조사 건수도 7,846건에서 2,987건으로 감소했다.[27]

불법 노동 실태를 조사한 사업장 중 절반은 식당과 패스트푸드점이고, 4분의 1은 상점이었다. 산업 분야 전반에 걸쳐 이민단속국의 단속 건수가 감소했지만, 무엇보다 극적으로 단속 건수가 감소한 곳은 관공서와 병원, 요양원, 개인 거주지였다. 이는 관계 당국이 불법 노동자의 기술이 절실히 필요하고 고용주의 노동력 수요가 큰 분야에 대해서는 강력 단속을 갈수록 기피한다는 사실을 암시한다.

강경한 정치적 **수사**와 관대한 정책 **실행** 사이의 틈이 미국과 영국에서 지나치게 크게 나타나는 듯하지만, 다른 모든 서구 국가의 상황도 기본적으로 다르지 않다. 스페인과 포르투갈, 이탈리아, 그리스의 상황도 대체로 비슷해서, 비공식적인 대규모 산업 분야들이 이주 노동력에 크게 의존하고 있다. 독일과 프랑스, 네덜란드, 스칸디나비아는 단속 수준이 조금 더 높아 보이지만, 이들 국가도 실질적 단속 수준은 낮은 편이다. 특히 노동력 수요가 높고 미등록 노동자를 대대적으로 체포하면 대중의 분노나 막강한 기업가들의 반발을 일으킬 우려가 있는 분야에서는 실질적 단속 수준이 아주 낮다.

2022년 12월 프랑스 파리에서 올림픽 선수촌을 짓는 건설회사가 말리와 모로코, 튀르키예 등 여러 국가 출신의 불법 노동자를 고용한 것으로 드러나자 프랑스 대중은 분노했지만, 불법 노동자들이 없으면 공사가 진행될 수 없다는 사실을 모두 알고 있었다.[28] 이입과 관련해 정치인들의 강경한 발언과 훨씬 더 관대한 정책 실행 사이의 엄청난 틈을 분명히 보여주는 사례는 더 있다. 이입에 반대해 누구보다 강경한 목소리를 내던 정치인이 유모나 청소부, 정원사, 건설 인부 등으로 불법 이주자를 고용한 사실이 언론에 보도되는 '스캔들'이 자주 발생한다.

서구 전역에서 청소부나 유모, 돌봄 도우미, 농업 노동자, 건설 노동자로 일하는 불법 근로자가 많다는 것은 공공연한 비밀이다. 고용주들은 노동자의 출입국 자격을 아예 확인하지 않을 때가 많다. 성소수자의 군 복무와 관련한 '묻지도 말고 말하지도 말라'는 원칙을 이입에 적용한 것이다. 유럽에서 일하는 미등록 이주 노동자가 체포되어 추방될 확률은 거의 0에 가깝다. 경찰이 불시에 개인 주택을 조사해 가사 노동자나 유모, 돌봄 도우미로 일하는 불법 이주자를 체포하는 것은 대중의 지지를 얻지 못한다. 경찰국가식 관행을 용인할 사람도 거의 없을 뿐 아니라 이주 노동자들이 대단히 필요한 존재라는 것이 공공연한 비밀이기 때문이다.

인권 향상은 이주자 권리 향상을 의미한다

정부가 이주 노동자의 합법적 입국 절차를 간소화하고 불법 이주자 고용을 외면하는 가장 큰 이유는 시급한 노동력 부족과 경제적 이익, 기업의 로비 때문이다. 하지만 이주 정책의 자유화를 부추긴 것은 기업의 로비나 계급 투쟁만이 아니다. 고객 정치 외에도 민주주의 정부들이 이주 정책을 자유화하는 것이 옳다고 판단했기 때문이다. 제2차 세계대전 이후 국제 협력을 지지하고 인권을 존중한 정신을 따른 것이다. 그래서 민주주의 국가들이 국제 인권 의무와 난민협약에 자발적으로 헌신했고, 자연스럽게 이입 통제에서 손을 떼게 되었다.[29]

1930년대 경제 보호주의와 인종주의로 재앙을 겪고 제2차 세계대전으로 잔혹 행위를 경험한 세계는 이런 재앙이 재발하지 않도록 하자는 결의를 다졌다. 나치주의와 파시즘을 물리친 뒤 전후 국제 협력을 지지하는 정신이 동기가 되어 유엔이 창설되고 (세계은행과 국제통화기금 등) 브레턴우즈 체제Bretton Woods Institutions(제2차 세계대전 후 세계 자본주의 질서를 재편하기 위해 1944년 서구 44개국 지도자들이 미국 브레턴우즈에 모여 만든 국제통화체제–옮긴이)가 구축되고 국제법과 국내법에 이주자와 난민을 포함한 인간의 기본 인권 조항이 담기게 되었다. 전쟁 경험과 민족 자결권은 유럽 제국주의의 종말과 영국과 프랑스, 네덜란드, 포르투갈, 벨기에 등 식민제국의 해체도 앞당겼다.

인권과 난민협약을 채택하고 관련 조항이 국내법과 국제법에 담기자 이주 정책이 예기치 못한 영향을 받았다. 인권 조항에 손이 묶인 정부가 이주 정책을 자유롭게 결정하지 못하게 된 것이다. 기본 인권을 침해하는 것이 두려워 함부로 이입민의 입국과 체류를 거부하지 못했다. 기본권과 망명 신청권, 특히 가정생활의 권리 때문에 이주 노동자의 가족과 망명 신청자의 입국을 거부하기가 더 어려워졌다. 의도한 바는 아니었지만, 개정된 국내법과 국제 인권 의무는 가족과 망명 이주자의 권리를 확대하도록 정부를 압박했고, 이들의 입국과 정착을 막고 강제로 돌려보낼 정부의 권한을 제한했다.

1960년대 말부터 인종 평등에 큰 관심이 쏠리며 미국과 캐나다, 오스트레일리아, 뉴질랜드 등 전통적으로 유럽인들이 정착하던 국가도 '백인만 받아들이는' 인종 차별적 이주 정책을 폐지할 수밖에 없었다. 그 덕분에 아시아와 비유럽권 국가 출신들의 합법적 이입 절차가 크게 간소화됐다.

미국은 1965년 이민 및 국적법 개정안을 통과시키며 유럽 이입민에게 특혜를 주고 국적에 따라 이입을 차별하던 쿼터제를 폐지했다. 이 개정안은 인종주의를 근절하려는 민권법의 일부였지만, 쿼터제를 폐지하자 의도치 않게 세계적 이민 제도가 확립되어 아시아와 아프리카 출신의 이입 증가를 촉진했다.[30] 마찬가지로 캐나다와 오스트레일리아, 뉴질랜드가 백인만 받아들이는 이입 규정을 폐지하자 비유럽 출신의 이입이 증가했다. 하지만 많은 문이 열린 만큼 일부 닫힌 문도 있었다. 예를 들어 미국이 세계적인 쿼터제를 도입하자 라틴아메리카인과 카리브인이 예전만큼 자유롭게 드나들고 이주할 수 없었다.[31]

윤리와 외교, 실용을 중시하는 목소리가 이주 정책을 더 자유화하는 방향으로 개편하라고 정부를 압박했다. 인권을 비롯해 외교적 이익과 무역 이익을 중시하는 목소리가 커지며 정부가 장기 체류 이입민의 영주권이나 시민권을 무기한 거부하거나 가족 재결합을 막을 여지가 점점 줄어들었다. 유럽 각국 정부가 가족 재결합권을 대폭 제한하려고 여러 가지 조치를 취했지만 국내 법원과 유럽 법원이 기본 인권을 침해한다고 제지했다. 그리고 정치인들이 망명 신청을 제한하겠다고 줄곧 약속했지만, 이와 비슷한 법적 보호 장치들 때문에 정부는 망명 신청자의 권리를 함부로 제한할 수 없었다.[32]

자유화 추세는 시민권 개혁 과정에서도 나타난다. 독일을 비롯해 이입 국가가 되었다는 사실을 인정하길 한사코 거부하던 유럽의 국가들도 결국 자유롭고 민주적인 체제의 국제 기준에 부합하도록 이입 및 시민권 법률을 개정할 수밖에 없었다. 이런 자유화를 보여주는 또 다른 징후는 북유럽과 서유럽의 일부 국가는 반발했지만 이중 국적을 인정하는 나라가 증가한 것이다.

불법 이입에 반대한다는 정치적 수사와 달리 사실 각국 정부는 합법화 혹은 '사면' 조치를 종종 단행해 미등록 이주자들에게 합법적인 지위를 부여했다. 1980년대와 1990년대 남유럽 각국에 대규모로 불법 이주한 뒤 합법화 조치로 혜택을 본 외국인이 320만 명을 넘는다.[33]

이탈리아는 1986년 이후 다섯 차례 합법화 조치를 시행해 이주자 약 140만 명에게 합법적인 지위를 부여했고, 스페인도 1985년부터 2005년까지 열두 차례 합법화 조치를 단행해 100만 명이 넘는 이입민의 합법적 지위를 인정했다.[34] 미국은 유럽과 상황이 조금 다르다. 1986년 레이건 행정부가 대부분 멕시코 출신인 미등록 이입민 270만여 명을 사면한 이후, 미국은 줄곧 합법화 조치와 관련해 정치적 교착 상태에 빠져 있었다. 하지만 미국에서도 현장의 현실이 정말 시급한 인권 문제를 해결하라고 행정부를 압박했다. 결국 2012년 오바마 행정부가 불법체류 청소년 추방 유예DACA 정책을 시행했다. 그 덕분에 미등록 이입민 부모와 함께 미국에 들어온 대부분 라틴아메리카계 청소년들이 추방될 걱정 없이 체류하고 일하고 공부했다.

이런 사례들에서 알 수 있는 것은 국제 인권 의무에 대한 헌신과 인도적 우려가 커지며 민주주의 정부에 이주자와 난민의 권리를 확대하라는 압력도 커졌다는 사실이다. 그처럼 취약한 집단을 너무 가혹하게 대하는 정부는 인권 단체와 교회, 여론 주도자, 저명인사들의 분노에 직면할 각오를 해야 할 것이다. 그래서 정치인들은 이입 통제에 강경한 이미지와 인도주의에 충실한 이미지 사이에서 아슬아슬하게 균형을 잡아야 한다.

이입의 3중 딜레마

강경한 정치적 수사와 달리 대부분 유형의 이주자를 받아들이는 입국 정책이 규제를 강화하기는커녕 대체로 더 자유화된 이유는 기업의 로비와 인권 의무 때문이지만, 이입 통제에 대한 대중의 우려도 영향을 미쳤다. 그래서 정치학자 제임스 홀리필드James Hollifield는 현대 민주주의가 '자유주의의 역설'에 빠졌다고 주장했다. 자유주의의 역설은 자유주의 국가가 경쟁에서 유리한 위치를 지키려고 무역과 투자, 이주에 계속 문을 열어두어야 하는 필요성과 국민의 권리를 보호해야 하는 필요성 사이의 해결할 수 없는 갈등이다.[35]

상품이나 자본의 이동과 달리 사람의 이동은 정치적으로 큰 위험이 따른다. 정부가 국민의 우선권과 권리를 지키고자 국경을 통제하는 주권 유지에 예민하기 때문이다. 이때 중요한 문제가 경제적 개방성을 유지하는 동시에 국민의 우선권도 존중하고 외국인의 기본 인권도 침해하지 않는 것이다.

이 세 가지 정치적 목적을 모두 만족스럽게 조화시키는 것이 불가능해 보이기 때문에 3중 곤경 혹은 3중 딜레마가 발생한다. 정치인들이 이 3중 딜레마를 해결하고자 모색한 한 가지 방법이 망명 신청자와 불법 이주자의 자발적 도착을 막는 것이다. 이들이 영토에 도착해 기본적 인권을 인정받는 상황을 방지하려는 것이다. 아이러니하게도, 미성년자 등의 취약 집단과 난민을 보호하는 권리가 확대되었지만 그에 따라 목적국 정부가 처음부터 이들의 도착을 막고 출신국과 협력해 그런 상황이 발생하지 않도록 예방할 동기도 커진 것이다.

정치인들은 입국 통로들을 폐쇄하겠다고 목소리를 높이는 동시에 다른 통로를 개방할 수도 있다. 통로 개방은 거의 언론의 관심을 받지 못한다. 예컨대, 영국은 브렉시트를 단행해 유럽연합에서 자유롭게 들어오는 통로를 폐쇄했다. 하지만 동시에 영국은 중단했던 임시 노동자 프로그램을 재개하고 이주 노동자의 입국 요건을 점진적으로 완화하고 홍콩 사람들에게 새로운 통로를 개방하고 2022년에는 가이아나와 콜롬비아, 페루 국민의 무비자 입국을 허용했다. (흔히 거창하게 떠들며) 일부 문을 폐쇄하고 (대체로 은밀히) 다른 문을 여는 것이다.

정치인들이 3중 딜레마를 해결하려고 모색한 또 다른 방법은 강경한 수사를 동원하고 장벽과 담을 세우는 등 대단히 가시적인 국경 통제 조치를 하는 것이다. 사회학자 더글러스 매시가 설명한 대로, 선출된 정치 지도자들이 흔히 국경 장벽처럼 비효과적인 (하지만 상징적으로 강력한) 단속 조치에 의존하는 가장 큰 이유는 통제한다는 **모습**을 보여주기 때문이다.[36]

정치인들이 중요하게 생각하는 것은 상징적 기능이다. 국경 통제와 호전적 수사에 집중하면 단호하고 대담하다는 이미지를 전달하는 데 도움이 된다. 국경 단속 대상은 망명 신청자와 불법 이주자들이고, (수적으로 훨씬 더 중요한) 합법적인 이입민들은 일반적 국경 단속 규칙과 규정에 영향을 받지 않는다. 대다수 이주자가 합법적으로 국경을 넘기 때문이다. 정치인들이 이입에 '강경한 태도'를 취하는 것은 자신을 밀입국업자와 인신매매범의 악행을 근절하고 외부 침입자에 맞서 국민을 지킬 십자군으로 묘사할 기회를 얻기 때문이다. 이들에게는 현장에서 실제로 벌어지는 상황은 별로 중요하지 않다.

이런 전략은 이입의 3중 딜레마를 감추는 데 도움이 될 순 있어도 딜레마를 해소하지는 못한다. 경제 자유화도 추진하고 이주 정책도 자유화하고 동시에 이입 감소를 원하는 시민들의 요구도 충족할 수는 없다. 세 가지 목적 중 하나는 포기해야 한다. 따라서 정치인들에게 가장 매력적인 선택지는 이주 정책의 본질을 숨기고 정치적 쇼맨십을 보여주는 대담한 행위로 이입을 강력히 단속한다고 **암시**하는 것이다.

보수주의자들이 이입에 더 강경하다

사람들은 대부분 진보적 좌익 정치인은 이입에 찬성하고 보수적 우익 정치인은 이입 축소를 원한다고 생각한다. 이런 생각은 진보주의자와 보수주의자가 자신들을 보는 시각과 일맥상통한다. 스스로 '진보주의자'나 '좌익'으로 자처하는 사람은 이입과 다양성에 긍정적이며 관대한 난민 정책을 지지할 때가 많다. 반면에 보수적 가치를 고수하는 사람은 이입에 별 관심이 없고 특히 민족적 배경이나 종교적 배경이 다른 이입민은 반기지 않을 때가 많다.

이입 강경파는 흔히 이입을 대하는 좌익 정치인들의 태도가 '무르다'고 평가한다. 유럽의 보수 정당들은 좌익이 이입과 다양성, 다문화주의를 순진하게 옹호한 탓에 과거 이주 노동자들의 '통합이 실패했다'고 비난했다. 중도층 유권자들의 표심을 얻고자 이입에 강경한 태도를 과시하려고 안달인 좌익 정치인들이 많은 것을 보면 좌익이 이런 비난에 얼마나 신경 쓰는지 알 수 있다.

토니 블레어 총리도 재임 기간에 '가짜' 망명 신청자와 불법 이주에 대한 강경 노선을 거듭 밝히고 토리당이 이입에 사실 너무 '물렀다'고 역설했다. 1999년 블레어 총리는 보수당이 망명 신청자의 혜택을 부활하는 투표에 찬성하고 망명 신청이 거부된 가족의 지원을 없애자는 정부 제안에 반대했다고 비난했다.[1] 최근에도 제러미 코빈Jeremy Corbyn 같은 노동당 지도자들이 이입을 '다시 통제'하려는 열망을 보여주고자 온갖 노력을 다했다. 비판 세력에게 '추방대장'이란 별명으로 불리는 오바마 대통령은 국경 통제에 전념하는 것이 옳은 일이라고 자부했다. 오바마 재임 중 미국의 추방 기록이 역대 최고치를 경신했다.

진보인 정치인들이 이입에 무르다는 이미지를 한사코 떨쳐내려는 모습을 보면 좌익은 이입에 무르다는 믿음이 얼마나 확고한지 알 수 있다. 여론 조사 결과도 이를 입증한다. 2008년 영국 유권자들의 여론을 조사한 결과, 노동당의 이주 정책을 최고로 평가한 사람은 5%에 불과했다. 그 반면, 보수당의 이주 정책을 최선의 정책으로 평가한 유권자는 46%였다.[2] 이런 결과를 보면, 이입 및 이와 관련한 인종과 다양성, 정체성 등의 문제에 대한 좌익과 우익의 정치적 태도가 다르다는 것이 대부분 여론임을 알 수 있다. 이입에 찬성하는 진영과 반대하는 진영의 논쟁이 점점 더 양극화함에 따라 이입에 찬성하는 좌익과 이입에 반대하는 우익의 이미지가 굳어지고, 언론도 이런 이미지를 보도할 때가 많다.

실상

이입과 관련해 좌우 차이가 없다

이입에 관한 정치인의 말과 행동 사이에는 엄청난 차이가 존재하기 마련이다. 따라서 이입 강경파의 거친 발언을 액면 그대로 받아들이는 데 주의해야 한다. 그렇다면 우리가 정치인들의 말만 듣고 당연히 우익은 이입에 반대하고 좌익은 이입에 찬성한다고 믿는 이유가 무엇일까? 나는 이런 구분이 지나치게 단순화한 것이라는 생각이 든다. 왜냐하면 대체로 이입에 찬성하는 기업 로비 단체는 정당, 특히 보수당에 지대한 영향을 미치고, 전통적으로 정치적 좌익과 연대하는 노조는 외국인 노동자 채용에 대해 늘 의혹의 눈길을 보내고 때론 노골적으로 적대적인 태도를 취하기 때문이다.

내가 이 문제에 천착한 것은 2013년 무렵이다. 나는 2006년부터 옥스퍼드에서 생활하며 일했는데, 그 당시 영국은 이입과 관련한 논쟁으로 뜨겁게 달아올랐다. 좌익과 우익의 정치인들은 자신들이 이주 문제 해결에 더 진지하다고 앞다투어 나섰다. 수세에 밀린 좌익도 이입에 '무르다'는 이미지를 떨치려 애를 썼고, 노골적으로 이입에 찬성하는 견해를 채택한 것은 중도적인 자유민주당뿐이었다. 하지만 정치적 수사와 실행 사이에 엄청난 차이가 존재한다는 것을 알고 있던 나는 실제로 이주 관련 법률과 규정을 채택할 때 과연 좌익과 우익의 정치인과 정당의 의견이 얼마나 차이가 날지 의문이 들기 시작했다.

다행히 이 의문에 대한 답을 찾을 데이터가 있었다. 당시 국제 이주 결정자DEMIG 연구 프로젝트를 진행하며 서구에서 이주 정책이 어떻게 진화했는지 정보를 취합한 데이터베이스가 구축되었기 때문이다.[3] 본래 우리가 이 데이터를 취합한 목적은 이주 정책의 진화와 효과를 측정하기 위해서였다. 그런데 이 데이터를 이용해 우익 정부가 좌익 정부보다 이입에 더 강경한지 아닌지 평가할 수 있다는 생각이 들었다.

그래서 나는 옥스퍼드대학교의 동료인 마티아스 차이카와 카타리나 나터Katharina Natter의 도움을 받아 각국 정부의 정치색에 관한 정보를 취합한 기존 데이터베이스와 국제 이주 결정자 정책 데이터베이스를 통합했다. 그리고 이주 정책과 통합 정책을 구분했다. **이주 정책**은 비자와 근로 허가, 가족 재결합, 망명 등 입국할 권리를 다룬 것이고, **통합 정책**은 교육과 의료 서비스, 영주권, 시민권 등 이미 정착한 이주자들이 요구할 권리를 다룬 것이다. 그런 다음 국경 통제와 퇴출 정책이라는 두 범주를 추가로 구분했다. **국경 통제**는 국경 장벽 설치와 국경 순찰, 여권 검사 등에 관한 것이고, **퇴출 정책**은 귀환 프로그램과 추방 등을 다룬 것이다.

우리는 이 데이터를 바탕으로 이주 정책의 제한성 측면에서 우익 정부와 좌익 정부의 차이가 있는지 분석했다. 그리고 가장 중요한 분석 결과를 그래프 15로 정리하고, 회귀분석으로 검증한 뒤 2020년에 발표했다.[4] 그래프를 보면, 1975년부터 2012년까지 서구 각국이 채택한 정책의 제한성이 집권 정당의 정치적 성향에 따라 어떻게 달라졌는지 알 수 있다. 정책의 제한성은 앞 장에서 설명한 이입제한지수IRI로 표기했다. IRI 점수가 0 이상이면 평균적으로 더 제한적인 정책을 채택한 것이고, IRI 점수가 0 이하이면 정책을 자유화하는 경향이 강하다는 것을 의미한다.

데이터를 분석하니 두 가지 결과가 분명히 확인되었다. 첫째, 앞 장의 결론, 즉 이입 제도가 전체적으로 더 자유화된 것이 증거로 확인되었다. 국경 통제와 (추방 같은) 퇴출 정책은 규제가 더 강해졌지만, 이주자의 합법적인 입국과 체류, 통합을 규제하는 실제 법률과 규칙은 전체적으로 더 자유화되었다. 둘째, 이주 정책의 제한성과 관련해 좌익 정당과 우익 정당 사이에 큰 차이가 없었다. 우익 정당과 좌익 정당은 서로 반대되는 방향으로 이주 정책을 개혁하지 않았다. 우익 정당과 좌익 정당 사이에서 확인된 차이는 대부분 미미하고 통계적으로 큰 의미가 없는 정도였다. 집권 정당의 정치적 이념이 이주 정책의 제한성에 미치는 영향이 아주 제한적이라는 의미였다.

놀라운 결과였다. 나는 우익 정부와 좌익 정부가 실행한 정책의 차이가 정치적 수사에서 암시되는 것보다 작을 것으로 예상했다. 하지만 거의 아무 차이가 없을 것이라고는 예상하지 못했다. 시민권 취득이나 망명 신청자의 권리 인정 같은 사안에서 좌익 정부의 규제가 약간 덜했지만, 그 차이는 무의미하진 않아도 대단히 미미했다. 이주 정책의

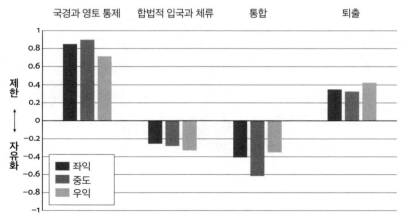

그래프 15. 서구 21개국의 이주 정책 제한성과 정부의 이념적 방향 비교[5]

핵심인 노동 이주자와 가족 이주자의 입국과 관련해서도 우익 정부와 좌익 정부 사이에서 유의미한 차이가 발견되지 않았다.

결국 정치적 수사나 언론 보도 내용과 달리, 정책 실행 측면에서 좌익 정당과 우익 정당은 눈에 띄는 차이가 거의 없다. 대체로 정당의 이념적 차이는 정부가 채택하는 정책에 거의 아무런 영향을 미치지 않는다. 이념적 차이가 아닌 다른 요인들이 훨씬 더 큰 영향을 미친다. 경기 변동은 이주 정책에 중대한 영향을 미친다. 경제가 성장하고 그에 따라 노동력이 부족해지면 더 많은 이주 노동자를 받아들이라고 정부를 압박하는 기업의 압력이 커지고, 이입에 대한 대중의 반대도 한결 누그러질 것이다. 경기가 침체해 실업이 증가하면 이주 노동자 모집을 중단하고 이입을 제한하라는 노조와 보수층의 주장이 힘을 얻을 것이다. 결국 더 많은 이입민을 받아들이려는 정치적 의지에 영향을 미치는 것은 경기 순환이다. 집권당의 이념 색은 대체로 이입에 아무런 영향을 미치지 않는다.

이입과 관련해 정당 내부의 의견이 갈린다

좌익의 이주 정책과 우익의 이주 정책에서 뚜렷한 차이가 보이지 않는 것을 어떻게 설명할 수 있을까? 그 대답은 이입 문제와 관련해 정당 **내부**의 의견이 갈리고, 특히 정당의 경제적 전통을 중시하는 사람들과 정당의 사회문화적 이념을 중시하는 사람들의 의견이 크게 갈린다는 것이다. 좌익 정당은 전통적으로 제한적인 정책을 지지하는 노조와 더 개방적인 정책을 지지하는 진보적 인권 단체의 상반된 이해관계를 수용해야 한다. 우익 정당에서는 이입을 지지하는 기업 로비 집단과 이입 제한을 요구하는 문화적 보수층의 의견이 갈린다.[6] 그래서 이입 회의론자들과 이입 옹호론자들이 '오월동주'로 연합하는 상황이 연출된다. 예를 들어, 노조와 문화적 보수층은 이입 제한을 요구하고, 기업 로비 집단과 인권 단체는 이주 정책의 자유화를 요구한다.

좌익 정치인은 인도적인 면모를 지키려고 이입과 관련해 실제 행동보다 더 온건하게 발언할 수 있고, 우익 정치인은 이입에 강경하다는 명성을 지키려고 이입과 관련해 실제 행동보다 더 거친 발언을 쏟아낼 수 있다. 지난 30년간 미국에서는 공화당 대통령과 민주당 대통령이 모두 점진적으로 국경 통제를 강화했다. 그런 한편 사업장 단속은 이전 대통령 때와 마찬가지로 트럼프 행정부 시절에도 농담에 불과했다. 실제로 오월동주의 연합이 법 집행을 막은 적이 많다. 예를 들어 1990년 이민법에 따라 설치된 미국 이민개혁위원회가 1995년에 더 효과적인 이주 정책 권고안을 제출했다. 이민개혁위원회는 "고용 자석을 줄이는 것이 불법 이입을 막는 포괄적인 전략의 관건이다"[7]라고 주장하며, 전국적인 전산 시스템을 도입해 노동자의 신분과 사회보장번호가 유효한지 확인하자고 제안했다. 이것이 바로 전자 고용 인증E-Verify 시스템이다.[8]

이민개혁위원회는 전자 고용 인증 시스템 도입을 의무화하려 했지만, '터무니없을 만큼' 광범위한 연합이 결성되어 시스템 도입에 반대했다. 전미총포협회NRA와 미국시민자유연맹ACLU, 기업 로비 단체, 교회 단체, 라틴아메리카 공동체 등이 연합해 '빅브라더 정부의 달갑지 않은 침범'이라며 반대했다.[9] 결국 자진 신고 제도가 도입되었고 별다른 효과를 보지 못했다. 이주 노동자들이 가짜 신분증이나 다른 사람의 서류를 사용하는 것을 막지 못했기 때문이다.[10]

이 사례는 이주 정책을 결정하는 현실이 복잡해서 단순히 좌우로 구분하기 어렵다는 사실을 여실히 보여준다. 공화당 정치인과 민주당 정치인이 옹호한 이민 개혁안은 대체로 이입과 관련해 상충하는 다양한 주장과 이해관계를 반영했다. 이민 개혁안 자체가 모순인 경우도 많다. 대체로 자유화하는 정책 조치와 제한적인 정책 조치가 '뒤범벅'으로 섞이기 때문이다. 예컨대, 1986년 로널드 레이건이 제정한 이민 개혁 및 통제법IRCA은 미등록 이입민 수백만 명의 합법적 지위를 인정하는 동시에 고용주가 미등록 이주자를 채용하는 행위를 불법으로 규정하고 국경 통제를 강화했다. 2007년 조지 W. 부시 대통령이 강력히 추진했지만 의회의 문턱을 넘지 못한 초당파적 포괄이민개혁법안에도 수많은 미등록 이입민에게 합법적 지위를 부여하고 시민권 취득의 길을 열어주는 내용과 더불어 국경 통제를 강화하는 내용, 새로운 초청 근로자 제도를 도입하는 내용, 고숙련 노동자가 이주하기 쉽게 이민 점수제를 도입하는 내용 등이 담겨 있었다.

민주당 정치인들이 반드시 이입 문제에 더 관대한 것도 아니어서 이들이 제시하는 정책도 제한적 조치와 자유화 조치가 뒤섞여 있다. 오바마 행정부 시절인 2012년 미국의 추방률이 역대 최고치를 기록했지만, 동시에 오바마 대통령은 불법체류 청소년 추방 유예DACA 정책을 시행해 어린 미등록 이주자가 추방되지 않도록 보호했다.

영국도 마찬가지로 이입 문제와 관련해 정당 **내부**의 의견이 갈린다. 노동당이나 보수당이 모두 전통적으로 이입과 관련해 내부적으로 의견이 갈렸고, 과거에도 제한적 정책과 자유화 정책을 동시에 지지했다. 이입과 관련한 당내 의견 분열이 분명히 드러난 것은 브렉시트 투표가 있던 2016년 무렵이다. 브렉시트에서 이입 문제가 핵심으로 거론되며 보수당과 노동당이 모두 반으로 갈라졌다. 기업 친화적 보수층은 브렉시트에 반대했지만, 영국의 주권과 정체성을 더 중시하는 보수층은 유럽연합 탈퇴를 지지했다. 노동당에서도 노조와 친숙한 진영과 제러미 코빈처럼 유럽연합과 연합 자유 무역, 자유로운 이동을 신자유주의 정책으로 여기던 지도층은 늘 유럽연합 통합에 회의적이었지만, 공식적으로는 '유럽연합 잔류'를 지지했다. 하지만 중산층, 도시에 기반을 둔 노동당 유권자와 정치인들은 대체로 유럽연합 잔류와 이입에 더 찬성하는 쪽이었다. 브렉시트를 앞두고 노동당은 이입과 관련해 진정으로 통일된 입장을 정하지 못하고 거의 산산조각으로 깨진 상태였다.

이입과 관련해 노조의 의견이 갈리는 이유

역사적으로 이입에 대한 회의적 태도나 적대적 태도는 우익의 독점적 영역이 아니었다. 노동자 이입에 대한 노조의 모호한 주장이 그 좋은 사례다. 이제껏 노조는 이입과 관련해 언제나 의견이 극명하게 갈렸다. 노조의 기본 의견은 이주 노동자 채용이 값싼 노동력을 수입해 노동자 계층을 (토박이 노동자와 외국인 노동자로) 분열시키고 노조의 힘을 꺾고 임금을 계속 떨어트리려는 기업 전략이라는 것이다.

따라서 노조도 처음에는 반사적으로 대규모 이입을 반대한다. 자신들의 협상력이 떨어질까 두려웠기 때문이다. 역사적으로 이런 사례가 많다. 20세기 초 미국의 노조는 남부 출신 흑인들의 국내 이주에 반대했다. 1914년부터 1950년대까지 수많은 아프리카계 미국인이 더 많은 임금을 받을 수 있는 북부 공업 도시를 향해 차별과 경제적 착취에 시달리던 남부에서 탈출했지만, 미국노동총동맹 노조에 가입할 수 없었다. 인종 차별 때문이었지만, 고용주들이 노조의 파업을 막으려고 흑인 노동자들을 모집한다는 의심을 받았기 때문이기도 하다. 미국 노조는 1942년부터 1964년까지 멕시코 시골에서 노동자 450만 명을 초청한 브라세로 프로그램도 강력히 비판했다. 이입 때문에 국내 노동자들이 일자리를 잃고 임금도 하락할 것을 두려워했기 때문이다.[11]

유럽에서도 노조 및 노조와 연대한 정당들은 손님 노동자 모집을 비판하고, 토박이 노동자의 기반이 무너지지 않도록 손님 노동자의 임금과 노동 조건을 동등하게 조정하는 등의 안전장치를 요구했다. 유럽의 산업계는 의도적으로 북아프리카와 튀르키예의 시골 지역에서 대부분 문맹인 저숙련 노동자를 선발했는데, 그 이유 중 하나는 노조나 공산당에 가입하지 않을 순응적이고 보수적인 노동력을 확보하기 위해서였다. 졸업장이 있는 노동자는 말썽을 일으킬 소지가 큰 사람으로 경계했다.[12]

노조는 대체로 조직적인 외국인 노동자 모집에 반대하지만, 동시에 이미 존재하는 외국인 노동자의 권리를 지켜야 한다는 충동도 느낀다. 가능하면 이들을 노조에 가입시키고, 고용주가 토박이 노동자와 외국인 노동자를 이간하지 못하게 하려는 충동을 느낀다. 결국 노조는 대규모 이주 노동자 모집에 대한 뿌리 깊은 의심과 토착민이건 외국인이건 가리지 않고 반사적으로 모든 노동자의 권리를 지키려는 자연스러운 충동 사이에서 고통스럽고 해결하기 어려운 갈등에 빠진다. 사회민주주의 노동당과 전통적인 노조 동맹들도 ('우리 노동자가 먼저'라는) 국수주의적 정서와 노동 계급의 국제 연대라는 이상 사이에서 균형을 잡는 끝없는 싸움에 빠진다.

노조는 이주자들이 돌아가지 않을 것이라는 현실을 인식하면 대체로 그들의 동등한 권리를 강력히 옹호한다. 미국노동총연맹산업별조합회의AFL-CIO도 1980년대 초에는 미등록 노동자를 고용하는 기업에 대한 제재를 지지했다. 하지만 2000년에는 고용주 제재 이행에 대한 지지 의사를 번복했다. 미등록 이주자를 비롯해 수많은 이입민이 참가한 노조의 조합원들이 미국노동총연맹산업별조합회의의 새로운 지도부로 등장했기 때문이다. 그리고 이들이 미국 가톨릭 주교회의와 긴밀히 접촉해 미등록 이주자의 합법화를 지지했다.[13]

결국 처음에는 반대하고 뒤이어 외국인 노동자들의 통합을 추진하는 것이 노조의 전형적 패턴이다. 이런 노조의 방향 전환은 외국인 노동자들이 돌아가지 않고 '머문다'는 현실을 인식할 때 발생한다. 이때 노조는 이주 노동자들을 새로운 유권자로 여기고 대하기 시작한다. 서유럽에서도 1960년대와 1970년에는 노조와 노동당이 손님 노동자 정책에 반대했다. 어쩔 수 없이 외국인 노동자 모집에 찬성할 때도 토박이 노동자와 동일한 임금과 노동권을 제공해야 한다는 조건을 내걸었다. 최근에도 노조는 유럽연합 내 자유 이주로 이익을 얻는 것은 주로 기업이라고 주장했다. 동유럽의 값싼 노동력을 이용할 수 있기 때문이다. 노조는 외국인 노동자의 착취로 토박이 노동자의 입지가 흔들린다고 생각한 것이다. 하지만 동시에 노조는 착취당하는 이주 노동자들의 권리도 보호해야 한다고 생각했다.

이입과 관련해 보수층도 의견이 갈리는 이유

이입과 관련해 노조의 의견이 갈리는 것과 마찬가지로 흔히 '보수적'이라고 인식되는 집단도 과도한 문화적 변화를 두려워하는 의견과 대체로 종교에 입각해 인도적으로 대우해야 한다는 의견이 엇갈린다. 단순하게 이입 반대 보수층과 이입 찬성 좌익으로 구분해 도덕적으로 판단하기가 어려운 것이다. 가장 보수적인 집단으로 종교 집단을 들 수 있다. 종교는 '보수적'이라고 생각하는 사람이 많지만, 세상의 모든 종교는 힘없고 취약한 사람들에 대한 연민의 가치를 강조하고 신도들에게 이방인을 따뜻하게 맞아들이고 핍박받는 이들을 보호하라고 촉구한다.

토라, 즉 히브리 성서(기독교의 구약성서)는 '이방인'이란 단어를 거의 50번이나 언급하며 이방인을 정중하고 따뜻하게 맞아 적극적으로 지원할 의무가 있다고 강조한다. 토라의 세 번째 책인 바이크라Vayikra(기독교의 레위기)에 이런 말씀이 있다. "너희와 함께 사는 이방인을 너희 가운데 시민으로 대하고, 이방인을 너희 자신처럼 사랑하라. 너희도 이집트 땅에서는 이방인이었다."(레위기 19장 34절) 이스라엘 민족도 이집트에서 노예로 살고 바빌론에 포로로 잡혀 있을 때 '이방인'이었음을 일깨운 것이다.

복음서에 따르면 예수는 "네 이웃을 네 몸처럼 사랑하라"(마가복음 12장 31절)라고 분명히 말씀하셨다. 신약성서에서 '이방인'은 '이웃'과 동의어이기 때문에 예수의 말씀은 모르는 사람에게도 적용되는 도덕적 원칙이다. 예수는 자신의 오른편에 앉은 사람들은 "내가 굶주릴 때 먹을 것을 주고, 내가 목마를 때 마실 것을 주고, 내가 이방인일 때 영접하였기에"(마태복음 25장 35절) 천국에 들어가는 '축복'을 받을 것이라고 말씀하셨다.[14]

이슬람교도 보호를 요청하는 사람을 보호하라고 명령한다. 쿠란 9장 6절에서 예언자 마호메트는 보호를 요청할 권리를 무슬림이 아닌 외국인에게까지 확대한다. 무슬림에게 "'주여, 사람들이 압제자인 이 마을에서 우리를 구하소서!'(쿠란 4장 75절)라고 외치는 핍박받는 남자와 여자, 아이들을" 도우라고 명령한다. 힌두교도 바수다이바 쿠툼바캄(세상은 한가족)이라는 개념으로 국적과 민족, 종교의 경계를 거부한다. 그리고 "자기 자신에게 해롭다고 생각되는 행동을 다른 사람에게 하면 절대 안 된다"라는 다르마로 힌두교도들에게 난민의 요구를 존중하고 충족하라고 명령한다.[15]

많은 종교인이 이런 원칙을 아주 진지하게 받아들인다. 낙태나 이혼, 여성의 역할, 동성 결혼 같은 문제에는 '보수적' 의견을 지닌 사람이라도 특히 집 앞에 도착한 이입민을 따뜻하게 맞이하고 난민을 보호하는 것을 종교적 기본 의무로 받아들일 수 있다. 연구로 확인된 증거에 따르면, 종교적인 사람이 이입을 더 반대하는 것도 아니고, (기도하고 교회에 다니는 등) 종교 생활을 하는 사람이 공동체 안에 망명 신청자 센터를 설치하는 등의 문제나 이주 정책에 더 긍정적 태도를 보인다.[16]

이제껏 교회가 자주 앞장서서 이주자와 난민의 권리를 보호하고 부당한 추방을 당하지 않도록 지켰다. 2013년에 선출된 프란치스코 교황의 첫 행보 중 하나가 이탈리아 람페두사섬을 방문한 일이다. 이주자 보트가 자주 도착하는 람페두사섬에서 프란치스코 교황은 이주자와 난민을 위한 미사를 집전하며 이들의 곤경에 '무관심한 세계'를 나무랐다.[17] 영국 국교회도 보수당 정부와 노동당 정부의 변함없이 가혹한 난민 정책을 신랄하게 비판했다.

교회와 종교 단체는 정부를 비판하는 것으로 그치지 않고 구체적인 행동으로 손을 내밀어 연민을 베푸는 것을 의무로 생각한다. 공동체 안에서 미등록 이주자와 난민에게 피난처를 제공하는 자발적 행동을 종교 단체가 이끌 때가 많다. 보스턴 사회복지대학의 조교수 겸 예수회 사제인 알레한드로 올라요-멘데즈Alejandro Olayo-Méndez는 이주자와 난민 공동체에 관한 중요한 연구를 진행했다. 알레한드로는 옥스퍼드대학교에서 내게 철학박사 학위 논문 지도를 받을 때 고향 멕시코로 돌아가 관련 자료를 수집했다. 전국적인 쉼터 네트워크를 운영하며 미국으로 이주 중인 중앙아메리카와 쿠바, 아이티, 베네수엘라 출신 이주자와 난민들에게 안전한 쉼터와 음식, 도움을 베풀고 범죄자나 조직폭력배, 경찰에게 폭행을 당하거나 납치되거나 갈취당하지 않도록 보호하는 등 종교 단체들이 주도하는 중요한 역할에 관한 자료였다.[18]

나는 2023년 1월 알레한드로와 함께 미국-멕시코 국경 근처 텍사스주 엘패소로 이동해 루벤 가르시아Ruben Garcia를 만났다. 가르시아는 평신도 신분으로 40년간 수태고지 집Annunciation House이라는 가톨릭 단체를 이끈 사람이다. 이 단체는 국경 근처에 집을 여러 채 마련해 난민과 이주자를 맞아들인다. 가르시아는 수태고지 집이 목적지로 이동하는 망명 신청자와 난민들을 지원하고, 애초에 이주자를 그다지 반기지 않는 곳에서 이주자들이 일자리를 찾도록 돕기도 한다고 설명했다. "네브래스카주 오마하처럼 아주 보수적인 도시에 정착하도록 도왔습니다." 수태고지 집은 이처럼 보수적인 도시에서 신앙에 기초한 공동체들에 망명 신청자를 더 따뜻하게 맞이하고 지원하도록 교육하고 정보를 전달했다. 가르시아는 처음에는 모두 주저했지만 시간이 지나자 새로운 이주자를 공동체의 일원으로 품었다고 설명했다.

역사적으로 교회는 핍박받는 사람들의 피난처였다. 경찰이 감히 들어오지 못하는 성스러운 장소였다. 모로코에서도 프로테스탄트 교회와 가톨릭 교회가 사하라사막 이남 아프리카 출신 난민과 이주자의 공동체를 확장하고 이들이 인종 차별적 공격이나 폭행을 당하지 않고 경찰에 체포되지 않도록 보호하는 중요한 역할을 수행했다.[19] 미국에서도 복음주의와 프로테스탄트, 가톨릭, 유대교 등 신앙에 기초한 9개 기관이 정부와 협력해 난민들이 주거 공간과 일자리를 찾고 영어 수업을 듣도록 돕고 있다.[20]

2020년 트럼프 행정부의 경찰이 국경에서 4,000명이나 되는 아이를 부모와 분리했다. 부모 다리에 매달려 우는 아이와 갓난아기를 우격다짐으로 떼어냈다.[21] 보수적인 복음주의 단체도 그 모습을 보고 몸서리를 쳤다. 무단으로 국경을 넘는 사람을 모두 체포 감금하는 트럼프의 '무관용' 정책에 따라 부모들은 감금되고 아이들은 멀리 떨어진 보육 시설로 보내졌다. 수개월간 아이들은 자기 부모가 어디에 있고 어떻게 될지 아무런 소식을 듣지 못했고, 부모도 아이들의 행방을 알지 못했다. 이 사건에 대해 유대교와 모르몬교, 가톨릭, 프로테스탄트, 복음주의 교회 등 종교 단체 지도자들의 항의가 빗발쳤다. 자신들이 믿는 종교의 가르침에 어긋나는 정책이라고 항의했다.[22] 결국 트럼프 행정부가 물러섰지만, 이미 무관용 정책으로 많은 사람이 정신적 충격을 받았다.

찬반 프레임을 뛰어넘어야 하는 절박함

세상이 이입에 강경한 우익과 국경 개방을 지지하는 좌익으로 나뉜다고 생각하지만, 현실은 이런 고정관념과 배치된다. 개인이 이입에 대해 느끼는 양면적 감정과 정서는 정치권에도 그대로 반영된다. 평균적으로 우익 정부는 좌익 정부보다 더 제한적 이주 정책을 채택하지 않는다. 이런 현실은 이입과 관련해 정치인들이 구사하는 강경한 수사와 훨씬 더 관대한 정책 실행 사이의 틈이 점점 더 커진다는 것을 보여준다. 사실 이주 정책 결정 과정에서 좌우의 뚜렷한 차이가 없다. 이입과 관련해 정당 **내부**의 의견이 갈리기 때문이다. 이런 양가감정은 노조와 종교 단체 등 사회 전역에서 발견된다.

이입 관련 논의를 이입 찬성 진영과 이입 반대 진영의 대립으로 축소하면 위험하다는 것을 알 수 있다. 이주 논의에 찬반 프레임을 씌우면 여러모로 심각한 문제가 발생한다. 언론이 주로 사용하는 이런 프레임은 논의를 지나치게 단순화하는 것이며 이주 정책을 결정하는 현실의 복잡성과 이에 따른 도덕적·현실적 딜레마를 온전히 처리하지 못한다.

첫째, 이런 프레임은 찬반 진영을 양극화하고 증거에 입각한 논의를 차단한다. 양 진영이 자신의 주장을 뒷받침하는 사실만 선별하도록 만들고, 이 중요한 문제에 관한 서로의 생각과 염려, 정서에 진정으로 귀를 기울이지 못하게 방해한다. 둘째, 이입에 온건하게 보이는 것이 두려워 과연 누가 더 불법 이주에 대해 강경한 발언을 하는지 끝없는 경쟁에 빠진다. 정치인들은 다양한 방식으로 이입에 관한 유언비어를 퍼트리고 희생양을 찾아 책임을 전가했지만, 무책임한 행동이다. 왜냐하면 외국인을 혐오하는 수사는 증오와 분열의 씨를 뿌려 인구 집단들을 서로 반목시키고 극우 민족주의 집단을 도발하기 때문이다.

정치인들이 난민이 들어오지 못하도록 장벽과 담을 쌓으며 자부심을 느끼는 이 세상은 어떤 세상일까? 이 문제에 여러분이 어떻게 생각하건 혹은 여러분이 이런 조치를 어느 정도 '필요악'으로 인정한대도, 우리는 최소한 정치인들이 조금 더 점잖고 겸손하고 공감하는 모습을 보이며 더 책임감 있게 행동하길 기대해야 한다. 그들이 분열적인 수사를 사용하지 않길 기대해야 한다.

지금까지 수십 년간 대중은 이주 정책을 결정하는 현실에서 점점 더 멀어졌다. 좌익과 우익의 정치인들은 대중에게 자신들이 채택한 이주 정책의 진정한 본질을 호도했다. 솔직하지 못했다. 하지만 정치인들이 자신들의 거짓말에 사로잡히면 스스로 빠질 함정만 더 크게 파는 셈이다.

이런 엉터리 수사는 실제 존재하고 해결이 필요한 실질적 문제와 사안을 외면하게 만들고, 진정한 이입 논의를 차단한다. 이입과 관련해 미묘한 의미까지 살피며 논의해야 이입에 대부분 사람이 느끼는 복잡한 감정을 더 자세히 반영할 수 있고, 이입의 실상과 그에 따른 딜레마를 제대로 파악한 정책을 고안할 수 있다.

지난 30년간 이입 논의는 극우의 인질이었다. 그 때문에 주류 정치인들은 이입에 '무른' 목소리를 내길 두려워했다. 이입의 진실을 밝히고 그에 따른 딜레마를 솔직히 털어놓길 점점 더 두려워했다. 오히려 공격과 반격에만 몰두했다. 하지만 이것은 논의가 아니다. 우리는 훨씬 더 나은 논의를 할 수 있고, 그래야만 한다.

여론이 이입에 등을 돌렸다

"이주자의 침입을 막아야 한다", "참을 만큼 참았다", "신물이 난 영국", "프랑스에 이는 외국인 혐오."[1] 이런 기사 제목들을 보면 서구 각국의 여론이 갈수록 이입에 등을 돌리는 것처럼 보인다. 정치인들도 이런 프레임을 씌운다. "이입을 강력히 단속하겠다. 사람들이 원하기 때문이다." 대량 이입이 목적국 사회의 수용 능력을 초과했으며 그 때문에 통제되지 못한 이입에 대한 대중의 반대가 커진다는 것이다.

　지난 수십 년간 포퓰리즘 정치인과 극우 정치인이 이렇게 주장했다. 대중은 이입 축소를 원했지만 주류 정치인들이 대중의 바람을 무시했다는 것이다. 프랑스의 장마리 르 펜Jean-Marie Le Pen과 마린 르 펜Marine Le Pen, 벨기에의 필립 드윈터Filip Dewinter, 네덜란드의 헤이르트 빌더르스Geert Wilders, 영국의 나이젤 파라지Nigel Farage, 미국의 도널드 트럼프, 이탈리아의 조르지아 멜로니Giorgia Meloni 같은 극우 정치인들이 마침내 여론을 진지하게 받아들여 이입을 제한하고 국경을 안전하게 지키길 바라는 대중의 바람을 충족할 필요성을 주류 정치인들에게 일깨운 듯하다.

주류 정치인들은 인종주의로 비친다는 잘못된 두려움 때문에 점점 더 커지는 이입에 대한 불만을 너무 오랫동안 외면했고 그 덕분에 극우 정치인들이 대중의 표심을 끌어모았다고 생각하는 사람이 느는 것 같다. 현실을 모르는 정치 지도층이 대중의 우려를 진지하게 받아들이지 않았고 그런 대중의 표심을 극우 정치인들이 끌어모았다고 생각하는 사람이 느는 듯하다. 따라서 정치인들은 이입과 관련해 양극화와 사회적 분열이 더 커지는 것을 막고자 대중의 불만을 심각하게 받아들여 이입을 대폭 축소해야 한다고 생각하는 사람이 점점 느는 듯하다.

표심을 다시 얻으려면 "보통 사람들에게 귀를 기울여야 한다"라는 것은 진보 좌파 진영에서 아주 두드러지게 나타나는 정서다. 그런데 이런 정서가 2018년 힐러리 클린턴에게서도 드러났다. 도널드 트럼프와 치른 대선에서 패배한 원인을 따져보던 힐러리는 이입이 유권자들을 분노시켰고 트럼프의 승리와 영국의 브렉시트 투표에 영향을 미쳤다고 설명했다. 그리고 유럽이 우익 포퓰리스트의 등장을 막으려면 이입을 제한해야 한다고 주장했다. "나는 유럽이 이입을 통제할 필요가 있다고 생각한다. 이입이 불을 붙이기 때문이다." 또한 '계속 피난처를 제공하고 지원할 수는 없을 것'이라는 강력한 메시지를 보내라고 유럽의 지도자들에게 충고했다.[2]

그러자 유럽 전역에서 많은 주류 정치인이 극우가 독점하던 반이민 논조를 채택했다. 이들이 전달하고자 한 메시지는 '대중에게 귀를 기울여' 마침내 대중이 진정 원하는 것을 파악했다는 것이었다. 하지만 모든 사람이 이런 주장에 동조한 것은 아니었다. 인권 운동가와 진보주의자들은 정치인들이 선거에서 이기려고 외국인 혐오 수사를 채택하는 것은 위험한 불장난이며, 편견과 증오, 폭력만 조장할 뿐이라고 주장했다. 더 나아가 이주자와 난민이 목적국 사회에 기여하는 긍정적 효과와 실상을 대중에게 알리며 외국인 혐오에 맞서야 한다고 주장했다.

하지만 이렇게 주장이 다른 양 진영이 사실 똑같은 믿음을 바탕에 깔고 있었다. 여론이 점점 더 이입에 등을 돌리고 있다는 믿음을 공유하고 있었다.

실상

이입에 대한 여론은 더 긍정적으로 변했다

정말 외국인 혐오가 일고 있을까? 흥미롭게도 이입 반대 진영과 이입 찬성 진영이 모두 그렇다고 주장하고, 많은 여론 주도자도 그렇다고 믿지만, 증거가 있을까? 다행히 이 질문에 대한 대답을 즉시 확인할 수 있는 여론 조사와 설문 조사 결과가 많다. 여론 조사 결과, 이입에 대한 사람들의 의견이 더 미묘해지는 경향이 확인되었다. 하지만 중요한 것은 여론이 대체로 이입에 등을 돌렸다는 증거가 하나도 발견되지 않았다는 사실이다. 대중은 경기 순환에 따라 변동하는 이입과 정치적 논쟁, 국경 위기 발생을 **염려**하지만, 장기적으로 이입과 인종, 다양성 같은 문제에 대한 대중의 **견해**는 놀랄 만큼 안정적이었다. 실제로 많은 국가에서 이입에 대한 대중의 견해가 오히려 더 우호적으로

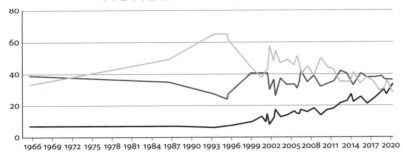

그래프 16. 1966~2020년 미국의 이입에 대한 견해

"이입에 대해 어떻게 생각하십니까? 현재 수준으로 유지해야 한다, 증가시켜야 한다, 감소시켜야 한다"라는 질문에 대한 여론 조사 결과[3]

변한 장기적인 추세가 확인되었다.

갤럽이 지속적으로 여론을 조사한 결과에 따르면, 이입 수준 증가를 원하는 미국인의 비중이 1966년부터 2002년까지는 7% 정도로 상당히 안정적이었지만, 이후 그 비중이 늘기 시작해 2020년에는 34% 정도까지 늘었다. 그래프 16을 보면, 이입 축소를 원하는 미국인의 비중은 1966년부터 1993년까지 33%에서 65%로 늘었지만, 2020년에는 28%까지 비중이 줄었다. 이입을 현재 수준에서 유지하길 원하는 미국인의 비중은 1966년부터 2020년까지 전 기간 내내 30% 정도로 상당히 안정적이다. 현재 전체 미국인 중 현 수준 이입 유지와 이입 증가, 이입 감소를 원하는 비중이 각각 30% 정도다.

이입 자유화 정책에 대한 지지가 증가하는 추세는 정치적 노선과 상관없이 나타난다. 퓨 리서치 센터Pew Research Center가 설문 조사한 결과에 따르면, 공화당원이거나 공화당을 지지하는 성인 중 이입 증가를 원하는 비중이 2006년 15%에서 2018년 22%로 늘었다. 민주당원이거나 민주당을 지지하는 성인 중 이입 증가를 원하는 비중도 20%에서 40%로 늘었다. 같은 기간 이입 감소를 원하는 비중이 공화당 진영은 43%에서 33%로, 민주당 진영은 37%에서 16%로 줄었다. 정치적 수사가 아니라 실제 유권자들의 생각을 확인한 이런 여론 조사 결과는 정치적 노선에 따라 이주 문제를 둘러싼 양극화가 커진다는 생각과 배치된다. 지지하는 정당에 따라 유권자들의 의견이 분명히 다르긴 하지만, 일반 대중이 이입에 등을 돌렸다는 것은 사실이 아니다. 오히려 이입이 증가하는 동안 이입을 지지하는 의견도 늘었다는 것을 확인할 수 있다.[4]

영국에서도 비슷한 추세가 나타난다. 여론을 조사하니 대중이 이입에 등을 돌렸다는 생각과 분명히 배치되는 결과가 확인되었다. 옥스퍼드대학교 이민관측소는 지난 수십 년간 이입에 대한 영국 대중의 태도가 점점 더 긍정적으로 변했다는 연구 결과를 발표했다. 이민관측소가 다양한 인종을 얼마나 영국에 들어와 살도록 허용해야 하느냐는 질문과 관련해 유럽사회조사ESS 데이터를 분석한 결과, '약간' 혹은 '허용하면 안 된다'고 답변한 영국인들이 2002년부터 2012년까지는 50% 정도를 맴돌았지만, 이후 2014년에는 43%, 2016년에는 32%, 2018년에는 26%로 그 비중이 계속 줄었다.[5] 입소스 모리Ipsos MORI가 실시한 동향 조사 결과도 마찬가지다. 이입의 영향에 부정적인 영국인 응답자는 2011년 64%에서 2018년 28%로 줄었고, 이입의 영향에 대해 긍정적인 응답자는 19%에서 48%로 늘어난 것으로 확인되었다.[6]

놀라운 것은 이입에 대한 태도가 긍정적으로 변한 시기다. 2016년 브렉시트 국민 투표를 앞두고 이입에 관한 논란이 분분한 시기였기 때문이다. 즉, 이입에 대한 대중의 우려와 정치적 수사를 대중의 이입 **반**

대와 결부하지 않는 것이 중요하다. 서로 다르기 때문이다. 이입에 대한 대중의 관심은 경기 순환과 정치적 논쟁, 언론 홍보에 따라 변동하지만, 대중과 정치권이 이입에 관심을 쏟는다고 해서 반드시 사람들이 이입에 등을 돌린다는 의미는 아니다. 이입에 대한 정치권과 언론의 관심은 대단히 변덕스럽지만, 여론은 훨씬 더 안정적이다. 대표적인 사례가 2015년 유럽의 '난민 위기'다. 이 사건이 일어난 후에도 이입민에 대한 유럽인의 태도는 눈에 띄게 변하지 않았다.[7] 이입 문제와 관련해 일반 대중이 정치인들보다 훨씬 더 진중하다는 것을 알 수 있다.

유럽 전체의 데이터도 외국인 혐오가 증가하고 있다는 생각과 배치된다. 유럽사회조사 데이터를 분석하면 영국과 독일, 아일랜드, 벨기에, 스페인, 포르투갈, 스웨덴 등 많은 목적국의 일반 여론이 2002년부터 2018년까지 이입에 더 긍정적으로 변했고, 네덜란드와 덴마크, 스위스 등의 여론은 안정적인 수준을 유지했다. 이입에 대한 여론이 부정적으로 변한 국가는 불가리아와 그리스, 헝가리, 이탈리아 등 일부에 불과했다.[8] 유로바로미터Eurobarometer의 여론 조사 결과에서도 '유럽인'이라는 정체성을 공유하는 청년이 늘고 있는 것으로 나타났다.[9] 이런 변화는 **구조적**이고 영구적인 태도 변화이며, 인구학자들이 이야기하는 '코호트(특정한 행동양식을 공유하는 집단-옮긴이) 효과'다. 즉, 요즘 젊은이들은 그 부모들이 젊었을 때보다 이입과 다양성 문제에 더 긍정적 견해를 지닌다는 의미다.

이입에 대한 견해는 사람마다 미묘한 차이가 있다

여론 조사에서 나타나는 가장 중요한 결과는 이입 수준이 높은 대부분 국가에서 이입에 대한 견해가 사람마다 아주 미묘한 차이가 있고 대체로 양면적이라는 사실일 것이다. 이입에 강력히 반대하거나 인종 차별적 견해를 노골적으로 드러내는 사람은 극히 소수에 불과하다. 도시에 사는 교육 수준과 소득 수준이 높은 청년들은 이입에 대체로 긍정적이다.[10] 일반적으로 이입을 극구 반대하는 사람은 교육과 소득 수준이 낮고 나이 든 백인 보수층이다. 최근 일본과 독일의 여론을 조사한 결과에 따르면, '좌파' 시각에서 토박이 노동자를 보호할 정부의 책임을 강조하는 저소득층에서 반이민 정서가 특히 높게 나타난다.[11] 이런 집단은 흔히 자신들이 경제 자유화로 손해를 보고, 정치 지도층의 관심을 받지 못한다고 느낀다.[12] 유럽에서 이입과 관련해 교육 수준이 높은 청년층의 태도와 교육 수준이 낮은 장년층의 태도가 특히 크게 다른 국가가 영국과 스웨덴, 프랑스다.[13]

세대와 교육 수준에 따라 이입에 대한 태도가 상당히 다르지만, 이주자의 종류에 따라서도 이입에 대한 태도가 다르게 나타난다. 가장 강력한 반대에 부딪히는 대상은 불법 이주자와 난민, 저숙련 노동자들이다.[14] 저숙련 노동자에 비해 고숙련 노동자는 출신국이나 인종, 종교에 크게 상관없이 환영받는다.[15] 하지만 영국의 포커스 그룹 설문 조사 데이터를 자세히 분석하니 더 미묘한 차이가 드러났다. 대부분 사람은 일하고 세금을 납부하며 자립한 이주자에게 호의적이다. 이들은 반드시 고숙련 노동자가 아니라 경제적으로 이득이 되는 이입을 지지한다.[16] 농업 분야 등에서 시급한 노동력 부족을 메우는 저숙련 노동자가 크게 환영받는 것을 보면 알 수 있다.

한 연구에서 밝혀진 대로, 사실 대부분 사람은 이입의 장단점을 모두 보며 '균형'을 잡는다. 따라서 이입 찬성 진영이나 이입 반대 진영으로 분류할 수 없다.[17] 세계가치조사World Value Survey 분석 결과도 서구 전역의 시민들이 이입에 대해 다양하고 언뜻 보면 모순적인 태도를 지니는 것으로 확인된다. 예를 들어, 이입 제한을 지지하는 사람도 이입이 경제와 문화에 미치는 긍정적 영향을 인정한다. 이주를 강력히 찬성하지도 않고 극구 반대하지도 않으며 중간에서 '갈등'하는 사람이 응답자 중 대략 절반이다.[18]

이 모든 연구 결과는 이입에 대한 여론의 분열이 커진다는 이야기에 이의를 제기한다. 이입과 관련한 양극화는 수사적이고 정치적인 이야기에 지나지 않는다. 실제 여론의 추세를 반영한 것이 아니다. 2017년부터 이입과 관련해 모든 유럽연합 회원국의 여론을 파악한 유럽바로미터 조사 결과를 보면 유럽의 여론을 파악할 수 있다. 이입이 사회에 미치는 영향에 대한 각국의 여론을 정리한 것이 그래프 17이다. (브렉시트 이전 영국을 포함해) 유럽연합 28개국의 모든 시민 중 대략 54%가 이입이 사회에 적당히 긍정적이거나 대단히 긍정적인 영향을 미친다고 평가한다. '긍정도 부정도 아닌' 사람은 29%이고, 부정적인 사람은 17%이다.

결국 이주자들과 접촉하면 외국인 혐오가 감소한다

흔히 외국인 혐오는 이입에 대한 반작용이라고 생각한다. 이런 논리라면, 이입이 증가할수록 이입에 대한 반대도 커져야 한다. 하지만 실제로 확인된 증거는 정반대다. 여론 조사 결과는 역설적이다. 대체로 이입이 가장 적은 국가와 지역에서 이입에 반대하는 태도가 가장 강력하게 나타나는 것이다. 이입의 역사가 긴 사회에서 대체로 이입에 대해

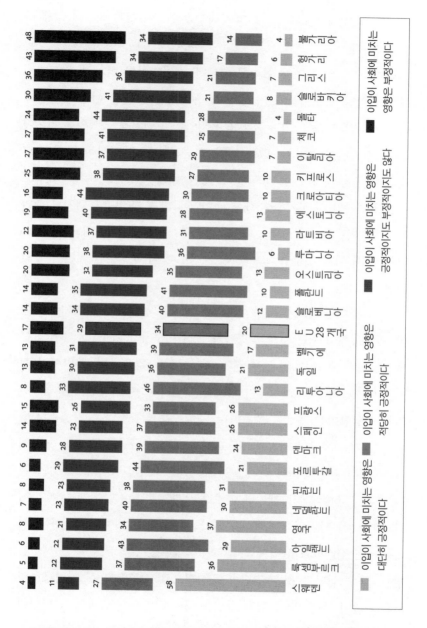

그래프 17: 이입이 사회에 미치는 영향과 관련해 (영국을 포함한) 유럽연합 회원국의 인식[19]

더 열린 태도가 나타나고, 젊은 사람일수록 다양성과 이입에 대해 더 긍정적이다.

여러 가지 설문 조사 결과에 따르면, 불가리아와 헝가리, 슬로바키아처럼 이입 수준이 비교적 낮은 동유럽의 국가들이 이입과 통합에 더 부정적인 경향이 있다. 물론 동유럽인들이 선천적으로 인종 차별이 심하다는 뜻이 아니다. 그저 이입에 익숙하지 않은 사람이 많다는 의미다. 미국과 캐나다, 영국, 독일, 스페인, 네덜란드, 스웨덴처럼 대규모 이입의 역사가 긴 국가들이 대체로 이입에 더 호의적이다. 하지만 예외가 있다. 이탈리아가 특히 그렇지만, 프랑스도 다소 의외의 결과를 보인다. 현재 이입 수준을 고려할 때 예상보다 더 부정적인 여론이 확인된다.

이입에 대한 평가가 가장 부정적인 국가는 몰타와 그리스처럼 이입의 역사가 짧고 최근 망명 신청자와 불법 이주자가 대규모로 유입하는 국가들이다. 이런 여론 조사 결과가 암시하는 것은 이입이 반이민 정서에 미치는 영향이 선형적이 아니라는 것이다. 이입이 반이민 정서에 미치는 영향이 처음에는 증가하다 나중에는 감소한다는 것을 암시한다. 갑자기 이주자와 난민이 대규모로 유입되면 이입이 통제 불능 상태에 빠질 것 같은 우려와 염려가 들 수 있다. 하지만 장기적으로 사람들이 외국인 존재에 익숙해지고 이주자와 개인적인 유대 관계를 맺기 시작하면 낯선 사람이 친숙해지고 '저들'이 '우리'가 되며 두려움도 줄기 마련이다. 심리학과 사회과학에서 이야기하는 '접촉 가설'과 일맥상통한다. 다수 집단과 소수 집단이 실질적으로 접촉하고 상호 작용하면 편견이 줄기 마련이라는 접촉 가설은 이미 수많은 연구에서 그 타당성을 검증받았다.[20]

따라서 이입이 여론에 미치는 단기적 영향과 장기적 영향을 구분하는 것이 중요하다. 1995년부터 동유럽인들의 이입이 급증하자 영국에서 처음에는 이입에 대한 부정적 여론이 증가하다 2010년 이후 부정적 여론이 감소한 것도 같은 맥락으로 설명할 수 있다.[21] 낯선 사람을 처음 보면 두려움을 느끼지만 그 사람이 회사 동료나 이웃, 같은 반 친구가 되면 두려움이 사라지기 마련이다. 이렇게 생각하면, 이입이 '타자'를 더 폭넓게 수용하도록 기여했다고 볼 수 있다.

국경 근처의 공동체들이 대체로 이주자와 난민을 아주 따뜻하게 맞이하는 이유는 공동생활과 이주의 긴 역사를 공유하기 때문이다. 이 모든 사실에서 우리는 이주자에 대한 익숙함이 장기적으로는 경멸이 아니라 만족감을 낳는 것을 알 수 있다. 하지만 이런 결과가 자동으로 얻어지는 것은 아니다. 다수 집단이 일상생활에서 이주자와 소수 집단을 만나지 않으면, 편견과 인종주의가 사라지지 않을 수 있다. 정치인과 여론 주도자들의 선동적인 수사를 비롯해 거주 분리와 학교 분리가 위험한 것도 편견을 고착할 수 있기 때문이다. 이입에 가장 부정적인 여론이 나타나는 국가는 정치인들의 반이민 수사가 특히 거칠고 자기 강화된 국가들이다. 대표적인 나라가 이탈리아와 헝가리다. 이 두 나라에서는 정치 지도자들이 수년간 독설적인 외국인 혐오 수사를 쏟아냈다.

이입민과 친숙해지면 외국인 혐오와 인종주의의 날이 무뎌지기 마련이다. 특히 신세대가 선입견 없이 이주자 자녀들과 함께 학교에 다니며 성장하는 것이 바람직하다. 함께 섞여 살면 사회적 유대 관계도 촉진된다. 대규모 이입이 일반 대중의 반이민 정서를 불러일으켰다는 주장은 근거가 희박하다. 이민 배척 집단과 인종 차별적 폭력을 부추긴 것은 이입이 아니라 정치인과 권위자, 언론의 선동적인 수사다.

나아지고 있지만, 인종주의와 편견이 여전히 심각하다

결국 여론은 외국인 혐오와 인종주의에서 점점 더 멀어졌다고 볼 수 있다. 1960년대 미국의 시민권 운동이 반인종주의에 중요한 추진력을 제공했다. 이에 자극받아 영국과 유럽에서도 반인종주의가 확산했다. 그리고 최근 진행된 '흑인의 목숨도 중요하다'는 운동이 인종 차별 반대 투쟁에 추진력을 더했다. 식민주의와 노예제의 유산을 짊어진 유럽과 북아메리카의 젊은 세대들이 인종주의의 폐해를 더 심각하게 인식하는 듯하다. 그래서 인종과 문화, 종교가 다른 사람들에 대한 여론도 더 긍정적으로 변한 듯하다. 이입과 정착 수준이 증가하고 있는데도 말이다. 어쩌면 이입과 정착 수준이 증가했기 때문인지도 모른다.

나아지긴 했지만, 그래도 여전히 인종주의와 분리, 차별이 심각하다. 이주자건 토착민이건 소수 인종이 배척받고 계속 구조적 불이익을 당하고 있다. 이런 문제를 여기서 자세히 다룰 여유는 없지만, 확인된 증거에 따르면 이주자와 유색인 소수 집단이 계속해서 심각한 차별에 시달리고 있다. 특히 일자리와 주거 공간을 구할 때 차별을 받고, 이들을 괴롭히는 경찰과 정부 기관의 인종 차별적 프로파일링도 여전하다. 공공연하게 '흑인'을 무시하는 인종주의와 노골적 차별은 점점 줄었지만, 의식적으로 또 무의식적으로 인종을 차별하는 편견이 여전히 불이익의 고착화에 큰 영향을 미치고 있다. 필로메나 에서드Philomena Essed와 에두아르도 보닐라-실바Eduardo Bonilla-Silva 등 많은 학자가 증명한대로, 인종 차별적 편견은 소수 집단의 일상 경험에 흔히 백인들 눈에

는 잘 띄지 않는 부정적이고 고통스러운 영향을 미친다.[22]

이입이 증가하면 인종 차별이 감소한다

'대중'이 대대적으로 이입에 등을 돌렸다거나 인종주의와 외국인 혐오가 득세한다는 증거는 없다. 오히려 이입에 대한 대중의 견해는 온건하고 복합적이다. 실제로 대중이 정치인들보다 이입에 대체로 더 진중하다. 그렇다고 해서 순진하게 판단하면 안 된다. 식민주의와 노예제의 유산에서 비롯된 인종 차별적 편견은 사람들의 마음과 제도에 깊이 뿌리박아 근절하기가 쉽지 않다. 하지만 실질적으로 개선되었다는 사실을 인정하는 것이 중요하다. 그리고 이입에 대한 우려나 이입 감소 희망을 무의식적으로 인종 차별과 동일시하는 실수를 저지르지 않는 것이 중요하다. 이입에 찬성하는 사람들이 흔히 저지르는 이런 실수가 이제껏 이주 논의를 아주 오랫동안 어지럽힌 양극화를 조장한다.

인종 차별은 이주와 직접적인 관계가 없다. 미국의 아프리카계 미국인과 아메리카 원주민, 유럽의 집시, 유대인 등 서구 역사를 통틀어 이주자가 아닌 사람들이 인종 차별에 시달린 경우가 많다. 하지만 유럽인들이 다른 대륙을 침략해 비유럽인들을 정복하고 노예로 삼는 등 역사적으로 인종 차별이 인간의 이동성과 얽힌 경우가 많다. 현대 인종주의의 뿌리는 식민주의이다. 식민주의에 따른 비유럽인의 인권 부정을 정당화하려면 그들을 비인간화하는 이념이 필요했기 때문이다. 유럽인들은 그들의 문화와 유전적 특징을 '열등하다'고 폄훼함으로써 식민주의를 '문명화 사명'으로 정당화했다. 유색인 노동력을 통제하는 것이 언제나 식민지 경제의 핵심이었다. 이런 불평등한 대우가 오늘날까지 영향을 미치는 것이다.

지금도 인종 차별 문제가 심각하다. 앞서 설명한 대로, 좋은 교육과 수습, 일자리를 얻을 기회를 심각하게 훼손하고, 더 나은 주거 공간으로 이동할 길을 막고, 가난 및 사회적 고립과 분리에서 탈출할 능력을 제한한다. 이주자와 소수민족이 제도적 차별과 인종 차별적 프로파일링에 입는 피해도 과도하다. 계속해서 인종주의의 사회적 해악에 대한 인식을 높이고 평등한 기회를 추구해 차별에 저항할 필요가 있다.

하지만 증거에 따르면, 인종주의와 외국인 혐오가 확산한다는 암울한 전망에 굴복할 이유도 없다. 우리가 대체로 기억하지 못하지만, 예전에는 정치인과 심지어 학자들도 이입과 소수 집단에 대해 공공연히 인종 차별적인 발언을 일삼았다. 우리의 과거는 대단히 인종 차별적이었다. '흑화'와 유대인 음모설, '우월한' 백인종의 피를 희석할 '인종적으로 열등한' 이주자의 침략에 대한 두려움이 일상이었다.

우리는 막스 베버가 폴란드 이주 노동자를 독일인 농부를 위협하는 '열등 인종'으로 묘사한 19세기 말에서 크게 진보했다. 에드워드 로스 Edward Ross가 백인 미국인들이 남유럽인과 '아프리카와 아라비아, 몽골 혈통'을 받아들임으로써 '인종 자살'을 저질렀다고 주장하고, 에드윈 그랜트Edwin Grant 등의 학자들이 '체계적 추방'으로 용광로에서 찌꺼기를 청소해 미국을 우생학적으로 정화하라고 요구한 (4장 참조) 20세기 초에서 크게 진보했다.

1968년 영국 보수당 의원 에녹 파월Enoch Powell이 파렴치한 '피의 강' 연설로 대대적인 이입민의 정착을 경고했다. 인도 아대륙과 카리브해 출신 이입민이 대규모로 정착하면 영국인들이 '제 나라에서 이방인'이 된 느낌이 들 것이라고 경고했다.[23] 파월은 이입민들이 '처음에는 동료 이입민들을, 그다음에는 나머지 인구 전체를 실질적으로 지배할 목적으로' 영국에 도착했으며 "한 나라가 자신을 화장할 장작더미를 정신없이 쌓는 꼴을 보는 것 같다"라고 주장했다.[24] 또 이입을 막고 이주 노동자들을 돌려보낼 조치를 취하지 않으면 영국도 미국처럼 인종 간 폭력에 휘말릴 것이라고 경고했다.

파월이 혐오를 부추긴 남아시아와 카리브해 출신 이주자의 후손은 현재 완전한 영국인으로 인정받고 있다. 최근 수십 년간 정치와 경제, 학계에서 최고위직에 오른 사람도 많다. 불과 얼마 전까지도 노골적인 인종주의와 편견, 차별이 흔했지만, 거기서 멀어지는 것이 대세였다. 다소 회의적인 사람은 '예전 이주자들'이 '우리'의 일부가 되어가며 영국 정치인들이 망명 신청자와 불법 이주자, 동유럽 이입민을 새로운 공격 목표로 삼았다고 주장할 수도 있다. 일리가 없는 주장은 아니지만, 그렇다고 실질적 진보까지 부정하는 것은 너무 가혹한 일이다.

이입을 배척하는 집단의 인종주의와 인종 차별적 폭력이 여전히 큰 문제를 일으키지만, 증거는 사람들이 점점 더 인종차별주의자나 외국인 혐오자가 되었다는 추정과 배치된다. 이입에 강경한 정치인들은 여론을 희화화할 때가 많다. 여론이 대대적으로 이입에 등을 돌렸다는 것은 사실이 아니다.

증거는 또한 이입과 다양성의 증가에서 비롯된 결과가 외국인 혐오라는 생각과도 배치된다. 확인된 증거에 따르면, 그 인과 관계를 완전히 뒤집어야 한다. 장기적으로 이입이 증가하고 그에 따라 다른 사람과 다른 문화에 익숙해질수록 외국인 혐오가 줄고 이입민과 소수 집단을 대하는 태도가 더 긍정적으로 변하기 때문이다. 이것이 목적국 사회가 이입을 흡수하는 비범한 수용력이다. 사람들이 이입민과 인종적 '타자'의 존재에 익숙해지면, 여론은 시간이 지날수록 더 미묘해진다. 이입민과 소수 집단을 점점 더 보고 만나고 알아갈수록 사람들은 외국인을 혐오하는 극단주의에서 점점 멀어진다. 따라서 이입률과 다양성 문제를 더 나은 방식으로 더 미묘한 차이를 살피며 논의할 가능성이 있다고 희망하고 낙관할 이유가 충분하다.

밀입국이 불법 이주의 원인이다

언론에 실린 이미지와 정치적 수사는 갈수록 많은 사람이 빈곤과 전쟁에 휘말린 고향을 탈출하는 종말론적 이야기를 전달할 때가 많다. 위험한 숲과 사막을 건너 육로로 이동하거나 제대로 물에 뜨지도 못할 것 같은 보트에 쟁여 타고 필사적으로 서구를 향하는 사람들의 이야기를 전달할 때가 많다. 이런 이야기에서는 이주자와 난민이 '파렴치하고 무자비한' 범죄 조직이나 인정사정없는 마피아의 희생자로 묘사된다. 범죄자들이 부유한 서구에서 살며 일하는 장밋빛 그림으로 가난한 사람들을 속여 밀입국 명목으로 큰돈을 가로챈 뒤 안전한 경로를 제공하기는커녕 이주자들을 위험하고 죽을 수도 있는 상황으로 내몰거나 중간에 버리고 가는 경우가 허다하다.

밀입국업자와 국제적인 범죄 조직이 대대적인 사기 행각을 벌여 돈만 챙기고 약속한 서비스는 제공하지 않는 듯하다. 더 이동할 돈이 없어 경유국에 발이 묶인 채 경찰이나 조직 폭력배의 학대에 시달리는 이주자와 난민이 많다. 매년 수많은 이주자가 미국을 향해 사막을 건너다 목숨을 잃고 유럽을 향해 지중해를 건너다 바다에 빠져 죽는다. 운 좋게 부유한 서구에 도착한 사람도 가혹한 고용주에게 착취당하고 노예처럼 일하면서 가슴에 품었던 꿈이 산산이 부서진다. 밀입국자의 현실은 냉혹하다. 파렴치한 밀입국업자가 약속한 꿈과는 거리가 멀다.

밀입국업자가 취약하고 절박한 이주자와 난민을 등쳐 먹는 이런 이야기가 불법 이주와 관련한 우리의 집단 상상력을 지배하고 있다. 정치인들은 앞다투어 도덕적인 분노를 표출하고, 밀입국업자의 만행을 근절하겠다고 맹세했다. 이런 맹세는 밀입국업자의 범죄 행위가 불법 이주의 원인이며 망명 신청자가 대규모로 국경에 도착하는 원인이라는 일반적인 생각과 일맥상통한다. 유엔 마약범죄사무소UNODC도 "이주자 밀입국 조직은… 세상에서 가장 가난한 사람들의 돈을 뺏고 목숨을 뺏는 조직에 불과하다"라고 평가했다.[1]

국제이주기구에 따르면, 밀입국은 "이주 관리와 국가 안보, 이주자의 행복에 대한 전 세계적 위협"이며 "범죄 조직들이 이런 상황에서 막대한 이익을 챙기고 있다."[2] 2021년 영국 내무부 장관 프리티 파텔 Priti Patel은 "그토록 비참한 상황을 야기하는 범죄 조직을 일망타진 하겠다"라고 약속하며 "밀입국 사업 모델을 척결하겠다"라는 결의를 다졌다.[3] 대서양 건너 미국에서도 이와 비슷한 정치적 수사가 들린다. 2022년 바이든 행정부는 인간 밀수 조직을 척결하고 중앙아메리카의 '이주자 카라반'이 북쪽으로 이동하지 못하도록 막는 '유례없는' 작전을 펼치며 "범정부적인 노력을 기울여 밀입국 조직을 타파하겠다"라고 장담했다.[4]

결론은 분명해 보인다. 서구에서 살며 일하겠다는 비현실적 기대에 들뜬 가난한 사람들이 더는 범죄자에게 악용당하지 않도록 밀입국과 싸워야 한다. 이런 결론에 따라 각국 정부와 국제기구들이 밀입국과 전쟁에서 승리하기로 의기투합했다. 정치인들은 국경 통제와 처벌 규정을 강화해 밀입국 사업 모델의 기반을 흔들 필요가 있다고 주장했다. 각국 정부는 단속을 강화하기 위해 1990년대 초반부터 국경 통제에 점점 더 많은 돈과 장비, 인력을 투입했다. 인도적 단체나 개인이 불법 이주자를 지원하는 행위도 범죄로 규정했다. 국경에 장벽을 세우고, 이주자가 탄 보트를 돌려보내거나 망명 신청자를 다시 국경 너머로 추방하며 밀입국을 '단속'했다.

실상

밀입국은 불법 이주의 원인이 아니라 국경 통제의 반작용이다

전 세계 수많은 접경지에서 이주자와 난민이 겪는 고통은 인도적으로 시급한 문제다. 불법 이주는 전 세계 모든 이주의 작은 부분에 불과하지만, 그렇다고 해서 취약한 이주자와 난민 집단의 고통과 괴로움, 착취를 하찮거나 사소하게 치부할 수는 없다. 정치인들이 수없이 약속했지만, 40여 년에 걸친 밀입국 단속은 불법 이주를 막지 못했고, 이주자와 난민이 겪는 고통은 줄어들기는커녕 더 커졌다. 정부가 불법적으로 국경을 넘는 이주자를 막는 데 실패한 이유가 무엇일까? 밀입국 단속이 실질적 성과를 내지 못한 이유가 무엇일까?

이런 질문은 도덕적이거나 윤리적 질문이 아니다. 밀입국 단속 정책의 장기적 **효과**를 따지는 질문이다. 놀랍게도 이런 질문을 던지는 언론이 거의 없다. 미국이 밀입국업자를 색출하려고 무려 40년 동안 해마다 예산을 늘려가며 국경 장벽을 세우고 국경을 순찰했지만, 국경을 넘는 사람들을 막지 못한 이유가 무엇일까? 영국이 국경을 안전하게 지키고자 엄격한 조치를 단행했지만, 영국 해협을 건너는 이주자와 망명 신청자들을 막지 못한 이유가 무엇일까? 난공불락의 '유럽 요새'가 허황한 꿈으로 밝혀진 이유가 무엇일까? 국경 봉쇄에 최선을 다하고 밀입국 처벌을 훨씬 더 강화해야 할까? 국경 통제에 훨씬 더 많은 돈과 재원을 투자해야 할까?

증거에 따르면, 국경 통제 강화는 문제를 해결할 수 없을 뿐 아니라 실질적으로 상황을 더 악화시킬 가능성이 크다. 밀입국 단속으로 불법 이주를 줄일 수 있다는 생각은 불법 이주의 원인에 대한 잘못된 추정에 기초한다. 정치인과 국제기구는 이주자와 난민의 고통이 밀입국업자의 책임이라는 오해를 영원히 지키려 하지만, 밀입국은 불법 이주의 원인이 아니라 국경 통제의 반작용이라는 것이 진실이다.

1990년대 이후 목적국의 농업과 건설, 서비스 분야에서 지속된 인력난은 합법적인 이주 노동력으로 해소되지 못했다. 그런데 목적국 정부는 오히려 이주 노동자의 도착을 막으려고 노력했다. 예전에는 자유롭게 드나들던 이주 노동자들에게 여행 비자 요건을 도입하고, 국경 통제를 강화하며 여행 비자 요건을 더 까다롭게 만들었다. 우리가 익히 알 듯, 노동력 수요와 국경 정책의 엇박자가 커지자 불법적으로 국경을 넘거나 비자 기한이나 임시 근로 허가 기간을 넘겨 체류하는 노동자가 증가했다.

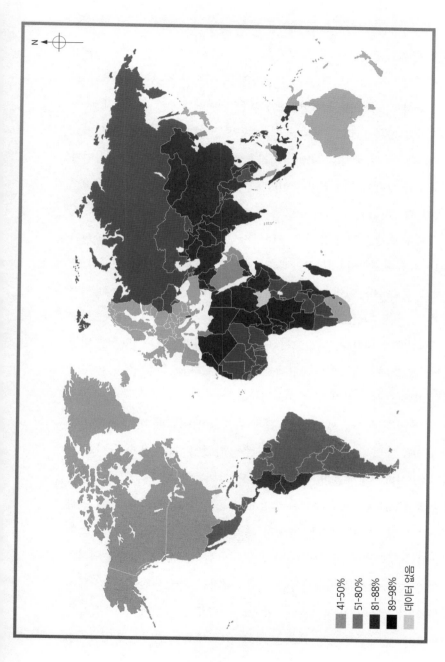

지도 4. 여행 비자 제한성-비자가 필요한 목적국의 비율(%)[5]

여행 비자는 공식적으로 이입을 막는 용도가 아니지만, 각국 정부는 잠재적인 불법 체류자의 입국을 막는 용도로 여행 비자를 이용했다. 지도 4는 옥스퍼드대학교 국제이주연구소에서 국제이주결정자 연구 프로젝트(16장 참조)를 진행하며 모은 데이터를 이용해 전 세계 각국 시민이 다른 나라로 여행할 때 비자가 필요한 비율을 정리한 자료다. 50%는 특정 국가의 시민이 비자를 받아야 여행할 수 있는 나라가 전 세계의 절반이라는 의미다. 100%는 전 세계 어느 국가를 여행하건 비자가 필요하다는 의미다.

지도를 보면 분명한 패턴이 드러난다. 중동과 남아시아, 동남아시아를 비롯해 아프리카 대부분 지역의 시민은 대다수 국가를 여행할 때 비자가 필요하다. 이에 비하면 라틴아메리카인들이 더 자유롭게 여행할 수 있지만, 이들도 서구의 주요 이주 목적국으로 여행할 때는 상당히 큰 규제가 따른다. 멕시코인 등 라틴아메리카인들은 1965년 비자 요건이 도입된 이후 더는 자유롭게 미국을 드나들 수 없었고, 1986년 이후 비자 요건이 점점 더 강화되었다.

각국 정부는 항공사가 탑승 전에 승객들의 여권과 비자를 확인하는 규정을 도입해 망명 신청자의 입국을 막았다. 이런 운송 규제가 도입되자 망명 신청자들이 육로와 해상으로 이동하는 불법 이주 행렬에 합류했다. 정부는 이에 대응해 국경 단속을 한층 더 강화했다. 그 결과 이주자와 난민들이 국경을 넘으려 돈을 주고 밀입국업자의 서비스를 이용하기 시작했다. 국경 단속이 강화되며 들키지 않고 국경을 넘기가 점점 더 힘들어지자 이주자들은 밀입국업자의 서비스에 훨씬 더 의존하게 되었다. 결국 비자 도입이 이주를 지하로 숨어들게 만든 것이다. 가령 2020년대 초반에는 보트를 타고 영국 해협을 건너는 밀입국자가 대부분 알바니아인이었다. 영국을 여행하려면 비자가 필요한 국가가 서유럽과 중유럽에서는 알바니아가 유일했기 때문이다.

정부는 똑같은 문제에 똑같이 실패한 해결책을 계속 제시하기 때문에 문제를 해결하지 못할 뿐 아니라 문제를 더 악화시킨다. 밀입국을 근절하는 대신 국경 통제를 강화하자 노동 이주자와 난민들은 밀입국업자에게 **더** 의존했다. 국경 통제에 군대를 동원하자 난민과 이주자들은 더 멀고 더 위험한 길을 택했고, 훨씬 더 먼 거리를 여행하려다 보니 밀입국업자에게 치러야 할 비용도 늘었다. 합법적 이주 통로가 없는 상태에서 국경을 통제하면 이주자는 밀입국업자에게 **더** 의존한다. 따라서 정부는 국경 통제 강화 → 밀입국 증가 → 국경 통제 강화 → 밀입국 증가로 끝없이 이어지는 악순환에서 쉽게 헤어나지 못한다.

이제 갭이어는 없다

결국 불법 이주 문제를 '해결'하려고 시행한 정책 자체가 **문제의 일부**가 되어버렸다. 1991년 이주자들이 보트를 타고 지중해를 건너기 시작한 것도 스페인과 이탈리아가 솅겐조약을 체결해 북아프리카인들에게 비자 요건을 도입했기 때문이다.[6] 그 이전에는 모로코인과 튀니지인, 알제리인이 남유럽을 자유롭게 여행하며 휴가도 즐기고 여러 가지 기회도 모색하고 수개월 혹은 수년간 일할 수 있었다. 실제로 상당히 많은 북아프리카인이 이렇게 자유롭게 여행했다. 이들의 이주는 대체로 '순환적'이었다. 북아프리카인 대부분이 남유럽을 수없이 드나들었다는 의미다. 모로코인들은 주로 스페인을, 튀니지인들은 주로 이탈리아를 드나들었다.

모로코에서 현장 연구를 진행할 때, 젊은 시절 여객선을 타고 지브롤터해협을 건너 12킬로미터 떨어진 스페인을 자주 여행하며 일도 하고 휴가도 즐긴 중년 남성들을 면담한 적이 있다. 이들은 농장이나 건설 현장에서 몇 주 혹은 몇 달간 일한 뒤 모로코로 돌아오곤 했다. 그리고 이듬해 다시 스페인으로 이동했다. 비자가 필요 없어서 여행하기가 수월했다. 스페인을 여행하며 모험하고 새로운 것을 발견하고 사랑에도 빠진 이야기를 들려주던 모로코 중년들의 눈이 향수에 젖어 있었다.

그런 이야기를 들을 때마다 서구의 젊은이들이 고등학교를 졸업한 뒤 해외에 나가 인생과 세상의 의미를 탐구하는 갭이어gap year 프로그램과 크게 다르지 않다는 생각이 들었다. 지금도 서구의 젊은이들은 이동의 자유라는 엄청난 특권을 누리지만, 그 가치를 거의 인식하지 못한다. 내 젊은 시절 이야기를 들려주고 모로코가 정말 아름다운 나라라고 칭찬하면, 모로코 친구들은 이렇게 대답하곤 했다. "하지만 당신들은 원할 때 언제든 자유롭게 오갈 수 있지만, 우리는 감옥에 갇힌 것이나 다름없다. 나갈 수가 없다."

많은 사람에게 청춘은 세상을 탐험하고 인생의 의미를 발견하는 시간일 것이다. 모로코 동료인 지리학 교수 모하메드 베리안Mohamed Berriane이 세네갈 등 서아프리카에서 모로코로 이주한 젊은이들을 연구한 결과, 일반적으로 가난하고 궁핍하거나 인신매매범과 밀입국업자의 피해자로 여겨지던 이주 청춘 남녀 중 많은 사람이 자신들의 이주를 '모험'으로 생각했다. 다른 나라에서 살며 일도 병행하고 최종 목적지도 정하지 않고 머물지 떠날지도 미리 정하지 않은 채 자신이 얼마나 멀리까지 갈 수 있는지 알아보는 모험으로 생각한 사람이 많았다.[7]

모로코와 세네갈은 역사적으로 또 종교적으로 밀접한 사이여서 이제 껏 세네갈인이 일이나 공부, 성지 순례를 하려고 모로코를 여행하는 것은 지극히 일상적인 일이었다. 비자도 필요 없었다. '환승 이민'이라 며 압박하는 유럽 정부 때문에 세네갈인의 여행을 대하는 모로코의 태도가 조금 냉담해진 듯하지만, 지금도 세네갈인은 비자 없이 모로 코로 여행한다.

이입이 지하로 숨어든 과정

1991년 국경이 닫힐 때까지 모로코 청년들은 스페인 이주를 대체로 일시적 모험으로 생각했다. 이렇게 순환 이주하면 여러 가지 이점이 있 었다. 이주자들은 해외에서 일자리를 구해 더 많은 임금을 받고, 남는 시간은 생활비가 싼 고국에서 가족과 지낼 수 있었다. 비자도 필요 없 이 여권만 있으면 국경을 넘을 수 있었기 때문에 여분의 현금이 필요 하면 스페인으로 다시 이주할 수 있었다. 여객선 표만 있으면 언제든 자유롭게 이주할 수 있었다. 이런 이유에서 스페인 내 모로코 이입민 공동체는 계속 소규모로 운영되었다. 모로코 이입민 대부분이 스페인 에 영구히 머물거나 가족들을 데려올 이유가 없었다.

1991년 이전에는 이처럼 개방된 국경이 회전문처럼 작동했다. 이주 자들이 아프리카와 유럽을 끊임없이 드나들었다. 스페인에 정착하는 사람이 거의 없었다. 하지만 이입 규제가 강화되며 회전문이 작동을 멈췄다. 이주자가 끊임없이 들어오고 나가며 유연하게 작동하던 장치 가 망가진 것이다. 1991년 셍겐 비자가 도입되며 스페인과 이탈리아에 자유롭게 입국하는 통로가 막혀버렸다. 비자를 발급받기가 까다로웠기 때문에 북아프리카인들은 작은 어선을 타고 불법적으로 지중해를 건너기 시작했다. 처음에는 규모가 크지 않았고, 가욋돈이 필요한 현지 어부가 비교적 순수한 마음으로 이주자들을 운송했다.

그런데 1990년대 스페인이 지브롤터해협을 따라 레이더 조기 경보 시스템을 도입하고 준군사적 규모로 국경을 통제했다. 지중해를 건너거나 모로코 해안의 스페인령 세우타와 멜리야의 육상 국경을 넘기가 더 어려워졌다. 모로코인들이 스페인에서 '갭이어'를 보내던 시절이 완전히 끝나버린 것이다. 밀입국은 전문화되고, 이주자들은 지중해와 대서양의 긴 해안선을 따라 늘어선 수없이 많은 지점으로 흩어져 국경을 건너기 시작했다. 2000년대까지 계속 다양한 국경 교차점이 개발되며, 이주자들이 모로코와 튀니지뿐 아니라 알제리와 리비아에서도 이탈리아와 스페인으로 건너가고 서아프리카에서 스페인령 카나리아 제도를 향해 바다를 건너기 시작했다.

의도치 않게 국경 수비대가 감시해야 할 지리적 범위가 넓어졌다. 총 46,000킬로미터에 이르는 지중해 해안선 전체를 비롯해 섬까지 감시해야 했다.[8] 국경 통제가 강화되자 밀입국 사업은 더욱더 전문화되고, 이주에 드는 비용과 거리, 위험이 커지고, 이동 중 목숨을 잃는 이주자가 증가했다. 밀입국 경로가 다양해지며 이주자 출신국도 다양해졌다. 1990년대에는 지중해를 건너는 사람이 이탈리아와 스페인에서 호황기를 맞은 농업과 건설 분야의 노동력 수요에 이끌린 북아프리카 청년이 대부분이었다. 하지만 2000년대부터 세네갈과 말리, 기니, 가나, 나이지리아 등 사하라사막 이남 지역 국가 출신의 이주 노동 희망자들이 보트를 타고 지중해를 건너는 이주 행렬에 점점 더 많이 합류했다.[9]

2000년대에는 이주 노동자에 더해 소말리아와 에리트레아, 콩고민주공화국 등에서 분쟁과 압제를 피해 도망친 난민들까지 보트 이주 행렬에 가세했다. 운송 규제 때문에 더는 비행기를 타고 유럽으로 이동해 망명을 신청할 수 없었기 때문이다. 난민들은 국경에 도착하면 망명을 신청하지만, 이주 노동 희망자는 계속 들키지 않고 몰래 국경을 넘으려 애쓰기 마련이다. 그런데 스페인, 이탈리아와 '재입국 협정'을 체결한 탓에 모로코와 튀니지는 해당 영토를 거쳐 유럽으로 들어간 불법 이주자를 송환받아야 했기 때문에 이주 노동 희망자들도 국경에서 체포되면 추방당하지 않으려고 망명을 신청했다.

2014년부터 지중해의 해상 국경 순찰이 강화되며 밀입국 경로가 튀르키예와 발칸 지역, 중유럽으로 옮겨갔다. 2015년과 2016년 대규모 시리아 난민이 튀르키예에서 그리스로 넘어가며 밀입국 경로가 한층 더 다양해졌다. 그리고 2016년 이후 에게해의 국경 단속이 강화되며 밀입국 경로가 다시 지중해 중부로 옮겨갔다. 리비아와 튀니지에서 이탈리아와 몰타로, 모로코에서 스페인으로, 서아프리카 해안에서 카나리아 제도로 이주했다.

지도 5는 국경 통제 강화에 따라 의도치 않게 이주 경로가 다양해진 과정을 보여준다. 모로코와 스페인 사이의 지브롤터해협을 건너는 국경 교차점에서 수없이 다양한 육상 및 해상 이주 경로로 확산한 과정을 보여준다.[10] 결국, 국경 통제에 대규모 재원을 투자했으나 밀입국을 막지 못했다. 사업을 계속 운영하려고 끊임없이 경로와 전략을 바꾸는 밀입국업자와 국경 수비대의 술래잡기만 끝없이 이어졌을 뿐이다.

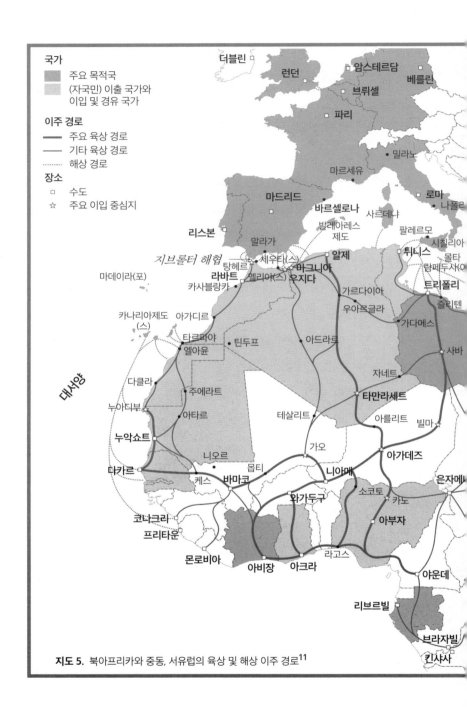

지도 5. 북아프리카와 중동, 서유럽의 육상 및 해상 이주 경로[11]

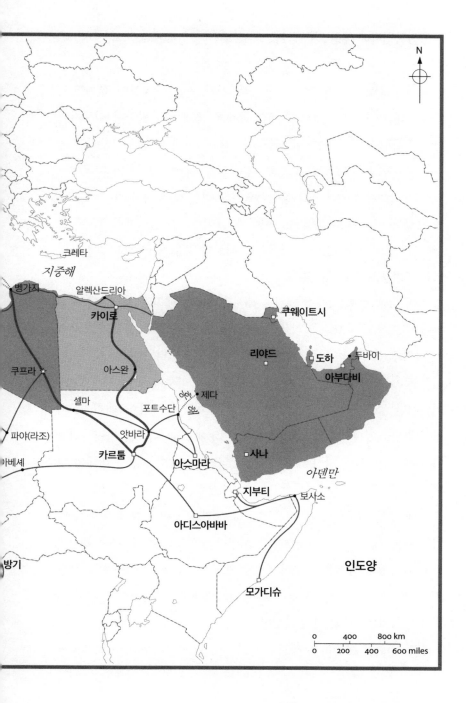

N

크레타

지중해

벵가지

알렉산드리아

카이로

쿠웨이트시

쿠프라

아스완

리야드

도하

두바이

아부다비

셀마

제다

아이

포트수단

홍해

파야(라조)

앗바라

아베셰

카르툼

아스마라

사나

아덴만

지부티

보사소

아디스아바바

인도양

방기

모가디슈

0   400   800 km
0   200   400   600 miles

밀입국업자에 대한 의존 증가

대서양 건너 미국에서도 지중해와 거의 똑같은 상황이 펼쳐졌다. 1990년대 이후 미국-멕시코 국경 통제에 군대를 동원하며 이주자와 난민이 국경을 넘기 위해 밀입국업자('코요테')에게 의존하는 비중이 증가했다. 가족과 재결합하기 위해 대기하는 시간이 길어지며 미국에서 일하는 이주자의 가족들도 불법적으로 국경을 넘기 시작했다. 국경 통제 강화는 이주 경로 다양화로 이어지고, 이주자와 밀입국업자들은 소노라사막을 통과하는 등 더 멀고 더 위험한 길을 이동했고 그에 따라 밀입국 비용도 상승했다.[12]

역대 미국 정부는 재정 지원을 대가로 중앙아메리카인들의 영토 통과를 막도록 멕시코를 압박했다. 결국, 공무원과 범죄 집단의 조직적인 폭력에 시달리는 이주자와 망명 신청자가 늘었다. 하지만 멕시코는 이런 문제를 해결하는 대신 국경을 통제하며 이주자의 밀입국 서비스 의존성만 증가시켰다. 그리고 이주자들을 폭력과 착취, 학대에 더 취약하게 만들었다. 많은 이주자가 다음 여정에 드는 비용을 마련하려고 멕시코에서 일하며 임시 고용주나 밀입국업자, 경찰, 국경 수비대의 착취와 폭행, 학대에 시달렸다.[13]

역대 영국 정부도 같은 이유로 영국 해협을 건너는 불법 이주를 막지 못했다. 영국 정부가 이주 노동 희망자와 망명 신청자, 가족 재결합 신청자의 입국 규정을 강화하자 트럭에 숨어 영국행 여객선이나 프랑스와 영국을 잇는 터널을 통과하는 기차를 타고 불법적으로 영국 해협을 넘으려는 이주자가 증가했다.

월경 기회를 모색하는 사람들이 모이며 1990년대부터 프랑스 북부에 자연스럽게 이주자촌이 들어섰다. 영국 해협을 건너는 불법 이주를 강력히 단속하고 이주자촌도 기습 단속했지만, 국경을 넘으려는 사람은 계속 몰려오고 오히려 이주 경로만 다양해졌다. 2010년대가 되자 프랑스 대신 벨기에와 네덜란드에서 출발하는 영국행 여객선을 이용해 밀항을 시도하는 이주자와 망명 신청자가 증가했다. 브렉시트 이후에는 밀입국업자가 운영하는 작은 보트를 이용해 프랑스 해안에서 출발하는 이주 노동 희망자와 망명 신청자가 늘었다.

밀입국은 인신매매와 다르다

밀입국업자가 이주자와 난민을 속여 위험한 여정에 몰아넣는 이미지는 대체로 잘못된 것이다. 이런 오해가 확산한 데는 밀입국과 인신매매를 혼동한 언론과 정치인들의 책임이 크다. 흔히 같은 의미라고 생각하지만, 밀입국과 인신매매는 전혀 다르다. 불법 이주의 원인을 제대로 이해하려면 밀입국과 인신매매를 정확히 구분하는 것이 중요하다. 사실 인신매매는 이주와 연관시킬 필요가 없다. 다음 장에서 자세히 설명하겠지만, 인신매매는 취약한 노동자를 기만하고 강압해 착취하는 것이다. 밀입국은 서비스 제공이다. 이주자와 난민이 경찰이나 국경 수비대, 범죄자에게 잡히지 않고 안전하게 국경을 넘고자 자발적으로 밀입국업자에게 돈을 내고 이용하는 서비스다. 불법적으로 국경을 넘는 대다수는 밀입국과 관련이 있다. 폐쇄된 국경을 넘으려 돈을 내고 밀입국업자의 서비스를 이용하는 이주자와 난민이 대부분이다.

밀입국과 인신매매를 구분하는 것이 중요한 이유는 이주와 관련한 많은 오해가 여기서 비롯되기 때문이다. 언론도 밀입국과 인신매매를 정확히 구분하지 않는다. 예를 들어, 2019년 10월 잉글랜드 남동부 에식스에서 베트남 출신 이주 노동 희망자 39명이 화물 트레일러 안에서 사망한 채 발견되는 비극적인 사건이 발생했다. 그 즉시 언론은 사망자들이 중국과 프랑스를 거쳐 영국으로 '인신매매된 사람들'이라고 보도했지만, 사실은 밀입국자들이었다. 큰돈을 치르고 영국으로 건너와 일하려던 이주자와 그 가족이었다. "이주자들이 인신매매되고 있다"라는 정치인과 뉴스 매체의 보도는 적절한 표현이 아니다. 이주자들이 본인들의 의사에 반해 강제로 국경을 넘는다는 인상을 주기 때문이다. 이주자들이 수동적인 피해자 혹은 상품이라는 인상을 주기 때문이다.

밀입국은 일종의 서비스 제공이다

불법적이고 통제되지 않은 형태의 서비스 제공이 대부분 그렇듯, 밀입국 사례도 이주자가 기만과 폭력, 갈취를 당하는 경우가 드물지 않고, 언론은 정말 극적인 사건들을 보도한다. 밀입국업자가 이주자들을 사막이나 바다 한가운데에 버린 사건이나 밀입국업자가 경찰·국경 수비대와 짜고 이주자들을 갈취한 사건이 언론에 자주 등장한다. 이주 경로가 더 멀어지고 더 위험해지며 정말 끔찍한 사건이 발생하기도 한다. 2022년 6월에도 텍사스주 샌안토니오에서 멕시코와 중앙아메리카 출신 이주자 53명이 뜨겁게 달궈진 트레일러 안에서 질식사한 채 발견되었다.[14] 매년 수많은 이주자와 난민이 사막에서 죽거나 바다에 빠져 목숨을 잃는다.

하지만 중요한 것은 이런 사건이 **전형적인 밀입국 사례**가 아니라는 것이다. 대부분 이주자는 들키지 않고 무사히 국경을 빠져나간다. 국경 통제로 이주 경로가 더 멀고 더 위험해짐에 따라 이주자를 속이기도 하고 끔찍한 사고도 발생하지만, 밀입국업자는 이주자를 국경 너머로 무사히 안내하는 것이 이익이다. 안전하다는 명성이 나야 밀입국 사업을 계속 이어갈 수 있기 때문이다. 이주자들도 일반적으로 안전장치를 요구한다. 밀입국 수수료 중 일부만 선금으로 지급하고 나머지 잔금은 무사히 도착해서 정산하는 경우가 아주 흔하다. 확실한 서비스를 제공받으려고 수수료를 할부로 지급하기도 한다.

또 한 가지 흔한 오해는 밀입국업자가 국제 조직 범죄에 가담하거나 마피아처럼 중앙집권적이고 계층적인 구조로 운영되거나 범죄 집단이라는 것이다. 현재 조직 폭력 문제가 심각하고, 멕시코 마약 카르텔이 이주자와 난민을 납치해 몸값을 요구하는 사건이 증가하고 있다. 멕시코에서는 갈취와 위협, 살인 사건 때문에 국내 실향민도 발생한다.[15] 하지만 전 세계 수많은 연구 결과에 따르면, 조폭이나 마피아는 일반적으로 밀입국 사업을 운영하지 않는다. 실제로 이주자들이 돈을 내고 밀입국 서비스를 이용하는 이유는 범죄도 피하고 범죄자와 종종 결탁하는 공무원의 폭력도 피할 수 있기 때문이다. 밀입국 사업의 핵심은 이주자들에게 안전한 경로를 제공하는 것이며, 이 때문에 이주자들이 기꺼이 돈을 내고 밀입국 서비스를 이용한다.[16]

밀입국은 일반적으로 가족끼리 서로 돕는 형태로 이루어지거나 현지 업자가 소규모로 진행한다. 인류학자 가브리엘라 산체스Gabriella Sanchez가 미국-멕시코 국경을 여러 차례 대대적으로 조사한 결과에 따르면, 밀입국업자는 대부분 영세업자이며 이주자 출신이 많다. 산체스는 일반적 고정관념과 달리 밀입국 과정에서 여성과 아이들이 중요한 역할을 한다는 사실을 확인했다. 고객을 모집하고 수수료와 지급

방식을 협상하고 은행에서 밀입국 수수료를 출금하고 이주자들을 돌보고 이주자들에게 사막을 통과해 국경을 넘는 길을 안내하거나 차에 태워 운송하는 등의 일을 여성과 아이들이 맡아서 처리했다.[17] 또한 실제로 유죄 판결을 받은 밀입국업자는 대부분 사랑하는 사람을 만나려는 친구나 친지를 돕다 체포된 독립 사업자이거나 본인도 목적국에 도착하려고 애쓰는 이주자라는 사실을 확인했다.[18]

프랑스 지리학자 줄리앙 브라쉐Julien Brachet가 사하라사막의 마을과 오아시스 지역을 수년간 현장 연구한 결과, 사하라사막 이남 출신 이주자들이 북아프리카를 향해 사하라사막을 가로지르며 니제르와 리비아 등의 국가를 통과할 때 직면하는 가장 큰 위험이 폭력적이고 부패한 국경 수비대와 군인들이었다. 이들이 사적인 통행료와 뇌물을 요구하고 핸드폰처럼 이주자들에게 중요한 자산과 돈을 갈취했다.[19]

브라쉐는 또 밀입국업자들이 국제적 마피아 조직이라는 고정관념과 달리 대체로 현지 도로와 환경을 잘 아는 영세업자라는 사실도 확인했다. 이들은 유목민이나 이주자 출신 혹은 이주 경험자가 많았고, 부패한 경찰이나 국경 수비대와 협력할 때도 있었다. 지역 상인과 트럭 기사들이 수십 년간 이주자들을 사하라사막 건너 밀입국시키는 과정에서 중요한 역할을 수행하며, 밀입국과 더불어 국경 무역이나 밀수 같은 사업을 병행했다. 그런데 유럽연합의 압박으로 사하라사막의 국경 통제가 강화되고 밀입국이 전문화되면서 인간과 상품을 운송하는 일이 어려워졌다. 그래서 이주자들은 어렵게 한 구간씩 이동할 때마다 밀입국업자에게 수수료를 지급하고,[20] 현직 어부나 어부 출신들이 북아프리카와 서아프리카에서 이주자들을 작은 고깃배에 태워 밀입국시키고 있다.[21]

이주자는 바보가 아니다

밀입국업자가 '선한 사람'인지 아니면 '악한 사람'인지는 중요하게 따질 문제가 아니다. 선한 사람도 있고 악한 사람도 있다. 믿음직한 사람이 많지만 속이려 드는 사람도 있고, 자원봉사자도 있고 범죄자도 있다. 핵심은 밀입국업자가 이주자나 난민이 기꺼이 돈을 내고 이용하는 서비스를 제공한다는 것이다. 보트가 가라앉거나 이주자들이 사막에서 버려지는 등 언론에 보도되는 끔찍한 사건은 전형적인 밀입국 사례가 아니다. 대부분 밀입국업자는 약속대로 서비스를 제공한다. 밀입국업자는 이주자들을 속여 위험한 여정에 내모는 범죄자가 아니다. 국경을 넘으려는 사람들의 유일한 희망 혹은 필요악이다.

밀입국에 반드시 돈이 드는 것도 아니다. 가장 흔한 밀입국 형태는 가족이나 친구, 친지를 차에 태워 국경 너머로 운송하는 것이다. 모로코에서 가장 흔하고 비교적 안전하게 유럽으로 밀입국하는 방법은 여름휴가를 즐기고 돌아가는 가족의 차에 숨어 이동하는 것이다. 이주를 희망하는 모로코 청년들을 면담했을 때 청년들은 합법적으로 또 불법적으로 이주할 아주 다양한 방법을 거론했다. 비자 기한을 넘겨 체류하는 방법부터 서류 위조, '외모가 비슷한' 사람의 서류로 여행하는 방법, 트럭이나 승용차, 승합차에 숨어 이동하는 방법 등 여러 가지 선택지를 신중히 검토했다. 이들이 가장 꺼린 선택지가 밀입국업자의 보트를 타고 이동하는 방법이었다.

밀입국은 인도적 차원에서 돈을 받지 않고 무료로 이루어지기도 한다. 인도적 지원 활동가나 일반 시민이 이주자와 난민을 차에 태워 국경 너머로 데려다주는 경우도 많다. 2016년 8월 프랑스 농부 세드릭

에루Cédric Herrou가 이주자와 망명 신청자들이 프랑스와 이탈리아 국경을 넘도록 도와준 죄로 체포되었다. 세드릭도 역시 밀입국업자다.[22] 제2차 세계대전 당시 나치가 점령한 지역에서 유대인들의 탈출을 도운 사람도 밀입국업자다. 냉전 시대 동구권 탈출을 도운 사람도 밀입국업자다.

밀입국에 관여한 대부분 사람에게 이출은 자포자기에서 비롯된 행동이 아니라 신중한 계획을 거쳐 더 나은 미래에 투자하는 것이다. 비정하게 들릴지 모르지만, 죽을 수 있다는 위험도 이들을 막는 큰 걸림돌이 되지 못한다. 국제이주기구의 추산에 따르면, 2014년부터 2022년까지 최소 53,000명의 이주자가 국경을 넘다 목숨을 잃었다. 그중 절반(26,000명)이 세계에서 가장 위험한 접경지인 지중해에 빠져 죽었고, 12,000명은 아프리카에서, 7,400명은 아메리카 대륙에서 목숨을 잃었다.

하지만 죽음도 국경을 넘는 이주자들을 막지 못했다. 오히려 이주자들은 도중에 죽거나 체포되지 않으려고 전보다 더 밀입국업자에게 의존했다. 세네갈의 경제학자 링기에르 무슬리Linguère Mously가 다카르에서 취합한 설문 조사 데이터를 분석한 결과, 대서양을 건너 카나리아 제도로 이주하길 희망하는 사람들은 죽을 수 있다는 것을 알면서도 기꺼이 위험한 여정에 나설 각오였다. 링기에르는 또 이주 희망자들이 선호하는 목적지인 스페인과 프랑스에서 받을 임금에 대한 기대치가 대단히 현실적이라는 사실도 확인했다. 이주자들이 현실적인 일자리 기회를 합리적이고 신중하게 따지고 차근차근 준비해서 이주한다는 것을 알 수 있다.[23]

난민들에게는 밀입국업자가 유일한 탈출구일 경우가 많다. 독재 정권이 탈출을 막기 때문에 난민들은 나라를 빠져나가려면 밀입국업자를 고용해야 한다. 전 세계 각지의 많은 난민이 밀입국업자의 서비스를 이용해 비로소 무자비한 독재 정권의 폭력과 탄압에서 탈출할 수 있었다. 아야톨라 정권에서 도망친 수많은 이란인도 밀입국업자를 이용해 사막과 산을 건너 아프가니스탄으로 탈출했다. 대부분 밀입국업자가 이주자와 마찬가지로 난민에게도 수수료를 받지만, 무료로 난민을 밀입국시킬 때도 있다. 이 경우 난민에게는 밀입국업자가 진정한 영웅인 셈이다.

이주 산업의 현실

밀입국은 국경 통제에 대한 반작용이기 때문에 밀입국업자들이 불법 이주를 조장한다고 비난하는 것은 무의미하다. 이렇게 해서는 문제가 해결되지 않는다. 그렇다면 각국 정부가 돈만 많이 들 뿐 효과도 없고 부작용만 일으키며 인명 피해도 크다고 확인된 정책을 계속 재활용하는 이유가 무엇일까? 가장 큰 이유는 이주 정책을 현장의 경제적 현실에 맞춰 조율하길 꺼리는 정부의 무능력 때문이다. 불과 얼마 전까지도 가능했던 자유로운 순환 이동과 합법적 이주 통로를 없애면 노동력 수요가 이주자들을 불법적으로 국경을 넘도록 부추기는 추진력으로 작용한다. 이것이 진실이다. 하지만 정치인들은 자신들의 잘못을 반성하기보다 밀입국업자를 비난하며 이 모든 혼란을 일으킨 책임을 덮어씌우는 것이 훨씬 더 편리했다.

밀입국업자를 비난하는 또 다른 이유가 있다. 국경 통제 덕분에 수십억 달러를 벌어들이는 군산복합체의 기득권에서 대중의 관심을 돌리는 효과적인 전략이기 때문이다. 정부는 국경 감시에 엄청난 세금을 투자한다. 군대를 비롯해 국경 감시 전자 시스템과 장벽, 울타리, 경비함, 순찰차를 제작하고 유지하고 운영하는 업체, 이주자를 수용하고 추방하는 산업 등 군산복합체는 이주 침략이 임박했기 때문에 실제 전쟁을 치르듯 밀입국과 '싸우고 전투'를 벌여야 한다고 대중을 믿게하며 기득권을 누리고 있다.

여기서 실제 이주 산업의 윤곽이 드러난다. 서구가 불법 이주와 벌인 전쟁에서 큰돈을 버는 것은 밀입국업자가 아니라 무기 제조사와 관련 기술 회사들이다. 유럽 언론인 컨소시엄인 이주자 파일Migrants' Files의 조사에 따르면, 2000년부터 2014년까지 유럽연합의 국가들은 국경 통제에 세금 23억 유로를 투입하고 이주자 추방에 최소 113억 유로를 투입했다.[24] 유럽 국경 수비대 프론텍스를 통해 유럽의 국경을 공동으로 통제하는 데 추가로 들어간 비용도 10억 유로다. 프론텍스의 예산은 2012년 8,500만 유로에서 2022년 7억 5,400만 유로로 9배 가까이 급증했다.[25]

유럽연합이 민간업체의 군용 기술을 이용하는 덕분에 가장 큰 혜택을 보는 주인공은 유럽의 주요 무기 제조사인 에어버스Airbus(예전 EADS)와 탈레스Thales, 핀메카니카Finmeccanica, 브리티시에어로스페이스BAE를 비롯해 사브Saab와 인드라Indra, 지멘스Siemens, 딜Diehl 등 관련 기술 업체들이다. 프론텍스의 직원은 1,900명을 넘고, 그중 900명 이상이 현장 작전에 투입되는 유럽 국경 및 해안 경비대 상비군이다. 2021년부터 2027년까지 예정된 예산을 보면, 유럽연합은 상비군 규모를 10,000명 정도로 늘릴 계획이다. 유럽연합이 2021년부터 2027년까지 '이주 및 국경 관리'에 배정한 예산 총액은 227억 유로다.

2014년부터 2020년까지 투입한 예산은 130억 유로였다.[26]

대서양 건너 미국-멕시코 국경에서 움직이는 이주 산업은 규모가 훨씬 더 크다. 워싱턴D.C.의 이주 싱크탱크인 이민정책연구소MPI가 2013년 추산한 자료에 따르면, 미국 연방 정부가 1986년부터 2012년까지 이입 통제에 투입한 자금만 1,870억 달러였다. 더 자세히 살펴보면, 미국 연방 정부는 2012년 한 해에만 국경 통제에 180억 달러를 투입했다. (FBI와 마약단속국, 비밀경호국, 연방보안국, 주류 담배 화기 및 폭발물 단속국 등) 주요한 연방 형사사법기관들이 모두 쓴 비용보다 24%나 많은 돈이었다.[27] 그리고 관련 예산은 유럽과 마찬가지로 계속 증가했다. 2018년 미국의 국경 통제 예산은 240억 달러로 증액되었다. 연방 형사사법기관들에 배정된 예산 총액보다 33%가 많았다.[28] 2018년 FBI의 예산은 국경 통제 예산의 3분의 1에 불과한 85억 달러였다.

대서양을 사이에 둔 유럽과 미국이 국경 통제에 막대한 자금을 투입한 덕분에 국경 통제 업무를 위탁받는 민간업체들이 엄청난 이익을 거두는 시장이 열렸다. 하지만 불법 이주의 실제 원인을 외면한 채 국경 통제에만 집중하는 정책은 실패할 수밖에 없다. 이주 노동자에 대한 수요가 사라지지 않는 한, 정치인들이 불법 이주 노동자의 고용을 눈감아 주는 한, 폭력적인 분쟁이 계속 발생하는 한, 사람들은 계속 국경을 넘을 방법을 모색할 것이다. 그리고 정부가 국경 통제를 강화할수록 밀입국업자에 의존하는 이주자도 증가할 것이다. 이것이 진실이다.

기나긴 미국-멕시코 국경이나 지중해 국경을 완전히 봉쇄할 수 있다는 생각은 착각이다. 이주 정책이 완전 실패라는 의미가 아니다. 앞서 이야기한 대로, 대다수 이주자는 합법적으로 이주한다. 그리고 이주 통제는 대체로 효과를 발휘한다. 더 중요한 사실은 정부가 합법적으로 입국할 통로를 마련하지 않는 한 목적국에서 저숙련 노동자를 찾는 수요에 따라 계속 불법 이주자가 양산될 수밖에 없다는 것이다. 전체주의 국가도 이입을 완전히 통제하지 못한다. 이주자들은 계속 밀입국업자의 도움을 받아 입국할 여러 가지 방법을 찾아낼 것이다.

사람들이 이주할 타당한 이유가 있는 한 국경 통제는 분명히 불법 이주자의 입국을 막을 수 없다. 간단한 '해결책'으로 풀릴 문제는 아니지만, 과거의 해결책은 세금만 낭비하고 비효과적이었을 뿐 아니라 문제만 더 어렵게 만들었다. 사실 이주자와 난민들이 밀입국업자의 서비스를 이용하는 이유는 합법적인 이주 통로가 없기 때문이다. 이입 규제와 국경 통제는 밀입국 시장의 규모만 키우고, 육상 및 해상 이동의 비용과 위험을 증가시켰다. 인간의 고통과 인명 피해를 키웠을 뿐 이주자들이 넘어오는 것을 막지 못했고 앞으로도 막지 못할 것이다. 밀입국과 '전투'를 벌이는 정책은 실패할 수밖에 없다. 왜냐하면 밀입국과 '싸우는' 정책이 바로 밀입국을 유발하는 원인 중 하나이기 때문이다.

인신매매는 현대판 노예제다

2008년에 히트한 액션 영화 〈테이큰〉을 보면 (리암 니슨이 연기한) 미국 전직 CIA 요원 브라이언 밀스의 17세 딸 킴이 파리에서 휴가를 즐기던 중 알바니아 인신매매단에 납치된다. 딸의 납치 소식을 들은 밀스는 파리로 날아가고, 킴은 마약에 취해 반쯤 의식을 잃은 상태로 경매장에서 아랍 왕에게 팔려 센강에 정박한 호화 요트로 끌려간다. 우리의 영웅 밀스는 수많은 알바니아 인신매매범을 처단하고 아슬아슬한 순간에 딸을 구해낸다.

많은 사람이 인신매매라는 말을 들으면 이런 장면을 떠올린다. 또 하나 흔히 떠올리는 이미지는 개발도상국의 가난한 10대 소녀와 젊은 여성이 좋은 일자리를 얻고 아주 멋진 삶을 살 수 있다는 감언이설에 속아 도시나 서구 국가로 이주한 뒤 지극히 끔찍한 환경에서 성 착취를 당하거나 강제 노동에 시달리는 모습이다. 국제 인신매매 조직이 매년 수많은 불법 이주자를 걸프와 유럽, 아메리카로 밀입국시킨 뒤 농장과 광산, 공장, 식당, 개인 가정, 미용실, 윤락업소에서 강제 노동을 시킨다고 한다.

보도에 따르면, 국제 마피아 조직이 세상에서 가장 취약한 사람들을 무자비하게 착취하는 인신매매 산업은 그 규모가 수백억 달러다. 인신매매를 '수백억 달러 규모의 인간 매매'로 규정한 유엔 마약범죄사무소는 인신매매가 무기와 마약에 뒤이어 세계에서 세 번째로 큰 범죄 산업이라고 주장했다. 그리고 전 세계 인신매매 산업이 성 착취와 강제 노동, 가정의 노예, 앵벌이, 장기 밀매 등으로 연간 320억 달러를 벌어들인다고 추산했다.[1]

미국 반인신매매 기구에 따르면, 미국에서만 성매매 세계에 갇힌 인신매매 피해자가 '수십만 명, 잠재적으로 100만 명 이상'으로 추정된다.[2] 최근 추산한 '현대판 노예' 숫자가 국제 사회에 충격을 안겨주었다. 2017년 유엔의 국제노동기구ILO와 노예 종식을 추구하는 비정부 기구 워크프리Walk Free가 합동 조사 보고서를 발표했다. 워크프리 재단의 지원을 받아 작성된 보고서는 약 4,030만 명이 현대판 노예 상태로 살며, 특히 여성과 아이들이 많다고 주장했다.[3] 보고서에 따르면 '현대판 노예'는 대부분 주택과 아파트 청소나 의류 생산, 과일과 채소 수확, 고기잡이, 채굴, 건설 현장에 종사하는 사람들이었다. 보고서가 발표되자 워크프리 재단 설립자인 오스트레일리아의 억만장자 앤드루 포레스트Andrew Forrest는 "지금 우리 지구에 인류 역사상 가장 많은 노예가 있다"라고 개탄했다.[4]

2019년 〈가디언〉은 보고서의 수치를 인용해 '현대판 노예' 숫자가 "대서양을 횡단하며 노예무역이 성행하던 시절보다 3배나 많다"라고 주장했다.[5] 〈가디언〉은 대서양을 횡단하며 노예무역이 성행하던 시절 아메리카 대륙에 강제로 끌려온 것으로 추정되는 흑인 1,200명과 '현대판 노예' 4,030만 명을 비교한 것이다.[6] 이런 주장을 뒷받침하는 것이 아랍 걸프 국가에서 일하는 아시아와 아프리카 출신 이주 노동자들이 고용주에 의해 감금되고 폭행과 강간을 당하고 심지어 살해되는 등 심각한 착취를 당한다는 뉴스들이다. 최근에도 2022 카타르 월드컵 축구 경기장 건설 등 아랍 걸프 국가의 건설 현장에서 이주 노동자들이 끔찍한 대우를 받고 있다는 뉴스가 보도되어 국제 사회의 공분을 불러일으켰다.

인신매매가 가장 잔혹하고 사악하고 악랄한 범죄라는 데 모두가 동의할 것이다. 인신매매에 대한 국제 사회의 공분에 자극받아 정치인과 박애주의자, 국제기구들은 인신매매 조직을 철저히 단속하고 모든 노력을 기울여 인신매매 피해자를 범죄자와 포주, 악랄한 고용주의 손아귀에서 구해냄으로써 현대판 노예제를 근절하겠다고 맹세했다. 메시지는 분명하다. 범죄자에게 무고하게 착취당하는 희생자들을 구하려면 당장 과감한 조치를 취해야 한다는 것이다. 더는 지체할 시간이 없고, **지금 당장** 노예제를 종식해야 한다는 것이다.

실상

인신매매는 노예제와 다르다

'당장 노예제를 종식해야 한다'는 주장에 반대하기는 어려울 것이다. 범죄자들이 10대 소녀와 젊은 여성을 납치해 성노예로 팔아넘기는 행위를 용납할 사람이 있겠는가? 수많은 사람이 장시간 강제 노동에 시달리며 끝없는 폭력과 강간, 각종 학대의 공포 속에서 사는 것을 어떻게 정당화할 수 있겠는가?

2000년대 이후 미국 정부는 전 세계 인신매매와 맞선 전쟁을 선두에서 이끌며 국무부 인신매매 감시 및 퇴치 사무소Office to Monitor and Combat Trafficking in Persons의 기준을 따르도록 각국 정부를 압박했다. 부유한 나라와 가난한 나라에서 모두 반인신매매 구호 단체와 비정부 기구가 우후죽순으로 늘었다. 국제노동기구와 국제이주기구를 비롯한 여러 국제기구와 전 세계 많은 정부가 인신매매 문제에 큰 관심을 기울이고 반인신매매 프로그램에 투자할 자금을 대규모로 조성했다.

하지만 이런 모든 노력에도 불구하고 수십 년에 걸친 반인신매매 운동은 뚜렷한 성과를 내지 못했다. 증거에 따르면, 사실 반인신매매 운동은 비효과적이었을 뿐 아니라 인신매매 피해자로 추정되는 사람의 삶을 더 비참하게 만들었다. 효과적인 보호 장치를 제공하지도 못하고 피해자들이 학대받고 착취당할 취약성만 **증가**시켰다.

내가 이런 사실을 확인한 것은 이탈리아 등 유럽 여러 나라에서 자행되는 나이지리아 여성의 성매매 현황을 조사할 때였다. 2006년 나이지리아의 수도 아부자를 방문해 인신매매 사안을 다루는 정부 부처와 반인신매매 단체, 인도적 비정부기구의 담당자들을 면담했다. 그때 놀라운 사실을 확인했다. 이탈리아에서 '구조'되어 나이지리아로 송환된 인신매매 피해 추정자 중 많은 사람이 이탈리아로 다시 돌아가 성매매 일을 하려고 온갖 노력을 기울인다는 것이다.[7]

이런 사실은 나이지리아 출신 성노동자들이 착취에 시달렸을 수는 있지만 '구조'가 필요한 피해자는 아니었음을 보여준다. 정반대로 대부분은 자발적으로 이주한 사람들이고 자신을 피해자로 생각하지 않았다. 이들의 현실은 10대 소녀와 젊은 여성이 꾐에 빠져 불법적으로 이주하고 성노예로 팔려나가는 끔찍한 이야기보다 분명히 더 미묘했다. 그리고 이런 이야기는 드물게 나타나는 사례일 뿐 일반적 패턴이 아닌 것으로 드러났다. 인신매매 피해 추정자 중에는 구조되길 **원하지** 않는 사람이 많다. 반인신매매에 반대하는 운동가들이 "구조자들로부터 우리를 구조하라"라는 구호를 외칠 정도다.

인신매매는 혼동되고 왜곡된 내용이 많을 뿐 아니라 복잡하고 민감한 문제이기 때문에 먼저 인신매매가 **아닌** 사례를 짚어보는 것이 좋을 듯하다. 젊은 여성이 범죄자들에게 납치당해 성노예로 팔려나가는 식의 인신매매는 거의 없다. 10대 소녀와 젊은 여성이 길거리에서 납치되어 승합차에 태워지고 윤락업소로 끌려가 감금된 후 마약에 취해 침대에 묶인 채 강제로 성관계를 맺는 영화와 이미지는 인신매매의 현실과 거의 관련이 없다. 마피아와 국제 범죄 조직이 죄 없는 수많은 소녀와 젊은 여성을 국경 너머로 몰래 밀수하며 수백억 규모의 인신매매 산업을 운영한다는 고정관념을 입증하는 증거도 없다.[8] '할리우드판' 인신매매는 상상력의 산물일 뿐 실제 현실과는 아무런 관련이 없다.

가난한 '제3세계' 국가의 남녀가 강제로 서구나 아랍 국가로 밀수되어 개인 가정이나 농장, 건설 현장, 윤락업소에서 '현대판 노예'처럼 일한다는 고정관념도 인신매매의 현실과 어긋난다. 인신매매는 밀입국과도 관계가 없다. 언론과 정치인들은 밀입국과 인신매매를 크게 혼동해서 사용한다. 밀입국은 이주자들이 국경을 넘기 위해 자발적으로 돈을 내고 이용하는 일종의 서비스다. 앞으로 자세히 설명하겠지만, 인신매매는 흔히 합법적인 이주의 맥락이나 이주와 전혀 무관하게 발생하는 가혹한 노동력 착취다.

글로벌 사우스의 가난한 시골 가정이 자포자기로 아들과 딸을 인신매매범에게 팔고, 인신매매범은 이들을 대도시로 데려가 일반 가정의 노예나 성노예로 되팔거나 광산이나 농장에서 강제 노동시킨다고 생각하지만, 일반적으로 이런 식의 인신매매도 없다. 많은 연구자가 인신매매 피해 추정자들을 현장에서 직접 만나 연구한 결과, 개발도상국의 미성년 이주자 대다수는 우리가 흔히 생각하는 것보다 훨씬 더 자발적으로 일하고 있었다. '현대판 노예'는 근거가 희박한 프레임이었다.[9]

인신매매가 인간을 사고팔고 밀수하며 노예제처럼 인간을 사유 재산으로 취급한다는 생각은 오해다. 착취당하는 노동자의 상황과 폭력적으로 납치되어 아메리카 대륙으로 끌려간 아프리카인들이 농장주에게 노예로 팔려나간 역사적 경험을 동일시하는 것은 타당하지 않다. 노예는 소유주나 지배자가 함부로 다루어도 처벌받지 않는 사람, 시장에서 사고파는 사람을 의미한다. 반인신매매 운동가와 단체가 인신매매 피해자를 '현대판 노예'로 묘사하는 것은 진실을 왜곡하는 것이다. 또한 대서양을 횡단한 노예무역과 여러 가지 역사적 노예제도의 피해자들이 겪은 불공평과 학대, 폭력을 대수롭지 않게 여기는 것이다. 노예제에서는 피해자와 그 후손들까지 사유 재산으로 취급받으며 조직적인 폭력과 강간, 살인에 시달렸다. 따라서 인신매매를 노예제와 비교하는 것은 부적절하며 윤리적으로도 옳지 않다.

인신매매는 취약한 노동자를 가혹하게 착취하는 것이다

인신매매는 사실 납치나 성노동과 무관하다. 인신매매에서 우리가 주목할 것은 취약한 노동자를 기만과 강압으로 가혹하게 착취하는 행위다. 피해자가 납치되어 구타당하고 묶이고 감금되거나 의지에 반해 강제로 성노동에 내몰리는 유일한 '이유'가 인신매매 때문이라고 생각하지만, 이는 아주 큰 오해이자 오히려 노동자들이 온갖 고초를 겪으며 착취당하는 원인이 된다. 실제로 피해자가 납치된 후 성노예나 각종 강제 노동을 목적으로 제3자에게 팔려나갔다고 구체적으로 확인된 사례는 없는 듯하다. 하지만 인신매매가 피해자를 착취당하고 위험한 상태에 빠져 헤어나지 못하도록 압박하거나 강요할 수 있다. 확인된 성매매 사례는 대부분 빈곤과 약물 중독 같은 환경에 각종 가정폭력이나 부모의 방치까지 더해진 연장선상에서 발생하는 듯하다.

우선 인신매매는 이주나 납치와 전혀 무관하다. 가장 흔한 성매매 패턴은 결손 가정이나 가정폭력에서 도망친 (대체로 10대) 미성년 소녀가 친구로 행세하는 남성들에게 '그루밍'당하는 것이다. 남성들은 '밀월 기간'이 끝나면 소녀를 학대하기 시작하고 성매매에 나서도록 심리적·경제적으로 압박한다. 2012년 남성 아홉 명이 중형을 선고받은 사건을 예로 들어보자. 이들은 2008년부터 2010년까지 잉글랜드 그레이터맨체스터주 로치데일과 올덤에서 취약한 환경 출신 10대 소녀 47명에게 아동 성학대를 저지른 죄로 처벌받았다. 범인들은 소녀들에게 선물과 용돈, 술, 마약을 주며 그루밍한 뒤 강제로 성관계를 맺고 '성매매'로 내몰았고, 강간과 강제 성매매 사실을 폭로하지 못하도록 협박하고 돈으로 매수했다.[10] 이 아동 성학대 사건은 최악의 사례이지만, 범죄 집단이 대낮에 길거리에서 소녀를 납치해 성노예로 팔아치우는 할리우드 이미지와는 거리가 멀다. 그 자체로 아주 흉악한 범죄이지만 말이다.

확인된 인신매매 사례를 보면, 대부분 처음에는 어느 정도 피해자들의 동의하에 이루어진다. 하지만 피해자는 이내 착취당하고 학대받는 상황에 빠지게 되고, 폭력적 위협이 무섭거나 달리 갈 곳이 없어 그 상황에서 벗어나지 못한다. 인신매매는 반드시 성노예와 연결되는 것도 아니고 불법 이주와 연결되는 것도 아니다. 실제로 이주 연구자 브리짓 앤더슨Bridget Anderson과 벤 로걸리Ben Rogaly가 조사한 자료에 따르면, 영국에서 극심한 노동 착취와 강제 노동에 시달리는 사람 중에는 지극히 합법적으로 입국해 흔히 공공 부문에 공식적으로 고용된 이주 노동자가 많다.[11] 이주자가 인신매매 사건에 연루되는 경우는 드물다.

반인신매매 정책이 대체로 역효과를 낳는 이유는 특정 직업에 종사하는 사람, 특히 성노동을 하는 여성이나 걸프 국가에서 가사 노동자로 일하는 여성이 강제로 일한다고 추정하기 때문이다. 이들이 어떤 환경에서 왜 그리고 어느 정도 동의하에 일하게 되었는지 제대로 조사도 하지 않고 강제로 일한다고 추정하기 때문이다. 같은 맥락에서 아메리칸대학교의 법학 교수이자 인신매매 전문가인 제니 챙Janie Chuang도 인신매매의 정의가 점점 모호해지고 느슨해지며 '착취 크리프exploitation creep'가 발생해 자발적인 이주와 취약한 일자리까지 '인신매매 범주'로 뭉뚱그렸다고 주장했다.[12]

반인신매매 비정부기구는 관심과 기금을 모을 욕심에서 취약한 노동자의 범주를 점점 더 확대해 '현대판 노예'라는 꼬리표를 붙였다. 이 때문에 인신매매 피해 추정자 숫자가 크게 부풀려졌다. 하지만 인신매매 피해자로 꼬리표가 붙는다는 것은 심각한 착취를 당한다고 구체적으로 확인된 노동자 대부분이 법의 보호를 받지 못한다는 의미이기도 하다. 이들의 경험이 '성노예'라는 선정적인 고정관념과 들어맞지 않기 때문이다.

챙은 이런 상황을 구체적으로 설명하려고 필리핀인 교사 300여 명의 사례를 들었다. 챙은 이들이 H1B 비자를 발급받아 루이지애나 공립학교 교사로 일하는 대가로 모집업자에게 각자 수수료를 약 17,000달러 지급한다는 사실을 폭로했다. 모집업자는 1년 더 연장해서 근무하기로 약속하지 않으면 추방하겠다며 교사들을 협박했다. 결국 교사들은 모집업자에게 월급의 10%와 추가 모집 수수료를 지급하고, 의무적으로 열악한 주택에 살며 시장가보다 수백 달러나 비싼 임대료를 지급할 수밖에 없었다. 교사들은 감당할 수 없는 빚을 짊어지고 고발해 추방하겠다는 모집업자의 계속된 협박에 시달렸지만, 첫 소송에서 패소했다. 배심원들은 필리핀인 교사들의 경험을 인신매매로 판단하지 않았다. 폭력과 감금, 불법 이주와 연결되는 '현대판 노예'의 고정관념과 들어맞지 않았기 때문이다.[13]

인신매매 통계를 부풀리는 '이방인의 위험성'

인신매매는 납치나 노예제, 밀입국 더 나아가 이주와 관계가 없다. 문제는 엄청난 힘의 불균형에서 비롯된 가혹한 근로관계다. 2000년 유엔이 공식 발표한 인신매매 예방, 억제 및 처벌 의정서Protocol to Prevent, Suppress and Punish Trafficking in Persons도 궤를 같이한다. 이 의 정서도 인신매매를 상당히 모호하게 정의하지만 강요와 힘의 남용에 주목하며, 처음에 동의해도 인신매매 피해자로 인정받을 자격이 박탈된다고 간주하지 않는다.[14] '인신매매'라는 용어의 어원을 생각하면 아주 안타깝다. 마약과 무기처럼 불법적 상품의 거래, 주체성이 없는 상품의 거래를 연상시키기 때문이다. 이런 의미에서 대서양을 횡단한 노예무역은 인신매매다. 글자 그대로 인간을 매매하는 것이다. 인간이 마치 가축처럼 상품으로 전락하고 사유 재산처럼 취급받았다.

사실 '인신매매'라는 현대 용어의 어원은 '백인 노예'다.[15] '백인 노예'는 19세기 말 미국에서 노예제가 폐지된 후 흑인 남성이 무고한 백인 여성을 납치해 성적으로 학대한다는 의심을 조장하려고 백인들이 의도적으로 만들어낸 용어다. 흑인 남성을 성범죄자로, 백인 여성 '납치범'으로 묘사하는 대단히 인종 차별적인 이야기와 그에 따른 도덕적 공황이 수많은 잔인한 사건 더 나아가 집단 린치로 이어졌다. 이런 이야기의 바탕에 깔린 편견이 영화 〈테이큰〉에 묘사된 현대적 인신매매의 고정관념에 직접 영향을 미쳤다. 일반적으로 (흑인과 아랍인, 알바니아인 등) '피부색이 검은' 남자는 성적 학대자, 순진무구한 백인 혹은 아시아계 여성은 피해자라는 고정관념이다. 그리고 언론도 이 편견이 인신매매와 성노예를 혼동하도록 여론을 부추겼다.

이런 두려움과 고정관념이 도덕적 공황으로 이어져 가혹한 노동 착취의 성격과 원인을 완전히 오해하게 되었다. 반인신매매 산업은 현실과 거의 무관하게 '이방인의 위험성'에 대한 최악의 공포를 뒷받침하고 성노동과 노예제를 혼동한 인신매매 이미지를 꾸며냈다. 언론의 관심과 돈을 끌어모으고자 사안을 호도하고 숫자를 엄청나게 부풀렸다. 조지워싱턴대학교 사회학과 교수이자 인신매매 전문가인 로널드 와이처Ronald Weitzer는 반인신매매 단체가 '어림짐작'으로 숫자를 부풀리고 언론은 검증되지도 않은 숫자를 무비판적으로 보도한다고 비난했다.[16] 이 사안을 오랫동안 조사한 언론인 마이클 홉스Michael Hobbes도 강제로 성매매에 내몰린 미성년자와 관련해 "과장되고 오해의 소지가 크며 완전히 날조된 숫자들이 인터넷에 넘쳐난다"라고 결론지었다.[17]

실제 숫자는 반인신매매 단체들이 주장하는 것보다 훨씬 적다. 2000년부터 2015년까지 미국에서 연방 검사가 미성년자 성매매 혐의로 기소한 사건은 연평균 43건이다.[18] 사회학자 줄리아 오코넬 데이비슨Julia O'Connell Davidson은 영국에서도 실제 인신매매로 기소되는 사건이 반인신매매 단체가 일반적으로 주장하는 것보다 적다고 보고했다.[19] 이런 통계가 과소평가된 수치라고 인정해도, 전체 규모는 '현대판 노예'가 무수히 많다는 주장과 큰 차이가 난다. '현대판 노예'가 무수히 많다는 주장은 관심과 자금을 끌어모으는 데 도움이 될 뿐 인신매매에 대한 오해를 고착화하고, 이런 오해가 이주자든 토착민이든 심각한 노동 착취를 당하는 피해자를 효과적으로 돕지 못하도록 방해한다.

부채 상환은 인신매매와 다르다

선정적인 인신매매 이미지는 노동자들이 심각하게 노동 착취를 당하는 상황에 빠지게 된 경위를 제대로 이해하지 못하고, 노동자들이 분명히 더 나은 대안이 없어서 그 상황에 그대로 머물기로 선택한다는 것을 인정하지 못한다. 이를 바탕으로 마련된 잘못된 반인신매매 조치는 실제 인신매매 피해자를 돕지도 못하고 오히려 생계 수단을 빼앗아 이들의 형편을 더욱 어렵게 만든다. 가장 큰 문제는 정부와 반인신매매 비정부기구들이 성노동이나 밀입국, 부채 상환과 연관된 대부분 이주에 비동의 범죄 행위라는 엉뚱한 꼬리표를 붙이며 인신매매의 실제 규모를 과장하는 것이다. 이렇게 인신매매 피해자로 잘못 꼬리표가 붙은 이주 노동자들은 '구조'를 거부한다. 왜냐하면 구조가 추방과 소득 상실을 의미하기 때문이다.

인신매매를 흔히 이렇게 오해하게 된 이유는 부채 상환과 인신매매의 차이를 정확히 구분하지 않기 때문이다. 중요한 것은 고용주나 모집업자에게 부채를 상환하는 것이 반드시 인신매매는 아니라는 사실이다. 부채 상환은 이주자와 모집 기관이 계약을 체결할 때 아주 흔하게 포함되는 조항이다. 이주자가 취업 후 처음 몇 달 혹은 몇 년에 걸쳐 급여 공제로 부채를 상환하기로 계약하는 것이다. 하지만 계약 조건이 너무 착취적이어서 노동자들이 폭행당하거나 고향에 남은 가족이 협박당하거나 교도소에 갇히거나 추방되는 등 심각한 결과에 직면하지 않고는 일을 그만두거나 고향으로 돌아갈 합리적인 선택지가 없을 때도 있다. 이때 노동자들이 부채 상환을 중단할 수 없고 계속 일하도록 강요받거나 가장 기본적인 권리를 침해받으면, 이는 부채 상환이 아니라 부채 속박이다.

강제 노동과 지극히 열악한 근로 조건을 명확히 구분하기는 어렵다.[20] 이주자든 토착민이든 노동자가 분명히 착취당하고 심지어 학대받는 상황이 많지만, 이런 노동자들이 모두 인신매매 피해자는 아니다. 이주자가 모집업자나 밀입국업자, 고용주에게 부채를 상환한다는 사실 하나만으로는 이들을 구조가 필요한 '현대판 노예'로 볼 수 없다. 전 세계에서 매년 수백만 명이 돈을 빌려 해외로 이주한다. 대부분 **자발적** 이주자들이다. 아무도 이들에게 이주를 강요하지 않는다. 수많은 가난한 사람이 서구나 걸프 등 부유한 국가로 대부분 합법적으로, 때론 불법적으로 이주해 스스로 더 나은 미래를 개척할 방법은 빚을 얻는 것이다.[21] 이주자들은 빚을 다 갚고 자유로운 몸으로 돈을 더 많이 벌어 고향에 송금하고 싶은 마음이 간절하다. 이런 이주 노동자들을 일방적인 피해자로 모는 것은 터무니없다. 이들은 스스로 피해자라고 여기지 않는다. 엄청난 시간과 노력, 돈을 투자한 이주자들은 빈손으로 고향에 돌아가지 않고자 무슨 일이든 마다하지 않고, 빚을 갚고 도착국에 머물고 싶은 마음이 간절하다.

구조는 사실상 추방을 의미한다

이탈리아를 비롯해 유럽 각지에서 일하는 나이지리아 출신 성노동자 사례를 다시 살펴보자. 이들 중 많은 사람이 '해방되길' 거부하는 이유가 무엇일까? 매년 나이지리아 여성 수천 명이 성노동 목적으로 유럽에 인신매매되는 것으로 보인다. 지금까지 수십 년 동안 많은 외국 기부자와 정부, 비정부기구가 나이지리아 여성의 인신매매를 '퇴치'하는 캠페인을 벌였다. 하지만 캠페인은 줄줄이 실패했다. 가장 큰 이유는 대체로 나이지리아 여성들이 더 나은 미래를 개척하고 가족을 부양할 욕구에서 자발적으로 이주를 결정하기 때문이다.[22]

나이지리아인들은 농업과 서비스 분야의 노동력 수요 증가에 따라 1980년대부터 이탈리아로 이주했다. 이때 이주한 집단 중 하나가 여성 성노동자들이었고, 이들은 대체로 독립적으로 성노동에 종사했다. 1990년대 초 여행 비자 등 각종 이입 규제가 도입되자 성노동자를 비롯한 이출민들이 여행 경비를 마련하려고 점점 더 큰 빚을 지게 되었다. 그러면서 중개업자들이 활동할 시장이 열렸다. 이주 희망자는 대체로 친척이나 친구, 지인의 소개로 모집업자를 먼저 만나고, 모집업자는 여행을 계획하고 경비를 대는 '마담'과 예비 성노동자를 연결한다. 예비 성노동자와 마담은 유럽까지 안전하게 이주하는 대가로 부채를 상환한다는 '계약'을 체결한다.[23]

유럽에 도착한 여성들은 마담의 감시를 받으며 일한다. 이들은 사기 당했다는 일반의 인식과 달리 자신들이 앞으로 무슨 일을 하게 될지 이미 잘 알고 있었다. 물론 자신들이 얼마나 힘든 조건에서 일해야 할지 또 정확히 부채가 얼마인지 충분히 숙지하지 못할 때도 있었다. 하지만 중요한 것은 이 일이 실질적으로 전망이 있었다는 사실이다. 1~3년에 걸쳐 부채만 상환하면 자유로운 몸이 되고 스스로 마담이 되는 경우도 상당히 많았기 때문이다.[24]

국제 사회는 대응 조치를 취하라고 나이지리아 정부를 강력히 압박했고, 나이지리아 여성 인신매매 및 아동 노동 근절 재단WOTCLEF이 인식 제고 캠페인을 펼쳐 젊은 여성들에게 인신매매의 위험성을 경고했다. 2003년에는 반인신매매법을 시행할 나이지리아 국립 인신매매 방지국NAPTIP도 설립되었다. 국립 인신매매방지국은 국제이주기구나 유니세프 등 국제기구와 협력해 인신매매 피해 추정자 수백 명을 추방 형식으로 나이지리아로 송환했다.

하지만 이런 조치는 큰 효과를 발휘하지 못했고, 성노동자들의 형편만 더 어렵게 만들었다. 자세히 조사해 인신매매범과 인신매매 피해자를 구별하지 않고 모두 '불법자'로 취급한 이탈리아 사법당국이 문제였다. 즉, 이탈리아 당국은 현장을 '급습'해 성노동자와 마담을 함께 비행기에 태워 나이지리아로 추방한 것이다.[25]

가장 큰 문제는 무엇보다 인신매매 피해 추정자들이 '구조'되길 거부했다는 것이다. 심각하게 학대받은 사람도 인신매매범을 고발하길 꺼렸다. 이탈리아 정부나 나이지리아 정부가 모두 인신매매 피해자들에게 그 어떤 보호 장치나 대체 일자리를 제공하지 않았기 때문이다. 나이지리아 인권 비정부기구는 이런 정부의 행태를 비난하며, 정부가 인신매매 피해 추정자를 보호하기는커녕 전시 행정으로 해외의 부정적인 이미지를 세탁하는 일에만 몰두한다고 주장했다.[26]

관련된 여성 대부분이 자신을 피해자로 생각하지 않았지만, 정말 도움이 필요한 여성도 충분한 보호를 받지 못했다. 이들은 대체로 추방이 두려워 마담을 고발하길 꺼렸다. 이들의 이주는 정치인과 반인신매매 기관들이 외치는 구호만큼 비자발적 이주가 아니었다. 사실 이들은 피해자인 동시에 행위자이며, 불안정한 일에 자발적으로 지원한 수많은 이주 노동자의 애매한 상황을 반영한다. 착취를 당하기는 하지만 그 일이 장기적으로 행복을 증진할 실질적 전망을 제공하고 고향에 머무는 것보다 훨씬 더 나은 선택지이기 때문이다.

성노동자는 대부분 자발적 노동자다

흔히 인신매매 하면 성노동, 특히 이주 성노동자를 떠올리지만, 성노동과 인신매매를 혼동하는 것은 아주 위험하다. 줄리아 오코넬 데이비슨은 급진적 페미니스트와 종교적 우파의 연합이 성노동과 인신매매의 혼동을 부추겼다고 주장한다. 종교적 우파는 모든 형태의 성노동을 본래 억압적이고 도덕적으로 비난받을 행위로 간주하고, 성노동에 종사하는 소녀와 여성은 일상적으로 강간과 구타, 감금, 고문에 시달린다고 추정한다.[27] 하지만 증거에 따르면, 대부분 이주자는 자신이 구할 수 있는 그 어떤 일보다 훨씬 더 많은 돈을 벌 수 있기 때문에 자발적으로 성노동에 뛰어든다.

사회학자 겸 영화제작자인 닉 마이Nick Mai가 성별을 불문하고 런던에서 성노동자로 일하는 이주자 100명을 면담한 결과, 자발적으로 성노동에 뛰어든 사람이 대부분이었다. 본래 청소부나 커피숍과 식당 종업원 등 평범한 일자리를 구해 영국으로 이주했지만 열악한 근로 조건과 낮은 임금 때문에 성매매로 전환한 동유럽인이 많았다. 이들은 성매매로 전환한 덕분에 빈곤에서 탈출하고 훨씬 더 많은 돈을 벌어 독립했다.[28] '포주'에게 발목이 잡혀 있다는 고정관념과 달리, 독립적으로 일하거나 동료들과 집단을 이뤄 일하는 성노동자가 많았다.

마이는 고향의 가족을 부양하는 이주 성노동자가 많다는 것도 확인했다. 이들이 착취당한다고 느끼는 것은 그야말로 물리적 폭력이나 위협이 아니라 만족스럽지 못한 보수와 열악한 근로 조건 때문이었다. 이주 성노동자는 대부분 가족의 생활 조건을 개선하려는 열망으로 충만했다. 그래서 사람들 눈에 볼품없고 모멸적이고 부도덕해 보이는 일도 마다하지 않았다. 성노동을 미화하는 것이 아니다. 엄연한 경제적 현실을 인정하자는 것이다.

반인신매매의 실상: 윤락업소 급습과 추방

반인신매매 '구조 작전'은 착취 문제를 해결하지 못한다. 오히려 생계 수단을 빼앗아 인신매매 피해 추정자의 형편을 더 어렵게 만든다. 성노동자는 이미 고객이나 포주, 경찰의 착취와 학대에 취약한 집단이다. 성노동이 범죄로 규정된 국가에서는 특히 더 취약해서 경찰에게 걸려 폭행을 당하거나 벌금을 부과받거나 교도소에 수감될 위험을 감수해야 한다. 가장 취약한 존재는 거주 허가증이 없는 성노동자다. 이들은 체포되고 추방당할 것이 두려워 도움을 요청하지 않는다.

사실 '구조 작전'은 경찰의 성노동 단속을 듣기 좋게 포장한 표현이다. 전 세계 반인신매매 비정부기구의 '구조' 작업은 대체로 현지 경찰과 공조해 윤락업소를 급습하는 방식으로 이루어진다. 대부분 성노동자가 자발적으로 일에 나섰기에 반인신매매 기습 단속으로 '구조'된 성노동자 중 인신매매 피해 기준에 정확히 들어맞는 사람은 거의 없거나 극히 드물다. '피해자' 기준에 맞지 않는 대다수 성노동자는 체포되거나 벌금을 부과받거나 교도소에 수감되고, 이주 성노동자는 대체로 추방된다. 실제로 인신매매 피해를 당한 사람이 경찰의 도움과 보호를 요청하지 않는 이유가 추방된다는 두려움 때문이다.

영국 내무부가 가장 흔하게 시행하는 반인신매매 조치도 윤락업소 기습 단속이다. 영국은 법에 따라 2명 이상의 성노동자가 일하며 거주하는 장소를 윤락업소로 규정하기 때문에 노동자의 개인 거주지를 기습 단속할 때가 많다. '구조 작전'은 흔히 굴욕적 방식으로 진행되고 교도소 수감이나 추방으로 이어진다. 구조 작전에서 인신매매 피해자로 확인되는 사람은 소수에 불과하다.

2013년 12월이었다. 200명이 넘는 경찰이 폭동 진압 장비를 갖추고 수색견까지 대동한 채 런던 소호에서 성노동 자영업자들이 사는 아파트를 급습했다. 엘리베이터가 없어 계단을 뛰어 올라간 경찰은 문을 발로 차 열고 들어가 거주지 폐쇄 통지서를 붙이고 동산과 현금을 압수했다. 그리고 (대부분 동유럽 출신인) 여성들을 얼음장처럼 차가운 길

바닥에 내동댕이쳤다. 이입민 여성들은 강제로 매춘 일을 하지 않았음에도 인신매매 피해자나 강간 피해자일 수 있다는 핑계로 구금되어 조사받았다. 결국 이들은 인신매매 증거가 확인되지도 않았지만 잠재적 인신매매 피해자로 분류되어 추방당하고, 거주지에서 쫓겨난 나머지 여성들은 길거리에서 일할 수밖에 없었다.[29] 성노동자 단체들은 구조 작전의 실제 목표는 체포와 구금, 추방이며 여성들이 힘들게 모은 돈과 귀금속 등 재산을 몰수했다고 항변했다.[30]

저숙련 서비스 직종에 종사하는 특정 유색인 여성 집단에 대한 고정관념 때문에 엉뚱한 여성에게 이주 성노동자, 인신매매 피해자라는 꼬리표를 붙이는 일도 발생한다. 2019년 미국 경찰이 마이애미 사우스 비치의 마사지 업소를 급습했다. 경찰이 불법 성매매 조직을 적발했고, '새로운 삶과 휴양 시설의 합법적인 일자리를 주겠다는 감언이설'에 속아 미국에 온 중국인 여성들이 끔찍한 착취를 당한 것으로 보인다는 뉴스가 전국을 떠들썩하게 뒤흔들었다.[31] 나중에 조사에서 밝혀진 사실에 따르면, 경찰이 외모만 보고 중국인 이주자로 판단한 마사지 업소 노동자들은 모두 중국계 미국 시민이었다. 온라인 토론방에서 마사지 업소 일자리를 소개받고 미국 여러 주에서 마이애미로 이사한 사람들이었다. 경찰이 급습한 업소도 윤락업소가 아니라 실제 마사지 업소였다. 하지만 경찰에 체포된 노동자들은 이야기를 꾸며내 인신매매 피해자라고 주장해야 할 것 같은 압박감을 느꼈다. 그것이 체포와 교도소 수감을 피할 유일한 방법이었기 때문이다.[32]

이것이 일반적 패턴이다. 교도소 수감이나 추방을 피하고 싶은 여성들은 체포되지 않으려 납치되고 속아 강간당하고 여러 가지로 학대받았다는 이야기를 꾸며내야 한다는 압박감을 느낄 때가 많다. 미등록 이주자는 혹시 망명 신청 자격을 얻을 수 있길 기대하며 이야기를 꾸며내야 한다는 압박감을 느낀다. '순응 편향(다른 사람들과 맞춰서 행동하고 싶은 충동-옮긴이)'으로 알려진 이런 압박감이 인신매매 통계를 부풀리고 현실과 무관하고 고정관념적인 인신매매 이미지를 재생산하도록 영향을 미친다. 이렇게 해서 인신매매에 대한 오해가 굳는다.

숫자를 부풀리면 상황이 더 악화할 뿐 문제는 해결되지 않는다

전 세계 수많은 노동자가 착취당한다. 정말 어려운 점은 '자발적' 노동과 '강제' 노동을 객관적으로 구별하는 것이다. 착취를 당하는 것과 강제로 일하는 것은 다르다. 국제노동기구와 워크프리 재단이 '현대판 노예'라고 주장하는 4,030만 명도 마찬가지다.[33] 언론과 정치인, 반인신매매 운동가들이 얼마나 자주 언급했는지 '현대판 노예'가 4,030만 명이라는 수치는 거의 의심할 여지가 없는 '진실'이 되어버렸다. 하지만 수치를 산출한 방법이 대단히 의심스러울 뿐 아니라[34] '현대판 노예'라는 주장에 더 근본적 문제가 있다.

먼저 국제노동기구가 산출한 수치를 자세히 살펴보자. '현대판 노예' 4,030만 명 중 1,450만 명은 강제 결혼으로 노예라는 '함정'에 빠진 여성과 소녀들이다. 국제노동기구가 강제 노동자로 분류한 2,490만 명 중 성착취를 당하는 사람은 480만 명(19%)이고 군대나 공공사업, 교도소 강제 노역 등 정부를 위해 강제 노동하는 사람이 410만 명(17%)이다. 나머지 1,600만 명(64%)은 '농장과 건설 현장, 가정, 공장 등 경제 활동 분야에서 일하는 강제 노동 착취 피해자'다. 이들은 과도한 수수료 지급이나 임금 체불, 신분 증명 서류 압수, 폭력적 위협, 해

고, 관계 당국 고발 등 여러 가지로 착취를 당한다.[35]

국제노동기구가 '강제 노동 착취 피해자'로 꼬리표를 붙인 노동자 중 절반은 일하며 빚을 갚는 노동자다. 이런 노동자들을 당연히 '현대판 노예' 혹은 '강제 노동자'로 분류할 수 있을지 의문이다. 착취를 당하긴 하지만 노동자가 그 일을 해서 물질적 이익을 얻을 수 있기 때문이다. 사실 많은 근로관계에 착취적 요소가 있다. 하지만 이주 노동자들 사이에서는 이주 자금을 마련하려고 자발적으로 빚을 지고 일을 하며 빚을 갚는 것이 흔한 관행이다. 착취당하는 노동자의 상황을 대수롭지 않게 여기자는 말이 아니다. 선정적 꼬리표 달기를 지양하자는 것이다. 노동자들에게 낙인을 찍고 그들의 주체성을 부인하는 선정적 꼬리표는 대체로 착취당하는 노동자의 형편만 더 어렵게 만드는 정책에 영향을 미치기 때문이다.

구조자들로부터 우리를 구조하라

이주 노동자에게 달린 인신매매 피해자라는 엉뚱한 꼬리표는 이주 통로를 모두 폐쇄하도록 정부를 자극했다. 서던캘리포니아대학교 사회학과 교수 라셀 파레냐스Rhacel Parreñas는 전 세계 필리핀인 이주 노동자의 경험을 대대적으로 연구했다. 파레냐스는 미국 국무부가 2000년대 중반 세계 최대 성매매인 집단으로 분류한 재일 필리핀인 이주 접대부들을 현장 연구했고, 2011년 그 연구 결과를 정리한 책《금지된 추파Illicit Flirtations》를 발표했다.[36] 미국 국무부는 필리핀인 여성 접대부들이 일본 범죄 조직 야쿠자에게 강제로 성착취를 당한다고 판단했다.

파레냐스는 2005년과 2006년에 필리핀인 여성 접대부들과 함께 도쿄의 노동자층이 즐겨 찾는 클럽에서 일했다. 파레냐스는 접대부들이 강제로 성노동을 하는 현대판 노예일 것으로 예상했다. 하지만 많은 접대부를 면담하고 직접 경험하며 파레냐스는 필리핀인 접대부들이 자발적으로 일본에 왔지 강제로 끌려온 것이 아니라는 사실을 확인했다. 누가 그들에게 마약을 먹인 것도 아니고 강제로 비행기에 태운 것도 아니고 클럽에 접대부로 감금한 것도 아니었다.

필리핀인 접대부 대다수는 일본으로 올 때 클럽에서 고객들에게 추파를 던져야 한다는 사실을 충분히 인지하고 있었다. 접대부들은 클럽에서 성노동을 요구받지도 않았고 강제 성착취도 당하지 않았다. 물론 학대가 없진 않았다. 파레냐스는 많은 접대부의 자유가 크게 제한된 것을 확인했다. 중개업자가 접대부들의 여권을 압수하고 많은 수수료를 요구하고 3~6개월의 계약 기간이 끝날 때까지 월급을 보관하고 계약 기간 이전에 일을 그만두는 사람에게는 벌금을 부과했다.

이런 착취가 필리핀인 접대부들이 인신매매된 증거라고 생각하는 사람이 많겠지만, 파레냐스의 연구에 따르면, 필리핀인 접대부들은 잠재적인 금전적 이익 때문에 스스로 선택해 부채 관계를 맺었고 대체로 자신들의 선택을 후회하지 않았다. 부채를 상환해야 하는 상황에 자발적으로 뛰어드는 수많은 이주자와 마찬가지로 필리핀인 접대부들에게 이주는 기본적으로 더 나은 미래를 위한 투자였다. 대체로 가난한 집안 출신인 접대부들은 이주하기 전에 채무 관계에 합의했다.

이들의 노동관계가 착취적으로 보일 수 있지만, '현대판 노예'라는 꼬리표는 필리핀처럼 기회가 아주 제한된 나라에서는 이주가 고향에 머무는 것보다 훨씬 더 나은 선택지라는 사실을 부인하는 것이다. 이들에게 이주는 더 나은 미래를 위한 최고의 선택이며, 많은 가난한 필리핀인에게는 접대부로 이주하는 것이 가난에서 벗어나는 아주 효과적인 길이었다. 따라서 필리핀인 접대부들을 피해자로만 보는 것은 일방적 시선이다.

필리핀인 접대부나 이들과 처지가 비슷한 사람들에게 당연하다는 듯 피해자 꼬리표를 붙이기 때문에 반인신매매 정책이 대체로 '구조된' 인신매매 피해 추정자들에게 부정적 영향을 미치게 된다. 재일 필리핀인 이주 접대부들도 인신매매 피해자라는 꼬리표가 붙자마자 상황이 부정적으로 흘러갔다. 미국 국무부가 국경 규제를 강화하도록 일본을 압박했고 그 결과 접대부 숫자가 2004년 82,741명에서 2006년 8,607명으로 90% 정도 급감했다.

미국 국무부는 인신매매와 전쟁에서 승리한 사례로 선전했다. 하지만 필리핀인 접대부들은 절망했다. 이들은 자신들이 '구조'당한 것에 분개했다. 일본에서 일하는 것이 선택지가 부족한 고국에서 벗어나 경제적 이동성을 얻는 유일한 통로였기 때문이다. '구조'와 이후 일본 재입국 거부는 이들을 구하기는커녕 직업과 소득만 빼앗아 갔다. 그래도 이주를 희망하는 사람은 불법적인 방법을 이용할 수밖에 없었다. 결국 중개업자나 밀입국자, 고용주에 대한 의존성만 커진 것이다.[37]

이런 증거는 반인신매매 운동가들의 주장과 현장의 현실 사이의 엇박자가 아주 크다는 것을 분명히 보여준다. 인신매매에 대한 극심한 공포는 성노동자와 이주 노동자에 대한 경찰의 단속을 정당화할 뿐 심각한 노동 착취 피해자들에게 아무 도움도 되지 못한다. 인신매매 피해자로 꼬리표가 붙은 이주 노동자들은 '구조'되길 거부한다. 구조된다는 것이 대체로 추방 및 투자금과 소득의 상실을 의미하기 때문이다. 아이러니하게도 반인신매매 운동이 취약한 노동자를 더 취약하게 만들고 전체적인 형편을 더 어렵게 만드는 것이다. 반인신매매 정책은 불안정한 직업을 범죄화하고 폭력적인 고용주를 막지 못함으로써 학대하고 착취하고 낙인찍는 악순환을 고착시켰다.

결국 인신매매는 이주나 특정한 (성) 노동과 무관하고 노동자에 대한 가혹한 착취와 연관된다. 옥스퍼드대학교에서 난민법과 이주법을 가르치는 캐스린 코스텔로Cathryn Costello 교수는 강제 노동을 범죄로 처벌하면 '본행사 못지않게 화려한 식전 행사가 펼쳐지고, 모든 사람의 근로 조건이 적절히 개선될 것'이라고 주장했다.[38] 심각한 노동 착취를 막는 길은 폭력적인 고용주를 처벌하고 인신매매 피해자를 실질적으로 보호하며 일자리와 기회의 측면에서 실행 가능한 대안을 제공하는 방법뿐이다.

국경 제한이 이입을 감소시킨다

이렇게 생각하기 쉽다. 이입을 줄이는 최고 방법은 이주자들이 국경을 넘어오기 어렵게 만드는 것이다.[1] 소득과 직업, 거주지, 목적국의 언어와 문화에 대한 지식 등의 요구 조건을 강화하는 것처럼 입국 규정을 더 엄격하게 적용하면 이주 노동자와 그 가족의 이입이 감소할 것이다. 또한 비자 요건은 망명 신청자들이 공항이나 육상 국경에 도착하는 것을 막고, 국경 통제를 강화하면 불법적으로 국경을 넘는 사람들이 줄어들 것이다.

이주 비용을 높이고 법적 장벽을 세우면 입국 자격을 갖춘 사람도 줄어들 것이다. 국경을 개방할수록 들어오는 사람이 늘고, 반대로 국경을 넘기 어렵게 만들수록 들어오는 사람이 줄어들 것이다. 브렉시트를 결정한 논리도 다르지 않다. 유럽연합을 탈퇴하는 것이 그때껏 자유롭게 들어오던 동유럽인의 이입을 다시 통제할 유일한 방법처럼 보였기 때문이다. 유럽이 지중해를 건너는 이주자 보트를 막으려고 노력한 것이나 역대 미국 정부가 미국-멕시코 국경을 한없이 넘어오는 이주자와 난민의 유입을 막으려고 노력한 것도 같은 논리다.

이런 논리는 훨씬 더 오래전부터 국경을 폐쇄하는 추세에서 비롯되었다. 서구 각국은 1960년대와 1970년대부터 그때껏 손님 노동자를 데려온 국가의 이입민을 제한하려고 애썼다. 미국 의회는 멕시코의 노동자를 초청하는 브라세로 프로그램을 1964년에 취소하고, 1965년에는 최초로 라틴아메리카와 카리브해 출신 이입민의 숫자를 제한했다. 1986년 레이건 행정부가 이민 개혁 및 통제법을 제정해 미등록 이주자를 대대적으로 사면했지만, 동시에 미국-멕시코 국경 통제에 투입할 자금을 대대적으로 증액하는 출발점이 되었다.[2]

서유럽 여러 나라도 1973년 석유파동의 여파로 손님 노동자 프로그램을 취소한 이후 비자 규정을 도입해 튀르키예와 북아프리카 등에서 들어오는 노동자와 그 가족의 이입을 제한하려고 노력했다. 영국과 프랑스, 네덜란드, 스페인, 포르투갈 등 과거 서유럽의 제국주의 열강은 예전 식민지 출신의 자유로운 이동을 차단했다. 영국은 1962년 영연방 이민법을 제정해 그때껏 자유롭게 드나들던 예전 영국 식민지 시민의 입국을 제한했다. 또한 1971년 이민법과 1981년 영국국적법을 제정해 영연방 시민의 지위를 외국인과 동등하게 조정했고, 1986년에는 영연방 시민 대부분을 대상으로 여행 비자를 도입했다.

이주 정책은 전체적으로 점점 더 자유화되었지만, 그와 동시에 역설적으로 서구 각국은 예전 식민지 시민과 손님 노동자의 자유로운 입국을 차단하는 조치를 취했다. 이런 조치가 비효율적이고 비인도적이라는 비판에 대해 정치인들은 '다른 도리가 없다'며 이것이 국경이 침범

당하는 것을 막고 이입민과 망명 신청자들이 넘쳐나는 것을 막으려는 '필요악'이라고 대답한다. 이들은 국경 제한이 **없으면** 분명히 이입이 훨씬 더 증가할 것이며, 따라서 '국경 개방'을 호소하는 것은 수문을 열라는 것과 다름없는 순진한 발상이라고 주장한다.

실상

국경 제한은 이입을 증가시킨다

이런 주장의 밑바탕에 깔린 논리는 단순명확하다. 이주의 비용과 위험성을 증가시키면 이주할 여유와 비자 및 거주 허가를 받을 자격을 갖춘 사람이 줄어들 것이다. 그리고 장벽과 울타리를 더 많이 설치하면 불법적으로 국경을 넘는 사람도 줄어들 것이다. 그런데 이런 논리가 맞다면, 지난 수십 년간 미국과 서유럽을 향한 이입이 계속 증가한 것은 어떻게 설명할 수 있을까? 그리고 이민 규제 대상으로 지정한 국가에서 이주한 사람이 **특히** 증가했다는 놀라운 사실은 어떻게 설명할 수 있을까?

자유로운 이동을 차단했지만 미국 내 라틴아메리카와 카리브해 출신 이입민 인구는 1970년 310만 명에서 2017년 2,540만 명으로 증가했다. 영국을 포함해 서유럽에 사는 비유럽 출신 이입민 인구도 같은 기간 550만 명에서 2,640만 명으로 5배 가까이 증가했다. 영국만 놓고 보면, 비유럽 출신 이입민 숫자는 150만 명에서 540만 명으로 증가했고, 유럽 출신 이입민 인구는 150만 명에서 350만 명으로 증가했다.

1993년 유럽연합 내 자유로운 이동 제도를 도입했지만 유럽 출신 이입민 숫자가 훨씬 더디게 증가한 것이다. 영국의 합법적 순이주 인구는 6월 말 기준 2019년 회계연도에 275,000명이었으나[3] 브렉시트 이후 오히려 증가해 2022년 회계연도에 504,000명으로[4] 역대 최고를 기록했다.[5] 앞으로 설명하겠지만, 브렉시트 **때문에** 순이주가 급증했는지도 모른다.

이런 사실들을 보면, 이입 제한이 과연 효과가 있었는지 의문이 든다. 비용과 위험성을 높이면 이입이 감소할 것이라는 발상이 얼핏 논리적으로 보일 수 있지만, 이주의 현실은 이런 논리를 따르지 않는다. 증거에 따르면, 발상이 잘못된 이입 제한은 효과가 없었을 뿐 아니라 역설적으로 이입을 **증가**시키는 **역효과**만 일으켰다.

그 이유는 이입 제한이 예상치 못한 행동 반응을 촉발하기 때문이다. 이주자들이 법의 허점을 찾아내거나 이주 시기를 조정하거나 국경을 넘는 새로운 방법을 동원하며 새로운 이민법을 무시하고 회피하기 때문이다. 이처럼 의도치 않게 발생한 효과가 영구 정착하는 이주자 공동체의 급증이라는 결과, 이입 제한 정책이 의도한 것과 정반대의 결과를 빚는다.

물침대 효과

국경 제한으로 의도치 않게 발생하는 첫 번째 효과는 이주의 지리적 경로나 이주 목적지가 바뀌는 것이다. 바로 '물침대 효과waterbed effect'다. 물침대의 한쪽을 누르면 그 압력으로 물침대의 다른 쪽이 솟아오른다. 정부가 특정한 국경 교차점이나 특정 국가를 대상으로 이입을 제한할 때도 비슷한 효과가 발생한다. 이주자들이 이주 계획을 취소하는 것이 아니라 다른 경로를 찾는 것이다.

1980년대 프랑스와 벨기에, 네덜란드가 모로코 이입민에 대해 이입 제한 조치를 취했을 때도 일부 모로코 이출민이 스페인과 이탈리아로 목적지를 변경했다. 스페인과 이탈리아는 1990년대 초까지 비자 없이 입국할 수 있었기 때문이다. 최근에도 유럽 각국이 네팔과 파키스탄 등 남아시아와 서아프리카 출신 이주자의 이입을 제한하자 이탈리아와 스페인, 포르투갈, 그리스, 폴란드 등 비자를 받기 쉬운 남유럽과 동유럽 국가에 유입되는 합법적 이주가 증가했다. 이주자들은 북유럽의 목적국에 도착하려는 진입지와 경유지로 이들 국가를 이용하지만, 남유럽 국가들이 새로운 목적국으로 부상한 영향도 작용했다.[6]

이입 제한은 이미 거주 중인 이주자들의 재정착도 부추긴다. 네덜란드가 가족 이주를 규제하자 네덜란드에 살던 상당히 많은 모로코인이 결혼 이주 제한이 덜한 벨기에로 임시 이주했다. 그리고 배우자가 벨기에에서 합법적인 체류 허가를 받은 뒤 부부가 다시 네덜란드로 돌아왔다. 이 벨기에 경로로 네덜란드에 들어가는 결혼 이주가 계속 이어졌다. 마찬가지로 덴마크가 결혼 이주 규정을 강화했을 때도 코펜하겐에서 국제결혼을 앞둔 연인들이 사운드해협 건너 불과 40킬로미터 떨어진 스웨덴 말뫼에 정착했다.[7]

물침대 효과는 합법적 이주 경로를 변경할 뿐 아니라 불법 이주를 막으려는 정부의 각종 조치도 끊임없이 무산시킨다. 미국-멕시코 국경에서 단속을 강화하고 장벽을 세웠지만 국경을 넘는 사람들을 막지 못했다. 이주자와 코요테(밀입국업자)들이 사막을 건너는 더 멀고 더 위험한 경로를 이용하도록 부추겼을 뿐이다. 이와 더불어 이주 비용도 증가시켰다. 코요테 수수료가 1989년 550달러에서 2010년 2,700달러로 (인플레이션을 적용하면 3배 정도) 증가했다.[8] 더 위험한 경로를 이용하며 사망률도 치솟았다. 이주 중 사망한 것으로 추정되는 사람이 1994년 72명에서 2000년대에는 연간 365~482명으로 증가했다.[9]

1990년대 초 스페인과 이탈리아가 북아프리카 출신 노동자에 대한 비자 규정을 도입하자 지중해를 횡단하는 '보트 이주' 현상이 나타났다. 1991년 스페인이 비자를 도입하자 모로코인 이주자들이 어부에게 돈을 주고 작은 어선을 탄 채 아프리카와 유럽을 가르는 폭 24킬로미터의 지브롤터해협을 건너 밀입국하기 시작했다. 스페인이 해상 국경 순찰을 더 강화했지만, 작은 어선들의 도착을 막지 못했다. 오히려 지리적으로 육상과 해상의 국경 교차점만 더 다양해졌다. 처음에는 모로코 동부에서 스페인으로 건너갔지만, 나중에는 리비아와 튀니지에서 이탈리아로, 서아프리카 해안에서 카나리아 제도로, 튀르키예에서 그리스로 넘어갔다.

즉 유럽과 미국에서 국경 단속은 망명 신청자와 불법 이주자들의 도착을 막지 못했다. 오히려 이주자와 밀입국업자들이 계속 국경 단속을 피할 묘수를 짜내며 정부와 국경 수비대만 끝없는 술래잡기에 휘말렸다. 영국도 프랑스에서 영국 해협을 건너오는 이주자 숫자를 줄이려는 조치를 강화했지만, 이주자와 밀입국업자들은 트럭에 몰래 숨는 등 불법 이주 방법을 변경하거나 프랑스 대신 벨기에와 네덜란드에서 출발하는 영국행 배를 이용하기 시작했다. 2020년부터는 브렉시트와 시급한 노동력 부족, 유럽연합 자유 이주 중단 등이 복합적으로 작용해 보트를 타고 영국 해협을 건너오는 사람이 급증했다.

지하로 숨어드는 이주

국경 제한으로 의도치 않게 발생하는 두 번째 효과는 이주자들이 다른 합법적 통로를 이용하거나('카테고리 변경') 불법적으로 국경을 넘기 시작하는 것이다. 가장 대표적인 '카테고리 변경' 사례가 노동 이주에서 가족 이주로 통로를 변경하는 것이다. 미국이 1976년 이민법을 제정해 이주자 유입을 제한하려 했지만 라틴아메리카인들의 이주가 계속된 이유도 카테고리 변경 때문이다. 이주자들이 가족 재결합과 결혼을 이용해 미국에 입국하고 체류했기 때문이다.[10]

1970년대와 1980년대 북아프리카와 튀르키예에서 서유럽으로 들어가고 남아시아에서 영국으로 들어가는 이입이 계속 이어진 이유도 이주 노동자 모집 중단에 따라 이주자들이 노동 이주에서 가족 이주로 통로를 변경했기 때문이다. 출신국에 남은 공동체 2세대 청년과 가족들의 결혼을 통한 '연쇄 이주'는 1990년대와 2000년대 내내 이어졌다. 각국 정부는 크게 당황했지만, 가정 생활권이라는 기본 인권을 침해할 수 없었기 때문에 연쇄 이주를 막지 못했다.

이입 제한은 또 이주를 지하로 숨어들어 불법적인 통로를 이용하도록 만든다. 특히 이주 노동자에 대한 경제적 수요가 합법적 이주 수준을 초과할 때 이주가 빠르게 지하로 숨어든다. 1990년대 이후 멕시코와 중앙아메리카에서 미국으로, 북아프리카에서 남유럽으로 향한 불법 이주가 급증한 것이 좋은 사례다. 이와 더불어 이주자들은 발각되지 않고 안전하게 국경을 넘으려고 점점 더 밀입국업자에게 의존하게 된다.

국경 장벽을 완벽하게 봉쇄해도 불법 이주를 막지 못한다. 비자 기한을 넘겨 불법 체류하는 사람이 많기 때문이다. 미등록 이주자 중에는 관광객이나 임시 노동자로 합법적으로 입국한 뒤 비자 기한이나 거주 허가 기간을 넘겨 불법 체류자가 된 사람이 많다. 합법적인 이주 통로를 차단해도 노동력 수요가 크면 비자 기한을 넘겨 불법 체류하는 사람이 증가하기 마련이다. 미국의 불법 이주자 중 약 40%가 비자 기한을 넘긴 불법 체류자로 추정된다.[11] 이탈리아는 불법 이주자 중 불법 체류자가 차지하는 비중이 60~65%이고, 일본은 75~80%다.[12] 영국도 브렉시트를 앞둔 상황에서 비자를 받고 입국해 정해진 기한 내에 출국한 기록이 내무부에 등록되지 않은 외국인이 2016~2017년 50,000명에서 2019~2020년 92,000명으로 2배 가까이 증가했다.[13]

이 데이터에는 여행 비자 없이 영국에 입국할 수 있는 국가의 시민들은 포함되지 않았다. 가령, 브라질 국민은 비자 없이 영국과 유럽 대부분 국가를 여행할 수 있고, 이들이 비공식적으로 일하거나 관광객에게 허용된 최대 180일을 넘겨 체류하는 것을 막는 규제도 거의 없다.[14]

'비자 런Visa run'도 이입 제한을 회피하려고 흔히 쓰는 전략이다. 특히 가까운 이웃 국가로 이주한 사람들에게 유리한 비자 런은 여행 비자로 입국해 비공식으로 일하는 이주자들이 잠시 목적국을 출국했다 바로 입국해 외국인 관광객이나 방문객에게 허용된 최대 체류 기간을 갱신하는 것이다.

'지금 아니면 기회가 없다'는 이주

국경 제한으로 의도치 않게 발생하는 세 번째 효과는 장차 이입이 제한될 수 있다는 예상 혹은 두려움에서 발생하는 선제적 '이주 급증'

이다. 국경 제한이 이입을 **증가**시키는 전형적 사례다. 막연히 (혹은 간절히) 해외에서 새로운 지평을 탐구할 계획을 세우지만 실행하지 못하는 사람이 많다. 자유로운 이주가 가능하다면 많은 사람이 어디든 이동할 수 있다는 가능성을 살면서 언제든 실행할 수 있는 선택지 중 하나로 생각할 것이다. 대부분 사람이 국내에서 혹은 유럽연합처럼 자유롭게 이동할 수 있는 지역 내에서 혹은 과거 멕시코와 미국 및 모로코와 스페인처럼 국경이 개방된 지역 내에서 이주하는 것처럼 느긋하게 생각할 것이다.

하지만 자유로운 이주가 막히면 느긋하던 태도가 바뀐다. 살면서 언제든 실행할 수 있는 선택지 중 하나로 느긋하게 생각하던 이주에 집착하게 된다. 머지않아 자유로운 이주가 막힐 것 같은 의심이 들면 이주 열병이 발생해 막연히 이주를 열망하던 사람까지 너무 늦기 전에 기회를 잡으려고 뛰어든다. 이입 제한의 의도와 정반대로 '지금 아니면 기회가 없다'는 이주 급증 현상이 나타나는 것이다.

1975년 수리남이 네덜란드에서 독립했을 때 인류 역사상 가장 극적인 '지금 아니면 기회가 없다'는 이주 급증 사례가 나타났다. 수리남인의 네덜란드 이주는 1965년 이후 서서히 증가했다. 수리남 사람들은 완전한 네덜란드 시민이었기에 자유롭게 네덜란드로 이주할 수 있었다. 그런데 정치권에서 수리남 사람들의 자유로운 유입을 걱정하는 목소리가 커지며 수리남의 독립을 앞당기자는 주장이 정치적 추진력을 얻게 되었다. 수리남 사람들의 자유로운 이입을 막을 유일한 방법이 '네덜란드 시민권 박탈'이었기 때문이다. 노동당 요프 덴 아윌Joop Den Uyl이 이끄는 네덜란드 정부는 반식민주의로 포장했지만, 수리남의 독립을 서두른 주목적은 이입을 차단하는 것이었다.[15]

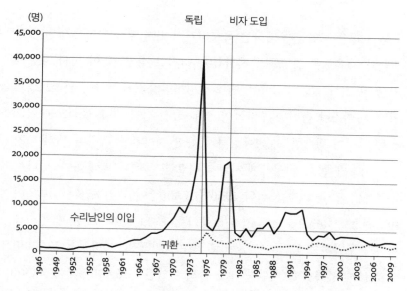

그래프 18. 수리남과 네덜란드 사이에 발생한 '지금 아니면 기회가 없다'는 이주 급증 사례

네덜란드가 수리남의 독립을 서둘러 추진하자 미래 안정성에 대한 불안이 커진 많은 수리남인이 이주를 서둘렀다. 그래프 18을 보면, 장차 이입이 제한될 수 있다는 두려움과 1980년에 마침내 도입된 비자 제도가 대대적인 이주 급증을 촉발한 것을 알 수 있다. 채 10년도 되지 않는 기간에 수리남 인구의 약 40%가 네덜란드로 이주했다. 이주 급증에 따라 네덜란드 내 수리남인이 1973년 39,000명에서 1981년 145,000명으로 증가했다. 결국 국경 폐쇄로 이입이 감소하기는커녕 네덜란드와 수리남이 그 어느 때보다 긴밀히 연결되며 수리남인의 대대적인 네덜란드 이주와 영구 정착이라는 역효과만 발생한 것이다.[16]

그 10년 전인 1962년 영국에서도 영연방이민법의 발효를 앞두고 비슷한 이주 급증 사례가 발생했다. 그때까지 대부분 예전 식민지 출신인 영연방 시민들은 영국에 영구 정착할 완전한 권리가 있었지만, 제

한되지 않은 이입을 우려하는 목소리가 커지며 영국 의회가 영연방 시민들의 자유로운 입국을 중지시켰다. 하지만 정치인들이 미처 예상하지 못한 것이 있었다. 1961년에 영연방이민법을 공표하며 카리브해와 인도, 파키스탄 출신 이주자들이 '이입 금지 전에 미리' 몰려오는 이주 급증 사태가 발생할 것을 예상하지 못한 것이다. 지리학자 세리 피치 Ceri Peach가 꼼꼼히 정리한 자료에 따르면, 국경이 폐쇄될 수 있다는 두려움이 입국 의지를 키워 1960년 5,800명이던 인도인의 순이입이 1961년 23,750명으로 4배 가까이 증가했다. (1971년에 독립한) 방글라데시까지 포함하고 있던 파키스탄 출신 이입민도 2,500명에서 25,100명으로 10배 증가했고, 서인도 제도 출신 이입민도 16,400명에서 66,300명으로 급증했다. 남아시아와 카리브해 출신 이주자 공동체가 대규모로 영국에 영구 정착했고, 이후 가족 이주로 경로를 바꿔 합법적으로 이주하며 1970년대와 1980년대까지 규모를 계속 확장했다.[17]

국경 제한으로 이주가 증가하는 과정

국경 제한으로 의도치 않게 발생하는 마지막 네 번째 효과는 귀환 의지를 꺾고 순환 이주를 중단시켜 임시 이주자들이 영구 정착민으로 바뀌는 경향이 나타나는 것이다. 국경 제한이 없으면 이주자들이 출신국과 목적국을 자유롭게 오가며 마치 회전문을 통과하는 듯한 이주 패턴이 나타난다. 이렇게 이주자들이 끊임없이 드나드는 것이 이주 연구자들이 이야기하는 '순환 이주'다. 자유로운 이주는 경기 순환에 민감한 반응하는 경향이 있다. 경제가 고도로 성장하며 노동력 수요가 증가하는 기간에는 이입이 늘고, 경제가 쇠퇴하며 실업률이 증가하는 기간에는 이입이 줄고 많은 이주자가 고국으로 돌아간다.

이런 순환을 모범적으로 보여주는 이주 형태가 가장 중요하고 가장 자유로운 이주, 즉 내부 이주다. 한 국가 안에서 지역을 이동하는 이주는 대단히 유동적이고 순환적이며 경기 순환에 대단히 민감하게 반응한다. 대표적 사례가 푸에르토리코와 미국 본토 사이에서 나타나는 순환이다. 미국 여권을 소지한 푸에르토리코인은 수년간 미국 본토에서 일한 뒤 고향으로 돌아가고 나중에 다시 본토로 이주하는 사람이 많다.[18]

국경을 개방한 체제에서는 국제 이주 패턴도 한 국가 안에서 사람들이 끊임없이 오가는 **내부** 이주 패턴과 상당히 흡사하게 나타난다. 북유럽과 서유럽을 향한 지중해 지역의 손님 노동자나 1991년까지 스페인을 향한 모로코인과 이탈리아를 향한 튀니지인, 1986년까지 미국을 향한 멕시코인에게는 순환 이주가 일상이었다. 국경을 최소한으로 통제했기 때문이다. 불행히도 이입 제한은 자유로운 순환을 방해하는 경향이 있다. 본국으로 귀환하려는 이주자들의 의지를 꺾기 때문이다. 입국이 어려워질수록 체류하려는 이주자는 증가하기 마련이다. 이주자가 여권이나 비자, 밀입국업자에게 투자하는 금액이 증가할수록 고국으로 돌아가지 않으려는 동기는 더 강해지기 마련이다. 한번 결정하면 되돌릴 수 없기 때문이다.

들어오는 사람의 숫자에만 몰두하는 정치인과 전문가, 언론은 그림의 절반밖에 보지 못했다. 이주 제한이 본국으로 **귀환**하는 이주자 숫자와 전체적으로 들고나는 순환 이주 패턴에 어떤 영향을 미칠지 고민하지 않았기 때문이다. 국경 제한은 이주자가 귀환 계획을 취소하도록 자극한다. 많은 이주자가 출신국보다 더 안전한 도착국에 체류할 마음을 먹는다. 국경 제한의 귀환 저지 효과와 유입 감소 효과 중 어느 것이 (이입에서 이출을 뺀) 순이입에 더 큰 영향을 미치는지 이론적으로 분명히 구분하기는 어렵다. 하지만 대체로 국경 제한은 유입 감소 효과보다 귀환 저지 효과를 더 크게 발휘한다. 만일 비자와 장벽, 울타리가 들어오는 사람보다 돌아가는 사람을 더 많이 막는다면, 국경 제한이 역설적으로 순이입과 이주자 공동체의 규모를 **증가**시킬 수 있다.

결국 이입 제한은 들어오는 사람을 막기보다 나가는 사람을 막음으로써 순환 이주를 방해한다. 그래서 이입 제한이 영구 정착 **증가**로 이어질 때가 많은 것이다. 1973년 석유파동의 여파로 이입을 제한했을 때 북유럽과 서유럽에서 일하던 튀르키예와 북아프리카 출신 손님 노동자들이 귀환 계획을 취소하고 체류한 이유도 한번 떠나면 다시 이주할 수 없다는 두려움 때문이었다. 역대 영국 정부가 이입민이 들어오지 못하도록 문을 폐쇄하려 했을 때 남아시아인과 뒤이어 동유럽인들이 체류를 결정한 것도 한번 떠나면 다시 이주할 수 없다는 두려움 때문이었다. 이주 제한 때문에 임시 이주자가 영구 정착민으로 바뀌는 경향은 가족 재결합이나 '연쇄 이주'로 더 가속화된다. 대체로 영구 정착하겠다는 결정이 배우자와 자녀들을 데려오겠다는 결정으로 이어지기 때문이다. 정부는 가족 재결합을 법적으로 막을 방법이 없기 때문에 자유로운 이동을 중단시키겠다는 결정이 이주를 증가시키고 영구 정착하는 이주자 공동체의 성장을 촉진하는 것이다.

브렉시트가 이입을 촉진한 과정

옥스퍼드대학교 국제이주연구소에서 국제이주결정자 연구 프로젝트(16장 참조)를 진행할 당시 나는 마티아스 차이카와 함께 국경 제한이 이주자 유입과 유출에 미치는 영향의 크기를 측정했다.[19] 우리는 서구 38개국이 1973년부터 2011년까지 전 세계 190여 출신국 이주자의 연간 유입량과 유출량을 보고한 데이터를 분석했다. 연간 '쌍방(국가 대 국가)' 이주 흐름을 기록한 데이터에서 약 90,000개 요소를 규명했다.

분석 결과 우리는 평균적으로 비자 제한의 이입 감소 효과가 귀환 감소 효과에 의해 대부분 혹은 완전히 상쇄된다는 사실을 확인했다. 비자 요건이 출신국에서 들어오는 유입을 평균 67% 감소시켰지만, 해당 출신국으로 돌아가는 귀환 유출도 88% 감소시키며, 전체적으로 들어왔다 돌아가는 (순환) 비율을 평균 75% 감소시켰다. 이런 사실은 이입 제한이 역설적으로 순이입을 **증가**시키고 임시 이주자를 영구 정착민으로 바꿀 수 있다는 것을 입증한다.

특히 유대 관계가 돈독해서 가족과 친구들이 새로운 이주자를 다양한 형태로 지원하는 기존 이주자 공동체에서는 대체로 귀환 감소 효과가 유입 감소 효과보다 크게 나타난다. 국경 제한이 순이주를 증가시키는 경향은 중단기적으로 강하게 나타난다. 이입 제한의 귀환 감소 효과는 거의 즉시 발휘되지만, 유입 감소 효과가 구체적으로 나타나려면 오랜 시간이 걸린다. 강력한 인맥 덕분에 가족 이주 경로를 통한 이주가 계속되기 때문이다. 우리가 분석한 결과에 따르면, 비자 도입이 통계적으로 유의미한 이입 감소 효과를 내기까지 평균 5~6년이 걸린다. 비자를 도입해 열려 있던 이주 통로를 닫고 10년이 지난 뒤에도 유입이 감소하는 비율은 평균 20%에 불과했다. 국경 제한이 이입민 공동체의 성장을 가속화하는 전형적인 패턴과 역설을 확인할 수 있었다.

우리는 또 비자 제한이 이주 흐름의 경제적 조건에 대한 민감도 혹은 '탄력도'를 거의 0까지 떨어트리는 것도 확인했다. 국경이 열려 있으면 이입과 이출 수준은 경기 순환에 민감하게 반응한다. 국경이 닫히면 이입민이 경제의 부침에 따라 들고나길 중단하고 경제적 위기가 닥쳐도 움직이지 않고 머문다. 2007~2008년 세계 금융 위기로 스페인 경제가 무너지자 루마니아 등 유럽연합 국가 출신 이입민들은 고국으로 귀환했지만, 모로코와 에콰도르 등 비유럽연합 국가 출신 이입민들은 스페인을 떠나지 않았다.[20]

이런 결과는 가족과 공동체의 인맥이 이주 역학 관계에서 추진력으로 작용한 기존 이주 통로에서 이주를 억제하기가 어렵다는 것을 보여준다. 국경 제한의 순환 방해 작용이 이주자 공동체의 성장을 촉진하는 반직관적 패턴은 이주 제한이 강화되었음에도 나타나는 것이 아니라 이주 제한이 강화되었기 **때문에** 나타나는 것이다.

이런 이유에서 브렉시트가 영국에 유입되는 이주를 감소시킬지 대단히 불확실하다. 심지어 정반대 효과가 나타날 듯하다. 이전 경험들에 기초해 예상한 대로, 지금까지 브렉시트는 동유럽인들이 고국으로 귀환하지 않고 영국에 머물 동기로 작용했고, 그에 따라 의도치 않게 '한번 들어오면 절대 나가지 않는다'는 원칙에 따라 영구 정착하도록 자극했다. 영국은 유럽연합 출신 이주자들이 브렉시트 이후 영국에 체류하도록 허가하는 유럽연합 정착 제도EU Settlement Scheme를 한시적으로 운영했는데, 2020년 6월 30일까지 609,000명이 넘는 루마니아인과 185,000명의 불가리아인이 영주권을 신청했다. 당시 실제로 영국에 살고 있다고 추산된 루마니아인 450,000명, 불가리아인 121,000명보다 더 많은 사람이 영주권을 신청했다. 1962년 영연방이민법이 공포되자 남아시아와 카리브해 출신 이주자들이 이입이 금지되기 전에 몰려온 것과 마찬가지로 브렉시트도 이주자들이 미래에 영주할 권리를 확보하고자 고국으로 돌아가는 대신 영국에 머물도록 자극한 것으로 보인다.

미국의 국경 단속이 역효과를 초래한 과정

자유로운 이주 통로에 도입한 이입 제한이 역효과를 초래하는 이유들을 정리하면 이렇다. 1) 이주 노동자들이 가족 이주나 망명 신청, 불법 이주로 통로를 변경한다. 2) 이주 목적지로 가는 경로를 계속 변경한다. 3) '지금 아니면 기회가 없다'는 이주 급증 현상을 촉발한다. 4) 순환을 방해하고 이주자들이 영구 정착하도록 자극하는 경향이 있다. 이 네 가지 이유로 발생한 역효과들은 종종 상호작용하며 그 힘이 더 커진다.

국경 제한이 의도치 않게 완전 역효과를 초래하는 과정을 연구한 가장 좋은 사례가 멕시코인들의 미국 이주다. 프린스턴대학교에서 멕시코인 이주 연구 프로젝트MMP를 공동 기획한 더글러스 매시가 1982년부터 매년 미국과 멕시코에서 설문 조사를 진행해 2019년까지 29,000개 가구의 이주 경험을 정리한 유일무이한 데이터 세트를 확보했다. 매시 연구팀은 이 데이터 세트에 기초해 국경 단속이 멕시코와 미국 간 이주에 어떤 영향을 주었는지 아주 세밀히 분석했다.[21]

분석 결과에 따르면, 미국의 이주 정책은 완전히 역효과를 초래했다. 유럽이 노동자와 그 가족의 입국과 체류를 막으려다 실패한 것과 놀랄 만큼 흡사했다. 역대 미국 정부는 1986년 이민 개혁 및 통제법을 제정한 이후 국경 단속을 대대적으로 강화하고 외국인 추방에 힘을 실었다. 하지만 유입이 감소하기는커녕 라틴아메리카 출신 이입민이 오히려 증가했고, 멕시코 남성들이 주로 미국 3개 주를 오가며 순환하던 이주 형태가 1,100만 명이 넘는 멕시코 인구가 가족과 함께 미국 50개 주에 정착하는 형태로 바뀌었다.

국경 단속이 멕시코 출신 이주 노동자들의 귀환 의지를 꺾으며 순환 흐름을 차단했고, 뒤이어 이들의 정착 결심이 대대적인 가족 이주를 촉발했다. 그리고 많은 이주 노동자가 추방을 피하고 거주권을 확보하는 선제적 전략으로 귀화를 신청했다. 또한 이입 제한이 임시 이주자들을 비자 기한을 넘겨 체류하도록 자극하며 미등록 이주자 인구의 규모도 커졌다. 그리고 미국의 노동력 수요가 여전히 높고 정치인들은 사업장 단속으로 불법 고용을 줄이려는 의지가 없는 상황에서 시행된 국경 제한 때문에 이주가 지하로 숨어들었다. 그 결과 미국 내 미등록 이주자 인구가 1986년 300만 명에서 2008년 1,200만 명으로 증가했다. 국경 수비대 인력을 5배 늘리고 국경 통제 예산을 20배 증가시켰는데도 말이다. 어쩌면 국경 통제를 강화했기 때문에 이주자 인구가 증가했다고 보아야 할 것이다.

이주 집착으로 이어지는 국경 폐쇄

국경 제한이 이주를 증가시키는 역설을 연구하는 또 한 방법이 이주의 '반대쪽'을 보며 출신국의 관점에서 현상을 연구하는 것이다. 과거 옥스퍼드대학교에 함께 몸담았던 시모나 베졸리Simona Vezzoli는 가이아나와 수리남, 프랑스령 기아나의 이출 역사를 비교 연구해 박사학위를 취득했다.[22] 서로 인접한 이 세 나라는 역사와 사회, 경제, 지리적 위치 등에서 공통점이 아주 많지만, 세 나라의 이출 경험은 놀랄 만큼 차이가 난다.

가이아나와 수리남은 각각 1966년과 1975년에 영국과 네덜란드에서 독립했다. 프랑스령 기아나는 독립하지 못하고 여전히 프랑스 영토다. 다시 말해, 프랑스령 기아나는 남아메리카에 있는 유럽연합 영토다. 가이아나와 수리남의 독립은 시민들이 예전 식민제국이나 서구 각국으로 이출하기가 훨씬 더 어려워졌다는 의미이다. 그 반면 완전한 프랑스 시민인 프랑스령 기아나 사람들은 언제든 프랑스 본토와 유럽연합 내 모든 국가로 이주할 수 있다.

하지만 가이아나와 수리남 사람들은 엄격한 이주 제한을 뚫고 전체 인구의 무려 **절반**이 해외로 이주했다. 가이아나 사람들은 주로 미국으로 이주했고, 수리남 사람들은 거의 모두가 네덜란드로 이주했다. 그에 비해 프랑스령 기아나는 아주 낮은 이출 수준을 유지했다. 전체 인구 중 해외에 살고 있는 사람이 5% 미만으로 추정된다. 가이아나와 수리남의 많은 사람은 자기 나라 국경 안에 갇혔다는 불안감에서 이주에 집착했고, 무슨 수를 쓰든 기어코 국경을 벗어나려 했다. 프랑스 여권을 소지하고 유럽연합 시민인 프랑스령 기아나 사람들은 이동의 자유가 있다. 그래서 이들은 이주에 대해 느긋한 태도를 보인다. 지금도 국경을 벗어날 기회에 집착하다시피 하는 가이아나와 수리남 사람들의 태도와 분명한 차이를 보인다.

수문 개방?

이입 제한의 효과를 연구하는 또 다른 방법은 거꾸로 정부가 국경을 개방할 때 벌어지는 일을 분석하는 것이다. 국경을 개방하면 정치인들의 주장처럼 통제되지 않는 대규모 이입이 발생할까? 국경 개방은 물꼬를 튼다는 속담처럼 수문을 여는 것과 같을까?

1989년부터 2007년까지 유럽연합이 확장하며 이주 장벽을 제거한 것이 국경 제한을 모두 폐지할 때 어떤 일이 벌어지는지 실제로 검증한 인류 역사상 유일하고 가장 큰 실험이다. 나는 옥스퍼드대학교에서 국제이주결정자DEMIG 프로젝트를 진행하며 시모나 베졸리, 마리아 비야레스-발레라María Villares-Valera와 함께 1952년부터 2010년까지 유럽연합 25개국의 이입 및 이출 데이터를 분석했다. 이주 장벽 제거에 따라 유럽연합 내부에서 이동하고 유럽연합으로 들어오고 나가는 이주 흐름이 어떻게 바뀌었는지 확인할 생각이었다.[23]

1989년 베를린 장벽이 무너졌을 때 많은 정치인과 전문가가 동유럽과 서유럽 사이에서 대대적인 이주 물결이 일 것이라고 우려했다. 2004년 5월에는 중유럽과 동유럽의 8국과 지중해 2개국(몰타와 키프로스)이 유럽연합에 가입했다. 뒤이어 루마니아와 불가리아도 2007년 유럽연합에 가입했다. 그러자 서유럽이 동유럽 이주자들로 넘쳐난다는 두려움이 일었다.

과연 어떻게 되었을까? 유럽연합의 전체적인 이주 추세를 정리한 자료가 그래프 19다.

점선을 보면 유럽 내 이주가 1964년과 1969년에 850,000~876,000명 수준으로 최고조에 달한 것을 알 수 있다. 포르투갈과 스페인, 이탈리아, 그리스에서 북유럽으로 이동한 노동 이주가 큰 영향을 미쳤다. 1973년 석유파동 이후 남유럽에서 북유럽으로 이동하던 손님 노동자 이주가 대부분 중단되며 유럽 내 이주는 1983년 290,000명 수준

그래프 19. 1953~2010년 유럽연합 내부에서 이동하고 유럽연합으로 유입된 연간 이주[24]

으로 감소했다.

베를린 장벽이 무너지고 중유럽 및 동유럽에서 공산주의 체제가 몰락해 이주 급증을 '유발했다'고 생각하는 사람이 많다. 하지만 그래프를 보면 동유럽과 서유럽 사이의 이주가 이미 1980년대 중반부터 증가했음을 알 수 있다. 특히 폴란드인들이 서유럽으로 많이 이주했다. 유럽 내 이주는 베를린 장벽이 무너지던 무렵 743,000명으로 최고조에 달했다. 폴란드를 비롯해 발트 3국과 헝가리, 루마니아, 불가리아에서도 많은 사람이 서유럽으로 이주했다. 1993년 이후에는 '베를린 장벽 효과'가 시들해지며 유럽 내 이주 수준이 조금 떨어져 연간 약 500,000명 수준을 유지했다. 2000년부터 유럽연합 내 이주가 다시 증가하기 시작했지만, 유럽연합의 확대 때문에 증가한 것이 아니었다. 유럽연합 확대가 이주 증가에 미친 영향은 아주 미미했다. 동유럽 국가들의 유럽연합 가입이 대대적인 영국행 이주 급증을 촉발했다는 것은 오해다. 사실 영국으로 향하는 폴란드인의 이출은 시급한 노동력 부족에 따라 1998년부터 꾸준히 증가했다. 유럽연합 가입은 폴란드인의 이출 증가 추세에 거의 영향을 미치지 못했다.[25]

더 장기적 패턴을 살펴보면, 유럽연합 회원국들의 소득 차이가 상당히 큼에도 유럽연합 확대와 자유 이동 도입의 효과가 놀랄 만큼 미미했다는 것을 알 수 있다. 2004년과 2007년에 진행된 유럽연합의 확대가 이주에 미친 영향은 흔히 생각하는 것보다 훨씬 더 미미했다. 실제로 장기적 이주 추세에 거의 아무런 영향도 미치지 못했다. 이런 사실에서 우리는 국제이주결정자 프로젝트의 더 일반적 통찰을 확인할 수 있다. 국경을 개방하면 국경이 다시 폐쇄될 것을 두려워하는 사람들이 서둘러 국경을 넘는 이주가 잠시 급증할 수 있지만, '지금 아니면 기회가 없다'는 이주 급증은 대체로 단기간에 끝나고, 이후에는 국경이 계속 개방될 것이라고 확신한 사람들이 이주에 대해 더 느긋한 태도를 취하며 이입 수준이 떨어지고 이입의 성격도 순환적이 된다는 통찰이다.

또 한 가지 확인된 놀라운 추세는 유럽연합 외부 국경 단속을 강화한 시기에 비유럽연합 국가의 이입이 구조적으로 증가했다는 것이다. 유럽연합 내 이주율은 대단히 안정적 수준을 유지했지만, 유럽연합 외부에서 유입되는 이입은 1970년대와 1980년대 50만~100만 명 수준에서 2000년대 200만~250만 명 수준으로 급격히 증가했다. 그리고 2010년대에도 증가 추세가 계속 이어졌다.[26] 그래프를 보면 유입과 귀환(유출)의 간격이 점점 더 커진다. 이입과 이출의 간격이 커지는 것은 이입 제한이 의도치 않게 순환 이주를 방해하는 일관된 경향을 분명히 보여준다. 멕시코-미국 국경에서 벌어진 상황과 흡사하게 비자 도입과 국경 통제 강화가 들어오는 이주자를 막지 못하고 오히려 이주자들의 귀환 의지를 꺾는 것을 알 수 있다.[27]

이주 역설

장거리 택시를 타고 모로코 남단 사막 도로를 이동한 적이 있다. 모로코 현지에서 '그랑 탁시grand taxi'라고 부르는 장거리 택시는 승객이 모두 차야 움직이는 개인택시로 마을과 도시를 연결하는 필수 장거리 교통수단이다. 차량은 대부분 이주 노동자들이 들여온 구형 벤츠와 푸조 자동차다. 장거리 택시를 타고 이동하던 중 택시 기사인 아메드가 내게 직업이 무엇인지 물었다. 이주 연구자라고 대답하자 아메드가 "저도 이주자예요"라며 탄성을 질렀다. 그리고 득달같이 신분증을 꺼내 보였다. 이탈리아 영구 거주권 카드였다. 아메드는 신분증을 보여주며 이렇게 이야기했다. "이 카드를 받고 돌아왔죠!"

아메드는 수년 전 이탈리아에 불법 이주해 농장 노동자로 일한 이야기를 들려주었다. 아메드는 2000년대 농업과 건설 같은 분야의 노동력 수요가 급증할 당시 남유럽으로 이주한 수많은 모로코인 중 하나였다. 불법 체류자인 탓에 아메드는 모로코를 오가지 못하고 수년간 이탈리아에 발이 묶였다. 하지만 이탈리아가 여러 차례 실시한 합법화 정책 덕분에 마침내 합법적 거주권을 얻었다. 영구 거주권 카드는 본인이 원할 때 언제든 이탈리아에 입국할 수 있다는 확실한 보증이었다. 아메드는 아내와 자녀들이 있는 모로코에 안심하고 돌아와 모아놓은 돈을 택시 사업에 투자했다. 아메드는 매년 추수철이면 이탈리아로 가서 예전에 일하던 농장의 일을 거들었다. 그 농장주는 아메드가 영구 거주권을 취득하도록 도와준 고마운 사람이었다. 아메드는 이탈리아 농장에서 몇 달간 일해 번 추가 소득을 생활비와 자녀 교육비, 택시 사업 운영비 등에 보탰다.

아메드의 이야기에서 우리는 연구에서 얻은 기본적 통찰을 확인할 수 있다. 귀환 결정은 미래에 재이주할 수 있다는 전망에 달려 있다는 통찰이다. 진입 장벽이 없으면 사람들이 자유롭게 왕래하고 이주자들은 집에 돌아가고 싶은 마음이 커진다. 국경 폐쇄는 이런 순환을 방해하고 이주자들이 영구 정착하도록 자극한다. 원하는 곳 어디든 가서 체류할 자유가 커질수록 이주에 대한 집착은 줄고 귀환할 가능성은 커진다. 이주 정책의 제한성이 커질수록 체류하려는 이주자는 증가한다.

이주를 규제하려는 정책이 기대한 효과를 거두지 못하는 것은 이주의 현실을 정확히 이해하지 못하기 때문이다. 유입되는 사람의 숫자에만 거의 집착하다시피 일방적으로 주목하기 때문에 정치인들은 이입 규제 정책이 귀환과 전체 순환 패턴에 미치는 영향을 보지 못한다. 실제로 확인된 증거는 유입을 감소시키려는 정치인들의 바람과 순환 및 이주 노동자 귀환을 촉진하려는 바람이 양립할 수 없다는 것을 보여 준다.

기후변화가 대규모 이주로 이어진다

"대대적인 기후 이주가 시작되었다", "기후 위기로 2050년까지 12억 명이 고향을 떠날 것이다", "이주가 곧 우리 시대의 가장 큰 기후 문제가 될 것이다."[1] 전 세계 주요 신문에 등장한 기사 제목들이다. 이런 제목은 기후변화가 대규모 이주로 이어진다는 널리 공유된 믿음을 반영한다. 대대적으로 연합한 언론과 정치인, 기후 운동가, 이주 전문가들은 지구 온난화의 영향이 기후 난민의 대이주로 이어진다고 주장했다.

일부 전문가는 최근 멕시코-미국 국경 및 지중해에 밀려온 이주 물결도 기후변화에 따른 기상 패턴 변화와 연관시켰다. 이들은 지구 온난화가 특히 해수면과 강우 패턴, 기후에 영향을 미친 탓에 허리케인이나 폭우, 열파 등 기상 이변이 빈발하며 갈등이 커지고 유례없는 인구 이동이 발생한다고 주장한다. 종말론은 아니지만 상당히 두려운 주장이다. 당장 우리가 뭔가 조치를 취하지 않으면 앞다투어 필사적으로 몰려오는 이주자 물결이 서구 해안을 집어삼킬 수 있다는 경고이기 때문이다.

이런 경고는 새삼스러운 주장이 아니다. 저명한 생물다양성 전문가 노먼 마이어스Norman Myers가 이미 1995년에 경고한 내용이다. 마이어스는 기후변화로 개발도상국에서 증가한 재난과 고통 때문에 이미 2,500만여 명의 "환경 난민이 대체로 불법적으로 길을 나섰다"라고 주장했다. "수십 년 뒤에 틀림없이 닥쳐올 홍수에 비교하면 오늘의 물줄기가 분명히 낙숫물처럼 보일 것이다"[2]라고 경고한 마이어스는 2050년까지 환경 난민이 2억 명으로 증가한다고 예언했다.

마이어스의 예언 이후 갈수록 더 종말론적 시나리오의 증거를 제시하는 출판물과 다큐멘터리, 정치적 발언이 꾸준히 이어졌다. 2005년 유엔환경계획UNEP은 2010년까지 환경 난민이 5,000만 명 발생한다고 경고했다.[3] 영국의 개발 원조 비정부기구인 크리스천에이드Christian Aid는 2007년 〈인간의 물결: 진정한 이주 위기Human Tide: The Real Migration Crisis〉라는 제목의 보고서를 발표해 2050년까지 실향민이 최대 10억 명 발생할 수 있다고 미래를 예측하며 분위기를 극적으로 고조했다.[4] 2022년 경제평화연구소Institute for Economics and Peace는 환경 변화와 분쟁, 사회 불안 때문에 2050년까지 10억 명 이상이 고향에서 쫓겨날 위험에 처한다고 주장했다.[5]

정치인들도 기후 이주를 경고하는 시류에 편승했다. 유럽연합 집행위원장 장 클로드 융커는 2015년 '기후변화가 새로운 이주 현상의 근본 원인 중 하나'라며, "우리가 시급히 조치를 취하지 않으면 기후 난민이 새로운 문제로 부상할 것이다"라고 경고했다. 2021년에는 바이든 정부도 "기후변화에 따른 실향이… 현재와 미래의 안보를 위협한다"라

고 경고했다.[6]

대대적인 기후 난민 물결이 밀려온다는 공포는 이주와 관련해 거의 모두가 옳다고 믿는 새로운 '진리'가 되었다. 여러모로 기후 이주가 미래의 궁극적인 이주 문제처럼 보인다. 많은 언론이 기후변화에 따른 최초의 피해자로 몰디브와 투발루 등 태평양의 '가라앉는 섬'의 운명에 주목했다. 해수면 상승에 따라 세계 최초로 기후 난민이 발생해 삶의 터전을 옮기는 사람이 증가하고 있다고 보도했다. 전문가들은 기후변화로 발생한 대단히 파괴적인 허리케인이 잇달아 중앙아메리카를 강타하며 미국행 이주를 가속화하고, 긴 가뭄 탓에 점점 더 많은 아프리카인이 보트에 올라타 필사적으로 유럽으로 향한다고 주장했다. 이런 관점에서 생각하면, 탄소 배출을 줄여 기후변화에 대응하는 것이 기후 난민 물결이 서구를 집어삼키지 못하도록 막는 유일한 방법이다.

실상

기후변화는 사실이지만 대이주로 이어지지는 않는다

기후변화는 사실이다. 19세기 말 산업 혁명이 시작된 이후 지구의 평균 온도는 1.1℃ 상승했다. 기후변화에 관한 정부 간 협의체IPCC는 지구 평균 온도가 향후 온실가스가 아주 적게 배출되는 시나리오에서는 1.0~1.8℃, 온실가스가 중간 정도로 배출되는 시나리오에서는 2.1~3.5℃, 온실가스가 극단적으로 많이 배출되는 시나리오에서는 3.3~5.7℃ 추가 상승할 것으로 예상한다.[7]

온실가스가 더 극단적으로 많이 배출되는 시나리오에서는 특히 온대지방과 극지방의 평균 온도가 무려 7℃ 상승한다는 것이 모든 기후변화 모델의 공통된 결론이다. 기후 시스템이 워낙 복잡해 정확히 예측할 수는 없지만, 지구 온난화가 전 세계 기후의 상당히 큰 변화로 이어진다는 것은 대체로 일치된 의견이다. 극지방과 온대지방, 열대지방의 강우량은 증가하고 남아프리카 대부분 지역과 지중해, 라틴아메리카, 오스트레일리아는 더 건조해질 가능성이 크다. 과학자들은 기후변화에 따라 허리케인과 가뭄, 홍수, 열파 등 기상 이변도 증가할 것으로 예측한다.[8]

수온 상승에 따른 '열팽창'에 더해 온대지방의 빙하와 남극 및 그린란드의 만년설이 녹아내리며 해수면 상승 속도가 빨라질 것이다. 해수면은 1901년부터 2018년까지 15~25cm 상승했지만, 해수면 상승 속도는 1901~1971년 연평균 1.3mm에서 2005~2018년(3.2~4.2mm) 연평균 3.7mm로 빨라졌다. 2023년 IPCC는 세계가 탄소 배출량을 신속히 감축하면 21세기 말까지 해수면이 28~55cm 상승하고, 계속해서 아주 많은 탄소를 배출하면 21세기 말까지 해수면이 75~100cm 상승할 것으로 예측했다. 해수면은 지구상 모든 지역에서 균일하게 상승하지 않고, 북극 등 일부 지역에서는 오히려 약간 하강할 수 있지만 다른 지역에서는 훨씬 더 빠르게 상승할 것이다. 홍수 방어 체계를 개선하지 않으면 해수면 상승에 따른 침수를 비롯해 해일과 허리케인 등 기상 이변의 피해가 커질 것이다.[9]

지구 온난화는 인류가 당면한 중대한 문제 중 하나다. 탄소 배출량 감축으로 지구 온난화 문제를 효과적으로 해결하려는 의지가 부족한 정부와 국제 사회에 대해 많은 대중의 우려와 전 세계의 항의가 빗발치고 있다. 하지만 지구 온난화 문제를 대이주의 공포와 연결하는 것은 사실보다는 오해에 기초한 위험하고 잘못된 행동이다. 대규모 기후이주 예측은 환경 변화와 인간 이주의 본질과 원인에 관한 과학적 지식을 무시한 것이며, 환경 변화와 인간 이주의 복잡하고 간접적인 쌍방 관계를 무시한 것이다. 이와 더불어 가뭄과 홍수, 허리케인, 산불 같은 환경 스트레스가 대대적인 국제 이주를 유발할 가능성이 적다는 경험적 증거도 무시한 것이다.

대규모 기후 이주를 예측한 모델을 자세히 살펴보면 유사과학적 특징이 드러난다. 종말론적 기후 이주를 예측하는 대표적인 접근법은 취락 분포 지도 위에 (해수면 상승이나 가뭄, 사막화 등) 기후변화에 따른 사건을 표시하고 미래의 인류 이동을 예측하는 것이다. 예를 들어, 기후변화 모델이 해수면 50cm 상승을 예측하면, 그 영향을 받는 모든 해안 지역을 지도에 표시하고 해당 지역에 거주하는 인구수를 산출한다. 그런 다음 그 인구가 모두 이동하는 것으로 추정한다. 가뭄의 영향도 똑같은 추론 과정을 거친다. 이 기후변화 모델은 강우량이 x만큼 감소하면 농촌 지역에서 빠져나오는 이주가 y만큼 증가할 것으로 추정한다.[10]

환경지리학을 경험한 나는 진지한 연구 기관들이 이처럼 '결정론적' 추론을 순진하게 믿는 모습을 볼 때마다 어리둥절하게 된다. 이런 추론은 환경과 이주를 일대일 관계로 추정하고, '환경 압력'이 자동으로 이주를 유발한다고 추정한다. 그런데 지리학자들이 오랫동안 관찰한 바에 따르면, 역사적으로 인류는 결핍과 환경 위협에 대응해 엄청난 탄력성을 보여주었다.

역설적인 것은 인류가 역사적으로 하곡과 해안 지역 등 환경이 대단히 위험한 장소에서 빠져나오기보다 오히려 그런 장소를 향해 이주할 때가 더 많았다는 사실이다. 이런 지역이 가장 비옥하고 번창한 지역인 경우가 많기 때문이다. 기후 난민 예측자들의 추정과 정반대다. 사실 지난 세기 많은 사람이 자발적으로 농촌 지역을 떠나 환경이 훨씬 더 취약한 지역으로 이주했다. 해안이나 범람지에 자리한 도시 지역, 파키스탄의 인더스 삼각주와 방글라데시와 인도의 갠지스-브라마푸트라 삼각주, 베트남의 메콩 삼각주, 이집트의 나일 계곡과 삼각주, 나이저 삼각주 등 비옥한 삼각주 지대에 자리한 도시 지역들이다. 이들이 이처럼 환경이 더 취약한 지역으로 이주한 이유는 인구밀도도 높고 (특히 홍수를 비롯해) 환경도 더 위험하지만 거기서 생활을 개선할 기회를 잡을 수 있다고 기대했기 때문이다. 이런 사실이 기후 및 환경을 이주와 직접적이고 단순하게 연결하는 것이 위험하다는 것을 분명히 보여준다.

홍수가 나는 땅이 좋은 땅이다

과학적 증거는 기후변화가 대이주로 이어진다는 생각과 배치된다. 나는 2010년과 2011년에 이주와 지구 환경 변화의 관계를 조사하는 영국 과학청 연구팀에 참가한 적이 있다.[11] 30개국 이상의 전문가와 기후 연구자, 이주 연구자 350명이 협력해 해당 사안을 그때껏 가장 광범위하게 과학적으로 연구했다. 연구팀은 전 세계 증거를 검토한 뒤 환경 요인은 이주에 영향을 미치는 수많은 요인 중 하나에 불과하며 환경 변화에 따른 이주는 대부분 국지적이고 단기적이라고 결론지었다.

이주는 수많은 요인의 영향을 받기 때문에 기후변화나 기타 환경 요인 등 단 하나의 변화가 이주를 유발하는 경우가 드물다. 환경이 이주에 영향을 미치는 수많은 요인 중 하나이긴 하지만, 그 영향은 직접적이지 않고 간접적이다. 그래서 이주를 기후변화 등 환경 요인의 직접적 결과로 보기 어렵다. 실제로 이주는 기후나 환경과 상관없이 진행될 가능성이 크다. 이주에 주로 영향을 미치는 것은 (목적국의) 노동력 수요나 (출신국의) 경제 개발, 폭력 등 강력한 경제적·정치적·사회적 과정이기 때문이다. 예를 들어, 방글라데시 내 이주가 해수면 상승에서 비롯된 대규모 실향의 '분명한 사례'라고 흔히 생각하지만, 이런 생각은 문제가 있다. 이촌향도는 대대적으로 도시화와 근대화, 산업화를 추진하는 과정에서 자연스럽게 발생한 경우가 많기 때문이다. 다시 말해, 이주는 기후나 환경 변화와 무관하게 진행될 가능성이 크다.[12]

홍수에 가장 취약한 땅이 가장 비옥한 지대일 때가 많다. 역사를 통틀어 인류가 주기적으로 범람해 위험하고 모기가 들끓고 말라리아 등 수인성 질병이 자주 발생해 살기도 불편한 저지대에 정착한 이유도 그 지역이 비옥하기 때문이었다. 모잠비크 남부의 림포포 계곡은 농사짓기 좋은 비옥한 땅이다. 하지만 주기적으로 범람하고, 가끔은 농부들이 농지와 집을 몽땅 잃을 만큼 재앙에 가까운 홍수가 나기도 한다. 그렇지만 림포포 계곡을 영원히 떠나는 사람은 거의 없다. 물이 풍부하고 비옥한 땅이기 때문이다. 어쩔 수 없이 떠난 사람도 최대한 서둘러 돌아온다. 모잠비크 현지 농부들이 하는 말처럼 "홍수가 나는 땅이 좋은 땅이다."[13]

사람들이 하곡과 삼각주 지역을 한사코 떠나지 않는 이유는 땅이 비옥하기 때문이다. 역사를 통해 주기적으로 또 간헐적으로 발생하는 홍수에 대응하는 법을 터득해 제방과 둑을 쌓거나 기둥 위에 집을 짓거나 수상 가옥을 짓고 살아간다. 땅이 기름지고 물이 풍부한 곡저 평야와 삼각주 지역은 늘 인구밀도가 높았고, 실제로 초기 국가와 문명이 이런 지역에서 태동했다. 주기적 홍수는 재앙이지만 동시에 축복이다. 강물에 휩쓸려 내려온 퇴적물이 땅을 비옥하게 만들기 때문이다. 주기적 홍수가 없으면 땅이 지력을 잃고, 건조한 기후에서는 소금이 쌓여 땅이 불모지로 변한다.

해수면이 상승하면 육지도 상승한다

극적이고 대대적인 기후 이주를 예측하는 바탕은 해수면이 상승하면 사람들이 해안 지대에서 쫓겨난다는 추정이다. 하지만 저지대가 물에 잠긴다고 단순히 추정할 수 없다. 해수면 상승과 침식으로 땅이 손실되는 효과를 퇴적 작용이 상쇄하며 땅을 높이기 때문이다. 퇴적물은 강한 물살과 빙하, 바람에 쓸려 침식된 암석 조각과 흙, 조개껍데기와 산호 등 죽은 동식물의 유기물을 포함하고 있다. 강물이 바다에 가까워질수록 잔잔히 흐르며 퇴적물이 하천 바닥과 범람원, 해저에 쌓여 해안가 땅이 높아지고 바다에 새로운 땅이 형성된다. 조류와 파도도 침식 작용으로 퇴적물을 쌓아올린다.

위성 사진을 살펴보면, 지난 수십 년간 해수면이 상승했음에도 전 세계 삼각주 지역과 맹그로브 습지, 해안 습지가 실제로 줄어들기는커녕 더 넓어진 것으로 확인된다. 퇴적물이 쌓이며 땅이 상승했기 때문이다. 앞으로도 퇴적 작용이 점점 더 빨라지는 해수면 상승 속도를 따라간다고 확신할 수는 없다. 하지만 위성 사진으로 확인된 증거를 보면 '육지가 물에 잠길 것이다'는 이야기가 얼마나 단순하고 순진한지 알 수 있다. 그리고 강물과 조류가 퇴적물을 공급하며 자연적으로 발

생하거나 인간이 인위적으로 발생시킨 변화를 이해하는 것이 중요하다는 사실도 알 수 있다.[14]

침식과 퇴적이 끊임없이 상호작용하기 때문에 삼각주 지역은 다양한 패턴으로 토지가 형성되고 침식되며 계속 모양이 변한다. 강한 해류가 어떤 곳에서는 침식과 육지 유실을 일으키지만 다른 곳에 퇴적물을 쌓아 육지를 생성한다. 있던 섬이 사라지고 다른 곳에 섬이 생기는 것이다. 국토 대부분이 세계에서 가장 큰 삼각주(갠지스-브라마푸트라 삼각주)에 자리한 방글라데시의 위성 사진을 살펴보면, 1985년부터 2015년까지 (퇴적 작용으로) 해안 지대에 육지가 생성된 속도가 침식 속도보다 조금 더 빠른 것을 알 수 있다. 해수면이 상승했지만 방글라데시의 육지는 줄지 않고 오히려 더 늘었다. 1985년부터 2015년까지 방글라데시의 육지 면적이 매년 7.9제곱킬로미터씩 총 237제곱킬로미터 확대된 것으로 추산된다.[15]

물론 해안 지대의 육지 침식으로 일부 사람들은 새로 육지가 형성된 곳이나 인근 마을, 도시로 이주할 수밖에 없다. 하지만 이런 이주는 대대적인 기후 실향과 무관한 근거리 이동이다. 해안 침식으로 이주할 수밖에 없었던 방글라데시 농부들도 대체로 아주 짧은 거리를 이동했다. 강 하구의 삼각주 지대는 풍경이 아주 역동적으로 변하는 곳으로 어떤 곳에서는 서서히 육지가 사라져도 다른 곳에서는 육지가 생성된다. 그리고 사람들은 자기 뿌리가 있는 곳에 다시 정착하려고 노력한다.[16]

흔히 태평양의 수많은 섬이 바닷속으로 '가라앉고' 있다고 생각하지만, 증거는 이런 고정관념과도 배치된다. 죽은 산호, 잘게 부서진 조개껍데기, 말라붙은 미생물 등 섬 주변 산호초에서 생성된 물질이 쌓이며 해수면 상승과 침식 효과를 상쇄하기 때문이다. 태평양과 인도양의 환초 30곳에서 총 709개 섬의 육지 생성과 육지 손실을 조사한 연구에 따르면, 89%의 섬에서 육지 면적이 변하지 않거나 넓어지고 고작 11% 섬에서만 육지 면적이 줄어든 것으로 확인된다.[17] 투발루는 언론이 장차 해수면 상승으로 사라질 최초의 국가 중 하나로 지목하는 태평양의 작은 섬나라다. 그런데 최근 연구에 따르면, 1971년부터 2014년까지 투발루의 환초 9곳 중 8곳과 101개 암초 중 거의 4분의 3의 면적이 넓어졌다. 투발루의 해수면은 전 세계 평균치보다 2배 높게 상승했지만, 투발루의 총육지 면적은 오히려 3% 증가했다.[18]

이처럼 전 세계 수많은 해안 지대와 섬나라에서 지금까지는 퇴적 작용이 해수면 상승 효과를 상쇄하거나 능가했다. 기후변화에 따른 해수면 상승이 이미 강력한 동인으로 작용해 현재 방글라데시 같은 삼각주 지대와 태평양 섬의 이주를 자극하고 있다는 추정과 대중 매체의 이야기는 근거가 희박한 것이다. 장차 해수면 상승 속도가 퇴적 작용에 따른 육지 생성 속도를 앞지를 가능성이 없다는 말이 아니다. 해수면 상승으로 육지가 물에 잠긴다고 단순히 추정할 수 없다는 의미다. 최근 그리고 현재 진행 중인 이주를 기후변화에 따른 해수면 상승과 연결하는 것은 터무니없다는 의미다.

환경 위험은 가난한 사람들이 이동하지 못하도록 발을 묶을 수 있다

기후변화가 대이주로 이어진다는 흔한 주장이 회의적일 수밖에 없는 중요한 이유가 다섯 가지 있다. 첫째, 아무리 심각해도 기후변화 현상은 느린 속도로 진행된다. 해수면 상승이나 가뭄 등 기후변화에 따른 환경 스트레스에 적응할 시간이 있다는 의미다. 둘째, (제방, 둑, 수로, 간척 등) 홍수 방어 체계를 구축하거나 관개 시설과 가뭄에 강한 작물을 도입하는 등 여러 가지 적응 전략을 이용해 환경 스트레스에 대응할 수 있다. 셋째, 홍수 등 환경재앙이 발생해도 대다수 사람은 가까운 이웃 마을이나 도시로 근거리 이주한다. 넷째, 실향은 대체로 일시적이다. 대부분 사람은 최대한 빨리 고향으로 돌아가길 원한다. 다섯째, 가난한 나라에 사는 사람은 대부분 원거리를 이주할 경제적 여유가 없다.

환경 스트레스가 으레 사람들을 밖으로 '밀어낸다'고 추정할 수 없다. 수많은 연구에 따르면, 인간은 대체로 자연재해의 피해를 보아도 고향에 머물길 바라며 고향을 떠나지 않으려 최선을 다한다. 자연재해로 농사를 망칠 경우, 여유 자산이 있는 농부는 가족 중 일부를 마을이나 도시로 이주시키는 방법을 이용해 추가 소득을 확보할 수 있다. 하지만 이 경우에도 국제 이주나 영구 이주가 아니라 국내 이주, 임시 이주일 때가 많다. 사람들이 대체로 고향과 가까이 살길 원하고, 원거리 이주는 돈이 많이 들기 때문이다.[19]

기후변화가 대이주로 이어진다는 생각의 토대는 흔히 이주를 빈곤과 폭력, 다양한 인간 고통의 일차함수로 순진하게 가정하는 '푸시풀' 사고 모델이다. 하지만 앞서 이야기했듯, 이주는 상당한 재원이 필요하다. 특히 농촌 지역에서 도시나 해외로 이주하려면 큰돈이 필요하다. 환경 스트레스 때문이건 다른 요인 때문이건 지극히 가난한 취약층은 원거리를 여행하고 이주할 여유가 없다. 그래서 현재 있는 곳에 발이 묶여 빠져나가지 못하는 사람이 많다.

2005년 허리케인 카트리나가 강타했을 때 뉴올리언스시 대부분이 물에 잠겼다. 허리케인으로 멕시코 연안 지역에 살던 100만 명 이상이

집을 잃고 1,000명 이상이 목숨을 잃었다. 피해자 중 대다수가 홍수에 아주 취약한 저지대 마을에 살던 아프리카계 미국인이었다. 이들은 차도 없고 사회적 연줄도 없어서 부유층처럼 허리케인을 피해 뉴올리언스시 밖으로 도망쳐 친구나 가족의 집에서 임시 거주할 수 없었다.[20]

똑같은 논리에서 가뭄 때문에 피폐해진 농부는 실제로 이주에 필요한 재원이 없어 지극히 취약한 상황을 벗어나지 못한다. (기후변화 때문이건 아니건) 환경 스트레스와 이주의 관계를 자세히 살펴보면 명확한 인과 관계가 확인되지 않는다.[21] 말리의 농촌 지역이 극심한 가뭄에 시달릴 때 생활비를 보충하려고 인근 도시로 이동하는 근거리 이주와 임시 이주는 증가했지만, 원거리 이주와 국제 이주는 증가하지 않았다.[22] 말라위에 가뭄과 홍수가 닥쳤을 때는 농촌 지역을 떠나 도시로 이주하는 일이 감소했다.[23] 마찬가지로 부르키나파소가 가뭄 피해를 보았을 때도 코트디부아르로 이동하는 국제 이주가 **감소했다**.[24]

내가 모로코 현장에서 이주를 연구할 때도 남부 아틀라스산맥의 지극히 가난하고 생태학적으로 열악한 오아시스 오지의 주민 중 유럽으로 이주한 사람은 소수에 불과했다. 무엇보다 해외 이주에 필요한 돈과 졸업장, 연줄이 없었기 때문이다. 대부분은 카사블랑카나 마라케시, 탕헤르 등 모로코 내 가까운 마을이나 도시로 이주했다. 그 반면 물이 풍부하고 비교적 부유하고 연줄이 많은 농촌 지역에서는 유럽으로 이주한 사람이 아주 많았다.[25]

환경적 요인 때문이건 다른 요인 때문이건 결핍과 빈곤은 실제로 사람들의 이주를 **막을** 수 있다. 원거리 이주는 두말할 필요도 없다. 따라서 국제 이주 추세를 대대적으로 조사한 경험적 연구와 현장 연구에서 강우량이나 기온, 자연재해 같은 기후 요인이 장기적인 국제 이주 추세에 미치는 분명한 영향이 확인되지 않고 실제로 원거리 이출이 증가하기는커녕 감소한 것으로 확인되는 것도 당연한 일이다.[26] 확인된 증거는 기후변화가 으레 사람들을 이주하도록 '밀어낸다'는 사고 모델이나 단순한 추정과 배치된다. 실제로는 상황에 따라 환경 스트레스가 이주 증가로 이어지기도 하고 이주 감소로 이어지기도 한다.

사막이 늘어난다는 오해

아프리카 국가를 중심으로 '사막화'가 이주를 유발하는 주요 요인으로 작용한다고 생각하는 사람이 많다. 사막이 급격히 증가하고 그에 따라 더 자주 발생하는 가뭄이 농촌 지역에서 사람들을 '밀어내는' 이주의 주요 요인이라고 생각하는 것이다. 이런 생각도 증거 앞에서는 무너진다. 무엇보다 사막이 늘어난다는 확정적 증거가 없다. 예를 들어, 사하라사막 남부의 반건조기후 지역인 사헬 지대를 촬영한 위성 사진을 분석하면, 실제로 최근 수십 년간 나무에 덮이는 면적이 늘며 '녹화'가 진행된 것이 확인된다.[27]

'사막이 늘어난다'는 고정관념이 널리 퍼져 있지만, 사헬 지대 사례는 이런 고정관념과 달리 '사막화'가 나무와 관목을 벌채하거나 토지와 물을 관리하는 관행에 따른 토양 침식이나 물 고갈 등 대체로 인간의 개입으로 땅이 황폐해지는 국지적 현상이라는 수많은 연구 결과나 지리학자들의 공통된 의견과 일치한다. 사막화는 언론이 즐겨 쓰고 오해의 소지가 다분한 '늘어나는 사막' 이미지로 압축되지만, 지리학자들은 사막이 늘어난다는 이미지가 '오해'라고 의심한다. 실제로 건조지대에서 환경이 파괴되는 경우는 거의 모두가 인위적인 사건이지 기

후에 따라 발생한 사건이 아니라고 주장한다.[28]

내가 북아프리카 오아시스에서 토지 및 물 관리 실태를 연구한 결과, 전통적인 오아시스 농업이 사라질 위기에 처한 이유는 주민들의 이주도 일부 영향을 미치긴 했지만 거의 전적으로 사회적·경제적·정치적 변화 때문이었다. 모로코에서는 이런 변화가 농부의 자녀들이 일과 학업을 위해 도시로 떠나고 과거 대부분 농업에 종사한 농노와 소작인이 해방되고 농업의 경제적 중요성이 급격히 감소하는 등의 형태로 나타났다. 현재 거의 모든 가정이 농사 외의 일에서 큰 소득을 올리고 있다. 전반적으로 농업의 매력이 떨어지며 농사를 지을 수 있거나 농업에 종사하려는 사람이 감소했다.

이런 사회적·문화적 변화 때문에 마을이 공동으로 토지와 물을 관리하던 전통도 힘을 잃었다. 게다가 노동력까지 점점 더 부족해지며 집단적인 관리가 중단되고, 관개 시설 관리도 소홀해지고, 땅을 갈거나 대추야자 나무를 올라가 수분시키고 가꾸거나 토지 침식을 예방하고 수로에 모래가 쌓이는 것을 막으려는 노력도 줄어들었다. 기계를 동원해 도시와 현대적 농업에 쓸 물을 대량으로 양수하는 탓에 곳곳에서 전통적 농업이 위기를 맞았다. 지하수 수위가 내려가며 우물과 개천 등 자연적 수원지가 바짝 마르기 때문이다. 이런 모든 요인 때문에 특히 영구히 이용할 수원지가 없는 작고 열악한 오아시스에서는 주민들이 관개 시설에 대한 집단적 관리를 중단하고 대부분 방치하거나, 땅을 포기하기도 했다.[29]

모로코 사례는 환경과 이주 관계의 복잡성을 분명히 보여주지만, 동시에 첫인상이 기만적일 수 있으며 실질적 인과 관계는 겉으로 보이는 것과 정반대일 수 있다는 것을 보여준다. 대중 매체에 자주 등장하는 버려진 경작지와 갈라진 땅, 말라 죽은 야자수의 모습은 '오아시스가 죽어 간다'는 이미지를 강력히 전달하고, 언론과 외지인들은 오아시스가 죽어 가기 때문에 사람들이 떠난다고 믿기 쉽다. 하지만 오아시스는 인과 관계가 정반대다. 사막이 사람들을 밀어내는 것이 아니라 사람들이 농사를 포기해서 사막이 되는 것이다. 사막화의 원인은 인간과 정치다. 기후변화에 따른 가뭄이 이주를 유발하는 것처럼 보이지만 사실 인간이 농업 위기와 생태계 위기를 초래한다.

가라앉는 육지 혹은 상승하는 바다?

기후 난민 이야기는 일부 농경지나 자카르타, 마닐라, 방콕, 다카, 뉴올리언스, 베네치아 등 해안 도시에 홍수 위험이 증가한 주요 원인이 상승하는 바다가 아니라 가라앉는 육지라는 증거도 무시한다. 자연지리학자들이 말하는 '지반 침하' 과정에 따라 육지가 가라앉는 현상은 주로 관개와 산업, 도시에 이용할 목적으로 지하수를 과도하게 양수하기 때문이다. 축축한 토양이 메마르면 흙이 더 압축되어 땅이 가라앉는다. 특히 이탄토처럼 유기물 함량이 높은 토양은 물이 빠져 산소와 접촉하면 유기물질이 분해되기 때문에 더 취약하다. 일부 암석도 물이 빠지면 압축된다. 갈수록 덩치를 키우는 빌딩의 무게도 토양 압축을 가속화한다. 습지의 물을 빼내면 말라리아 같은 수인성 질병의 확산을 막는 데 도움이 되고 도시의 삶이 더 쾌적해진다. 너무 축축하고 질퍽질퍽한 토양도 물을 빼내면 농지로 활용할 수 있다. 하지만 배수는 지반 침하를 가속화하고, 지반이 가라앉으면 홍수 위험이 커지고, 홍수 위험이 커지면 다시 배수할 필요성이 증가하며 악순환에 빠

지기 쉽다.[30]

가령, 인도네시아의 수도 자카르타는 홍수 발생 빈도가 증가하며 어려움을 겪었다. 결국 인도네시아 정부는 2024년 이전을 목표로 새로운 수도 누산타라를 건설 중이다. 인도네시아의 언론과 정치인들은 홍수 위험이 증가하는 원인으로 해수면 상승을 지목했지만, 사실 주범은 지반 침하다. 자카르타의 일부 해안 지대는 연평균 150밀리미터씩 지반이 가라앉았다. 그 반면 현재 해수면은 연평균 3밀리미터씩 상승하고 있다.[31] 현재 전 세계 다른 대도시들도 지반 침하로 가라앉고 있다. 방콕은 매년 20~30밀리미터씩, 마닐라는 매년 45밀리미터씩, 호찌민은 해마다 무려 80밀리미터씩 가라앉는다.[32]

자카르타의 사례에서도 기후변화가 유발한 것처럼 **보이는** 자연재해가 사실은 거의 완전히 인간이 유발한 재해다. 같은 맥락에서 태평양과 전 세계 많은 곳에서 해안 침식을 유발하는 가장 직접적 원인은 주택, 호텔, 공장, 도로의 건설과 맹그로브 숲의 개간이다. 흔히 말하는 '가라앉는 섬' 이야기에 또다시 의문을 제기할 수밖에 없다. 더 일반적으로 말해서, 특히 가난하고 취약한 사람들에게 큰 피해를 주는 대부분 환경 위험의 원인은 인간과 정치이며, 이것이 기후 난민 이야기가 숨기는 사실이다.

기후 탓

지금까지 설명한 내용을 종합하면, 기후변화가 대대적인 국제 이주로 이어질 가능성은 낮다. 여러 사람이 예측한 대로 대이주로 이어질 가능성은 더욱 낮다. 기후변화가 대이주를 유발한다고 주장한 단체도 이미 망신을 샀다. 2010년까지 5,000만 명의 환경 난민이 발생한다는 2005년 예측이 빗나가자 (실제로 해안가 도시 지역처럼 유엔환경계획UNEP 이 환경 위험지로 분류한 지역에서 오히려 인구가 증가했다) UNEP는 이전의 주장과 거리를 두며 웹사이트에 등록된 다분히 종말론적인 기후 난민 지도를 삭제했다.[33]

하지만 이런 일을 겪은 뒤에도 저명한 국제기구들은 유사과학에 근 거한 기후 이주 예측을 멈추지 않았다. 2021년 세계은행은 〈큰 파도 Grondswell〉라는 제목의 보고서를 발표해 국제 사회의 관심을 모았다. 기후변화로 2050년까지 2억 1,600만 명이 자국 내에서 이주할 수밖 에 없다고 추정한 보고서였다.[34] 하지만 세계은행은 어떤 실제 매개 변 수로 예측한 수치인지 자세한 자료를 공개하지 않으며 연구에 이용된 모델을 '블랙박스(기능은 알지만 작동 원리를 이해할 수 없는 복잡한 장치-옮 긴이)'로 만들었다. 과학적 투명성이라는 기준에 어긋나는 조치이지만, 내가 직접 보고서 내용을 꼼꼼히 살펴보며 추론한 결과에 따르면, 세 계은행이 이용한 큰 파도 모델의 기초는 가용 수자원과 작물 생산성이 x만큼 감소하면 y만큼의 실향민이 발생한다는 아주 단순한 추정이다.

세계은행이 발표한 예측은 추정과 방법론에 문제가 있고 경험적 증 거와 분명히 배치되는 주장이었다. 그런데 이런 의문이 들었다. 국제기 구와 연구자, 기후 운동가, 각종 압력 단체들이 이런 오해를 계속 전파 하는 이유가 무엇일까? 가장 큰 이유는 좌익과 우익이 모두 기후 대이 주에 관한 종말론적 시나리오를 강력한 정치적 의제로 이용하기 때문 인 듯하다. 좌익 진영은 기후변화 문제에 여론을 집중시키고 기후변화 문제를 시급히 해결해야 한다고 주장하고자 날조된 기후 대이주 위협 을 이용한다. 우익 진영은 날조된 기후 대이주 위협을 이용해 미래의 대이주 공포를 조장하고 상상의 이주자 쇄도를 막으려는 국경 통제 강화가 필요하다고 주장한다. 연구자와 국제기구, 정부도 언론의 관심과 기금을 모으려고 기후 이주 이야기를 이용한다.

정치인과 언론, 전문가들은 가뭄과 홍수 등 수많은 환경 위험이 인재라는 사실을 감추고 기후변화가 원인이건 아니건 환경 위험에 가장 취약한 사람들을 보호하지 못한 정부의 책임을 숨기려고 기후변화와 이주를 너무 단순하게 연결한다. 자연재해로 사람들이 삶의 터전에서 쫓겨나거나 목숨을 잃는 것은 재해의 직접적 결과만 보여주는 것이 아니다. 환경 스트레스에 대응해 홍수를 예방하거나 적기에 주민을 대피시키거나 건축 법규를 정비하는 등의 조치를 취해 사람들을 보호하지 못한 정부의 무능력도 반영한다. 허리케인이 강타했을 때 미국처럼 아주 부유한 나라보다 아이티처럼 훨씬 더 가난한 나라에서 더 많은 사람이 다치고 죽는 이유는 빈곤과 열악한 주거 시설, 형편없는 공공 서비스 때문이다. 그리고 허리케인 카트리나 사례에서 확인되듯, 부유한 나라에서도 재해가 닥치면 가난한 사람들이 집을 잃거나 다치고 죽을 확률이 훨씬 더 높다.

정치인들은 환경 위험에서 사람들을 보호하지 못한 무능력이나 나태함을 숨기려고 당연히 '기후' 등 '통제할 수 없는' 외부의 환경적 요인에 책임을 돌린다. 아프리카와 중동의 정치인들은 낮은 농업 생산성부터 경기 침체, 이촌향도까지 농촌 지역에서 발생하는 온갖 문제를 해결하지 못하는 핑계를 대며 흔히 '가뭄'과 '기후변화'를 거론한다. 하지만 이런 문제는 기후 요인과 직접적 관계가 거의 없다. 중앙아메리카 각국에서 미국으로 향하는 이주가 증가한 주요 원인으로 기후변화를 지목하는 것도 잘못된 것이다. 사람들을 이주하게 만든 경제적 요인과 정치적 요인을 가리기 때문이다.

사람들을 쫓아내는 것은 기후가 아니라 정부다

정부가 사람들을 삶의 터전에서 쫓아내는 핑계로도 기후변화를 거론할 수 있다. 가령, 태평양 섬나라 몰디브의 정부는 현재 200개가 넘는 섬에 흩어져 사는 인구를 이주시켜 10~15개 섬에 '재정착시키겠다'는 주장을 오래전부터 되풀이하며 논란을 빚어왔다. 몰디브 정부가 200개가 넘는 섬에서 원주민을 쫓아내려는 진짜 이유는 경제 때문이다. 지리적으로 넓게 흩어진 국민에게 서비스와 자원을 공급하는 비용이 너무 많이 들기 때문이다. 최근 이 주장이 환경적 측면에서 다시 여론의 관심을 받고 있다. 몰디브 정부가 섬에서 원주민들을 '철수'시키려는 핑계로 해수면 상승을 거론하고 있기 때문이다.[35] 하지만 이번에도 진짜 의도는 따로 있다. 대대적인 관광 개발 계획을 추진하며 사우디아라비아 왕족에게 섬과 암초, 초호를 몽땅 팔아치우는 것이 몰디브 정부가 숨긴 진짜 의도다. 해수면 상승을 핑곗거리 삼아 개발업자가 호화로운 휴양지를 편하게 건설하도록 섬에서 주민들을 철수시킬 의도다.[36]

사람들을 쫓아내는 것은 기후가 아니라 정부다. 기후변화 이야기는 대부분 실향의 정치적 원인을 숨기려 한다. 분쟁이나 박해 외에도 댐, 광산, 공항, 산업지역, 중산층 주거 단지, 관광 산업 등 각종 개발 사업도 실향을 유발하는 주요 요인이다. 이처럼 개발에 따른 실향이 가장 규모가 큰 강제 이주다. 매년 1,000만~1,500만 명이 개발 때문에 삶의 터전을 잃는 것으로 추산되며,[37] 그 피해자는 대부분 빈민가 주민과 도시 빈민, 원주민, 소수민족 같은 집단이다. 이들은 대체로 가장 취약한 사람들이어서 자신을 변호할 수도 없고 삶의 터전을 뺏긴 보상도 받지 못할 때가 많다.

기후변화 완화도 실향을 유발할 수 있다. 중국은 기후변화 완화와 적응 전략에 따라 수력발전과 관개사업, 남수북조 사업(남부의 풍부한 수자원을 북부로 보내는 사업—옮긴이)을 추진한다. 하지만 이 때문에 수몰지의 많은 사람이 삶의 터전을 빼앗긴다. 아이러니하지만, 야생 생물 보호 등 각종 환경 보호 사업도 실향을 유발한다. 양치기('목축인')들은 반대로 강제 정착을 당한다. 환경 보호 사업 때문에 매년 수십만 명이 땅과 재산을 잃는 것으로 추정된다.

날조된 이주 위협

기후변화는 사실이다. 예상대로 지구 온난화 속도가 빨라지면 생산성과 생계, 지구 생태계 전체의 안정성에 심각한 영향을 미치고, 위험한 급변점에 이를 것이다. 되돌릴 수 없는 피해를 막으려면 시급한 조치가 필요하다. 하지만 기후변화 대이주를 경고하는 종말론적 예측은 실증적 근거가 없다. 환경 변화와 이주의 관계를 너무 단순하게 생각하는 추정에 근거한다. 기후변화 이야기는 환경 위험이 대부분 인간이 유발한 위험이며 환경적 요인에 따른 이주의 주요 원인은 기후변화가 아니라 정부라는 사실을 숨긴다.

탄소 배출량 감축을 주장하려고 기후변화 대이주 공포를 조장하는 것은 '선한 의도에서 비롯한 잘못된 행동'이다. 기후변화에 시급히 대응해야 한다는 주장을 펴려고 근거도 없는 종말론적 이주 예측을 동원하는 것은 지식인의 양심에 어긋날 뿐 아니라, 기후변화 대응을 주장하는 단체의 신뢰성을 비롯해 기후변화에 대응하자는 주장의 신뢰성까지 심각하게 위협하는 것이다.

가장 중요한 것은 폭력과 탄압, 빈곤 같은 인간 고통이나 경제적 압박과 마찬가지로 기후변화의 부작용이 가장 취약한 사람들에게 가장 큰 영향을 미친다는 사실이다. 벗어날 방법이 없는 이들은 삶이 위협받는 상황에 꼼짝없이 사로잡힐 가능성이 크다. 기후변화의 환경적 영향을 진심으로 고민하려면 전혀 이동할 능력이 없는 사람들을 주목해야 한다.

우리가 나아갈 길

이 책의 목표는 이주를 전체론적으로 조망하는 것이다. 전체론적 관점은 이주를 해결해야 할 문제나 다른 문제들을 풀 해결책이 아니라 우리 사회에 영향을 미치는 광범위한 사회적·문화적·경제적 변화 과정에 **내재**하는 일부로 보는 것이다. 이 책에 제시된 증거에 따르면, 이주 논의를 단순하고 양극화된 찬반 프레임에 가둬 이주를 어떻게 다룰지에 집중하기보다는 이주의 실체, 즉 이주의 실제 추세와 패턴, 원인, 영향에 집중할 필요가 있다. 이주의 불가피성과 이주가 경제 발전과 사회 변혁에 미치는 중요한 역할을 이해하면 인간의 이동성을 완전히 새롭게 이해하게 된다. 패러다임을 새롭게 전환하면 이주의 본질, 원인과 관련해 그동안 우리가 들었던 거의 모든 내용이 거짓이었음을 알게 된다. 로널드 스켈던이 말한 대로 "이주는 개발이다." 이주는 어떤 사람에게는 남보다 더 큰 혜택을 주고 또 어떤 사람에게는 불리하게 작용할 수 있지만 우리 머릿속에서 생각을 지우거나 사라지길 바랄 수 없는 것이다. 이주를 개발로 보는 과학적이고 무엇보다 미묘한 관점을 지니면 향후 사회적·경제적 변화에 따라 이주가 어떻게 진화할지 이해하고 어느 정도는 예측도 할 수 있다.

정치인과 언론, 인도적 단체들은 흔히 이주가 역대 최고치를 경신했다거나 장차 이주자와 기후 난민의 물결이 밀어닥친다거나 자신들의 정책이 성공할 것이라고 주장한다. 이 책에 담긴 정보가 앞으로 여러분이 이런 근거 없는 주장을 걸러 듣고 이주 관련 뉴스를 더 비판적으로 분석하는 데 도움이 되길 희망한다. 이런 근거 없는 주장에 깔린 추정이 무엇인지 그런 주장을 펴는 이들이 노리는 이익이 무엇인지 여러분 스스로 자문하는 데 도움이 되길 희망한다.

지금까지 설명했듯, 언론과 인도적 단체는 보트가 침몰하거나 이주자들이 사막을 건너다 죽거나 화물차 안에서 질식사하는 등 대단히 극적인 이야기에 집중하는 경향이 있다. 정말 심각한 사건들이지만, 이처럼 극적인 이야기에만 집중하면 이주를 '비참한 상황에서 벗어나려는 자포자기식 탈출'로 보는 일방적 관점이 형성된다. 그러면 이주자들이 밀입국업자와 인신매매범의 손아귀에서 구해내야 할 피해자로밖에 보이지 않는다. (불법적인 경우에도) 이주로 자신과 가족의 더 나은 미래를 개척한 사람이 수없이 많다. 이런 이주자들의 이야기가 선정적 기사에 묻혀서는 안 된다.

이와 더불어 정책이 성공했다는 주장도 자세히 따져보아야 한다. 2016년에도 정치인들은 유럽연합과 튀르키예가 '합의'한 정책 덕분에 그리스로 향하는 시리아 난민의 이주를 막는 데 성공했다고 주장했다. 정치인들의 주장에 완전히 속아 넘어간 언론은 그 정책이 시행되기 전에 이미 이주자가 급감했다는 사실을 파악하지 못했다.[1] 정치인들이 난민이 안전한 장소를 찾지 못하도록 막는 데 '성공'했다고 주장한 정확한 이유가 무엇일까? 정치인들은 늘 자기들 덕분이라고 공치사하지만, 이입이 감소하는 것은 정책보다는 목적국의 실업률 증가나 분쟁 종료 등 상황 변화와 더 큰 관계가 있다.

언론에 비판적인 태도가 부족하다는 사실을 무엇보다 잘 보여주는 것이 있다. 장벽과 울타리를 세우겠다며 이입에 강경한 정치인들이 대대적인 불법 노동자 고용을 외면한다는 사실을 지적하지 않는 것이다. 이입과 관련한 정치인들의 말과 행동에서 드러나는 엄청난 차이를 인식하면 일반 시민과 언론이 정치인들에게 더 효과적으로 책임을 물을 수 있을 것이다. 지난 반세기 동안 이입과 관련한 정책이 실패하거나 역효과를 일으킨 이유를 이해하는 것도 마찬가지다.

이 책에서 제시한 모든 증거를 토대로 어떤 결론을 내릴 수 있을까? **첫째, 극심한 공포에 빠질 필요가 없다.** 증거에 따르면, 우리가 사는 이 시대는 분명히 유례없는 이주와 난민 위기의 시대가 아니다. 이주가 사상 최고치에 도달한 것도 아니고 가속화하는 것도 아니기 때문이다. 이주는 통제 불능 상태로 치닫고 있지 않다. 자포자기한 이주자들의 거대한 물결이 우리 해안으로 밀어닥치지 않을 것이다. 이주가 실업과 일자리 불안, 임금 정체, 저렴한 주택 부족, 교육과 의료 서비스 수준 저하를 일으킨 것도 아니다. 마찬가지로 이입이 범죄를 유발하거나 복지 제도나 사회적 응집성을 위협한다는 증거도 없다. 이런 사실들만 깨달으면 정치인들이 이주를 희생양으로 삼는 고루한 전략의 의도를 파악할 수 있다. 정치인들은 문제 발생에 공모한 책임을 숨기고, 날조된 외부의 적에 맞서 싸우는 강력한 지도자로 보일 절호의 기회로 삼아 이주를 희생양으로 내세운다.

한 가지 우려되는 점이 있다. 증거에 따르면, 이입의 경제적 혜택이 이미 부유한 사람들 몫으로 대부분 돌아간다는 것이다. 지난 수십 년간 일자리 안정성과 구매력, 생활 수준이 떨어진 일반 시민들은 이입으로 발생하는 사회적 부담을 불균형적으로 과도하게 짊어졌다. 이입 때문에 일자리 안정성과 구매력, 생활 수준이 떨어진 것은 아니지만, 일반 시민들은 당연히 이런 질문을 던질 것이다. "우리에겐 뭐가 이익이지?" 상황이 나빠진 것은 손님 노동자에 대한 환상에 너무 오랫동안 매달려 문제를 외면한 정치인들 때문이다. 정치인들은 자신들이 불러들인 이주자 집단을 책임지지 않았다. 이주자들이 아주 현실적이고 부인하기 어렵게 분리되고 차별받는 상황을 방치했다.

그래도 우리는 미래에는 더 미묘한 이주 논의가 진행될 것이라는 희망을 품을 수 있다. 여론 조사 결과 대부분 사람이 이입에 대해 전보다 더 미묘한 견해를 지니고 이 문제를 대다수 정치인보다 훨씬 더 냉철하게 바라보는 것으로 드러났기 때문이다. 복잡한 이주 문제를 간단히 풀어낼 해결책은 없지만, 이제껏 너무 오랫동안 이주 논의를 마비시킨 불필요한 공포와 두려움만 제거하면 정확한 정보에 기초해 이주의 득과 실을 논의할 공간이 열리고, 과거의 실수를 피하고 우리 사회의 모든 구성원에게 득이 되는 더 좋고 더 효과적인 정책을 고안할 방법이 무엇인지 논의할 공간이 마련된다.

모든 증거를 비롯해 이주와 관련해 현재 진행 중인 논의를 고려할 때 중요한 질문은 이런 정책을 고안할 방법이 무엇이냐는 것이다. 나는 이 책에 정책적 조언을 담지 않았다. 사회과학자는 우리 사회가 나아갈 방향을 지시할 수도 없고 그래서도 안 된다. 왜냐하면 이것은 정확한 정보에 기초해 민주적으로 논의할 주제이기 때문이다. 사회과학자가 할 수 있는 것은 이주의 본질과 원인, 영향에 관한 기본 통찰을 공유하는 것이다. 어떤 정책 목표가 현실적이고 어떤 정책 목표가 비현실적인지 기본 통찰을 공유하는 것이다. 그리고 어떤 정책이 목표 달성에 도움이 되고 어떤 정책이 도움이 되지 않는지 연구와 과거 경험에 기초한 기본 통찰을 공유하는 것이다.

앞서 설명했듯, 자유주의적인 민주 국가는 1) 이입을 통제하려는 정치적 바람과 2) 이주 증가의 경제적 이익, 3) 이주자와 난민에 대한 기본적인 인권 의무라는 3중 딜레마에 빠져 있다. 상충하는 이 세 가지 정책 목표는 모두 만족스럽게 해결하기가 불가능해 보인다. 이주 정책이 일관성이 없고 흔히 효과를 거두지 못하거나 심지어 역효과를 일으키는 이유가 바로 이 때문이다.

정치인들이 3중 딜레마를 해소하려고 주로 쓰는 방법은 이입에 강경한 수사를 구사하고 장벽과 울타리를 세우고 이따금 사업장을 기습 단속하는 등 대체로 상징적인 조치를 취하며 이입을 통제하는 듯한 모습을 보이는 동시에 합법적 입국 절차를 간소화하고 실제로 진행 중인 불법 이입을 용인하는 것이다. 이런 방법은 분명히 문제를 해결할 수 있는 방법이 아니다. 앞서 설명했듯, 선거에 도움이 될 수는 있지만 이 방법은 아무 문제도 해결하지 못했다. 사실은 문제를 더 **악화**시켰다. 정치인들은 무책임한 수사를 남발하며 극우세력이 대담하게 날뛰고 인종주의와 양극화, 불관용이 팽배한 분위기를 조성했다. 다음에 정치인들이 불법 이주를 강력히 단속하겠다고 약속하면, 미등록 노동자를 고용하고 더 나아가 이주 노동자를 착취한 고용주를 처벌하지 않는 이유가 무엇인지 그리고 어떤 대안 정책으로 노동력 부족을 해결할 생각인지 물어야 한다.

많은 정치인과 전문가가 이주의 3중 딜레마를 해소하고자 쓰는 두 번째 방법은 임시 이주다. 정부는 임시 이주라는 방법을 이용해 시급히 부족한 노동력을 메우고 대중이 영구 정착에 주목하는 잠재적 문제를 회피한다. 하지만 이는 임시 이주가 대부분 형태의 이주 문제를 풀어낼 현실적 해결책이 아니라는 100여 년에 걸친 연구 결과를 무시한 것이다. 연구 결과에 따르면, 임시 이주 정책은 농업처럼 특정한 계절적 노동에만 효과를 발휘한다. 대부분 고용주는 이직률이 높은 것을 싫어한다. 경험 많고 믿음직한 노동자들이 머물길 바란다. 실제로 정부는 노동자들을 강제로 귀환시키기가 어렵다. 과거 유럽과 미국의 손님 노동자 사례에서 확인되듯, 노동력 수요를 해결하지 않고 국경을 폐쇄하면 노동자들의 귀환 의지를 꺾고 영구 정착하도록 자극하는 역효과를 일으키기 쉽다. 그리고 역설적으로 가족 재결합을 통한 이주 증가를 촉발할 가능성이 크다.

이주는 거의 언제나 어느 정도 영구 정착을 수반한다. 이주자의 권리에 크게 신경 쓰지 않는 걸프 국가에서도 이주자의 장기 정착을 막기가 점점 더 어려워지고 있다. 걸프 국가의 경제가 점점 더 구조적으로 이주 노동력에 의존함에 따라 이주자들의 체류 기간이 점점 더 길어지고 있다. 이주자들은 경제적 '생산 요소'일 뿐 아니라 동료나 현지인과 사회적 유대를 맺고 결속하는 **사람**이다. 친구를 사귀고 사랑에 빠지고 결혼하고 아이를 낳는 사람이다. 그리고 그 자녀들은 대체로 영구 정착한다. 아이들은 언어와 관습을 빨리 습득하고 부모들이 여전히 낯설게 느낄 수 있는 국가를 자연스럽게 고향으로 생각하기 때문이다. 이입을 꺼리던 유럽의 국가들이 가까운 과거에 경험한 이런 사회적 현실이 앞으로 일본과 한국, 아랍의 이입민 사회에서도 점점 더 분명히 나타날 것이다. 이주 연구자들이 가끔 하는 우스갯소리처럼 "임시 노동자보다 영구적인 것도 없다." 정부가 떠나길 바랄수록 이주자들은 역설적으로 더 오래 머문다. 만일 정부가 이주 노동자를 들이거나 불법 이주를 용인하는 정책을 결정한다면 그것은 많은 이주자가 계속 머물고 결국에는 가족까지 데려올 것이라는 현실도 인정해야 한다는 의미다. 그리고 우리가 과거의 경험에서 배운 대로, 그런 현실을 한사코 거부하면 나중에 통합과 분리와 관련해 훨씬 더 심각한 문제가 발생할 것이다.

이입에 찬성하는 진보주의자와 경제학자들은 이주의 3중 딜레마를 해소하려고 더 급진적인 해결책을 제시한다. '국경 개방'이다. 이동성을 더 자유롭게 하면 혜택이 크고 반드시 대대적 이주를 유발하는 것은 아니라는 증거는 확실하다. 멕시코와 미국, 튀르키예와 독일, 모로코와 스페인 등 이주를 통제하지 않고 자유롭게 허용한 국가들의 과거 사례에서 알 수 있듯, 자유 이주는 (노동자들이 드나들며) 대단히 순환적이며, 이주자들의 영구 정착을 자극하지 않는다. 출신국으로 귀환했다 다시 돌아오기가 쉽기 때문이다. 실제로 이주자와 목적국 모두에게 이익이기 때문에 유럽연합뿐 아니라 서아프리카경제공동체ECOWAS나 남미공동시장MERCOSUR, 동남아시아국가연합ASEAN 등 전 세계 많은 지역이 이미 자유 이주 제도를 도입했거나 도입 중이다.

하지만 현실적으로 전 세계가 곧 자유 이주 제도를 시행할 것으로 기대하기는 어렵다. 국경을 개방하자는 제안은 모호해서 서로 다른 의미를 내포할 수 있다. 예를 들어, 여행 비자 면제는 거주권이나 노동권과 다르다. 관광·업무 목적 여행자에게 비자를 면제하는 것이 가장 손쉬운 방법이다. 최근 여행 비자 면제를 시행하는 나라가 늘고 있는 이유도 거주하고 일하고 공공 서비스를 이용하는 등 일반적으로 시민이 누리는 기본권까지 허용하는 것은 아니기 때문이다.

따라서 진정으로 국경을 개방하려면 유럽연합 시민권처럼 지역 연합의 모든 거주자에게 똑같은 권리를 주는 공동 시민권 제도를 도입해야 한다. 이 경우 국권이 어느 정도 침식을 당할 수밖에 없다. 영국이 브렉시트를 추진할 때 유럽연합의 자유 이주가 민감한 문제로 거론된 이유도 이 때문이다. 우리가 '자유 이주' 의제를 비판적으로 바라봐야 할 이유는 또 있다. 흔히 '자유 이주'를 주장하는 기업 로비 단체들이 노동 착취와 통합에 관심을 기울이지 않아서 사회 정의와 노동 기준에 관한 문제가 필연적으로 제기되기 때문이다. 이주를 자유화하는 과정은 느린 속도로 서서히 진행되며 정치적 논란을 일으킬 수밖에 없다. 걸림돌이 아주 많아서 도중에 가던 길을 돌아설 수도 있다.

결국 '국경 개방'은 '국경 폐쇄'만큼 비현실적이어서 구체적 이주 정책 지침으로 삼기 어렵다. 이입은 어느 정도 규제가 필요한 법이다. 하지만 우리가 자유 이주와 관련한 과거의 경험 그리고 현재 경험에서 배울 수 있고 배워야 할 교훈이 있다. 비자 제한을 폐지하는 등 국경 통제를 자유화하는 것은 '수문 개방'과 같다는 근거 없는 두려움을 없애야 한다는 것이다. 앞서 설명했듯, 역설적으로 정반대의 효과가 나타날 수 있기 때문이다. 국경 통제를 자유화하면 처음에는 이주가 급증하지만 거의 언제나 이주 수준이 다시 낮아지고, 자유롭게 오갈 수 있다는 확신이 들면 이주자들이 전보다 더 순환하기 때문이다.

그렇다면 어떻게 해야 할까? 이 질문에 대한 대답은 궁극적으로 우리가 어떤 사회에 살고 있느냐에 따라 달라진다. 하지만 현재 우리 사회와 경제의 자유주의적 질서에서 주목해야 할 중요한 것들이 있다. 가장 먼저, 대다수 이주자가 합법적으로 국경을 넘는다는 사실을 강조하는 것이 중요하다. 정상적 이주가 뉴스에 등장하는 경우는 거의 없다. 따라서 합법적 이주자가 대다수라는 사실을 알려야 국경이 통제 불능 상태라는 언론 이미지와 정치적 수사에 대응할 건강한 해독제가 확보된다.

앞서 설명한 대로, 우리는 대체로 이주 정책이 실패했다는 사실에 (과도하게) 주목하지만 엄청난 발전이 있었다는 사실을 인정하는 것이 중요하다. 불과 수십 년 전과 완전 딴판으로 현재 거의 모든 서구 국가가 사실상 이입 국가가 되었다는 사실을 받아들이고 있다. 유럽의 정치 지도자들이 '이입 제로' 국가를 선언하거나 '우리는 이입 국가가 아니다'는 주문을 되뇌던 시절은 이미 오래전에 끝났다.

1990년대 이후 새로운 현실을 받아들이는 나라가 늘었다. 모든 기술 수준에서 증가하는 노동력 수요에 맞춰 이주 정책을 자유화하는 나라가 증가했고, 캐나다와 오스트레일리아의 선례를 좇아 이민 점수제를 도입하는 나라도 늘고 있다. 이런 추세에 기업 로비 단체의 압력까지 가세한 결과 미국은 역대 정부에서 고숙련 노동자와 반숙련 노동자에게 발급하는 취업 비자를 확대했다. 다문화주의를 비판하는, 대체로 수사적인 반발을 무릅쓰고 대부분 서구 국가가 시민권 취득 절차를 간소화했다. 이주 정책을 완전히 반전시킨 대표적 국가가 독일이다. 독일은 수많은 튀르키예 노동자의 영구 정착 가능성을 부정하며 1990년대까지 가장 엄격한 시민권법을 적용한 국가였다. 그랬던 독일이 현재 유럽의 선두에 서서 이주자와 난민이 마음 편하게 입국해 점차 영주권과 시민권을 취득할 수 있는 이입 이주 정책을 시행하고 있다.

숙련 노동자와 투자자, 유학생의 이입을 받아들이는 수준은 증가했지만, 망명 신청자와 저숙련 노동자에 대한 태도는 상당히 대조적이다. 이들은 대체로 환영받지 못하고 적대시되기도 한다. 망명 신청자와 저숙련 노동자는 공식적으로 '불청객' 이주자다. 바로 여기서 경제적·정치적 **현실**과 경제 **정책** 사이의 큰 긴장이 발생한다.

난민·망명 신청자와 관련해 합리적 논의가 진행되지 못하는 이유는 난민 이주가 통제 불능 상태에 빠지고 있다거나 탈출 혹은 외세 침략과 비슷하다는 인식 때문이다. 언론과 정치인, 국제기구가 유포하는 오해와 달리, 난민 이주가 장기적으로 증가한다는 증거도 없고 서구 세계가 난민 홍수에 휩쓸리고 있다는 증거도 없다. 난민은 세계 인구의 0.3%, 전체 국제 이주자의 약 10%에 불과하며, 난민 중 80~85%는 출신 지역에 머물고 있다.

2022년 러시아의 공격을 피해 우크라이나를 빠져나온 난민 수백만 명을 유럽이 수용한 사례에서 볼 수 있듯 결국 중요한 것은 정치적 의지이지 숫자가 아니다. 7년 전 독일이 시리아 난민에 대해 상대적으로 개방적 태도를 보여 대중의 지지를 받았다. 하지만 유럽의 다른 국가는 대부분 독일의 호의에 무임승차했다.[2] 인구가 5억 명에 이르는 세계에서 부유한 경제권 중 하나인 유럽이 그만한 난민 유입도 감당하지 못해서 그런 것이 아니었다. 난민 위기는 숫자의 위기가 아니라 국제 연대의 정신에 따른 협력을 꺼리는 정부에 기인한 **정치적** 위기다.

결국 분쟁 예방이 단연 최고의 정책이라는 사실은 두말할 필요도 없다. 서구 각국이 그처럼 근본적인 세계 변화에 미칠 영향력은 제한 적이지만, 대규모 난민 이동을 유발하기 쉬운 불안한 정권 교체 시도 나 불필요하고 불법적인 군사 개입을 삼가야 한다.

더 시급한 문제는 난민을 보호하려는 정치적 의지를 키우고 대중의 지지를 유지하는 방법이다. 정치인들은 '가짜' 망명 신청자 이야기나 난민 유입을 외세 침략에 비유하는 행태를 중단함으로써 대중의 지지 를 유지할 책임이 있다. 언론은 난민 유입을 외세 침략에 비유하는 선 동적인 정치인들을 비판할 책임이 있다. 난민기구와 인도적 단체는 난 민 숫자를 과장하지 말아야 한다. 자포자기한 사람들이 밀물처럼 서 구로 밀려든다는 잘못된 이미지가 굳어져 난민 보호에 대한 대중의 지 지가 약해질 수 있기 때문이다.

이와 더불어 망명 신청자에 대한 대중의 지지는 보호를 요청할 합 당한 근거가 있는 사람과 그렇지 않은 사람, 보호 요청을 거부하고 본 국으로 송환할 사람을 구분하는 시스템의 능력에 따라 유지되거나 무 너진다. 그러려면 정부가 충분한 재원을 투자해 망명 신청을 신중히 조사해야 한다. 망명을 억제하고 거부율을 높일 마음에서 '수박 겉핥 기'식으로 조사하면 역효과가 발생해 끝없는 항소 절차로 이어지기 쉽 다. 가장 불행하고 가장 피해가 큰 결과는 망명 신청자가 수년간 법적 으로 불확실한 상태에 빠지는 것이다. 구금되어 일자리도 구하지 못하 고 트라우마가 악화하면 사회적·경제적 통합에 심각한 악영향을 미친 다. 난민 지위 결정이 완벽해질 수 있다는 생각은 환상에 불과하지만,

정부는 제도적 역량을 총동원해 망명 신청자에게 법적 자문을 제공하고 최대한 신속히 투명한 결과를 낼 수 있는 기능적이고 신뢰할 수 있고 효율적인 망명 제도를 구축할 책임이 있다.

이주 정책에서 가장 풀기 힘든 난제는 저숙련 노동자의 이입을 처리하는 방법이다. 이입과 관련한 정치인들의 말과 행동에서 가장 큰 틈이 나타나는 것이 바로 저숙련 노동자 문제다. 인구 노령화와 교육 수준 향상, 여성 해방에 따라 농장과 건설 현장, 공장, 가정집에서 육체노동을 하려는 토박이 노동자 공급이 감소한 추세는 비교적 자율적이고 대체로 돌이킬 수 없다. 따라서 정부 정책이 이런 추세에 영향을 미치기 어렵다. 이런 추세와 더불어 인구 노령화와 맞벌이 가정이 증가하며 모든 서비스 분야에서 노동력 수요가 증가했다. 특히 보육과 보건, 노인 돌봄, 식품 가공, 물류 보관, 접객, 운송, 가사, 교육 분야에서 노동력 수요가 크게 늘었다.

정치인들의 강경한 수사에도 불구하고 저숙련 노동자의 이입이 계속 이어진 이유도 노동력 수요가 지속되었기 때문이다. 이입 제한과 국경 단속으로 이주를 막지 못한 이유는 이주의 진짜 근본 원인을 해결하지 못했기 때문이다. 앞서 설명했듯, 지속적인 노동력 수요는 이주 논의에서 금기시한 주제였다. 따라서 출발부터 틀린 이입 제한 정책이 역효과를 일으켰다. '지금 아니면 기회가 없다'는 이주 급증을 촉발하고, 순환을 방해하고, 이주자들을 영구 정착하도록 자극하고, 불법 이주를 부추기고, 이주자들이 국경을 넘을 때 더 큰 위험을 감수하고 들키지 않고 국경을 넘으려 밀입국업자의 서비스를 받도록 만들었다.

밀입국업자의 '사업 모델'을 척결하겠다는 정치인의 약속은 믿을 수 없다. 정치인들은 무엇보다 자신들의 정책이 밀입국 사업 모델을 효과적으로 만들고 지속시킨다는 것을 스스로 잘 알고 있다. 정치인들의 정책이 실패할 수밖에 없는 이유는 정책이 해결해야 할 문제를 오히려 유발하는 원인 중 하나이기 때문이다.

한편, 유럽의 손님 노동자나 영국의 카리브해와 남아시아 출신 이주자, 미국의 (대부분 미등록 신분인) 라틴아메리카 출신 이주자 등 정부가 이주자들의 정착이 사실상 영구적이라는 사실을 인정하길 한사코 거부하고 그에 따라 당면한 진짜 문제를 해결할 의지나 능력이 부족해 사회적 소외와 분리 문제가 악화했다. 특히 이주자 2세대들이 '하향 동화'를 경험하고 주류 사회에서 버림받았다고 느꼈다. 우리는 똑같은 실수를 반복할 수 없다. 현재 많은 이주자가 우리 사회에 필요불가결한 일을 하지만, 우리는 종종 그들을 하인처럼, 한번 쓰고 버리는 노동력으로 대한다. 외면한다고 이주자가 떠나는 것이 아니다. 이주자의 소외를 부추길 뿐이다. 이처럼 이주자의 영구 정착을 거부하는 정치는 주로 유색인 노동자들로 이루어진 최하층 계급을 새롭게 형성시킬 위험이 있다.

역사적 경험에 따르면, 인종 차별에 시달리며 가장 큰 불이익을 당하는 이주자 집단도 열심히 일하고 공부하고 사업체를 운영해 스스로 해방되는 놀라운 능력이 있다. 관건은 이들에게 기본권을 주고 영주권과 시민권을 취득할 길을 열어주는 것이다. 이주자와 망명 신청자들을 수년 혹은 수십 년 동안 미등록 신분과 법적으로 불안정한 상태에 방치해 이들이 합법적 노동으로 새로운 미래를 개척하지 못하는 것만큼 심리적으로 사기를 떨어트리고 사회적·경제적으로 큰 피해를 주는 것도 없다. 특히 불법 노동자들이 큰 피해를 본다. 부모와 자녀가 따로 떨어져 살고, 노동자들은 한번 나가면 다시 돌아올 수 없다는 두려움 때문에 (결혼식, 종교 행사, 장례식 등 중요한 일이 생겨도) 고향을 방문하지 못하고, 어느 날 추방당해 가족과 헤어질 수 있다는 두려움을 늘 안고 산다.

이입과 전쟁을 치르며 서구 각국은 국경 통제에 협력하도록 경유국을 압박했다. 결국 중앙아메리카와 쿠바, 베네수엘라 출신 이주자들은 멕시코를 경유하며 경찰에 쫓기거나 폭력조직에 납치되고 갈취당할 위험을 감수할 수밖에 없다. 유럽연합의 경제적 원조와 묵인 아래 리비아 경비대는 아프리카 출신 이주자와 난민을 구타하고 강간하고 감금하고 강제 노역을 시킨다. 국제법에 어긋나게 다시 비인간적이고 위험한 상황으로 '내몰리는' 망명 신청자가 매년 수십만 명이다. 이들은 어디도 갈 수 없는 외딴섬이나 감옥에 갇혀 법적으로 불안하고 불확실한 상태로 살아가고, 이미 겪은 트라우마는 더 악화한다.

이주자 자신의 잘못이라고 주장하는 사람이 많을 것이다. 스스로 불법 이주한 책임을 지고 그 결과를 감수해야 한다고 말이다. 하지만 이런 주장은 정부와 정책이 일관성을 유지할 때만 타당하다. 이입 강경 수사는 실제로 불법 이주자의 고용을 대대적으로 용인하는 현실과 완전히 모순된다. 현재 산업화한 세계 각지의 모든 경제 분야가 (합법 및 불법) 이주자의 노동력에 크게 의존하는 것이 분명한 사실이다. 이런 현실이 어느 날 마법처럼 사라질 것 같지도 않다. 텔레비전에서 뭐라고 떠들건, 미국의 미등록 이주자 1,100만 명을 모두 체포해 추방할 수 있다고 진지하게 믿는 정치인은 없다. 이런 현실을 용인하고 아주 오랫동안 이주 노동력의 혜택을 누린 목적국의 정부와 사회는 현재 상황에 대한 책임을 모면할 수 없다. 어떤 형태로든 사면이 불가피하다. 정치인들이 현장의 현실을 부정하고 책임을 회피하는 시간이 길어질수록 불필요한 고통을 감수하는 시간도 길어지고, 그 피해도 더 커질 것이다.

그렇다면 어떻게 해야 할까? 증거에 따르면, 사회적·경제적 현실에 발맞추지 않는 정부는 효과적인 이주 정책을 수립할 수 없다. 정부가 노동력이 필요한 현실에 맞춰 합법적인 이주 통로를 충분히 마련하지 못한 결과, 불법 이주가 양산되고 이주 노동자들은 고용주와 인신매매범의 학대와 착취에 더 취약해졌다. 하지만 기업의 이해관계에 집중해 이주 정책을 추진해야 한다는 의미가 아니다. 정부는 기업 로비 단체가 요청하는 모든 산업 분야에 더 많은 이주자를 공급해야 한다는 의미가 아니다. 이런 논리가 지난 수십 년간 이주 정책 결정을 지배해 경제 자유화를 확대하고 노동 시장 규제를 완화했다. 민간업체가 임시 노동자를 모집하는 비중이 늘며 이입을 통제하는 책임이 정부에서 점점 더 민간 부문으로 넘어갔다. 정부가 이입 자유화 정책을 추진하고 불법 이주를 용인한 이유 중 하나가 기업의 이해관계에만 주목했기 때문이다. 저명한 이주 연구자 스티븐 캐슬즈Stephen Castles가 이야기한 대로, 지난 수십 년간 경제를 자유화한 추세와 이입 감소를 원하는 바람은 근본적으로 일치하지 않는다. 정치인과 우리 사회가 경제 자유화와 이입 감소라는 두 마리 토끼를 모두 잡는 것은 불가능하다.

이 통찰에 담긴 중요한 의미는 우리가 현재의 길을 계속 걸어가야 한다는 것이 아니다. 정부가 이주에 효과적으로 영향을 미치는 길은 노동력 수요, 즉 이입에 영향을 미치는 경제적 현실을 변화시키는 방법뿐이라는 것이다. 이것이 성공적인 이주 정책을 수립하는 황금률이다. 이주 정책이 효과를 발휘하려면 전체적인 경제 정책, 특히 노동 시장 정책과 일관성이 있어야 한다. 언뜻 이입과 무관해 보이는 정책이 실제로 엄청난 영향을 미칠 수 있다.

예를 들어 스페인과 이탈리아, 독일처럼 정부가 노인과 아이 돌봄 시설을 지원하지 않는 국가의 오페어와 가사 노동자, 노인 돌봄 도우미의 이입 수준이 높은 것은 우연의 일치가 아니다. 미국과 영국처럼 고등 교육 지원을 중단한 국가의 대학들이 등록금을 내는 유학생의 이입에 점점 더 의존하는 것도 우연의 일치가 아니다. 마찬가지로 영국의 국민보건서비스가 외국인 간호사와 의사에게 갈수록 의존하는 것도 영국의 교육 체계가 충분한 의료 인력을 양성하지 못하기 때문이다.

더 나아가 미국과 영국, 네덜란드처럼 노동 시장이 가장 자유로운 국가들이 합법 및 불법 이주 노동자의 고용을 억제하려는 의욕을 보이지 않는 것도 우연의 일치가 아니다. 사업장 단속으로 노동법을 집행하려는 의욕이 보이지 않는 이유 중 하나는 '빅브라더' 정부의 개입에 대한 반감 때문이다. '빅브라더' 정부에 대한 반감이 민주주의 사회 전반, 특히 미국과 영국의 문화에 깊이 뿌리를 내리고 있기 때문이다.

만일 정부가 정말 진지하게 이입 통제 강화나 이입 수준 감소를 원한다면 과감한 경제 개혁을 추진하고 노동 시장을 재규제할 수밖에 없다. 그러려면 경제 정책의 근본적인 변화가 필요하다. 전반적 경제 성장 속도도 늦춰야 할지 모른다. 다시 말해, 이런 개혁을 추진하면 지난 반세기 동안 경제 정책과 노동 시장 정책을 주도한 핵심 원칙을 근본적으로 재고할 수밖에 없다는 것이다.

지속적인 외국인 노동자 유입에 의존하게 된 원예업과 식품 가공업, 접객업을 우리가 과연 어디까지 유지할 수 있을까? 유학생이 내는 등록금에 점점 더 의존하는 대학은 문제가 없을까? 이런 대학이 지속 가능할까?

바쁘게 맞벌이하는 부부가 청소와 요리, 세탁, 다림질, 정원 가꾸기, 주택 관리 등 집안일을 점점 더 이주 노동자들에게 맡기는 사회를 우리가 얼마나 더 지탱할 수 있을까? 우리는 정말 상류층이 주로 이주 노동자들로 이루어진 새로운 최하층 계급의 시중을 받는 사회를 원하는가? 보육과 노인 돌봄을 점점 더 외국인 노동자에게 맡기길 원하나 아니면 정부가 책임지고 정부 지원 돌봄 시설을 마련해야 한다고 생각하나?

우리는 이런 근본적 질문들을 자문해야 한다. 이입에 간접적이지만 중대한 영향을 미치는 질문들이기 때문이다. 이런 질문들이 앞으로 점점 더 중요해질 것이다. 우리가 손가락만 까딱하면 언제든 달려올 값싼 노동력이 '저 밖' 가난한 나라에 무한하다고 추정할 수 없기 때문이다. 세계 인구 구조가 변화하며 실제로 세계 곳곳에서 출산율 저하와 인구 노령화가 보편적 현상으로 자리 잡았다. 미래에 우리가 고민할 문제는 '이주자'의 입국을 막을 방법이 아니라 토착민들이 기피하는 일을 기꺼이 할 이주자를 불러들일 방법이다.

진정한 선택권은 우리에게 있다. 하지만 근본적인 경제적·사회적 개혁을 추진해야 한다. 일본을 예로 들어보자. 일본은 전통적으로 이입을 반대했지만, 경제가 산업화하고 노령화하며 아주 많은 이주자의 유입이 불가피하다는 사실을 부인할 수 없었다. 그래서 '수습공'이라는 말로 완곡하게 표현할 때가 많지만 더 많은 이주자가 필요한 현실과 타협하고 있다. 하지만 다른 대부분 산업화 국가와 비교하면 일본은 여전히 이입 수준이 **훨씬** 더 낮다.

일본의 상황을 더 정확히 이해하려면 일본의 상대적인 지리적 고립과 문화적 요인뿐 아니라 일본이 노동력 부족과 인구 노령화에 일부 대처한 방법도 살펴보아야 한다. 일본은 대부분 서구 국가보다 노동 시장을 훨씬 더 엄격하게 규제한 채 자동화와 로봇 기술에 대대적으로 투자하고 노동자의 은퇴 정년을 70대까지 연장하는 방법으로 인구 노령화에 대처했다. 일본은 또 경제 성장을 늦추는 시나리오, 즉 이입이 거의 확실히 감소하는 시나리오를 선택, 정확히 말하면 받아들인 듯하다.

일본의 사례를 보면 부유한 사회가 이입 수준을 **비교적** 낮게 유지하는 모델이 실제로 가능하다는 것을 알 수 있지만, 다른 나라에서 이런 모델이 성공하려면 수십 년간의 구조적 개혁이 필요할 것이다. 이주가 멈출 것이라는 착각에 빠지면 안 되지만, 장기적인 구조 개혁은 장기적으로 이주 노동력 수요, 즉 이입에 영향을 미칠 수 있다.

문제는 대부분 유럽인과 미국인이 일본과 같은 사회에서 살길 원하느냐는 것이다. 내가 보기에는 아닌 듯하다. 가령, 연금 개시 연령을 늦추자는 정부의 계획에 반대해 파업에 돌입했을 때 프랑스 국민은 이주 노동자에게 더 의존하는 미래를 무의식적으로 선택했다고 볼 수 있다. 서구 각국 정부가 경제 성장 극대화를 공공 정책의 최우선 과제로 삼고 노동 시장 규제를 계속 완화하는 한, 노동력 부족이 심화하고 그에 따라 이입이 증가할 것은 불을 보듯 뻔한 일이다.

정치인들이 정말 진지하게 이주 노동자에 기대는 지속 불가능해 보이는 의존성을 낮출 마음이 있다면 경제 정책과 노동 시장 정책을 근본적으로 바꾸어야 한다. 인구 노령화에 대응해 연금 개시 연령을 늦출 수도 있고, 거의 전적으로 이주 노동력에 의존하는 분야에 지급하는 보조금을 끊을 수도 있고, 부모들이 자녀를 돌보고 직접 음식을 조리하고 정원을 가꾸도록 시간제 근무를 독려할 수도 있다. 정부가 정말 진지하게 이입에 대한 '통제권을 되찾고' 싶다면 노동 시장을 다시 규제하고 긱경제의 확산을 막아야만 한다.

무엇보다 먼저 우리는 이주를 논의할 때 이주가 어떤 사람에게는 남보다 더 큰 혜택을 주고 어떤 사람에게는 손해를 줄 수 있다는 사실을 인정해야만 한다. 그래야 일부 사람들이 왜 다른 사람들보다 이주에 더 적극적인지 이해할 수 있다. 토박이 노동자들은 일상 현실에서 아주 직접적으로 이주의 영향을 받지만 이미 부유한 사람들이 이주의 경제적 혜택을 대부분 차지한다는 사실은 사회적·경제적으로 대단히 중요한 문제다. 이주를 논의할 때 범위를 더 넓혀서 불평등과 노동 정의, 사회 정의까지 논의해야 한다는 의미다. 결국, 정부가 이주자를 대하는 태도가 곧 **노동자**를 대하는 태도이기 때문이다.

이주 노동자가 겪는 문제는 대부분 일자리 불안과 열악한 근로 조건, 낮은 임금과 연관된 것이다. 이주 노동자가 토박이 노동자보다 착취와 차별에 훨씬 더 취약하지만, 착취와 차별은 기본적으로 모든 노동자의 노동권 문제로 귀결된다. 인신매매는 이주나 특정한 (성) 노동과 무관하고, 이주자건 아니건 상관없이 취약한 노동자의 심각한 착취와 관계가 있다. 따라서 취약한 노동자를 보호하는 정책이 효과를 발휘하려면 내부 고발자를 안전하게 지키고 권리 보호를 강화하거나 진정한 기회를 제공해야 한다. 추방하고 생계 수단을 박탈해 노동자들의 형편을 더 **악화**시키는 '구조 작전'을 지양해야 한다.

정치인들은 이입에 반대한다는 수사를 구사하며 이입이 모든 문제의 원인인 것처럼 암시해 토박이 노동자와 이주 노동자를 이간하려 든다. 토박이 노동자와 이주 노동자가 **노동자로서** 공동의 이익을 공유한다는 사실을 숨기려는 것이다. 불평등 심화나 일자리 안정성 저하, 임금 정체 같은 문제를 일으키는 주범은 이주자가 아니라 정부 정책이다. 이주 노동자 착취 문제를 해결하려면 반드시 저숙련 노동자와 반숙련 노동자가 합당한 임금을 받게 해야 한다. 더 나아가 육체노동, 특히 자동화하거나 아웃소싱할 수 없는 돌봄 분야 등 서비스 분야와 산업에 필요한 육체노동의 존엄성을 회복해야 한다.

이렇게 하면 이주 노동자를 찾는 수요가 해소된다는 착각에 빠지면 안 되지만, 육체노동의 존엄성을 회복하면 토박이 노동자들이 그 일을 하도록 동기를 부여하는 데 도움이 되고, 토박이 노동자와 이주 노동자 모두에 대한 보호가 강화될 것이다. 이런 정책을 추진하면 이미 부유한 사람들이 혜택을 독차지하는 대신 이주의 혜택이 사회 구성원 모두에게 더 공평하게 분배될 것이다.

이 모든 내용을 종합하면, 이주 논의에서 경제 정책과 노동 기준, 불평등, 복지, 교육, 환자 돌봄과 노인 돌봄에 관한 논의를 빼놓을 수 없다는 것이 분명해진다. 따라서 진정한 이주 논의는 우리가 살고 싶어 하는 사회의 형태에 관한 논의가 될 수밖에 없다.

● 본문에 숫자로 표시된 주석과 참고문헌 등은 QR코드 또는 링크를 통해 전자파일로 다운로드할 수 있습니다. https://naver.me/xhKq5dTD

이주, 국가를 선택하는 사람들

초판 1쇄 발행 2024년 3월 1일
　　 2쇄 발행 2024년 5월 25일
지은이 헤인 데 하스
옮긴이 김희주
펴낸이 오세인 | **펴낸곳** 세종서적(주)

주간 정소연
편집 이상희 | **표지디자인** Charlotte Daniels, 김미령 | **본문디자인** 김진희
마케팅 유인철
인쇄 탑 프린팅

출판등록 1992년 3월 4일 제4-172호
주소　　 서울시 광진구 천호대로132길 15, 세종 SMS 빌딩 3층
전화　　 (02)775-7011 | 팩스 (02)319-9014

홈페이지 www.sejongbooks.co.kr | 네이버 포스트 post.naver.com/sejongbooks
페이스북 www.facebook.com/sejongbooks | 원고 모집 sejong.edit@gmail.com

ISBN 978-89-8407-849-9 03330

· 잘못 만들어진 책은 바꾸어드립니다.
· 값은 뒤표지에 있습니다.